獻給

好友高志超弟兄

（他完成評閱此書之後四個月逝世）

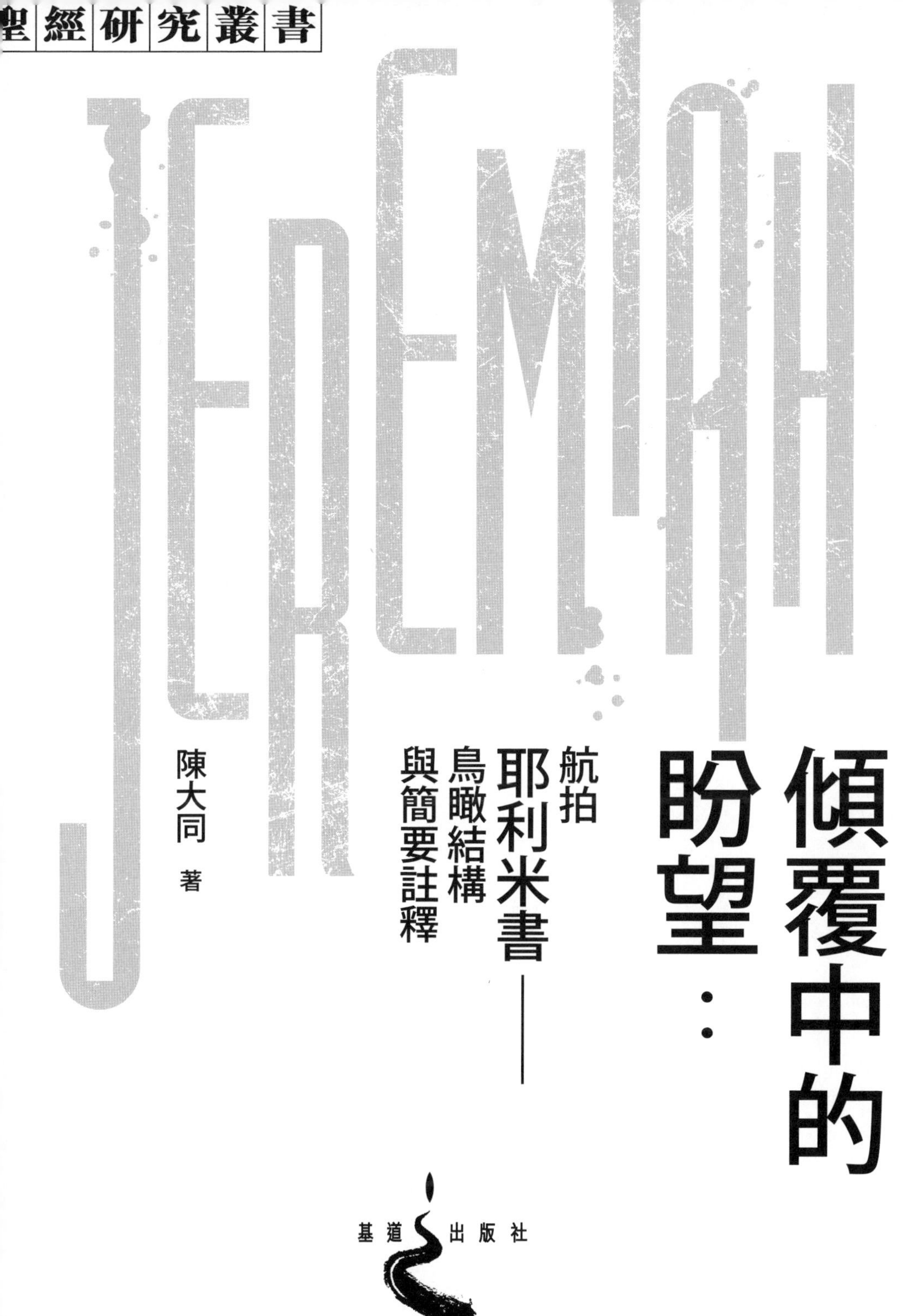

聖經研究叢書

JEREMIAH

傾覆中的盼望：

航拍耶利米書——鳥瞰結構與簡要註釋

陳大同 著

基道出版社

▼

聖經研究叢書

傾覆中的盼望：航拍耶利米書

鳥瞰結構與簡要註釋

作者
陳大同 Chan, Tai-Tung

責任編輯
沈靜筠

裝幀設計
奇文雲海 · 設計顧問

■

出版 / 發行
基道出版社
香港沙田火炭坳背灣街 26 號富騰工業中心 10 樓 1011 室
LOGOS PUBLISHERS
Unit 1011, 10/F, Fo Tan Ind. Centre, 26 Au Pui Wan St., Shatin, Hong Kong
電話：(852) 2687-0331 傳真：(852) 2687-0281
網址：https://www.logos.com.hk

承印
陽光(彩美)印刷有限公司

●

7/2022 初版
Cat. No. LP1106
ISBN: 978-962-457-608-5

Printed in Hong Kong

刷次	10	9	8	7	6	5	4	3	2	1
年份	2031	2030	2029	2028	2027	2026	2025	2024	2023	2022

目　錄

丙部　有關列國的神諭

丁部　補篇及總結

附　錄

雷 序

看到陳大同博士把多年研究耶利米書的心得編寫成書，本人感到十分高興。從他剛進神學院修讀道學碩士課程，到多年努力的進修及忠心的事奉，我認識陳博士已三十年了。本書顯示他如何結合學術研究和牧養實踐。理論不能離地，否則只屬天馬行空：但實踐也不能缺乏學術的基礎，否則就經不起風吹浪打。

近年的大數據研究提醒我們，人除了要有理性的分析，還有感性的需要。十七世紀現代的唯理主義（rationalism）將理性與感性對立，但神創造人是兩者並重的。陳博士此書透過經文解釋後作出有關實踐的討論和提出「思想問題」，不單鼓勵讀者要有理性的反思，也激勵讀者感性地投入讀經。

使用「航拍」來比喻解讀聖經書卷是非常適切的。就如陳博士所言，既能「在高空作鳥瞰的拍攝，又可低飛拍攝」。前者宏觀全卷書的結構及主題，後者微觀每一個字的剖析和語義。除了不同的高度，航拍又可採用不同的角度拍攝。若只從單一角度理解書卷，就可能會有盲點；以不同的角度詮釋經文，除了能夠減少詮釋上的盲點，且能讓書卷的信息更準確和更清晰。

航拍耶利米書採用了不同的角度，包括文學、神學、歷史及地理；文學及神學（尤其改革宗的神學）屬人文科學，歷史屬社會科學和人文科學，而地理就歸自然科學。陳博士透過不同範疇的研究，讓讀者可以多元化地去理解耶利米書。

除了航拍的高度和角度，還有航拍的深度。陳博士首先指出擁有技術的拍攝者能夠將平面的畫面變成立體化，令人細味，這是畫面內裏的深度。同樣，藉著不同的評鑑法，讀者能夠深入地研究耶利米書，這是航拍的深度。不得不提的是，此書的數個附錄是較為學術性的探討，非常值得細讀。

高度、角度和深度是航拍照片成功與否的重要元素，不過，拍攝時還須注意構圖、景深，以及準確與清晰的調焦。倘若沒有這些元素，照片就會變得模糊不清、缺乏焦點、眼花撩亂，或本末倒置。

陳博士此書無論在簡介（第一至四章）、分段和評註（第五至十五章），以及附錄的鋪排都能適當地調焦，深入淺出地分析耶利米書這本較為複雜難明的書卷，達到作者在自序所說明的八大特色。本人深信此書必定能幫助讀者了解耶利米書，而且在其中得到啟迪。

雷建華
中國神學研究院榮休舊約教授

戴 序

本人能為陳大同博士撰寫這本著作的序言，實在感到十分欣慰，因為在信義宗神學院的博士課程裏，他是其中一位十分出色的畢業生。當陳博士在學院就學期間，本人因為教會工作的關係，不得不減少參與博士班研討會的時間，但當時學院仍有些很出色的老師，包括耶利米書專家、美國福音信義會（Evangelical Lutheran Church in America）差派的客席教授魯斌博士（Jack Lundbom），以及蔡定邦博士。在他們的指導下，他的博士論文便是這樣孕育出來的。當然，博士論文只是他著作的開始，他在過去幾年的進深研究又能突破和綜合有關近年耶利米書的研究，這是他努力不懈的成果。

耶利米書一向給人的印象，就是很多史料，章節之間也十分複雜難懂。在過去百多年的歷史評鑑法對這卷書的研究，只致力於找出所謂「真（authentic）耶利米的話語」，而忽略了耶利米書作為整卷書的意義和神學。換言之，過去百多年有關耶利米書的研究只能作為專家的「視窗」，用以探討經文背後的世界。

自七十年代開始，有更多學者探討這卷書經文整體的意思和對我們現代人的信仰意義。其中最具影響力的便是魯斌教授的耶利米書註釋書；他以修辭學的角度研究整本書，也引發了陳博士朝這方向研究，陳博士可謂盡得真傳。

這本書主要以修辭評鑑法和敍事評鑑法閱讀耶利米書。理解這卷書的其中一個困難是上下文有時看似沒有關聯的，但經過陳博士的解說，這上下文似乎不相關的部分就得以結連起來，使讀者能掌握經文的來龍去脈。另一方面，在處理書中難解部分時，陳博士會細心閱讀，甚至連馬索拉文本（Masoretic Text）的重音符號也不放過。他的研究就像飛鷹，鳥瞰了全卷耶利米書；也可以像俯衝獵物一樣，連最細微的問題也可以找到，使人更明白經文的意思。

戴浩輝
香港信義宗神學院舊約教授暨副院長

自　序

感謝神給筆者有機會把自己在修讀舊約博士課程所學習的心得撰寫出來。這本書是筆者博士論文的擴充版本，其中論文大部分的原文釋義和學者理論分別被放在本書註釋和附錄；因此，本書大部分內容都是一般基督徒可以了解和掌握的。筆者撰寫本書之前已抱著下列的方向去撰寫，而撰寫本書之後，筆者感到原來的初心已在本書體現出來。以下就是本書的八個特色：

1. 鳥瞰全卷書的組合結構，圖文並茂
2. 概覽分段的結構或主題，列表解釋
3. 每章註釋平均約三千字，包括應用
4. 參照原文及各中英譯本，註腳精簡
5. 參照百年各派學者意見，經文為準
6. 詳述耶利米時代的歷史，各朝特色
7. 歸納及分析四神學主題，互相補足
8. 使用修辭和敍事評鑑法，兩者配合

本書第一章詳細解釋上列八個特色，在此不贅。筆者在這自序中主要是作出致謝。首先，感謝神讓筆者有機會修讀舊約博士課程，而且給自己兩位很好的老師：第一位是蔡定邦博士，他對舊約涉獵甚廣，他介紹筆者去閱讀數十本有關舊約學術研究的書籍，又指導筆者如何釐定博士論文的題目；第二位是由美國來港作信義宗神學院客座講師的魯斌博士（Jack Lundbom），他畢生研究耶利米書，也是 Anchor Bible Commentary 註釋系列中耶利米書和申命記的作者。筆者有機會修讀這兩位老師的課程，不單學習舊約的書卷和各種評鑑法（參本書附錄 D），而且在撰寫博士論文期間得到他們的指導，實在非常感恩。

本書共有十九章：有關耶利米書的註釋共十一章，有關本書的簡介及耶利米書的概論共四章，另加四章附錄。每當筆者完成一章，便會交給高志超弟兄和何笑萍姊妹作出評閱，他們給予筆者很多寶貴的意見。筆者修訂之後，他們又再會作出評閱。因此，每章的內容都是經過了數十次的評閱和修訂，筆者要在此向他們致以萬二分的謝意。文稿的大部分內容也經筆者的長子和數位好友作出評閱，筆者要在此向他們致謝。

在筆者全時間修讀舊約博士課程和撰寫本書期間，妻子和兄姊在各方面均給予支持和配合，筆者在此要向他們致謝。

筆者也要感謝神帶領兩名兒子完成他們的學業，並且開始他們的事業，令筆者沒有後顧之憂，可以專心寫作。最後，筆者再次感謝神以上各方面的帶領，也帶領筆者牧會十七年，以致本書不會只流於學術的討論，也有應用的層面。願神使用本書，帶領讀者們去發掘耶利米書內的屬靈寶藏。

耶利米書的時代背景是猶大亡國的倒數年代，現今的基督徒也面對世界末日的倒數年代。兩者雖有不同之處，但也有相同之處，就是生逢亂世，我們該如何反思？如何自處？又如何倚靠神去面對亂世等等？筆者將此書推介給廣大的基督徒，以致他們能夠應用耶利米書去面對末世。

陳大同

第一大單元——

簡介本書及耶利米書

第一章

介紹本書的重點內容和特色

1.1 在不同的層次分析耶利米書
- 1.1.1 森林的層次：鳥瞰全卷書的組合結構
- 1.1.2 樹木的層次：概覽分段的結構或主題
- 1.1.3 樹葉的層次：註釋每節或每小段經文

1.2 航拍耶利米書
- 1.2.1 不同的高度，包括高空和低空航拍
- 1.2.2 不同的角度，包括文學、神學、歷史和地理
- 1.2.3 不同的深度，包括研經的方法和技巧

1.3 其他
- 1.3.1 本書的目標讀者
- 1.3.2 有關本書的附錄
- 1.3.3 有關稱呼、譯名和原文的讀音
- 1.3.4 本書所採用的中文和英文聖經譯本
- 1.3.5 本書所採用的各種英文書籍或期刊的縮寫

耶利米書的主要內容，是敍述猶大亡國的故事和有關的神諭。筆者這本書著重耶利米書的結構和註釋這兩方面。強調註釋而忽略結構的結果是令人只見樹葉，不見森林。相反來說，強調結構而忽略註釋卻會令人只見森林，不見樹葉。舊約學者尼林（Rolf Knierim）也指出有關結構的研究，在二十世紀下半葉爆炸性地出現。[1] 所謂結構是包括耶利米書全卷書的結構，以及每個分段的結構或主題。這本書對結構和註釋兩方面都予以注重。換言之，這本書的寫作目

的，是要令讀者對耶利米書有一種層次感的理解，即是有森林、樹木和樹葉三個層次的理解：

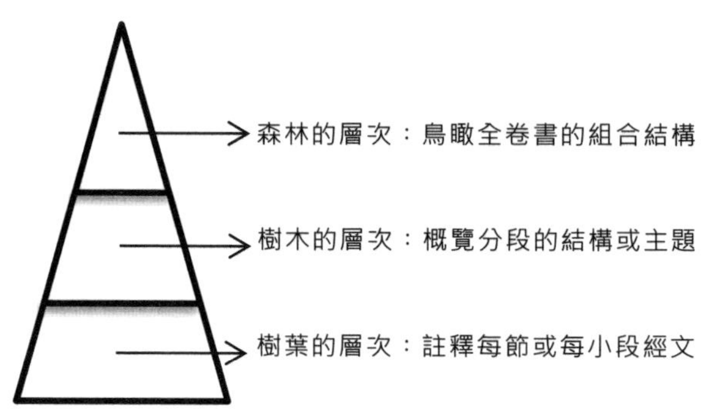

圖 1.1：理解本書的三個層次

1.1. 在不同的層次分析耶利米書

1.1.1. 森林的層次：鳥瞰全卷書的組合結構

鳥瞰耶利米書是一件不容易的事，難處至少有四個：第一，耶利米書是二千多年前的古代書卷，古代的書卷並沒有目錄，所以讀者難以掌握這卷書的段落鋪排。

第二，以中文聖經《和合本 2010》（以下簡稱《和修版》）計算，耶利米書超過六萬字，讀者會感到自己在文字的汪洋之中，不知從何入手去理解經文。

第三，耶利米書敍述歷史事件的次序並不是按時間的先後，驟眼看來，可能令讀者感到混亂。

第四，耶利米書有些內容與其上下文好像沒有連貫性，令人難以明白這些經文的起承轉合。面對上述困難，有些學者將經文歸納為立約的主題，[2] 有些學者嘗試在混亂中找出次序。[3] 筆者在本書採用「文學的結構」以回應上述問題（參本書第四章）。耶利米書可分為下列五部分（請參下頁的圖 1.2）。

耶利米書	經文內容
一～十章	神差派耶利米向猶大人宣告警告的神諭
十一～二十章	耶利米的三次行程，在不同地點宣告警告
二十一～四十五章	敘述猶大亡國的故事
四十六～五十一章	有關列國的神諭
五十二章	歷史補篇

圖 1.2：耶利米書的分段大綱

第三部分敘述猶大亡國的故事，篇幅最長。這部分可分為：亡國故事的序言（二十一～二十三章）、主體（二十四～四十四章）、跋（四十五章）。主體部分又可再分為下列 A B B'A'的結構（另參本章 1.2.3.1）。A'又可再細分為亡國前和亡國後兩大段落（參本書第十一至十二章）。

二十一至四十五章的分段結構如下：

亡國故事的序言（prologue）

1. 有關猶大必亡，民須投降的預言（二十一 1～10）
2. 末代王約雅敬和西底家要承擔亡國的責任（二十一 11～二十三 8）
3. 說假神諭的先知要承擔亡國的責任（二十三 9～四十）

亡國故事的主體（main body）

敘述亡國故事的編排（按主題而不按時序）

A 耶利米與宗教領袖角力（二十四～二十九章）

B 耶利米對猶大人的勉勵：
有關回歸故土和新約的安慰之書（三十～三十三章）

B' 耶利米對猶大人的譴責：
猶大人必因背約而被神懲罰（三十四章）
利甲族人因信實而蒙神祝福（三十五章）

A’ 耶利米與政治領袖角力：

約雅敬不聽耶利米的警告，令猶大走上亡國之路（三十六章）

西底家不聽耶利米的警告，結果是國破家亡（三十七～三十八章）

亡國後的領袖不聽勸告，結果是更多人死亡（三十九～四十四章）

亡國故事的跋（epilogue）（四十五章）

1.1.2. 樹木的層次：概覽分段的結構或主題

上文 1.1.1 鳥瞰全卷書的組合結構（森林的層次），下文概覽分段的結構或主題（樹木的層次）。在本書第五至十五章，每一章都會分為三部分：結構、註釋、小結。以本書第六章為例，這章的主題是耶利米的三次宣告警告的行程（十一～二十章），下頁的圖 1.3 列出三次行程，就是耶利米在猶大的不同地點向人民發出警告的神諭；此圖屬於樹木的層次。

1.1.3. 樹葉的層次：註釋每節或每小段經文

本書第五至十五章是有關每節或每小段經文的註釋，而每章經文的註釋約三千多字。筆者跟隨傳統註釋書的方式，包括下頁圖 1.4 的四方面。

1.2. 航拍耶利米書

航拍的工具可在高空作鳥瞰的拍攝，又可低飛拍攝。遙控航拍的人可採用不同的高度和角度去拍攝，鏡頭下的世界從此起了革命性的變化。不單攝影，而且測量等行業都起了革命性的變化。筆者將此書命名為《傾覆中的盼望：航拍耶利米書——鳥瞰結構與簡要註釋》，目的是從不同的高度、角度和深度去理解經文。

	第一次行程（十一 1～十七 18）	第二次行程（十七 19～十八 23）	第三次行程（十九 1～二十 18）
耶利米在不同地點發出的宣告警告	在猶大各城鎮和耶路撒冷各街道[4]（十一 6）	在耶路撒冷的各城門口（十七 19）	在欣嫩子谷、哈珥西的門口(十九 2）
鑰字	「盟約」出現五次（十一 2、3、6、8、10）	「安息日」出現七次（十七 21、22x2、24x2、27x2）	「陀斐特」出現五次（十九 6、11、12、13、14）
人不聽警告就會被神懲罰	未來三災：被擄、旱災、戰禍（十三 15～十五 9）	火必燒毀耶路撒冷的宮殿，不會熄滅（十七 27）	人要在陀斐特埋葬屍首，甚至無處可葬(十九 6～13）
猶大人的回應	同鄉尋索耶利米的命（十一 21），人人咒罵他（十五 10）	耶路撒冷的人設計謀害耶利米（十八 18、23）	祭司擊打先知耶利米，將他監禁在聖殿裏（二十 2）

圖 1.3：耶利米三次發神諭的行程

分段的主題字詞（thematic words）	聚焦在重複的字詞，又串連相似的字詞和有關的經文，然後歸納為經文的主題
句子結構的分析（syntactic analysis）	基於經文的平行句、主句或子句、字詞的先後次序等等
文法的分析（grammatical analysis）	基於希伯來文動詞的時態（tense）、名詞的單數或眾數等
原文的字義（semantics）	基於希伯來文字典、神學字典等

圖 1.4：本書的評註部分所採用的註釋方式

1.2.1. 不同的高度，包括高空和低空航拍

高空航拍經文，是指鳥瞰全卷耶利米書的結構（參上文 1.1.1）；低空航拍經文，是指鑽研每一個字或每一節，然後作出細緻的評註

（參上文 1.1.3）。從上而下（top-down）的次序，就是先高空航拍後低空航拍。本書採取從上而下的表達方式，讀者會比較容易明白本書內容。然而，筆者開始研究耶利米書時，沒有一本參考書提供高空航拍的結構。筆者需要採取從中而上（middle-up）的次序，就是先將全卷書分為數大段落（圖 1.3 和圖 1.5 是其中兩個例子），然後思考如何將各大段落組合為全卷書的結構。

筆者完成從中而上的步驟之後，就可從中而下（middle-down）作出評註。從中而下的好處，就是能夠根據經文的重點和結構去選擇某些字詞作出鑽研（參本書第五至十五章），而不需要鑽研經文的每一個字。

1.2.2. 不同的角度，包括文學、神學、歷史和地理

本書的角度包括文學、神學、歷史和地理的角度，上文已交代文學的角度。筆者也著重地理的角度。若經文提及地點，本書將會列出該地點的相關地圖，圖文並茂：一方面令讀者掌握地理的背景；另一方面，地點的轉變表達了場景的轉變，也可能作為分段的指標。例如：耶利米書五十二章的結構可以根據利比拉這地點作為區分，詳細的討論可參閱本書第十五章。而本書第二章和第三章則分別採用歷史和神學的角度，筆者在下文歷史和神學的角度概述。

1.2.2.1. 歷史的角度

有關猶大亡國的歷史事件，耶利米書的記載比列王紀和歷代志詳細得多，但耶利米書敍述歷史事件的次序並不是按時間的先後。因此，驟眼看來，讀者容易感到混亂。

本書第二章將會用上約一萬字敍述耶利米書的歷史背景，其中包括兩個部分。第一部分敍述當時的國際形勢，主要是有關巴比倫的崛起。第二部分敍述國內形勢，包括下列四個不同的時代。這種區分令人更能明白耶利米書所橫跨的四十多年背景。

第一部分：耶利米當時的國際形勢

A. 約西亞時代：亞述由盛轉衰

B. 約雅敬第四年：尼布甲尼撒登基為巴比倫王

C. 西底家第一年：列國商議如何對抗巴比倫

第二部分：耶利米當時的國內形勢

A. 約西亞時代：宗教改革未能改變拜偶像的傳統

B. 約雅敬時代：敬拜偶像的惡行令國家步向亡國

C. 西底家時代：王登基時已有大批猶大人被擄

D. 亡國後時代：被擄者、逃亡者、留守者的前景

1.2.2.2. 神學的角度

耶利米書的主要內容是敍述猶大亡國的故事和有關的神諭。面對猶大即將亡國的處境，耶利米書強調四方面的神學主題，就是申典神學、回歸神學、餘民神學和君王神學。本書第三章將會詳述這四個神學主題。這裏只概括地介紹這四個主題的重點，並指出它們是互相補足的。

申典神學（參本書第三章 3.1）是賞罰分明、生死攸關的報應神學。猶大亡國、人民被殺或被擄的原因，就是猶大人違反了西奈山的約。在猶大亡國前大約四十年，在朝有約西亞王帶領人民與神重新立約，在野有耶利米於各城各街道去宣告警告的信息：猶大人背約的結果是必定滅亡（耶十一 1～13）。當時的猶大人屢勸不聽，最後猶大亡國，人民被殺或被擄，他們自己難辭其咎。

若耶利米書只強調申典神學，被擄的猶大人的前途是黑暗的，他們不能扭轉巴比倫的遷徙政策而回歸故土，也不能扭轉人的罪性而避免神的懲罰。只有神能扶助波斯這小國在大約十年時間先後吞併瑪代帝國和巴比倫帝國，又將巴比倫的遷徙政策改為懷柔政策，以致被擄的猶大人能夠回歸故土。

回歸神學（參本書第三章 3.2）指出神不單帶領祂的子民回歸故土，而且帶領他們回歸到神那裏。只有神能從他們的肉體中除掉石

心，賜給他們肉心（結十一 19，三十六 26），目的是要令人悔改，重建人與神的關係。上述有關回歸的信息是耶利米在亡國前已宣告，而且神吩咐耶利米購買已淪陷的土地（參耶三十二章），目的就是令亡國奴對前途有盼望，也令他們存著堅忍的心去面對眼前的苦難。

根據**餘民神學**（參本書第三章 3.3），不是人人可以由受罰可憐的光景回到神那裏，人回到神那裏是需要兩方面的配合，缺一不可：第一，每人都需要自行作出正確的抉擇，就是要聽從神的吩咐去保存生命，也要對神忠貞，謹守神的誡命；第二是神主動保存屬神的子民這個羣體，縱使有個別的餘民對神不忠貞而不蒙拯救，但餘民這個羣體因神的保守而不會消失。

餘民神學令人由神的審判，過渡到神所應許的復興。餘民必須將自己分別為聖作為神的子民，才會被神建立，所以餘民的前途是光明的。然而不論前途有多麼光明，餘民都不能改變猶大亡國這悲痛的局面，這便需要下述的**君王神學**（參本書第三章 3.4）來補充。

耶利米書三十至三十三章不單預言以色列民族回歸故土，重建家園，而且描繪回歸後的遠景：新約、新王、新子民（參本書第三章 3.4.2 和第九章 9.2.3）。新王有別於過去大衛家族世襲的王，這新王就是耶穌基督。祂所建立的國並不是屬地的政治羣體，而是屬天的宗教羣體，天國的子民就是歷代各地相信耶穌的人。

只有餘民神學而沒有君王神學，其格局便不像國家，甚至連開局也有困難。君王神學就是神在大衛的子孫中興起一人作君王，他拯救屬神的子民。新子民也有別於按血源而定義的以色列人，新子民就是新約時期的基督徒。耶穌不單開創國家的格局，還會建立永恆的王國，永遠作王。個別的基督徒可能會離棄神，但基督徒這個羣體是不會消失的，而且將歷代的基督徒計算起來的話，便會如海沙那樣數不勝數。

1.2.3. 不同的深度，包括研經的方法和技巧

筆者對攝影有濃厚的興趣，尤其喜歡拍攝風景和建築物。有時

從高處向下拍攝，有時從下而上拍攝。不同的角度帶來不同的效果。另一方面，筆者期望將平面的畫面立體化，令人細味，這些都是畫面內裏的深度。同樣，筆者所謂的航拍視野，包括不同的高度和角度（參上文 1.2.1 和 1.2.2），以及下文所述的深度。

筆者撰寫此書的其中一個主要目的，就是建構耶利米書全卷書的結構（參本書第四章），以及分段的結構（參本書第五至十五章的第一部分）。這許多的結構令讀者可見樹葉和樹木，又見森林。筆者的目的是要聯繫各段經文，將平面的文字變成立體化的結構，這樣，讀者便不會在文字的汪洋中迷失方向，而且能夠細味字裏行間的意思和情感，這正是筆者所指的深度。

有關經文的結構，筆者採用了修辭評鑑法和敍事評鑑法的很多技巧；這些技巧將於本書第四至十五章使用。有關修辭評鑑法的使用，學者提供了基本的程序，[5] 重點在於文字，例如修辭技巧和重複的字詞等。有關敍事評鑑法的使用，學者也提供了基本的程序，[6] 重點在於人、事件和場景等。這兩種評鑑法產生互相補足的作用。筆者在此簡述這兩種評鑑法其中兩個很重要的技巧。

1.2.3.1. 修辭評鑑法與交叉平行體（chiasmus）

舊約所採用的修辭法並不是源自公元前四世紀的希臘修辭學，而是源自公元前三千年的蘇默人（Sumerian，或譯蘇美爾人）的修辭學。蘇默人是美索不達米亞（Mesopotamia）文化的先驅，他們在幼發拉底河和底格里斯河的流域發展古文明。雖然蘇默人被亞卡德人（Akkadian）征服，但亞卡德人承襲了他們的文化。希伯來人的修辭法也吸收了蘇默人的修辭法。下文所提出的交叉平行體經常在舊約出現，而且流行至公元前五世紀左右。[7] 亞里士多德在公元前四世紀所倡議的希臘修辭法並沒有交叉平行體。

下文第一個交叉平行體的例子是來自以賽亞書六章 10 節。「心」分別在 A 和 A’ 出現，「耳」分別在 B 和 B’ 出現，而「眼」分別在 C 和 C’ 出現。

以賽亞書六章 10 節

A 你要使這子民的心思遲鈍，
 B 耳朵不靈，
  C 眼睛昏暗，
  C' 免得他們眼睛看見，
 B' 耳朵聽見，
A' 心裏明白，回轉過來，得到醫治。

交叉平行體不單出現在一句之內，也出現在一大段經文之中，甚至橫跨全卷書。[8] 因此，這種文學結構可以令讀者了解全卷書的重心（參本書第四章）。列王紀下十八至二十章便是交叉平行體這方面的例子：[9]

列王紀下十八至二十章

A 總結希西家作王的時期（十八 1～12）
 B 亞述王差派使者去威嚇希西家（十八 13～十九 13）
  C 希西家上聖殿祈禱（十九 14～34）
   X 神拯救耶路撒冷（十九 35～37）
  C' 希西家患病後哭求，得蒙醫治及添壽（二十 1～11）
 B' 巴比倫王差使者去探望希西家（二十 12～19）
A' 總結希西家作王的時期（二十 20～21）

有些交叉平行體並沒有中間的 X，只有 A B B'A'，它的中央位置就是 B 和 B'。不論有沒有中間的 X，學者稱交叉平行體為同軸結構（concentric structure）、環形結構（ring structure）、拱形結構（arch structure）、扇形結構等。若只是 A B A'，可稱為三文治結構。中央位置可能是重點或轉捩點，也可能只是結構的中心點而已。無論如何，中央位置吸引人注目和深究，[10] 這正是筆者所指的深度。

交叉平行體的重要性不單在於結構的中央位置，也在於由中央向外伸展的兩部分，這是作者或編者刻意安排而成的一個文學結構。[11] 下半部分可作為上半部分的對比、反差、互補、逆轉、實現（fulfillment）

等等。[12] 因此，讀者需要予以深究，這也是筆者所指的深度。

1.2.3.2. 敍事評鑑法與三或四的進展結構

不同的學者對這種結構有不同的稱呼，奧爾特（Robert Alter）稱它為「三或三加一段連續重複的形式」（3 or 3+1 consecutive repetition）。[13] 亞米特（Yairah Amit）稱它為「三及四的結構」（3 and 4 structure）。[14] 這技巧的定義就像田徑的三級跳，第一和第二的步幅較短，最後一跳的步幅最長。同樣，這種文學技巧，在於描寫第一至第二（或至第三）件事的篇幅較短，但第三（或第四）件事的篇幅最長，並且是高潮或低潮所在，[15] 需要讀者細味一番。這也是筆者所指的深度。

這種文學技巧在舊約聖經屢見不鮮，如三個五十夫長先後被王差派去捉拿以利亞，起初兩個五十夫長和他們所帶領的五十個兵丁都被從天降下的火燒死，第三個五十夫長就跪在地上乞求以利亞的憐憫，以利亞才和他同去見王（王下一 1～17），這是故事的高潮。另一例子是約伯經歷三次產業上的損失，最後一次的打擊是最大的，就是失去兒女（伯一 13～19），這是故事的低潮。

本書第十一章 11.1 指出耶利米書三十六章出現三次宣讀書卷，又指出三十七至三十八章敍述西底家三次求問耶利米。這些經文都是採用了三或四的進展結構。圖 1.5 列出了這兩段經文的結構。這種的研究屬於樹木的層次。

第一循環（三十六章）	第二循環（三十七～三十八章）
第一次宣讀神諭（三十六 1～10）	西底家第一次求問（三十七 1～10）
第二次宣讀神諭（三十六 11～19）	西底家第二次求問（三十七 11～21）
第三次宣讀神諭（三十六 20～26）	西底家第三次求問（三十八 1～20）
約雅敬王不聽神諭，神宣告他將會家破人亡（三十六 27～31）	西底家王不聽神諭，神宣告他將會面對國破家亡（三十八 21～23）

圖 1.5：耶利米書三十六章至三十八章的兩次循環

1.3. 其他

1.3.1. 本書的目標讀者

本書絕大部分內容，都是一般基督徒可以了解和掌握的。換言之，本書的對象是平信徒。筆者每註釋一或兩章之後，都加上一些思想問題，讓讀者用作反省，主日學老師亦可作課堂討論之用，組長當然也可用來作小組討論。

本書的註釋提供了學者和原文字典的資料，附錄提供了較深入的題材。這些資料對神學生和傳道人都是很重要的，所以本書的目標讀者也包括神學生和傳道人。

耶利米的時代背景是猶大亡國的倒數年代，現今的基督徒也面對世界末日的倒數年代，我們可從耶利米書學習如何面對末世。筆者盼望本書可幫助讀者發掘耶利米書當中的屬靈寶藏，以致應用耶利米書的信息去面對末世。

1.3.2. 有關本書的附錄

中國古代君王的聖旨有它特定的格式，開首語是「奉天承運，皇帝詔曰」，結語是「欽此」。同樣，神諭也有當時的格式。本書的附錄 A 討論舊約常見的神諭格式，若讀者對這方面有認識，對經文的分段會有幫助。

在附錄 B，筆者會從跋的理論，解釋耶利米書的希伯來文馬索拉文本（下文簡稱 MT）和希臘文《七十士譯本》（下文簡稱 LXX）為何會有結構性的差別。神學院內有許多藏書，當中有各門各派，有些學者可能是福音派的，有些學者可能是新派或自由派（liberals）的，有些學者可能是混合派的。學者來自的派別會影響他們如何釋經，也會影響他們究竟是重視希伯來文版本，還是重視希臘文《七十士譯本》。

本書的附錄 C 討論耶利米書是否以二十五章作為上下集分

界？這問題是基於某些學者的前設，這前設和上述 MT 版本和 LXX 譯本的討論息息相關，也影響學者如何釋經。

附錄 D 回顧過去百年來學者如何研究耶利米書（literature review and methodology）。這些研究方法不單被用來鑽研耶利米書，也用來研究其他舊約書卷。各種研經法令不少讀者、甚至神學生也感到花多眼亂，筆者建議進深的讀者研讀附錄 D。這附錄介紹有關歷時法、共時法等學術名詞，然後將各種研究方法分門別類，目的是要人在閱讀釋經書或網上資訊時不會人云亦云，又使人在思考學者的意見時，能夠意識到各門各派的優點和缺點、假設和限制。

1.3.3. 有關稱呼、譯名和原文的讀音

在猶大亡國前，猶大這民族都被稱為「猶大人」（Judahites），這稱呼延伸到被擄時期和回歸時期。在舊約和新約之間的時期，這民族逐漸被稱為「猶太人」（Jews）。舊約稱呼南國猶大的人為「猶大人」，新約稱呼這民族為「猶太人」。當讀者發現本書使用「猶大人」這稱呼時，不要以為應更正作「猶太人」。

另一問題是有關 Ancient Near East 的中譯，這片語的傳統翻譯是「古代近東」。其實這地區泛指古代埃及和美索不達米亞（Mesopotamia，即現今的伊拉克和敍利亞等地區）地區的文明發源地。亞述人聚居在今伊拉克的西北部，巴比倫人聚居在今伊拉克的東南部。「古代近東」也包括埃及和美索不達米亞這兩個古代文明發源地之間的以色列、約旦等地，這些地區的居民無論在文字、宗教、習俗等都會受到上述兩個文明發源地的影響。本書將 Ancient Near East 譯作「古代中東」，目的是使人較易明白這名稱是指與現今的中東地區相同。

本書在註釋引述原文字典的解釋，包括 BDB、HALOT、NIDOTTE 等等，也使用英文拼音去音譯（transliteration）原文的讀音，音譯是在原文後的括號之內，如 פָּקַד（*Pāqad*）。

1.3.4. 本書所採用的中文和英文聖經譯本

本書所採用的中文聖經是《和合本 2010》(下文簡稱《和修版》)，有時會參考《聖經新譯本》（下文簡稱《新譯本》）、《和合本》，以及《思高聖經》。本書所採用的英文聖經是最新的版本，如 NIV 是採用二〇一一年的版本；ESV 採用二〇一六年的版本等。如使用舊版本，就會註明年份，如 NIV 1984 就是一九八四年的版本。如沒有註明年份，那就是使用最新的版本了。本書所採用的各種英文聖經譯本的簡稱和全名如下：

ASV	American Standard Version（1901）
BBE	Bible in Basic English（1949/64）
CEB	Common English Bible（2011）
CJB	Complete Jewish Bible（1998）
CSB	Christian Standard Version（2017）
ESV	English Standard Version（2016）
JPS	Jewish Publication Society（1917）
KJV	King James Version（1611/1769）
NAB	New American Bible（2011）
NASB	New American Standard Bible（1995）
NET	New English Translation（2017）
NIV	New International Version （2011）
NJB	New Jerusalem Bible（1985）
NKJV	New King James Version（1982）
NRSV	New Revised Standard Version（1989）
RSV	Revised Standard Version（1952）
RWB	Revised Webster Bible（1995）
TNK	JPS Tanakh（1985）
YLT	Young's Literal Translation（1862/98）

1.3.5. 本書所採用的各種英文書籍或期刊的縮寫

AB	The Anchor Bible Commentary
ABD	Anchor Bible Dictionary
ANET [3]	*Ancient Near Eastern Texts Relating to the Old Testament*, 3rd ed. with Supplement
BDB	The New Brown-Driver-Briggs-Gesenius Hebrew-English Lexicon
BHS	Biblia Hebraica Stuttgartensia 5th ed.（希伯來聖經）
BZAW	Beihefte zur Zeitschrift für die alttestamentliche Wissenschaft
CBQ	*Catholic Biblical Quarterly*
FOTL	The Forms of the Old Testament Literature
HALOT	The Hebrew and Aramaic Lexicon of the Old Testament
HOL	A Concise Hebrew and Aramaic Lexicon of the Old Testament
ICC	The International Critical Commentary
JM	A Grammar of Biblical Hebrew (Joüon & Muraoka)
ISBE	The International Standard Bible Encyclopaedia
JBL	*Journal of Biblical Literature*
JSOT	*Journal for the Study of the Old Testament*
JSOT Supp	*Journal for the Study of the Old Testament, Supplement Series*
LXX	Septuagint（舊約的希臘文《七十士譯本》）
MT	Masoretic Text（舊約的《馬索拉文本》）
NICOT	The New International Commentary on the Old Testament
NIDNTTE	New International Dictionary of New Testament Theology & Exegesis
NIDOTTE	New International Dictionary of Old Testament Theology & Exegesis

OTL	The Old Testament Library
SBLDS	Society of Biblical Literature Dissertation Series
VT	Vetus Testamentum

註釋

1. R. Knierim, "Old Testament Form Criticism Reconsidered," in *Reading the Hebrew Bible for a New Millennium: Form, Concept, and Theological Perspective*, eds. W. Kim, D. Ellens, M. Floyd and M. A. Sweeney (Harrisburg: Trinity Press, 2000), 63.
2. R. P. Carroll, *From Chaos to Covenant: Uses of Prophecy in the Book of Jeremiah* (London: SCM Press, 1981).
3. L. Stulman, *Order Amid Chaos: Jeremiah as Symbolic Tapestry* (Sheffield: Sheffield Academic Press, 1998).
4. 《和修版》在十一 6 譯作「街市」，但在七 17，十一 13，十四 16 等譯作「街道」或「街上」。原文應譯作「街道」。參 "חוּץ (*ḥûṣ*)," *BDB*, 299— "street"。上述原文後括號內是英文音譯，本書其他註釋的表達方式也是如此。
5. P. Trible, *Rhetorical Criticism: Context, Method, and the Book of Jonah,* Old Testament Series, ed. G. M. Tucker (Minneapolis: Fortress Press, 1994), 102～105.
6. 吳仲誠：《舊約詮釋學初介——從歷史進路至文學進路》，李金好譯（香港：天道書樓，2011），頁 115～152。
7. R. F. Smith, "Chiasm in Sumero-Akkadian," in *Chiasmus in Antiquity: Structures, Analyses, Exegesis*, ed. J. W. Welch (Provo, Utah: Research Press Publications, 1981), 31."
8. J. W. Welch, "Introduction," in *Chiasmus in Antiquity*, 11.
9. 多爾西：《約中之鑰：舊約文學結構》，周俞雲翔譯（香港：漢語聖經協會，2009），頁 247。
10. 多爾西：《約中之鑰》，頁 62～64。
11. D. N. Freedman, "Preface," in *Chiasmus in Antiquity*, 7.
12. 多爾西：《約中之鑰》，頁 58～60。
13. 奧爾特：《聖經敍述文的藝術》，黃愈幹、譚晴譯（香港：天道書樓，2005），頁 165。.
14. Yairah Amit, *Reading Biblical Narratives: Literary Criticism and the Hebrew Bible*, trans. Y. Lotan (Minneapolis: Fortress Press, 2001), 62.
15. 奧爾特：《聖經敍述文的藝術》，頁 165～166。

第二章

耶利米書的歷史背景

2.1 耶利米當時的國際形勢
  2.1.1 約西亞時代：亞述由盛轉衰
  2.1.2 約雅敬第四年：尼布甲尼撒登基為巴比倫王
  2.1.3 西底家第一年：列國商議如何對抗巴比倫
2.2 耶利米當時的國內形勢
  2.2.1 約西亞時代：宗教改革未能改變拜偶像的傳統
  2.2.2 約雅敬時代：敬拜偶像的惡行令國家步向亡國
  2.2.3 西底家時代：王登基時已有大批猶大人被擄
  2.2.4 亡國後時代：被擄者、逃亡者、留守者的前景
2.3 小結

先知書的卷首語通常會交代時代的背景，耶利米書一章 2 至 3 節指出耶利米作先知的時期是在約西亞、約雅敬和西底家作王的年代。其實約雅敬之前還有他的兄弟約哈斯作王，之後還有他的兒子約雅斤作王，但這兩個王作王的時期都只有三個月，所以耶利米書一章 2 至 3 節並沒有提及這兩個王。

約西亞作王三十一年→約哈斯作王三個月
→約雅敬作王十一年→約雅斤作王三個月
→西底家作王十一年

本章詳述耶利米書當時的國際形勢和國內形勢，最後在小結表列耶利米的重點工作。根據考古資料，巴比倫王尼布甲尼撒在公元前五九八年底至五九七年初攻打耶路撒冷，約雅斤在此時被擄。[1] 猶大亡國是在西底家十一年四月亡國，所以猶大約在公元前五八六年亡國。[2] 下文「約西亞作王三十一年」是由公元前六四〇年至六〇九年，「約雅敬作王十一年」是由公元前六〇九年至五九八年，如此類推。

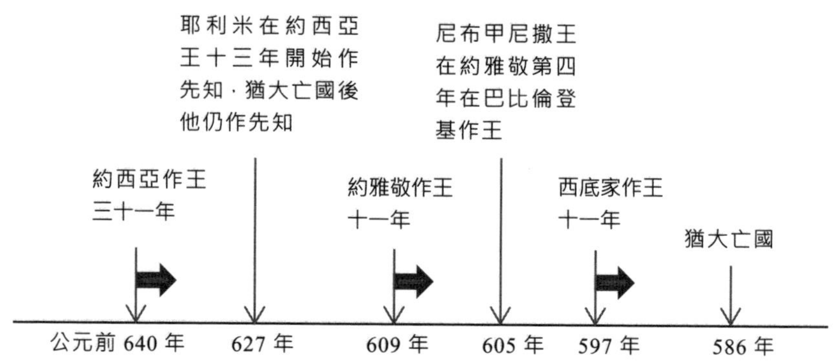

圖 2.1：公元前 640 至 586 年猶大國國內的形勢

2.1. 耶利米當時的國際形勢

2.1.1. 約西亞時代：亞述由盛轉衰

在公元前六四〇年約西亞登基為王，當時的亞述王是亞述巴尼帕（Ashurbanipal），他統治亞述長達三十八年（公元前 668 至 630 年）。在他的統治下，亞述帝國的版圖擴展到最大，從西北的撒狄（在現今的土耳其境內），和西南的提比斯（在埃及南部），伸展到東方的書珊（在現今的伊朗境內）。[3]

亞述巴尼帕不單在軍事上的成就顯赫，而且在尼尼微建立了一所大規模的圖書館。[4] 尼尼微在公元前六一二年覆亡時被火焚毀，圖書館內的泥板因高溫而變成瓦片；瓦片的保存期十分長久，以致圖書館的文物能夠流傳後世。考古學家在一八四七年發現這圖書館後，合共發掘了約一百年，共發掘了三萬塊泥板，令人認識遠古時代美索不達米亞的歷史、文學、醫藥、數學等等。[5] 上述文物現貯藏在大英博物館，其中有一百七十件文物在二〇一三年於香港歷史博物館展覽，年代由公元前三五〇〇年到公元前五三九年，[6] 橫跨蘇默、亞述和巴比倫的時期；這些展品更被記錄成書。

在公元前六三〇年，亞述巴尼帕（Ashurbanipal）已將帝位禪讓給兒子亞述提拉尼（Ashuretililani）。當亞述巴尼帕在公元前六二七年離世時，他的另一名兒子辛沙以實昆（Sinsharishkun）為了爭奪帝位而發起內戰，並且在公元前六二〇年成功篡位。[7] 巴比倫乘時崛起，並且聯同瑪代攻打亞述。在內憂外患之下，亞述就由強盛步向衰亡。亞述城（Asshur）和尼尼微分別在公元前六一四年和六一二年被攻陷。[8] 亞述王向西面逃亡，到了四百公里以外的哈蘭（見下圖[9]），但哈蘭也在公元前六一〇年被攻陷。[10]

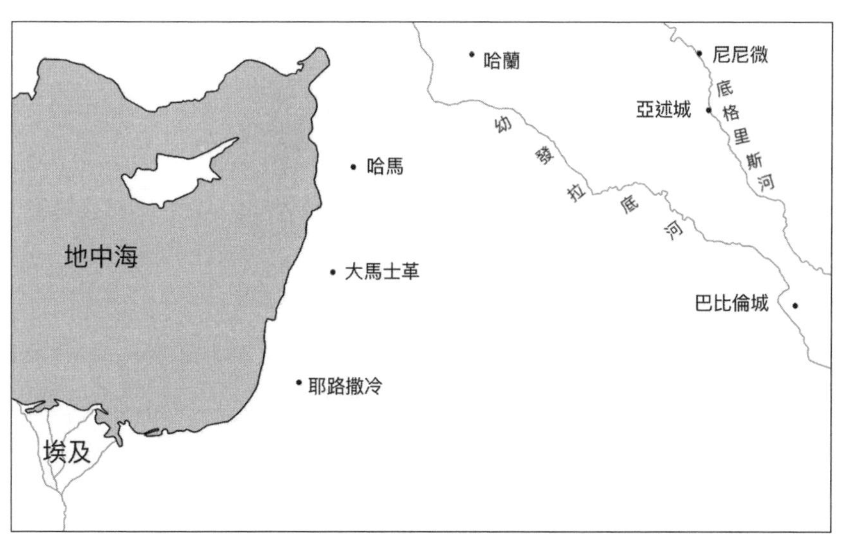

圖 2.2：亞述王逃亡往尼尼微西面的哈蘭

在公元前六〇九年，埃及王尼哥（Necho）帶領軍隊北上幫助亞述王抵抗巴比倫的追擊。在歷代志下三十五章 20 節，《和修版》的翻譯是「攻打」，但《新譯本》的翻譯是「幫助」。英譯本大多譯為「打仗」，原文的意思也是打仗。這裏的意思是埃及出兵往亞述打仗，幫助亞述抵禦巴比倫的攻擊。約西亞不希望亞述這個世仇國家生存，所以他帶領軍隊在米吉多阻止埃及軍北上，但他卻在戰場上重傷而死（王下二十三 28～30；代下三十五 20～24）。埃及軍隊繼續北上援助亞述，不過後來也失敗而回，亞述從此亡國。[11]

2.1.2. 約雅敬第四年：尼布甲尼撒登基為巴比倫王

「約雅敬第四年」在耶利米書出現四次（二十五 1，三十六 1，四十五 1，四十六 2），這是耶利米書其中一個重要的時間標記，原因是尼布甲尼撒在這一年登基為巴比倫王。下文簡述他的冒起和雄霸一方的經過。

在公元前六〇五年，巴比倫王儲尼布甲尼撒擊潰埃及北上駐紮在迦基米施的軍隊（耶四十六 2）。迦基米施是哈蘭西面一百三十公里外的城市（參圖 14.2），這城是幼發拉底河上游的戰略據點和商業樞紐，也是昔日赫人的首都。

當尼布甲尼撒南下追擊到埃及邊界時，他的父親去世，他需要回到巴比倫首都繼承王位（耶二十五 1）。雖然他不能乘勝追擊，但那些在巴勒斯坦的國家，包括猶大，由原是埃及的附庸國皆變成巴比倫的附庸國。猶大原本上繳給埃及的貢款（王下二十三 33），現改為獻給巴比倫（王下二十四 1）。

在尼布甲尼撒登基的那一年，耶利米預言列國將會服事巴比倫七十年（耶二十五 1、11）。其實在這段時期巴比倫尚未完全凌駕埃及。根據巴比倫編年史的記載，尼布甲尼撒在位第四年，領軍攻打埃及，但並不成功，雙方傷亡慘重。[12] 猶大等巴勒斯坦的國家可能趁此機會停止向巴比倫進貢巨款（王下二十四 1）。

在尼布甲尼撒第七年，即是約雅敬第十一年，尼布甲尼撒領軍攻打背叛他的猶大等國家。約雅敬在此時離世，他的兒子約雅斤繼位。可是約雅斤只作王三個月，在巴比倫軍隊圍攻耶路撒冷的壓力下，帶領臣僕出城投降。約雅斤被擄到巴比倫，尼布甲尼撒王立約西亞另一名兒子西底家作猶大的傀儡王（王下二十四 2～18）。上述的歷史在巴比倫編年史也有記載。[13]

巴比倫王把埃及王原本管轄之地，從埃及溪谷直到幼發拉底河都奪去了（王下二十四 6～7），埃及王亦無力反抗。在這段時期巴比倫完全凌駕埃及，猶大等巴勒斯坦的國家成為巴比倫的附庸國。

2.1.3. 西底家第一年：列國商議如何對抗巴比倫

在西底家登基時，巴比倫已跟隨亞述擴張國家版圖的政策，就是先向列國徵收龐大的貢款，令列國的庫房空虛。當某個國家無力進貢時，巴比倫就揮軍攻佔其土地，帝國的版圖因此不斷擴張。[14]

基於上述巴比倫的策略，西底家在位十一年，每天都要面對國破家亡的日子將要來臨。不單猶大是這樣，在巴勒斯坦其他的小國也是面對這情況。從上述角度，讀者就不難了解耶利米書二十七章的內容：以東、摩押、亞捫、推羅和西頓的使節來到猶大與西底家的使節會議，耶利米將皮帶和木軛（《和合本》譯作「繩索與軛」）送給各國的使節，目的就是勸他們要臣服於巴比倫的軛，即是繼續進貢巨款，不要試圖背叛，否則他們的國家就會滅亡，人民被擄。

西底家不單面對上述的軍事和經濟壓力，也要面對不支持他的朝臣。前朝的官員已被擄，現任的官員認為西底家只是傀儡王，不單不幫助他，反而成為他的威脅。雖然西底家希望保存耶利米的生命，以致耶利米可為他求問神，但他卻不敢反對官員對耶利米的控告，甚至對官員作出下列的回應：「他在你們手中，王不能反對你們所做的事。」（耶三十八 5）

2.2. 耶利米當時的國內形勢

2.2.1. 約西亞時代：宗教改革未能改變拜偶像的傳統

2.2.1.1. 王帶領宗教改革，民仍敬拜偶像

耶利米書沒有敍述約西亞王的事迹，有關他的詳細資料，可參閱列王紀下二十二至二十三章，以及歷代志下三十四至三十五章。約西亞在八歲登基，在位第十二年，即是二十歲，他就開始潔淨猶大和耶路撒冷，除掉丘壇、亞舍拉、雕刻的像和鑄造的像（代下三十四 3）。這是第一階段的宗教改革。

第二階段的宗教改革是由約西亞十八年開始（代下三十四 8），他發起維修聖殿的工程。在維修的過程中，大祭司發現律法書，書記沙番將律法書讀給約西亞聽。約西亞加強宗教改革，他聚集人民在聖殿裏，將律法書（又稱約書，參王下二十三 2；代下三十四 30）讀給人民聽，並且在神面前重新立約。在列王紀下二十三章 3 節的最後一句，《和修版》的翻譯是「全體百姓都願遵守所立的約」，《新譯本》的翻譯是「眾民都一同立約」。在這節的開始和結尾都出現原文的動詞 עָמַד （意思是「站立」），即是眾民跟隨王的帶領，參與這次立約的儀式。

約西亞的宗教改革不單在猶大的領土推行，而且擴展到昔日北國的城鎮伯特利和撒瑪利亞（王下二十三 15～20）。這時的亞述正走向衰微的時期，亞述對巴勒斯坦的控制非常鬆弛。[15] 約西亞可以自由地在亞述所侵佔的伯特利和撒瑪利亞內拆毀丘壇，而且帶領這些城鎮的人民守逾越節（王下二十三 15～23）。

雖然約西亞王推動宗教改革，但敬拜偶像的民間傳統依然存在。這傳統是由於瑪拿西作王時，長時期敬拜偶像所帶來的（王下二十三 25～26）。即使約西亞推行宗教改革接近二十年，但民間拜偶像的情況依然普遍，積習難返。耶利米也將這陋習歸咎於先王瑪拿西，而不是歸咎於約西亞改革不力（耶十五 4）。

耶利米書提到民間拜偶像的情況（耶三 6），指出約西亞王在位的日子，猶大並非一心歸向神，不過是假意歸神；以致背道的以

色列比奸詐的猶大還顯為義（耶三 10～11）。約西亞的宗教改革只能改變百姓表面的行為，但不能改變人心。當時的猶大人對他的宗教改革可能只是陽奉陰違，改革對偏遠地區的人來說也可能鞭長莫及。

2.2.1.2. 耶利米四處警告背約者必受罰

約西亞在位第十三年，即是他開始宗教改革之後的第二年，耶利米就蒙召作先知（耶一 2）。耶利米作先知大約四十年，其中十八年是在約西亞時期。約西亞三十一年，他阻止埃及軍北上援助亞述前，並沒有向耶利米徵詢神的指示。他與耶利米的關係似乎並不像希西家和以賽亞那麼密切，可能耶利米是在野不在朝發揮先知的角色。

	第一次行程（十一 1～十七 18）	**第二次行程（十七 19～十八 23）**	**第三次行程（十九 1～二十 18）**
耶利米在不同地點宣告警告	在猶大各城鎮和耶路撒冷各街道[16]（十一 6）	在耶路撒冷的各城門口（十七 19）	在欣嫩子谷、哈珥西的門口（十九 2）
鑰字	「盟約」出現五次（十一 2、3、6、8、10）	「安息日」出現七次（十七 21、22x2、24x2、27x2）	「陀斐特」出現五次（十九 6、11、12、13、14）
人不聽警告就會被神懲罰	未來三災：被擄、旱災、戰禍（十三 15～十五 9）	火必燒毀耶路撒冷的宮殿，不會熄滅（十七 27）	人要在陀斐特埋葬屍首，甚至無處可葬（十九 6～13）
猶大人的回應	同鄉尋索耶利米的性命（十一 21），人人咒罵他（十五 10）	耶路撒冷人設計謀害耶利米（十八 18、23）	祭司擊打先知耶利米，將他監禁在聖殿裏（二十 2）

圖 2.3：耶利米三次的宣告神論的行程（十一至二十章）

耶利米書一至十章敍述神對耶利米的詳細吩咐，但他尚未付諸行動。十一至二十章是敍述耶利米三次的宣告神諭的行程（參圖 2.3；

本書第六章將會詳述各次行程）。

十一章 6 節清楚地指出，神吩咐耶利米在猶大各城鎮和耶路撒冷各街道宣告警告的信息：猶大敬拜偶像，離棄獨一真神，等同背約，這約就是神帶領以色列人出埃及之後在西奈山訂立的約。以色列人世世代代都要遵守神在西奈之約所訂的誡命，若不遵守，神就會使這約中一切咒詛臨到他們（十一 8）。申命記二十八章詳列各種災禍，接著在三十章 15 至 19 節指出愛神和遵守祂的命令是關乎生死禍福，也關乎整個民族是否被神趕出應許之地。

本書第四章 4.1.1 將會詳細討論一至二十章的時代背景，可能就是在約西亞的年代至約雅敬第一年。

2.2.2. 約雅敬時代：敬拜偶像的惡行令國家步向亡國

2.2.2.1. 約雅敬王恢復敬拜偶像，財困還興建華麗宮殿

列王紀形容約雅敬行耶和華眼中看為惡的事，效法他祖先一切所行的（王下二十三 37）。約西亞進行宗教改革時已經玷污欣嫩子谷的陀斐特，不許人在那裏使兒女經火獻給摩洛（王下二十三 10）。當約雅敬執政時，耶路撒冷的人民立即重修欣嫩子谷的陀斐特（祭壇），使兒女在那裏作為火祭獻給偶像（耶七 31，十九 5～6）。耶路撒冷和其他城鎮的孩子撿柴，父親燒火，婦女揉麵做餅，獻給天后，又向別神獻澆酒祭，惹真神發怒（耶七 17～18）。

約雅敬是由埃及所立的傀儡王，猶大需要向埃及上繳巨額的貢款（王下二十三 33～35）。約雅敬第四年，巴比倫打敗埃及，猶大等巴勒斯坦的國家原本是埃及的附庸國，她們在埃及戰敗後變成巴比倫的附庸國，並向巴比倫進貢巨款（王下二十四 1）。

巴比倫只著重與埃及爭戰，並沒有對猶大帶來軍事威脅。約雅敬所面對的壓力並不是來自軍事上，而是年年進貢巨款給埃及或巴比倫所帶來的經濟壓力。[17] 然而，在國庫空虛之下，約雅敬竟然為自己建造豪華王宮，而且不繳付工錢給工人（耶二十二 13）。這樣的行徑，人神共憤，耶利米對他發出嚴厲的指責和預告：他死時的

屍首被扔在城外，不會有人為他舉哀（耶二十二 18～19）。

約雅敬只臣服巴比倫三年，他就背叛巴比倫（王下二十四 1）。背叛的原因是在尼布甲尼撒第四年領軍攻打埃及，並不成功，雙方傷亡慘重，需要數年才能重建軍力。[18] 猶大等國家可能趁此機會停止向巴比倫進貢巨款（王下二十四 1）。

在約雅敬第十一年，尼布甲尼撒帶領巴比倫軍隊攻擊猶大，並以銅鍊鎖著約雅敬，原意要將他帶到巴比倫去（代下三十六 6），但約雅敬可能被鎖著之前已受酷刑，以致他未到巴比倫之前，途中已不堪折磨而死。[19] 他的屍首被扔到耶路撒冷的城門外（耶二十二 18～19），白天受炎熱，黑夜受寒霜（耶三十六 30）。猶太史學家約瑟夫（Titus Josephus）直接指尼布甲尼撒王殺死約雅敬。[20]

約雅敬的兒子約雅斤繼位，只作王三個月，在巴比倫軍圍攻耶路撒冷的壓力之下，帶領臣僕出城投降。他們被擄到巴比倫，尼布甲尼撒王立約西亞另一名兒子西底家作猶大的傀儡王（王下二十四 8～17；耶三十七 1）。

2.2.2.2. 耶利米三次警告，王和民都不聽

在約雅敬作王之前，耶利米在各城宣告警告的信息已達十八年之久。約雅敬登位後，耶利米的第一次警告早在約雅敬作王第一年發出，他在聖殿宣告：若猶大人繼續敬拜偶像，聖殿將會被摧毀，好像示羅的會幕被摧毀一樣；而且耶路撒冷城將必荒廢，無人居住（二十六 1～7）。耶利米作出警告之後，祭司與百姓等人都來抓住他，羣情洶湧地指責他該死（二十六 9）。神藉官員亞希甘的手保護耶利米（二十六 24），免致他死亡。

耶利米在約雅敬作王的第二次警告是後者在位第四年，耶利米對猶大眾百姓和耶路撒冷所有的居民發出警告（二十五 1～7），並且發出預告，全地必然荒涼，令人驚駭，列國將要服事巴比倫王七十年（二十五 8～14）。當耶利米發出這次警告之後，他就被匿藏，甚至被軟禁（參本書有關三十六 5 的評註）。同年，神吩咐耶利米將警告信息抄寫在書卷上（三十六 1～2）。

由於耶利米被軟禁，上述的警告信息由巴錄代他在約雅敬作王第五年宣讀，再由官員輾轉傳給約雅敬（三十六 10～21）。第三次警告的信息主要是，如果猶大王願意帶領人民悔改，神就不會降災給猶大（三十六 3）。這個警告信息輾轉由官員在約雅敬王面前宣讀，只唸了三、四段，王就用文士的刀把書卷割破，丟在火盆裏，直到全卷在火中燒盡了（三十六 23）。王和聽見這一切話的臣僕都不懼怕，也不撕裂衣服（三十六 24）。

上文的其中兩節經文（二十六 3，三十六 3）的用字極為相似，警告的對象分別指向人民（二十六 2）和約雅敬（三十六 3～21）。他們都沒有把握最後的機會作出悔改，結果猶大在約雅敬作王第五年時已經註定亡國（三十六 29～31），[21] 但人民仍可選擇投降而生存（二十一 9）。

2.2.3. 西底家時代：王登基時已有大批猶大人被擄

2.2.3.1. 猶大陷入水深火熱之中，昏君雪上加霜

當西底家被巴比倫立為傀儡王時，巴比倫擄去耶路撒冷的眾領袖、木匠和鐵匠共三千人（耶五十二 28），以及七千勇士（王下二十四 14～16），留下在猶大地的是最貧窮的百姓（王下二十四 14）。猶大國缺乏政治領袖和工匠，又被巴比倫奪取許多財物，[22] 人民的生活必定陷在水深火熱之中。

西底家的性格比較柔弱，並沒有約雅敬那麼殘暴去殺害先知烏利亞和焚燒耶利米的書卷。假如約雅敬是暴君，西底家就是昏君。當猶大國走向亡國的路時，西底家不單無力挽救，而且雪上加霜，令國家和人民更加痛苦。例證有三：

第一，耶利米已經勸告他要把頸項放在巴比倫王的軛下，服事他和他的百姓，就得存活（耶二十七 12）。然而他不聽勸告，背叛巴比倫，招致巴比倫軍的攻擊（王下二十五 1）。

第二，西底家第九年，巴比倫圍困耶路撒冷城時，西底家帶領人民立約，將奴僕婢女釋放（耶三十四 8～10）。他可能認為這是一

個敬虔的行動去討好神，令神拯救他們脫離巴比倫軍的圍困。然而，當巴比倫從耶路撒冷城撤軍時，猶大人立即勉強那些已被釋放的奴僕婢女回來，令他們繼續為奴為婢。這背約的行動令神大為震怒，宣告他們必被巴比倫軍的刀劈開，像立約儀式的牛被劈開般（耶三十四 17～19）。

第三，耶路撒冷城即將淪陷時，耶利米已經呼籲人向巴比倫投降，就得以存活（耶二十一 9）。當西底家私下向耶利米查詢時，耶利米也力勸他投降就得以存活（耶三十八 17～23），若他帶領人民出城投降，就會減少傷亡。然而，西底家卻沒有依從，結果是巴比倫軍火燒耶路撒冷城（耶三十九 8），傷亡更多。

在西底家開始作王時，猶大人已經陷在水深火熱之中，這昏君上述三個行動令局勢雪上加霜，人民更加痛苦。

2.2.3.2. 說假神諭的先知混淆視聽，耶利米冒死勸諫

當西底家開始執政時，耶利米依照神的吩咐，頸項套著軛，又對西底家和列國的使節說：要把頸項放在巴比倫王的軛下，服事他和他的人民，就可以存活（二十七 12）。

估計耶利米頸項套著軛，在耶路撒冷城宣告上述的神諭，直到西底家第四年五月，哈拿尼雅取下耶利米頸項上的軛，把它折斷，並當著眾百姓面前預言兩年之內，神必照樣從列國的頸項上折斷巴比倫王的軛（二十八 10～11）。耶利米依照神的吩咐，對哈拿尼雅說他必因發假預言而死，結果他在同年七月死了（二十八 15～17）。

為甚麼說假神諭的先知不在西底家第一年就立即反對耶利米有關被擄七十年的預言呢？這可能是與當時國際形勢的變化有關。在尼布甲尼撒王第九至十年期間（即是西底家第二至三年間），巴比倫東面的以攔民族叛變，尼布甲尼撒王忙於平亂而無暇理會巴比倫西面的巴勒斯坦諸國。[23] 在此國際形勢下，哈拿尼雅有可能藉此預言被擄的猶大人兩年內回歸。

另一方面，埃及的新王在公元前五九五年登基，他勵精圖治，又在公元前五九二年（即是西底家第六年）攻打鄰國呂彼亞，凱旋

而回。[24] 西底家可能因國庫空虛，難以向巴比倫繳付巨額的貢款，就企圖倚靠埃及叛變。下列經文可能反映這企圖。

> 他卻背叛巴比倫王，差派使者前往埃及，要求埃及人給他馬匹和許多人。他豈能亨通呢？這樣做的人豈能逃脫呢？他背了約豈能逃脫呢……他定要死在巴比倫，就是巴比倫王所在之處……當敵人建土堆，築堡壘，要殲滅許多人時，法老雖有強大軍隊和大批人馬，在戰場上還是不能幫助他……我要帶他到巴比倫，在那裏因他背叛我的罪懲罰他。所有逃跑的軍隊必倒在刀下；剩餘的也必分散四方。（結十七 15～21）

由西底家第四年到第九年這五年內，耶利米留在耶路撒冷，可能是要指證被擄的猶大人並沒有按哈拿尼雅的預言在兩年內回歸。耶利米也可能需要勸西底家不要倚靠埃及而背叛巴比倫，但西底家最後都決定背叛巴比倫（王下二十五 1）。

巴比倫軍在西底家第九年十月圍困耶路撒冷城，西底家差派使者請耶利米求問神（三十七 3），耶利米預言城必被攻破，西底家必被擄。西底家因此把他軟禁在王宮中護衛兵的院子裏（三十二 2～5）。由耶利米書三十二到三十九章，護衛兵的院子這場景經常出現（三十二 2、8、12，三十三 1，三十七 21，三十八 6、13、28，三十九 15）。

在巴比倫軍圍城的十八個月內（參三十九 1～2），耶利米大部分時間都在護衛兵的院子。他可以在護衛兵的院子進行購地的程序（參三十二章），也可以在民中出入（三十七 4），估計這些活動都在護衛兵陪同下進行的。當然，他可能在這段時期撰寫耶利米書。

在巴比倫軍圍城的十八個月內（參三十九 1～2），耶利米有兩段短時間被官員扔在監牢內（三十七 15～16；三十八 6）。當時的監牢並不像西方現代監獄那麼整潔，而是一個深坑，坑內的淤泥可能有蟲咬人，又沒有糧食；在這情況下，囚犯可能會死掉。由此可見，耶利米是冒死勸諫。

2.2.4. 亡國後時代：被擄者、逃亡者、留守者的前景

2.2.4.1. 被擄者被擄七十年，必定回歸故土

耶利米書另一個重要的時間標記是猶大人被擄七十年。七十年這時間標記在二十五章 11 至 12 節，及二十九章 10 節出現。耶利米書五十二章 28 至 30 節按巴比倫尼布甲尼撒的年份列出猶大人數次被擄的時間（見下圖）。[25] 問題是被擄七十年是由哪一次被擄開始計算？

猶大末期年份

	約雅敬第四年	約雅敬第十一年	西底家第十一年	
公元前：	605 年	597 年	586 年	581 年
尼布甲尼撒：	第一年	第七年	第十八年	第二十三年
猶大人被擄：	但以理等人	3023 人包括約雅斤、領袖和工匠，另加七千勇士	832 人包括西底家	745 人

圖 2.4：尼布甲尼撒在位期間數次擄去猶大人的情況

七十年這時間標記在二十五章 11 至 12 節出現，在二十五章 1 節指出當時的背景是約雅敬第四年，所以被擄七十年應是由這一次被擄開始計算，即是由公元前六〇五年開始計算。波斯王居魯士在公元前五三九年消滅巴比倫，並下旨所有被擄之民可以回歸故土，被擄的猶大人才回到巴勒斯坦地定居。

上述兩個年期相距六十六年，不足七十年。相差四年的解釋有兩個：第一，由巴比倫到巴勒斯坦地的路程甚遠，當時並沒有大型和快捷的交通工具，數以萬計的人需要頗長的時間才能由巴比倫回到巴勒斯坦地。

第二，七十年只是一個大約的時期。上述的六十六年還要加上

下述的時間：需要時間考慮是否舉家回歸、需要時間作出統籌羣體回歸、收拾被帶到巴比倫的聖殿器皿、安排牲畜盛載聖殿器皿、回歸行程的時間等等。將這些時間加上六十六年，即使未到七十年，也相去不遠。

2.2.4.2. 耶利米勸人留守耶路撒冷，不要逃去埃及

根據耶利米書五十二章 28 節，猶大亡國時只有八百三十二名猶大人被擄，他們應該是主動投降的人。按巴比倫軍的慣例，若被圍城的人不投降，他們就會在攻破城牆之時大開殺戒，並且火燒房屋。耶路撒冷的大部分居民應該死掉。劫後餘生者都是窮人和婦孺等（三十九 10，四十 7）。

巴比倫王立了亞希甘的兒子基大利作猶大境內的省長，後來基大利被叛軍頭目以實瑪利所殺。當時巴比倫可能只留下小量迦勒底人的軍兵，不足以保護基大利和支持他的政權（四十一 3）。叛軍頭目以實瑪利後來又被另一猶大士兵的頭目約哈難所殺。

由於基大利被叛軍所殺，約哈難懼怕巴比倫派軍隊來耶路撒冷報復，所以帶領耶路撒冷的居民去請耶利米求問神的指示。耶利米轉達神諭，要他們留在耶路撒冷，不要怕巴比倫王，神必拯救他們脫離他的手。另一方面，耶利米作出警告：凡定意要進入埃及在那裏寄居的，必遭刀劍、饑荒、瘟疫而死，無一人存留！

約哈難不願聽從神諭，他的跟隨者也表態，認為他們向天后燒香時得以吃飽、享福樂，並未遇見災禍，但自從他們停止向天后燒香以後，他們倒缺乏，又因刀劍饑荒滅絕（四十四 17～18）。約哈難帶領猶大人，並挾持耶利米和巴錄下埃及。

另一方面，選擇留在巴勒斯坦的猶大人也不少，尼布甲尼撒二十三年（猶大亡國後第五年），有七百四十五名猶大人被擄（五十二 30），這些人沒有跟隨約哈難下埃及。可見當時的猶大人自己決定是否跟隨約哈難下埃及，還是相信耶利米的神諭而留在耶路撒冷。

2.3. 小結

時代	耶利米出現在不同的場景
約雅敬第一年	• 耶利米在耶路撒冷的各城門口責備他們不守安息日（十七 19～27） • 耶利米在欣嫩子谷責備猶大人在欣嫩子谷把使兒女經火獻給偶像（十九 1～13） • 耶利米站在耶和華殿的院中宣告神諭，巴施戶珥把耶利米枷鎖在聖殿裏，在第二天就釋放耶利米(十九 14～二十 1～6) • 耶利米在聖殿門口宣告神諭（七 1～15），然後被捕和受審（二十六 1～19），亞希甘保護他（二十六 24）
約雅敬第四年	• 耶利米對猶大眾百姓和耶路撒冷所有的居民說發出警告：全地必然荒涼，這些國家要服事巴比倫王七十年（二十五 1～14）
約雅敬第五年	• 耶利米差派巴錄在聖殿中宣讀書卷上耶和華的話(三十六 8)
西底家一至四年	• 耶利米看見聖殿前好壞無花果的異象（二十四章）。耶利米頸項套著軛，勸人服事巴比倫。哈拿尼雅拆斷他的軛，他預言哈拿尼雅當年必死（二十七～二十八章）
西底家四至九年	• 耶利米可能留在耶路撒冷指證被擄的猶大人，他們並沒有按哈拿尼雅的預言在兩年內回歸。這時耶利米可能和巴錄撰寫耶利米書的大部分內容
西底家九至十一年	• 耶利米主要在護衛兵的院子被軟禁，並在這段期間購地。這段時期耶利米有兩次被囚在牢中（三十七 15，三十八 6）

圖 2.5：耶利米在約雅敬及西底家時代所作出的宣告

根據耶利米書三十六章 4 節和 32 節，巴錄將耶利米的神諭和當時的事件抄寫成書卷。抄寫的年份是在約雅敬第四和第五年。不論耶利米是被匿藏，或是被囚禁，巴錄都會繼續將耶利米的神諭和當時的事件抄寫成書卷。當耶利米和巴錄被帶到埃及的初期，估計巴錄所撰寫的版本已完成，筆者估計他至少抄寫了兩份（參附錄 D

的 2.2）：一份抄本交給被擄到巴比倫的西萊雅（五十一 61），另一份抄本留在埃及。當然，他也有可能抄寫第三份，給留在巴勒斯坦的猶大人。

耶利米在不同的年代出現在下列不同的場景：在約西亞時期，約西亞王大力推動宗教改革，耶利米不需要在朝廷中，而是在民間發揮先知的角色。他在猶大各城鎮和耶路撒冷各街道宣告神諭（十一 6）。在約雅敬和西底家的年代，耶利米在不同的場景作的宣告（參圖 2.5）。至於猶大亡國後年代，耶利米決定留在耶路撒冷，後來被約哈難等猶大人挾持他逃亡去埃及。當耶利米和巴錄到了埃及的初期，巴錄所撰寫的版本已大致上完成。

註釋

1. *ANET* [3], 563～564, cited in J. M. Miller and J. H. Hayes, *A History of Ancient Israel and Judah* (Philadelphia: Westminster, 1986), 408.
2. 由於計算方式牽涉到是否計算登基年份、以陰曆還是陽曆計算，所以有些學者認為猶大是在公元前 587 年亡國。
3. Miller et al., *A History of Ancient Israel and Judah*, 368～369, 382.
4. 亞述帝國的中心包括古亞述城、尼尼微、尼姆魯德（Nimrud）及豪爾薩巴德（Khorsabad）。參香港歷史博物館編：《探本溯源——美索不達米亞古文明展覽圖錄》（香港：香港歷史博物館，2013），頁 43、188。
5. 香港歷史博物館：《探本溯源》，頁 43。
6. 香港歷史博物館：《探本溯源》，頁 6。
7. Miller et al., *A History of Ancient Israel and Judah*, 381～382.
8. 詳可參 Miller et al., *A History of Ancient Israel and Judah*, 386～387. 9. Y. Aharoni et al., eds., *The Macmillan Bible Atlas* (New York: Macmillan Publishers, 1993), 16。
10. Miller et al., *A History of Ancient Israel and Judah*, 387.
11. Miller et al., *A History of Ancient Israel and Judah*, 387.
12. D. J. Wiseman, *Chronicles of Chaldaean Kings* (London: British Museum, 1956), 29.
13. Wiseman, *Chronicles of Chaldaean Kings*, 33.
14. 亞述在公元前九世紀已經開始這種擴張帝國版圖的政策，參 Miller et al., *A History of Ancient Israel and Judah*, 317～322。
15. 卜魯斯：《以色列與列國史》，張永佳譯（香港：種籽出版社，1983），頁 97。
16. 《和修版》在十一章 6 節譯作「街市」，但在七 17，十一 13，十四 16 等譯作「街道」或「街上」。原文應譯作「街道」。參 "חוּץ (*ḥûṣ*)," *BDB*, 299——"street"。
17. 卜魯斯：《以色列與列國史》，頁 113。
18. Wiseman, *Chronicles of Chaldaean Kings*, 29.
19. 列國的王若背叛巴比倫，他們將會被捉拿和施以酷刑，例如：巴比倫王在西底家眼前殺了他的兒女，並且挖了西底家的眼睛，用銅鏈鎖住他，要帶到巴比倫去（耶三十九 6～7）。約雅敬曾背叛巴比倫（王下二十四 1），他按例會受到酷刑。

20. 約瑟夫：《猶太古史》，蘇美靈譯（香港：天人出版社，1994），卷十第七章第一段。
21. L. Stulman, *Jeremiah,* Abingdon Old Testament Commentaries (Nashville: Abingdon Press, 2005), 301.
22. *ANET* [3], 564.
23. Miller et al., *A History of Ancient Israel and Judah*, 410.
24. Miller et al., *A History of Ancient Israel and Judah*, 411.
25. 但以理書一章 1 至 6 節指猶大王約雅敬在位第三年，巴比倫王尼布甲尼撒來到耶路撒冷，把城圍困。但以理和一些猶大才俊在這時候被擄到巴比倫。但以理書所述的約雅敬第三年是按照巴比倫的計算方式，即是每年的秋天（十月)）作為一年的開始。耶利米書是按照猶大的計算方式，即是每年的春天（四月）作為一年的開始。猶大比巴比倫早半年計算王的統治年期，因此，在這半年內，猶大計算王在位的年期會比巴比倫早一年。

第三章

耶利米書的神學主題

「神學」這兩個字可能令人聯想到創造論、救贖論、基督論、末世論等系統神學的主題，然而，相比系統神學，舊約神學著重舊約的歷史多於系統的教義；著重經文的歸納（induction）多於邏輯的推論（deduction）。筆者並不是指舊約神學不用討論教義和邏輯，而是指舊約神學相對著重歷史的處境和經文的歸納。

耶利米書的歷史處境就是猶大亡國前後所發生的事，包括國破家亡、聖殿被毀、人民被擄、回歸故土等大事，本書第二章已詳述這些事情。另一方面，耶利米書是先知書，其內容必然有神藉先知耶利米所宣告的神諭。筆者將耶利米書的神諭歸納為本章目錄的四個主題，這些主題都是與猶大亡國的歷史息息相關。

在筆者討論耶利米書的神學主題之前，首先要指出猶大亡國前有很多先知發出假神諭，但當時的猶大人需要作出分辨。

希伯來字 שֶׁקֶר[1] 在耶利米書出現三十四次，《和修版》譯作「詭詐」或「欺騙」、「虛假」或「假」、「虛謊」或「謊言」等，這些經文反映當時有些宗教領袖散播謬誤的觀念。下文先討論這三十四次之中其中數節經文。在約雅敬登基那一年，[2] 耶利米發出下述的神諭：「你們要改正你們的所作所為，我就使你們仍然居住這地。不要倚靠虛謊（שֶׁקֶר）的話，說：『這是耶和華的殿，是耶和華的殿，是耶和華的殿！』」（耶七 3～4）。讀者需要認識下述的歷史事件才能理解這句話的意思。

在耶利米時代的一百多年前，發生了一件轟動一時的事，就是在猶大王希西家時代，超級強國亞述圍攻耶路撒冷，神在一夜之間派使者殺死十八萬五千亞述兵，亞述王因此逃回亞述（賽三十七 33～37）。

此事令猶大人相信耶路撒冷的聖殿代表神的同在（參賽十二 6），神能夠拯救他們脫離強敵的手（賽十 24），學者稱這信念是「錫安不敗」（Zion's invincibility）。[3]

在耶利米時代的宗教領袖只著重上述的歷史，但無視當時猶大人偷盜、殺害、姦淫、起假誓、向巴力燒香等等罪行（耶七 9）。這些宗教領袖不按照申命記的教導，去宣告神必定會因這些罪行而降災給猶大人（參下文 3.1），反而傳講假（שֶׁקֶר）神諭：「『平安了！平安了！』其實沒有平安」（耶六 14，八 11）。

宗教領袖的虛謊之處，在於他們認為縱然耶路撒冷的居民持續地犯許多罪，神仍保佑耶路撒冷不會被強敵攻陷。換言之，他們認為神保佑耶路撒冷是基於祂的殿宇在耶路撒冷，而不是基於人聽從祂的話。[4] 他們宣揚上述的虛假（שֶׁקֶר）觀念，目的是叫當時的人只要獻祭，就可得到平安（耶七 10），以便他們可以偷取祭物而得利（參耶十一 15）。耶利米指責他們從最小的到最大的都貪圖不義之財，從先知到祭司全都行事虛假（耶六 13，八 10）。

耶利米不斷向國人作出警告：除非猶大人悔改，否則耶路撒冷聖殿會好像示羅那樣被強敵摧毀（耶七 12～15）。當耶路撒冷淪陷時，耶利米預期猶大人將會發出以下的埋怨：「耶和華不是在錫安嗎？錫安的王不是在其中嗎？」（耶八 19 上）神的回應就是：「他們為甚麼以自己雕刻的偶像和外邦虛無的神明惹我發怒呢？」（耶八 19 下）當人心裹注重罪孽時，主必不聽人的祈求（詩六十六 18）。

耶利米書的時代背景不單是猶大走向亡國，而且流傳上述騙人的觀念。耶利米書的神諭對這些情況作出回應，轉危為機，引導人民渡過黑暗的日子，走向光明。筆者將耶利米書的內容歸納為下列四個神學主題。

3.1. 有關申典的神學

申典神學是建基於申命記這典籍的神學思想，最重要的主題是：單單敬拜獨一真神，不要敬拜偶像，而且要聽從神的誡命，就會得到神的祝福，否則被神咒詛和懲罰。申命記七章 9 至 10 節是具代表性的經文：「所以，你知道耶和華——你的神，祂是神，是信實的神。祂向愛祂、守祂誡命的人守約施慈愛，直到千代；向恨祂的人，祂必當面報應，消滅他們。凡恨祂的，祂必當面報應，絕不遲延。」上述的神學思想是賞罰分明的報應神學。

當以色列和猶大先後亡國後，申典神學被文士所重視，他們認為這神學思想是關乎國家的存亡和個人的生死，不能掉以輕心。[5] 下文將詳述這點。

3.1.1. 生死攸關的報應神學

當耶路撒冷被巴比倫軍圍攻至將近淪陷時，耶和華吩咐耶利米要對百姓說：「看哪，我將生命的路和死亡的路擺在你們面前。住在這城裏的必遭刀劍、饑荒、瘟疫而死；但出去投降圍困你們之迦勒底人的必得存活，保全自己的性命。」（耶二十一 8～9）

二十一章 8 節令人聯想申命記三十章 15 節：「看，我今日將生死禍福擺在你面前。」在舊約的書卷之中，同時出現「生」與「死」，又敦促人作出生死抉擇的經文就只在申命記和耶利米書出現，這兩卷書都是指出神與祂的子民已經訂立契約，守約者生，違約者死（申二十九 18～28；耶十一 2～12）。

為甚麼申命記和耶利米書出現相似的句子和主題呢？這問題可從兩個角度去思想。第一個角度就是在以色列人進入迦南地之前，摩西撰寫申命記以作警告：若以色列人遵守西奈山之約，他們就可以在迦南地存活，否則他們便會死亡或被驅逐出迦南地。耶利米書就是回應摩西所發出的警告。

第二個角度就是北國以色列和南國猶大亡國後，被擄的文士作出亡國的反省，他們認為西奈山之約是關乎國家存亡和個人生死的契約。學者稱呼這種觀念為申典神學，即是基於申命記這典籍的神學。學者認為這些文士採用申典神學作為宗旨，編撰申命記和耶利米書。[6]

第一個角度是進入迦南之前的警告，第二個角度是亡國之後的反省。這兩個角度的矛盾之處在於：究竟申命記的作者或編者是在摩西時期？還是在亡國時期？簡潔的答案是，申命記的來源是來自摩西時期，編輯定稿是在亡國時期。至於編者所作的修訂和增添是大量？還是少量？學者持不同的意見，筆者認為申命記的核心部分已由摩西時代流傳到後世，這核心部分已足以令約西亞王感到，違約者必受到神很大的咒詛，所以他致力推行宗教改革（王下二十二 8～13）。

上述兩個角度的融合之處：比起摩西時期的人來說，亡國時期的猶大人會因為國破家亡而更加認定西奈山之約的重要性。這點可令讀者更加明白耶利米書的編輯原則。耶利米書是在猶大亡國後才編輯成書的，而當時的編者必定痛定思痛地作出反省。他們編輯耶利米書的目的，是要令當時和後世的人吸取亡國的教訓：西奈山之約是關乎國家存亡和個人生死的契約。

3.1.2. 合乎情理的守約條款

以學術的術語來說，耶利米書充滿申典神學的思想。以非學術的言語來說，耶利米書是建基於申命記這典籍的中心思想。兩者都是要求守約，而不是好像「錫安不敗」那種只強調神無條件的保守，人不必守約的傳說。下文將討論申命記和耶利米書所強調「守約者生、違約者死」的神學思想是否強權霸道。

申命記和耶利米書這兩卷書多次指出，西奈盟約的基礎是神用大能的手，從為奴之家救贖以色列人脫離埃及法老的手（申四 37，五 6，七 8；耶二 6，十一 4，三十一 32）。若沒有救恩的歷史，以色列人和神就沒有任何關係，他們也缺乏動機去遵守神的誡命。

西奈盟約的條款是要以色列人遵守十誡，而十誡的重點是要以色列人敬拜真神，不可敬拜偶像，要守安息日，還有一些基本的道德條例。當時的背景令讀者更明白西奈盟約。

早在一九三一年，學者根據考古學的資料指出：西奈盟約的形式與公元前一四五〇至一二〇〇年的赫人國際條約（Hittite treaty）相似。內容有下列六項：[7]

1. 前言：立約的宗主國之言
2. 歷史序言：宗主國如何以仁慈對待藩屬國
3. 條款：藩屬國進貢的款項，宗主國與藩屬國攻守同盟
4. 存檔：約文一式兩份，存放在雙方神廟內
5. 見證：見證立約的諸神名錄
6. 祝福：若藩屬國守約，宗主國對藩屬國提供軍事保護
   咒詛：若藩屬國背約，神會咒詛藩屬國，宗主國會攻打她

在公元前一千年之後，上述的赫人條約已絕迹，取而代之的是亞述人國際條約（Assyrian treaty）。[8] 亞述條約並沒有赫人條約的歷史序言和祝福，但相比赫人條約的咒詛篇幅，亞述條約的咒詛篇幅就大幅度增加。[9]

福音派學者認為，申命記全本書包含了上述赫人條約的六個項目，由於申命記所描述的約與公元前一千年前的赫人條約相似，所

以申命記是在摩西時代撰寫的。[10] 新派學者認為申命記二十八章有關咒詛的篇幅很長，這點與公元前一千年後的亞述條約相似，所以新派學者認為申命記是在以色列亡國時代撰寫，[11] 這點與福音派學者的看法並不相同。

另一方面，從神學角度，重點不在於何時撰寫申命記，而在於耶利米時代的猶大人認為神的報應是否合乎情理。亞述條約使用很長的篇幅去咒詛和威嚇藩屬國不可背叛宗主國，否則他們將會面對被殺或被擄的厄運。當猶大人離棄真神，敬拜偶像，他們就是違反西奈山的約，結果是亡國，人民被擄，不能在應許之地居住。

耶利米時代的猶大人不能推卸責任，說西奈山的約只是祖先與神立約，與他們無關。事實上，約西亞在位第十八年時修葺聖殿，修葺期間律法書被發現，書記沙番將律法書讀給約西亞聽。他聽聞律法書上指離棄神和違反律法後會被神咒詛，他感到十分驚惶，更大力推行宗教改革，帶領人民與神重新立約，又將律法書向百姓誦讀(王下二十三 1～3)。另一方面，耶利米在各城宣告警告的信息：猶大人背約必定滅亡（耶十一 1～13）。因此，當時的猶大人是知法犯法，難辭其咎。

申命記的內容不單有咒詛，也有祝福。這點像赫人條約恩威並重，不像亞述條約只有威嚇，沒有祝福。「祝福」和「福氣」在申命記合共出現四十八次。申命記多次提及神基於愛而施恩給以色列人。以色列人回應神的愛，就是要愛神，愛的具體表現就是遵守神的誡命（申七 8～13，十 12～13）。他們有權利在應許之地生活，就有義務遵守神的誡命。違命者若屢勸不改，就會被趕逐出應許之地（申四 26，三十 18）。正如租客屢次欠交租金，他必定被業主所驅逐。

總而言之，「守約者生、違約者死」的神學思想是建基於救恩的歷史，守約的要求是要遵守合乎情理的十誡，這並非強權霸道的要求。

3.2. 有關回歸的神學

3.2.1. 回歸故土的盼望

猶大亡國之後，許多猶大人面對妻離子散，失去資產和工作，他們在生活上面對很大的痛苦。神藉著耶利米預言七十年後猶大人回歸故土和重建家園（耶二十九 10）。若神沒有提供回歸故土的應許，猶大人就對未來沒有盼望，也沒有信心去面對眼前的苦難。同樣，如果沒有主再來和新天新地的盼望，基督徒也沒有信心去面對末世的苦難。若人沒有盼望，信心就會崩潰，缺乏信心的信仰好像軀殼沒有靈魂（雅二 26）。

當人相信神的應許，就會對未來有盼望。神學家莫特曼（Jürgen Moltmann）指出信心就是盼望的基礎。[12] 希伯來書十一章 1 節的上半句可作如此的翻譯：「信心就是盼望的基礎」。[13] 當人相信神的應許，就是相信神能扭轉黑暗，變成光明，將無可能的事變成可能。按常理推論，波斯這小國無可能吞併巴比倫帝國，也不會將巴比倫的遷徙政策改變為回歸政策，但神將無可能變成可能，以致被擄的猶大人能夠回歸故土。

在猶大亡國之際，神已吩咐耶利米購買已淪陷的亞拿突土地（耶三十二 6），象徵猶大人能夠回歸故土，重建家園（耶三十三 11）。這象徵行動的目的，就是鼓勵當時的猶大人要相信神帶領他們回歸的應許。

盼望的神學並不是叫人活在明天的烏托邦（utopia），乃是令人存著堅忍的心去面對眼前的苦難。信心和盼望不是令人逃避現實，而是穿越苦難。[14] 在西底家登基時，耶利米看見好壞無花果的異象，其意義就是神必眷顧被擄的猶大人如同好的無花果一樣（耶二十四 1～5）。由此可見，神的眷顧早在被擄時期已經開始，不需要等待七十年，在回歸時期才被神眷顧。猶大人不需要幻想自己活在七十年後的烏托邦，而是存著堅忍的心去面對被擄時期的艱苦。

當人的焦點在於環境，而不在於神的屬性，人就會失去信心。

不論在被擄時期，抑或在回歸時期，猶大人的焦點應在於神的屬性。在猶大亡國前，神已藉著耶利米宣告：「我知道我向你們所懷的意念是賜平安的意念，不是降災禍的意念，要叫你們末後有指望。」（耶二十九 11）

上文提及神的屬性不單指神有美意和守約施慈愛，也指神的豐盛。莫特曼指出，神的豐盛超越人對於應許如何成就所訂立的框架。[15] 換言之，神能照著運行在我們心裏的大能充充足足地成就一切，超過我們所求所想的（弗三 20）。當人發現神的豐盛或主恩夠用時，就會得到力量和喜樂。

總而言之，盼望的神學不單令人對未來有盼望，也令人存著堅忍的心去面對眼前的苦難，又令人得到力量和喜樂。

3.2.2. 回復神人的關係

當猶大人回歸故土時，如果他們再次敬拜偶像，神必定再懲罰他們。由此可見，單單回歸故土是不足夠的，還要回歸到神那裏，重建人和神的關係。這不能單靠人做工夫，還要神做工夫。在耶利米書，神主動提出新的約。對於這新的約，有兩種解釋，第一種是從舊約的角度，第二種是從新約的角度。詳述如下：

3.2.2.1. 從舊約的角度去解釋耶利米書有關新的約

學者布魯格曼（Walter Brueggemann）認為，耶利米書所提及的新約（耶三十一 31～32）與西奈之約是大不相同的。在西奈之約，神的律法是寫在石版上；在耶利米書的新約，神的律法是寫在他們的心裏（耶三十一 33～34）。[16] 當猶大人經歷國破家亡之後，他們痛定思痛，不再敬拜偶像。這傳統流傳到新約時期，猶大人都不再敬拜偶像。然而，不敬拜偶像並不等於敬虔地敬拜真神。法利賽人沒有敬拜偶像，但耶穌責備他們只有咀唇尊敬神，心卻遠離神（太十五 8）。當施洗約翰出來傳道時，他呼籲說：「你們要悔改！因為天國近了。」（太三 1～2）這呼籲反映當時的猶大人雖然沒有敬拜偶像，但他們需要悔改。

筆者要加上補充：雖然耶利米書三十一章沒有提及人的悔改，但這並不等於人不用悔改。利未記二十六章 39 至 42 節已經預期猶大人經歷國破家亡之後，他們痛定思痛，不再敬拜偶像。

另一方面，以西結書指人悔改之前，神已作了功夫，就是要把一顆新的心賜給祂的子民，把新的靈放在他們裏面；神從他們肉體中除掉石心，賜給他們肉心（結十一 19，三十六 26），目的是令人悔改和歸向神。雖然耶利米書三十一章沒有提及人的悔改，但三十二章 40 節指出，神要和祂的子民立永遠的約，又要把敬畏神的心放在他們心裏，使他們不離棄神。

3.2.2.2. 從新約的角度去解釋耶利米書有關新的約

耶利米書三十一章 31 至 34 節和希伯來書八章 8 至 12 節差不多完全相同，可見後者引述前者。布魯格曼認為後者尾隨的 13 節對上述的引述作出註解：「既然神提到『新的約』，那麼第一個約就成為舊的了；而那漸舊漸衰的必然很快消逝了。」（來八 13）[17] 這註解表明希伯來書的作者認為新約取代舊約。

上文不等於舊約的律法被廢棄。耶穌對這方面已作出清楚的表達：「不要以為我來是要廢掉律法和先知。我來不是要廢掉，而是要成全。」（太五 17）保羅也作出解釋：「律法既因肉體軟弱而無能為力，神就差遣自己的兒子成為罪身的樣子，為了對付罪，在肉體中定了罪。」（羅八 3）

在舊約時期，大祭司在每年的贖罪日向神呈獻贖罪祭（出三十 10），也要每日為自己和百姓的罪向神呈獻燔祭（利六 12；來七 27）。在新約時期，基督徒不需要遵守舊約有關獻祭的禮儀；耶穌只需一次獻上自己的生命作為贖罪祭，就完成救贖的工夫。祂是更美之約的中保（來七 22），藉著耶穌，新約提供了更美的應許（來八 6）、更美的信息（來十二 24）、更美的家鄉（來十一 16），而且信徒是永遠住在天家（來九 15）。

耶利米書的作者或編者只知道西奈山的約，即使神給耶利米的神諭提及新的約，耶利米也沒有可能知道這新的約是耶穌用自己的血所設立的新約（太二十六 28），希伯來書當然超越耶利米書對新約的理解。另一方面，學者蔡爾茲（Brevard Childs）認為末世的框架可幫助讀者去超越先知所能看見的場景，[18] 所以後世的人可以用末世的角度去理解這些經文。例如：以賽亞書的亞述和巴比倫只是殘暴政權的典型代表（type），令讀者串連到後世的殘暴政權，將過去的歷史場境轉移（refocus）到末世的神學意義。[19]

總而言之，筆者的立場是，我們可以單從舊約的角度去解釋耶利米書有關新的約（參上文 3.2.2.1），也可從新約的角度去解釋耶利米書有關新的約（參上文 3.2.2.2）。根據上文的討論，後者比前者更具體和清晰。

3.3. 有關餘民的神學

上文已討論申典神學和回歸神學，現在開始討論餘民神學。當人類面對神的審判時，在這生死存亡的時刻，餘民神學是一個令人得以安穩的觀念。不單在心境上，而且在處境上也令人可以由神的審判過渡到神所應許的復興。

所謂「餘民」的意思，是指大災難之時得以保存生命的人。所謂「餘民神學」是指生存者並不是因為僥倖而生存，而是在大災難來臨之時，每一個人都要自行作出正確的抉擇，就是相信和遵從神的指示逃生。這些生存者不一定比死者更正義。他們得以存活是基於人對神的順從和神對人的拯救。

上述的餘民神學早在創世記已經出現了，洪水滅世之前，神已吩咐挪亞建造方舟。建造方舟需要很多人力、時間和金錢。挪亞遵從神的指示，他和一家八口在洪水滅世之時就能保存生命。當神降火毀滅所多瑪、蛾摩拉時，天使吩咐羅得一家要往山上逃跑，不可回頭看。羅得的妻子不遵從天使的指示，她回頭一看，就變成一根鹽柱（創十九 17～26）。

在北國亞哈王的時代，大多數的以色列人都敬拜巴力，但神在以色列中留下七千人，是未曾向巴力屈膝，未曾親吻巴力的（王上十九 18）。上述經文的「留下」這個動詞的希伯來文是 שָׁאַר，[20] 而 שְׁאֵרִית[21]（餘民）這希伯來名詞就是來自上述動詞的，正如英文名詞 remainder 是來自動詞 remain。上述經文顯示神主動保存屬神的子民這個羣體。

上述的例子指出餘民神學包括兩方面的配合，缺一不可：第一，每一個人都要自行作出正確的抉擇，就是要聽從神的吩咐以保存生命；第二是，神主動保存屬神的子民這個羣體。下文將會討論耶利米書如何表達這兩點。

3.3.1. 人要聽從神的吩咐以保存生命

當耶路撒冷被巴比倫軍圍攻至將近淪陷時，耶和華吩咐耶利米要對耶路撒冷的居民說：「看哪，我將生命的路和死亡的路擺在你們面前。住在這城裏的必遭刀劍、饑荒、瘟疫而死；但出去投降圍困你們之迦勒底人的必得存活，保全自己的性命。」（耶二十一 8～9）在國破家亡之際，神指示逃生的方式，就是向巴比倫投降，才能保存生命。神的保護並不是無條件的，條件就是要相信和依從神的吩咐。[22]

當巴比倫軍隊攻陷耶路撒冷時，他們焚毀聖殿和王宮，又殺死許多耶路撒冷的居民。當戰事結束後，在耶路撒冷的劫後餘生者多次被稱為 שְׁאֵרִית（《和修版》譯作「餘民」、「剩餘的人」，或者「倖存的百姓」，參耶三十一 7，四十 15，四十一 16 等）。這些劫後餘生者並不是每一個都對神忠貞，謹守神的誡命。下文所列舉的就是其中一例。

巴比倫王立了基大利作境內的省長，後來基大利被叛軍頭目以實瑪利所殺，這叛軍頭目以實瑪利後來又被另一猶大兵的頭目約哈難所殺。由於巴比倫王所立的省長基大利被叛軍所殺，約哈難懼怕巴比倫派軍隊來耶路撒冷報復，所以帶領耶路撒冷的居民，請耶利米求問神的指示。耶利米轉達神諭給他們，就是要他們留在耶路撒冷，不要怕他們所怕的巴比倫王，神必拯救他們脫離他的手。

約哈難不願聽從上述的神諭，他的跟隨者也認為他們向天后燒香時得以吃飽、享福樂，並未遇見災禍，但自從他們停止向天后燒香，獻澆酒祭，他們倒缺乏那一切，又因刀劍饑荒滅絕（耶四十四17～18）。約哈難帶領猶大人下埃及，而且脅迫耶利米和巴錄同行。這些定意逃亡到埃及的猶大人，他們明言自己的信仰立場是敬拜天后。耶利米已預言刀劍必跟隨他們去到埃及，即是他們在埃及必定因戰亂而死。

上述例子指出在國破家亡之後，每一個劫後餘生者都要自行作出正確的抉擇，就是聽從神的吩咐去繼續保存生命，否則他們將會喪失生命。餘民能夠保存生命是基於神的恩典和憐憫，[23] 所以，餘民必定要心存感恩，而且要有報恩的行動，就是在餘生中對神忠貞，謹守神的誡命。若這些餘民對神不忠貞，他們必會再次面對神的審判而死亡。由此可見，餘民不能只期望保存肉體的生命，而且要將自己分別為聖，對神忠貞，謹守神的誡命。

3.3.2. 神主動保存屬神的子民這羣體

以賽亞書六章 11 至 13 節描繪國破家亡、人民被擄的情境，然後將這情境比喻為大樹和橡樹被砍下，只要有殘幹（《新譯本》譯作「餘幹」），就會帶來生機。[24] 這數節經文將餘民比喻為殘幹，又加上「聖潔的苗裔（זֶרַע קֹדֶשׁ）是它的殘幹」這片語。「聖潔」（קֹדֶשׁ）的原文意思並不是完全沒有罪，而是指分別為聖的身分。[25]

在以賽亞書六章 13 節，《和修版》及《新譯本》將上述片語（זֶרַע קֹדֶשׁ）譯作「聖潔的苗裔」，這翻譯和耶利米書三十三章 15 節所提及大衛的「苗裔」（צֶמַח）有所混淆，兩者都譯作「苗裔」，但兩者的原文和意思都不同。耶利米書三十三章 15 節的原文（צֶמַח），是指彌賽亞（參本章 3.4.2）；以賽亞書六章 13 節的原文（זֶרַע קֹדֶשׁ）應譯作聖潔的後裔，[26] 指餘民要作聖潔的後裔，意思是他們要將自己分別為聖作為神的子民。

劫後餘生者不一定是屬神的子民。若某劫後餘生者的焦點只是保存肉體的生命，而沒有將自己分別為聖，他很可能不是屬神的子民。劫後餘生者和屬神的子民是來自不同的原文，劫後餘生者的原文是 שְׁאֵרִית（參上文 3.3.1），而神的子民是來自以賽亞書六章 13 節的 זֶרַע קֹדֶשׁ（參 3.3.2 第一段）和耶利米書三十一章 27 節（參下文）。

在三十一章 27 節，《和合本》的翻譯清楚顯示上述希伯來字根 זרע 出現了三次：神要把人的種（זֶ֫רַע）、和牲畜的種（זֶ֫רַע）、播種（זָרַע）在以色列家和猶大家。隨後的經文指神所撒下的種是神的子民（33 節），神與他們另訂立新的約，神要把祂的律法放在他們的心裏（33 節）。

三十一章以太陽白晝發光，月亮和星辰照耀黑夜的定例作為比喻，指出這些定例若能從神面前廢掉，以色列的後裔（זֶ֫רַע）才會在神面前斷絕，永遠不再成為一個國家（35～36 節）。

三十三章以白晝和黑夜的定例作為盟約，這定例（或盟約）若沒有被神所立，大衛和雅各的後裔（זֶ֫רַע）才會被神棄絕（25～26 節）。זֶ֫רַע 這希伯來字在三十三章 26 節出現共三次（《和修版》譯作「後裔」，在這節出現四次），這令人留意這希伯來字的重要性。

每當神因為人犯罪而降災時，有許多人在大災難中死亡，這是基於神公義的審判。另一方面，神在每次的大災難中都會主動為祂的子民保留餘種。餘民神學就是指由創世到末世，即使人類罪大惡極，應該被完全消滅，神依然會基於祂的憐憫而主動為人類保留餘種，令人類不會因為大災難而完全被消滅，而且令人類得到淨化，[27] 餘民要尋求神和良善，就得以存活和被神恩待（摩五 4～6、14～15）。

當人類面對神的審判時，在這生死存亡的時刻，餘民神學是一個令人得到安穩，不單在心境上，而且在處境上令人由神的審判過渡到神所應許的復興。[28] 即使餘民的人數稀少，餘民不必傷感。即使餘民分散各地，餘民不必擔心。神必會招聚被擄到各處的人（耶三十一 10），神沒有忘記他們，仍然對他們滿懷憐憫（耶三十一 20）。餘民的前景是建基於神的憐憫，魯斌（Jack Lundbom）指出耶利米書三十至三十三章是安慰之書，這安慰之書的結語（三十三 26）是神必憐憫被擄的人，帶領他們歸回故土。[29] 換言之，神對耶路撒冷最後的舉動並不是審判，而是拯救、回歸和重建，這一切都是基於神的決定而成就。[30] 本書有關三十至三十三章的評註提供詳細的討論。

餘民的前景將會是光明的，萬軍之耶和華必作為餘民的榮冠華冕（賽二十八 5）。神為餘民所懷的意念是賜平安的意念，不是降災禍的意念，要叫他們末後有指望（耶二十九 11）。

在耶利米書，神多次作出應許：拆毀之後，必會建立，拔出之後，必會栽植（耶一 10，二十四 6，三十一 28，三十二 41～42，四十二 10）。被拆毀和拔出的人將會在神的審判之中死亡，而餘民要將自己分別為聖作為神的子民，這樣的話，他們就會被建立和栽植。倚靠神的人是有福的，他必像一棵樹，栽於水旁，在河邊扎根，炎熱來到，毫不察覺，葉子仍必青翠；在乾旱之年，一無掛慮，並且結果不止（耶十七 7～8）。

3.4. 有關君王的神學

3.4.1. 耶和華是萬王之王，對列國施行審判

古代中東的王打仗時，都會祈求國家的神祇保佑自己打勝仗。當猶大被巴比倫所消滅時，猶大人會質疑耶和華的能力是否不及巴比倫所相信的神祇。當時的外邦人也會發出類似的質疑，並且藐視猶大人。耶利米書三十三章 24 節反映這方面的問題：「你沒有留意這百姓所說的話嗎？他們說：『耶和華所揀選的二族，他已經棄絕了。』他們這樣藐視我的百姓，不把他們當作國來看待。」下文就是回應這方面的問題。

當猶大敬拜偶像而離棄耶和華時，耶和華興起巴比倫去攻打猶大。當猶大人被擄七十年之後，耶和華興起另一個國家去攻打巴比倫，下列兩段經文正分別講述這兩場攻擊。耶利米書這兩段經文所

使用的字詞差不多完全相同，目的是要表達巴比倫只是耶和華手中的一件工具而已，而且是以其人之道，還治其人之身，充分顯示耶和華才是萬王之王。

六 22　看哪，有一民族從北方而來；有一大國被激起，從地極來到。

六 23　他們拿弓和槍，性情殘忍，不施憐憫；他們的聲音如海浪澎湃。錫安哪，他們都騎馬，如上戰場的人擺陣攻擊你。

五十 41　看哪，有一民族從北方而來，有一大國和許多君王被激起，從地極來到。

五十 42　他們拿弓和槍，性情殘忍，毫不留情；他們的聲音像海浪澎湃。巴比倫啊，他們騎著馬，如上戰場的人擺列隊伍，要攻擊你。

上述兩段經文有兩個不同之處：首先，它們各有不同的攻擊對象，第一段經文的對象是錫安（六 23）；第二段經文的對象是巴比倫（五十 42）。另一個不同之處是，第一段經文所敘述的攻擊者是「一大國」，第二段經文所敘述的攻擊者是「一大國和許多君王」。為何後者加上「許多君王」呢？原因是波斯先征服以攔、瑪代和呂底亞等國家，然後波斯率領這些國家的軍隊攻擊巴比倫，所以第二段經文才加上「許多君王」。上述經文的「大國」起初只是小國，只有神才能扶助波斯這小國先後吞併上述國家，並為世界歷史帶來的影響是廣闊和深遠的。[31]

巴比倫在公元前六二六年脫離亞述的管轄而成為獨立的國家，但在公元前五三九年就亡國，國祚不足九十年，在歷史的洪流中只是曇花一現。巴比倫王尼布甲尼撒在公元前六〇五年登基，在五六二年駕崩，繼位的王都是庸碌之輩，巴比倫在他死後二十三年就亡國。

上文顯示巴比倫和尼布甲尼撒只是被神興起作為工具而已。尼布甲尼撒王在當時的身分十分顯赫，但他在耶和華面前的身分只是一個僕人（耶二十五 9，二十七 6，四十三 10），僕人的原文可譯作奴僕。[32] 雖然尼布甲尼撒不知道他是神的奴僕，但經文的意思是在神的眼中，他只是神的奴僕，被神使用去執行神給他的任務。

神給尼布甲尼撒的任務不單是侵略猶大，而且侵略列國，令他們的人民被殺或被擄，作為神對列國所施行的審判。神明言：「我既從稱為我名下的城（指耶路撒冷）起首施行災禍，你們能免去懲罰嗎？你們必不能免，因為我要命刀劍臨到地上所有的居民。」（耶二十五 29）。

根據耶利米書二十七章的記載，猶大王西底家開始執政時，以東、摩押、亞捫、推羅、西頓都差派使節到耶路撒冷出席會議。神差派耶利米藉著這些使節把軛送到上述的王，並且傳遞神諭：無論哪一邦、哪一國，不肯服事巴比倫王尼布甲尼撒，不把頸項放在他的軛下，神必用刀劍、饑荒和瘟疫去懲罰那國，直到神藉著巴比倫王的手把他們完全消滅。哪一邦肯把頸項放在巴比倫王的軛下服事他，神就必使那邦仍在本地存留，在那裏耕種居住（耶二十七 1～11）。

當神呼召耶利米作先知時，已將他設立為列國的先知（耶一 5），即是代神向列國發言。若他們聽從上述的神諭，他們就得以存活，否則他們就會滅亡。在耶利米書四十六至五十一章都是有關神審判列國的神諭。

3.4.2. 大衛子孫永遠作王，成就公義和救恩

有關君王的另一問題是，神曾應許大衛的子孫永遠作王（撒下七 16），猶大亡國這事令人質疑，神對大衛家的應許是否落空？這問題有兩個解釋：第一，「永遠」的希伯來文 עוֹלָם 可解作「長久」。[33] 大衛在公元前大約一千年作王，猶大在公元前大約五八六年亡國。大衛的子孫作王合共四百多年。中國只有兩三個朝代是超過四百年，其他的朝代都不及大衛的王朝那麼長久。換言之，神應

許大衛的子孫「長久」作王是真的應驗。

第二個解釋就是新約指耶穌作為大衛的子孫（太一 1），祂是基督，即是舊約所指的彌賽亞。主是天國的王，而且永遠作王，所以，上述的希伯來字 עוֹלָם 用在耶穌身上，就可依照傳統的翻譯為「永遠」。神應許大衛的子孫「永遠」作王的承諾真的應驗了。

「彌賽亞」是希伯來字 מָשִׁיחַ 的音譯，意思是受膏者，在舊約只有君王（撒上十六 6）和祭司（利四 5）被稱為受膏者。希臘文《七十士譯本》將舊約的「彌賽亞」譯為希臘字 χριστὸς，這希臘字的英文音譯就是 Christ，中文翻譯是「基督」。新約將此希臘字套用在耶穌身上，指祂就是猶太人所期待的彌賽亞（路一 32、69，二 11；約一 41，四 25）。問題是由舊約的彌賽亞觀念如何被演繹為新約的耶穌基督。下文將作出解釋。

學者包德雯（J. C. Baldwin）指出，彌賽亞的觀念是藉著 צֶמַח（苗芽）這希伯來字在舊約的書卷中流傳到後代。[34] 大衛王朝覆亡之際，耶利米書在下列經文使用這希伯來字指出大衛的苗裔將來要作王。這希伯來字的名詞 צֶ֫מַח（苗芽）和動詞 צָמַח（萌芽）屬同一字根，它們同時在耶利米書三十三章 15 節出現，《和修版》及《新譯本》都將這動詞 צָמַח（萌芽）譯為「長起來」，並將這名詞 צֶ֫מַח（苗芽）譯為「苗裔」，意思是指大衛的子孫。

二十三 5　看哪，日子將到，我要為大衛興起公義的苗裔(צֶ֫מַח);
他必掌王權，行事有智慧，在地上施行公平和公義。
這是耶和華說的。

二十三 6　在他的日子，猶大必得救，以色列也安然居住。祂的
名必稱為「耶和華——我們的義」。

三十三 15　在那些日子、那時候，我必使大衛公義的苗裔(צֶ֫מַח)
長起來（ צָמַח ）；他必在地上施行公平和公義。

三十三 16　在那些日子，猶大必得救，耶路撒冷必安然居住，祂
的名必稱為「耶和華——我們的義」。

耶利米書的作者或編者不可能如新約作者那樣會有彌賽亞的觀念，但魯斌指出上述經文的貢獻是傳遞一個觀念，就是神在大衛的後裔中興起一個完美的王。其實這觀念並不是起源於耶利米書，而是起源於以賽亞書十一章 1 至 9 節。[35]

先知撒迦利亞延續耶利米書有關苗裔的觀念，而且指這苗裔是神的僕人（亞三 8），「僕人」這身分令人聯想在以賽亞書的四首僕人之歌（賽四十二 1～9，四十九 1～6，五十 4～9，五十二 13～五十三 12），其中最著名的，就是以賽亞書五十三章，這段經文令人聯想到耶穌在世上所成就的救恩。

撒迦利亞書除了三章 8 節之外，還有六章 12 節延續耶利米書有關苗裔的觀念，而且指他必執掌王權，又作祭司（亞六 13），並要建造聖殿（亞六 12）。讀者需要使用新約的角度，才能比較容易和全面理解撒迦利亞書有關苗裔的經文。

公元前一世紀猶太教的《他爾根約拿單先知書譯本》（*Targum Jonathan to the Prophets*）把耶利米書二十三章 5 節「公義的苗裔」解作彌賽亞。[36] 耶穌時代的猶太人對彌賽亞的觀念與上列兩段經文（耶二十三 5～6，三十三 15～16）相同，他們公認舊約所指的彌賽亞是大衛的後裔（太二十一 9、15，二十二 42；約七 42）。

在大衛王朝覆亡之際，耶利米書指出大衛的苗裔將來要作王，並且是永遠作王，這點在時間上是十分適切的。回歸時期的撒迦利亞書、公元前一世紀猶太教的《他爾根約拿單先知書譯本》、在耶穌時代的猶太人對彌賽亞的理解都是相同，都是期盼大衛的子孫之中有人興起來拯救他們。雖然猶太教和基督教對彌賽亞的理解各有不同，但兩者都認為彌賽亞是來自大衛的子孫（太二十一 9；路一 32～33）。

耶利米書三十三章 15 至 16 節的下文帶出以下的重點，從而令人對彌賽亞的王國和子民有更多的了解：

- 大衛家必永遠不斷有人坐在以色列的寶座上（三十三 17）。利

未家的祭司也不斷有人在神面前獻燔祭、燒素祭（三十三 18）

- 神和大衞的後裔訂下永遠的約，也和利未家的人訂下永遠的約（三十三 21），兩者都是以白日和黑夜的定例作為比喻（三十三 20、25）。
- 正如天上的萬象不能數算，海邊的塵沙不能斗量，神必照樣使大衞的後裔（זֶרַע）和事奉神的利未人多起來（三十三 22）。

耶利米書三十三章 21 節提及兩種的永約，第一是有關神和大衞家（新王）的永約，第二是有關神和利未家（新子民）的永約（英譯本 NJB）。雖然以色列和猶大先後亡國，但上述兩個永約表達神應許新王和新子民所組成的國度是永遠不亡的。

有關神和大衞家的永約來自撒母耳記下七章 13 節。有關神和利未家的永約來自民數記二十五章 11 至 13 節。那裏的經文指出非尼哈手裏拿著槍，將行淫的一個以色列人和一個摩押女子刺穿肚腹，他被神讚賞以神的妒忌作為他的妒忌，使神不在妒忌中毀滅以色列人。因此神將平安的約賜給他。他和他的後裔永遠當祭司職任的約，源於他為了神而大發熱心（上述「妒忌」的原文可譯為「熱心」[37]）。當亞倫的家族被神命定世襲為祭司之時，神並沒有和他立約（出四十 15），亞倫的子孫中，神只和上述的非尼哈立約。神所重視的並不是世襲的祭司身分，而是事奉者對神的熱心（參民二十五 13）和忠心（參撒上二 35）。

在耶利米書三十三章 17 至 22 節，「祭司」只出現兩次（18 和 21 節），但「利未人」和「利未家」共出現三次（18、21、22 節）。更重要的是，利未人像天上的萬象不能數算、海邊的塵沙不能斗量（22 節）；這節令人想起神應許亞伯罕的子孫如同天上的星、海邊的沙多至不能數算（創二十二 17）。

上文的論據都指向一點，在耶利米書三十三章 17 至 22 節所指的事奉者並不單指祭司或利未人，而且指神的所有子民。這觀念並非耶利米書所獨有的，它也在以賽亞書六十一章 6 節出現。另參以賽亞書六十一章 5 節所提及的「陌生人」（strangers）和「外邦人」（foreigners），六十一章 6 節「你們」就是指神的所有子民。

耶利米書二十三章 5 至 6 節和三十三章 15 至 16 節這兩段經文不單提及拯救，而且提及公義。筆者要指出，不單大衛的苗裔被稱為公義的，而且耶路撒冷也被稱為公義的城市（參《新譯本》耶三十三 16），但在歷史中，耶路撒冷從來沒有被稱為公義的城市。

相反來說，新約的角度令人更能理解上述各點。當耶穌出來傳道時，祂說：「你們要悔改！因為天國近了。」（太四 17）祂所建立的國並不是屬地的政治羣體，而是屬天的宗教羣體。天國的子民是歷代各地相信耶穌的人，真正相信耶穌的人必然認罪悔改，而且被耶穌的血所潔淨，所以天國的子民是公義的。從這角度，我們明白耶穌是永遠作王，而且祂的國度是公義的（耶二十三 5～6，三十三 15～16）。

彼得前書二章 9 節稱天國的子民是君尊的祭司，他們不單與基督一同作王（提後二 12，啟二十 6），而且每一個子民都是祭司，不斷在神面前獻上燔祭和燒素祭（耶三十三 18）。獻上燔祭的意思就是保羅所說：「將身體獻上當作活祭，是聖潔的，是神所喜悅的。」（羅十二 1）至於素祭，利未記二章 13 節明言：「凡獻為素祭的供物都要用鹽調和；在素祭中，不可缺少你與神立約的鹽。一切的供物都要加鹽獻上。」所獻的素祭要加上鹽，表示神與以色列人的盟約是永恆不渝的。

神的國度將會在主再來時出現，歷代各地相信耶穌的人將會復活，人數多到不能數算；事奉神的人像天上的萬象不能數算、海邊的塵沙不能斗量（耶三十三 22）。

總結上述的內容：耶利米書三十三章 15 至 16 節指出神在大衛的後裔中興起一個公義的王，帶來救恩給他的子民。接著在 17 至 22 節指出這王永遠作王，他的子民全都是祭司，而且永遠事奉神。讀者需要根據耶穌所設立的新約，又採用新約經文所揭示的末世框架，才能明白三十三章 15 至 22 節。

3.5. 小結

面對猶大即將亡國的處境，加上當時坊間正流傳一些騙人的觀念（參本章的首兩段），耶利米書強調四方面的神學主題，就是申典神學、回歸神學、餘民神學、君王神學。這小結的目的就是要概括地回顧這四個主題的重點，並指出他們是互相補足的。

申典神學是賞罰分明、生死攸關的報應神學。猶大亡國，人民被殺或被擄的原因，就是猶大人違反了西奈山的約。猶大亡國前，在朝有約西亞帶領人民與神重新立約，在野有耶利米於各城各街道去宣告警告的信息：背約的結果必定是滅亡（耶十一 1～13）。當時的猶大人是知法犯法，屢勸不聽，最後猶大亡國，人民被殺或被擄，他們是難辭其咎。

若耶利米書只強調申典神學，被擄者的前途是黑暗的，他們不能扭轉巴比倫的政策而回歸故土，也不能扭轉人的罪性而避免神的懲罰。只有神能扶助波斯這小國去吞併巴比倫帝國，又將巴比倫的遷徙政策改變為懷柔政策，以致被擄者能夠回歸故土。

回歸神學指出神不單帶領祂的子民回歸故土，而且帶領他們回歸到神那裏。只有神能從他們肉體中除掉石心，賜給他們肉心（結十一 19，三十六 26），目的是要令人悔改，重建人和神的關係。上述有關回歸的信息是耶利米在亡國前已宣告，而且神吩咐耶利米購買已淪陷的土地（參耶三十二章），目的就是令亡國奴對前途有盼望，也令他們存著堅忍的心去面對眼前的苦難。

申典神學是每一個人都必須注意和警惕自己，**回歸神學**是人人可明白，但不是人人可享受得到，只有大災難中仍然能保存生命，又願意在餘生中謹守神誡命的人才可享受得到。這點令人不會濫用神的憐憫，縱然神寬恕人的次數是無限的，但在神的限期之前人要把握機會，否則悔之已晚。

餘民神學包括兩方面的配合，缺一不可：第一是人要聽從神的吩咐以保存性命，神藉耶利米吩咐人在亡國之前向巴比倫投降，就可保存性命（耶二十一 9）。第二是神主動保存屬神的子民這個羣體。每當神因為人犯罪而執行公義的審判時，有許多人在大災難中死亡。另一方面，神在每次的大災難中都會主動為祂的子民保留餘種。猶大亡國這場大災難也不例外，神為祂的子民保留餘種。

餘民神學令人由神的審判過渡到神所應許的復興。餘民必須將自己分別為聖作為神的子民，這樣他們就會被建立，所以餘民的前途是光明的。不過，不論前途有多麼光明，餘民都不能改變猶大亡國這悲痛的局面，這方面需要下述的**君王神學**。

雖然猶大亡國，但猶大人相信神的應許並沒有落空。每當猶大人面對民族苦難時，他們就盼望神從大衛的子孫中興起彌賽亞來拯救他們。新約認為彌賽亞就是耶穌基督。祂的使命並不是要令猶大復國，也不是作猶大國的王，而是要建立屬神的天國，並且在這天國作王，直到永遠。天國的子民是歷代各地相信耶穌的人，真正相信耶穌的人必然認罪悔改，而且被耶穌的血所潔淨，所以天國的子民是公義的。從這角度，耶穌不單成就救恩，而且建立公義的國度。

我們若根據耶穌所設立的新約，又採用新約經文所揭示的末世框架，就可超越先知所能看見的猶大亡國這場景。耶利米書三十三章 21 節所指兩種約的意思，就是在主再來時，祂以萬王之王、萬主之主的身分降世（啟十九 16），祂的子民都是祭司，不斷在神面前獻上燔祭和燒素祭（耶三十三 18）；其引伸的意義就是，永遠在神面前獻上自己為活祭，即是永遠事奉神。

總而言之，根據申典神學，人的罪性令人離棄神而受罰。若單單根據申典神學，人人必死無疑，所以申典神學需要回歸神學的補充，就是神基於憐憫，必定帶領人離開受罰可憐的光景，他們不單得到平安，而且能夠回到神那裏。根據餘民神學，不是人人可以由受罰可憐的光景回到神那裏，人回到神那裏是需要兩方面的配合，缺一不可：第一是每一個人都要自行作出正確的抉擇，就是要聽從神的吩咐去保存生命，也要對神忠貞，謹守神的誡命。

第二是神主動保存屬神的子民這個羣體，縱使有個別的餘民對神不忠貞而不蒙拯救，但餘民這個羣體因神的保守而不會消失。個別餘民不蒙拯救的例子，就是那些定意逃亡到埃及的猶大人，他們明言自己的信仰立場是敬拜天后的（耶四十四 17～18）。縱然他們在猶大亡國時沒有滅亡，但他們必定在埃及滅亡（耶四十四 26～27）。

根據過去的歷史，每一代的餘民人數都是稀少的，但歷代的餘民合計起來就是如海沙那樣數不勝數。只有餘民神學，沒有君王神學，其格局不像國家，甚至連開局也有困難。君王神學就是神在大衛子孫中興起一人作君王，他拯救屬神的子民，不單開創國家的格局，而且建立永恆的王國，他永遠作王，人民永遠事奉神，不會離棄神，也不會滅亡。

註釋

1. "שֶׁקֶר (*šęqęr*)," *BDB*, 1055.
2. 雖然耶利米書七章沒有明言時代背景，但二十六章 1 至 7 節是七章的摘要，所以七章的背景是二十六章 1 節所指的約雅敬第一年。參 J. R. Lundbom, *Jeremiah 1～20*, AB 21A (Garden City: Doubleday, 1999), 459。
3. L. Stulman, *Jeremiah,* Abingdon Old Testament Commentaries (Nashville: Abingdon Press, 2005), 90.
4. W. Brueggemann, *The Theology of the Book of Jeremiah*, ed. B. A. Strawn and P. D. Miller, Old Testament Theology (New York: Cambridge University Press, 2007), 67～70.
5. Brueggemann, *The Theology of the Book of Jeremiah*, 72,130,143.
6. Brueggemann, *The Theology of the Book of Jeremiah*, 136～138, 140.
7. G. E. Mendenhall, "Covenant Forms in Israelite Tradition," *The Biblical Archaeologist* XVII (1954): 59～60. V. Korošec, *Hethitische Staatsverträge* (Leipzig, 1931), 23.
8. Mendenhall, "Covenant Forms in Israelite Tradition," 61.
9. *ANET* ³, 529～530—"Hittite Treaty" 對比 *ANET* ³, 534～541—"The Vassal-Treaties of Esarhaddon"。
10. J. A. Thompson, *The Book of Jeremiah*, NICOT (Grand Rapids: Eerdmans, 1980), 63.
11. J. M. Miller and J. H. Hayes, *A History of Ancient Israel and Judah* (Philadelphia: Westminster, 1986), 394～397.
12. J. Moltmann, *Theology of Hope,* trans. J. W. Leitch (London: SCM Press, 1967), 20.
13. "ὑπόστασις (*hypostasis*)," *NIDNTTE* 4: 571—"foundation."
14. Moltmann, *Theology of Hope,* 19～21.
15. Moltmann, *Theology of Hope,* 106.
16. Brueggemann, *The Theology of the Book of Jeremiah*, 126～127.
17. Brueggemann, *The Theology of the Book of Jeremiah*, 190～191.
18. B. S. Childs, "The Canonical Shape of the Prophetic Literature," in *The Place is Too Small for Us: The Israelite Prophets in Recent Scholarship*, ed. R. P. Gordon (Winona Lake: Eisenbrauns, 1995), 516～517.
19. Childs, "The Canonical Shape of the Prophetic Literature," 519.
20. "שָׁאַר (*šāʾar*)," *BDB*, 983—"remain."
21. "שְׁאֵרִית (*šᵉʾerît*)," *BDB*, 984—"remnant."

22. S. H. Park, "שְׁאַר (*šāʾar*)," *NIDOTTE* 4:14.
23. Park, "שְׁאַר (*šāʾar*)," *NIDOTTE* 4: 14～15.
24. Park, "שְׁאַר (*šāʾar*)," *NIDOTTE* 4: 12.
25. "קֹדֶשׁ (*qoḏęš*)," *BDB*, 871—"apartness, sacredness."
26. V. P. Hamilton, "זֶרַע (*zęraʿ*)," *NIDOTTE* 1: 1151～1152.
27. Park, "שְׁאַר (*šāʾar*)," *NIDOTTE* 4: 16.
28. Park, "שְׁאַר (*šāʾar*)," *NIDOTTE* 4:17.
29. J. R. Lundbom, *Jeremiah 21～36,* AB 21B (Garden City: Doubleday, 2004), 545.
30. Brueggemann, *The Theology of the Book of Jeremiah*, 117.
31. 參卜魯斯，《以色列與列國史》，張永佳譯（香港：種籽出版社，1983），頁131。此外，本書第十四章 14.2.8 提供地圖和詳細的論述。
32. "עֶבֶד (*ʿęḇęḏ*)," *BDB*, 713—"slave."
33. A. Tomasino, "עוֹלָם (*ʿôlām*)," *NIDOTTE* 3: 345～351. 這字可解作遠古時代、遙遠的將來、永久，或者長久等等。
34. 賴建國：《舊約中的彌賽亞預言》（香港：天道書樓，2013），頁 202。J. G. Baldwin, "Semah as a Technical Term in the Prophets," *Vetus Testamentum*, 16 (1964): 93～97。
35. Lundbom, *Jeremiah 21～36,* 172.
36. 賴建國，《舊約中的彌賽亞預言》，頁 202。S. H. Levey, *The Messeiah: An Aramaic Interpretation: The Messianic Exegesis of the Targum* (Cincinnati: Hebrew Union College-Jewish Institute of Religion, 1974), 68～70。
37. 民二十五 13「妒忌」的原文可譯為「熱心」，參 "קַנָּא (*qannāʾ*),"*BDB*, 888—"jealous, zealous"。

第四章

耶利米書的宏觀結構（高空航拍）

4.1 從文學分析的角度鳥瞰耶利米書一至四十五章
- 4.1.1 一至二十章和二十一至四十五章的內容有明顯分別
- 4.1.2 二十一章 1 至 10 節按時序的位置應在三十七和三十八章之間
- 4.1.3 二十一章 1 至 10 節作為預述（prolepsis）
- 4.1.4 二十一章 1 至 10 節作為轉接位（hinge）
- 4.1.5 從分段的主題構思二十一至四十五章的結構

4.2 從敍述故事的角度鳥瞰耶利米書二十一至四十五章
- 4.2.1 敍述的次序（narrating order）是否按時序？
- 4.2.2 有關西底家時代的經文是否按時序敍述？
- 4.2.3 誰是主角（protagonist）？他追求甚麼目標？
- 4.2.4 主角與哪些對手角色（antagonists）有矛盾？
- 4.2.5 有關二十四至四十四章敍事的佈局（plot）

4.3 小結

學者對耶利米書的結構（structure）尚未有一致的看法，但對大綱（outline）卻有一些粗略的概念。[1] 例如：Louis Stulman 認為這書分為上下兩半，以二十五章為分界。[2] 另一位學者 Terence Fretheim 指出耶利米書的上半部分可以以二十章或者二十五章作為總結。[3] 換言之，他認為耶利米書的上半部分有可能以二十章為結束。

本書附錄 C 的討論將指出二十五章不可能總結一至二十四章。本章論證耶利米書上半部分以二十章為結束，而且論證二十一章 1 至 10 節在耶利米書扮演兩個角色：第一是轉接位（hinge）；第二是預述（prolepsis）。筆者將以香港的青馬大橋作類比以解釋這兩個觀念。

圖 4.1：青馬大橋

從地理的角度，青嶼幹線將九龍半島和大嶼山這兩個地區連接一起，青馬大橋是其中一個轉接位（hinge）。對比耶利米書，從文學結構的角度，二十一章 1 至 10 節將下列兩大段經文（一～二十章和二十一 11～四十五 5）聯繫起來，所以二十一章 1 至 10 節是一個轉接位（如下圖 4.2）。下文 4.1.4 將會詳細討論這個觀念和圖 4.2。[4] 一至四十五章的結構實在令不少讀者，甚至學者感到混亂。本章不討論四十六至五十一章，這段經文是有關列國的神諭，不影響一至四十五章的結構。五十二章是歷史的補篇，也不影響一至四十五章的結構。

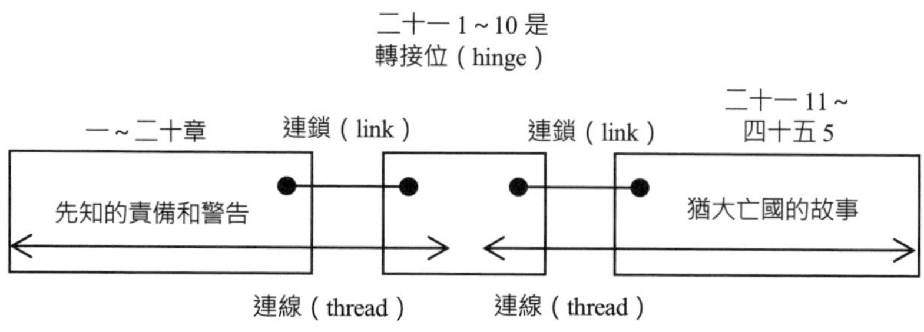

圖 4.2：耶利米書一至四十五章的文學結構圖

青馬大橋是轉接位，也是大嶼山發展的其中一部分。同樣，二十一章 1 至 10 節可扮演轉接位，也可以是猶大亡國故事的其中一部分。青馬大橋屬大嶼山的後期發展，但由九龍前往機場須先經過這大橋。當旅客看見青馬大橋時，就等於即將抵達機場，所以青馬大橋可被看為預述。同樣，二十一章 1 至 10 節屬亡國故事的後期發展，但被編者放置在亡國故事的序幕作為預述，令讀者懷著沉重的心情去閱讀亡國的長篇故事（二十一～四十五章）。下文 4.1.3 將會詳細討論這個觀念。

本章先用文學的角度鳥瞰一至四十五章，然後從敍述故事（narrative）的角度鳥瞰二十一至四十五章。前者從文學的技巧和分段的主題等角度鳥瞰，而後者從人物和敍事等角度鳥瞰。由於亡國的故事集中在二十一至四十五章（參圖 4.2），所以筆者採用敍述故事的範疇只包括這為數二十五章的經文。

對於耶利米書的研究，學者採取各種不同的方法，本書附錄 D 詳細討論各種方法。筆者認為以修辭評鑑法（rhetorical criticism）和敍事評鑑法（narrative criticism）來鳥瞰全卷書是最有成效的，所以本章 4.1 和 4.2 分別採用這兩個方法來討論。

4.1. 從文學分析的角度鳥瞰耶利米書一至四十五章

4.1.1. 一至二十章和二十一至四十五章的內容有明顯分別

耶利米書一至四十五章的經文都是有關猶大的，然後四十六至五十一章就是有關列國的神諭，最後五十二章是歷史補篇，這就是全卷耶利米書的大概分段。下文先討論一至二十章和二十一至四十五章兩大段經文有以下五點不同之處（參下表 4.1）：

	一～二十章	二十一～四十五章
時代標記	除了一章 3 節，約雅敬和西底家的名字沒有出現。即使三章 6 節提及約西亞，也沒有記載王的年代（undated）。	多次記載約雅敬和西底家的年代（dated），[5] 而且約雅敬和西底家的名字大量出現。
時代背景	根據七、十九、二十六章的串連而作出估計（參下文），一至二十章的背景是由約西亞時代至約雅敬第一年。當時巴比倫剛冒起，與埃及對峙。	除了二十五、二十六、三十五、三十六、四十五章提及約雅敬時代，其他都是西底家時代。當時巴比倫已雄霸天下，猶大走向亡國之路。
描述敵軍	由北方來的敵軍是不具名的（unnamed），直至二十章 4 節才出現「巴比倫」。	明言尼布甲尼撒所帶領的巴比倫軍（named）即將攻打耶路撒冷。「尼布甲尼撒」、「迦勒底人」和「巴比倫」大量出現。
文學體裁	以詩歌體裁（poetry）為主。	以散文（prose）為主。
文學類型和主要內容	以神和耶利米的長篇對話（dialogue），或者是他們自己的個人獨白（monologue）為主。神的獨白就是長篇的神諭，耶利米的獨白就是他的回應或者心聲（參本書第五和第六章）。	以敘述亡國的故事（narrative）和簡短的神諭或對話為主。

圖 4.3：一至二十章與二十一至四十五章之比較

學者估計一至二十章的時代背景是由約西亞年代至約雅敬第四年，[6] 但筆者估計一至二十章的時代背景是由約西亞年代至約雅敬第一年，原因是基於下述兩個時間指標。

第一個時間指標：七章 1 至 15 節與二十六章有聯繫，原因是耶利米書只有七章 12 至 14 節和二十六章 6 至 9 節提及示羅的會幕被摧毀這件事（參圖 4.4 第二列）。耶利米在約雅敬第一年（二十六 1）於聖殿宣告警告的信息之後，被宗教領袖捉拿，並要殺死他（二十六 7～9），但官員保護他（二十六 24）。簡而言之，一至二十章的第一個時間指標應是七章 1 至 15 節的聖殿神諭，這是在約雅敬第一年發生的。

	七章	十九、二十六章
耶利米在欣嫩子谷宣告神諭（提及陀斐特）	七 30 ~ 33	十九 1 ~ 13
耶利米在聖殿宣告神諭（提及會幕被毀）	七 1 ~ 15	二十六 6 ~ 9

圖 4.4：耶利米書七章與十九和二十六章之關係

交代第二個時間的指標之前，首先筆者要指出七章 30 至 33 節與十九章 1 至 13 節有聯繫，原因是耶利米書只有這兩段經文指責猶大人在陀斐特的丘壇把兒女經火作為燔祭獻給偶像（參圖 4.4 第一列），而且七章 30 至 33 節與十九章 1 至 13 節的字詞有很多相似之處（參本書 6.2.3.1 的列表），後者比較詳盡，而且還有打碎瓷瓶的象徵性行動，所以前者可能只是後者的簡述版本。編者在第七章的重點是詳述聖殿神諭（七 1～15），簡述欣嫩子谷神諭（七 30～33），在十九章才詳述欣嫩子谷神諭（十九 1～13）。

十九章 14 節「從……陀斐特回來」這翻譯令人感到耶利米由聖殿去陀斐特，然後由陀斐特回聖殿。上述片語在原文應譯作「從……陀斐特來（בּוֹא，[7] 另參英譯本 NASB）」，所以先後次序應是，耶利米先在欣嫩子谷宣告神諭（十九 1～13），然後才到聖殿宣告神諭（七 1～15）。

在宣告欣嫩子谷神諭（十九 1～13）和聖殿神諭（七 1～15）之間發生了一件事，就是巴施戶珥把耶利米枷鎖在聖殿裏，第二天才釋放耶利米（二十 1～6）。若欣嫩子谷神諭在聖殿神諭之後才宣告，耶利米已得到亞希甘的保護（二十六 24），巴施戶珥不大可能把他枷鎖。

簡而言之，十九章 1 至 13 節的欣嫩子谷神諭也是在約雅敬第一年發生，這是第二個時間指標。

4.1.2. 二十一章 1 至 10 節按時序的位置應在三十七和三十八章之間

按時序來說，二十一章 1 至 10 節原本的位置應在三十七和三十八章之間發生。經文的根據是，耶利米在二十一章 9 節呼籲眾人向巴比倫軍投降：「住在這城裏的必遭刀劍、饑荒、瘟疫而死；但出去投降圍困你們之迦勒底人的必得存活，保全自己的性命。」在三十八章 2 節領袖控告耶利米時，他們逐字引述耶利米的上述呼籲。[8]

	三十七章		二十一 1 ~ 10
西底家差使者請耶利米祈求神	3 節	←	二十一 1 ~ 2
耶利米的回應是耶路撒冷將會淪陷，猶大亡國	8、10 節	←	二十一 3 ~ 7
耶利米的勸告	9 節	←	二十一 8 ~ 10
		三十八章	
耶利米被拘捕	11 ~ 14 節	1 ~ 5 節	
耶利米被囚入監（兩次都面對死亡）	15 ~ 16 節（三十七 20）	6 節（三十八 9）	
耶利米由監獄釋放	17 節	7 ~ 13 節	
西底家私下請耶利米祈求神	17 ~ 20 節	14 ~ 26 節	
耶利米在護衛兵的院被軟禁	21 節	28 節	

圖 4.5：二十一章 1 至 10 節於三十七和三十八章的時序

這些領袖敵對耶利米，所以他們的控告必不會耽延，可見三十八章1至4節必定是緊隨二十一章8至10節的。[9] 若將二十一章1至10節放置在三十七和三十八章之間，圖4.5將會是兩個循環，可作為並列對比。[10] 若不將二十一章 1 至 10 節放置在這兩章之間，讀者由三十七章讀到三十八章時，就會感到耶利米無緣無故地被控告。

4.1.3. 二十一章 1 至 10 節作為預述（prolepsis）

「預述」（prolepsis）既是修辭評鑑法的一種技巧，[11] 也是敍事評鑑法其中一種技巧，[12] 因此不單在這裏討論這技巧，也在4.2.2討論。以電影為例，若編導按時間的先後次序去敍述電影的情節，觀眾可能感到平鋪直敍。因此，有時編導刻意將時序調轉，舉例如下：[13]

喪禮、出生、幼兒、父母離婚、青少年、結婚、離婚、自殺

喪禮本來是最後發生的事件，但被編導放在前列位置。這種技巧是為整齣電影定調（set the tone），令到觀眾的心情處於沉重的狀態；即使觀眾看見幼兒的笑容，但也早已被沉重的情緒所籠罩（overshadow）。二十一章1至10節就像上述的喪禮，作為詳述亡國故事（二十一～四十五章）之前的定調，預備讀者的心境。古代的文士已懂得倒轉時序的敍述，學者福克爾曼（Jan Fokkelman）提出以下的觀察：

> 一般來說，敍述者大多是依照事件發生的先後次序來敍述，亦即是順著日子或沿著直線來敍述。然而，即使是希伯來敍述文學這類古文體，作者偶爾也刻意不採用順時序的記載。他會選擇用前瞻（looking forward）或回顧（looking backward）的記敍手法。[14]

埃弗拉特（Shimon Bar-Efrat）也有相同的看法，[15] 而且詳細解釋預述法的目的，就是預述故事的發展方向，令讀者能夠站在較高的位置看故事的發展，更深入明白每個情節的意義和影響，又能夠掌握各情節之間的因果關係。[16] 其他學者也認同預述法在舊約出現，如 Yairah Amit[17] 和 Francois Tolmie[18] 等等，在此不再逐一講述他們的意見。

不按時序的敍述有時令到讀者感到混亂，需要花時間和心思去整理情節的時序，但福克爾曼提醒我們：重點不在於情節的時序，而在於情節的主題。為甚麼編者不按時序敍述呢？我們找尋答案時需要追溯故事內容的主要結構。[19] 故事的開始不一定令人一目了然，但故事的結束可能會令人恍然大悟。

上文有關喪禮的例子簡單易明，但耶利米書的篇幅很長，結構也比較複雜，難以明白。本章的目的就是將耶利米書的各段經文串連起來，令讀者明白當中的來龍去脈。

4.1.4. 二十一章 1 至 10 節作為轉接位（hinge）

由第十九至二十章轉到第二十一章 1 至 10 節時有明顯的分別。前者是祭司迫害耶利米，後者是尼布甲尼撒所帶領的軍隊突然出現，而且即將攻入耶路撒冷（二十一 4），耶利米勸耶路撒冷城內的人要作出生死的抉擇，就是必須出城外投降（二十一 9）。

研究耶利米書的其中一位學者史督文（Louis Stulman）明言，二十一章 1 至 10 節好像轉接位（hinge）那般運作，這十節經文將十八章 18 節至二十章 18 節有關責備祭司的經文聯繫到二十一章 11 節至二十三章 40 節，後者責備君王和說假神諭的先知。[20]

筆者對史督文的說法有下述的修訂：第一，有關轉接位的定義（見下文）。第二，聯繫範圍的上文由十八章 18 節至二十章 18 節擴闊為第一至二十章，而聯繫的下文由二十一章 11 節至二十三章 40 節擴闊為二十一章 11 節至第四十五章（如下圖 4.6），擴闊的目的是將一至四十五章聯繫起來。

根據柏閏納克（H. Van Dyke Parunak），他作出下述的定義：（a）轉接位是一小段經文；（b）轉接位的內容是獨立於上下文的連接經文（immediate context）；（c）轉接位分別和上文的一大段經文和下文的一大段經文有聯繫，藉此將兩大段經文連接起來。[21]（d）轉接位的功能是由上文轉到下文（參 4.1.4.2）。

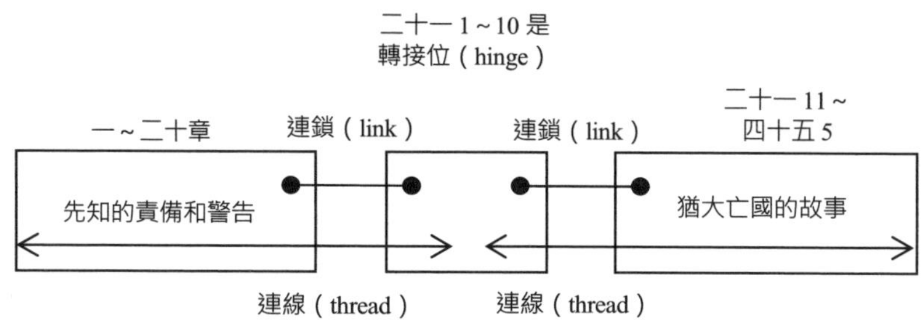

圖 4.6：耶利米書一至四十五章的文學結構圖

二十一章 1 至 10 節獨立於上文，因為巴比倫軍兵臨城下和勸降這兩點沒有在一至二十章出現，但在二十一章 1 至 10 節突然出現。二十一章 1 至 10 節也獨立於下文的連接經文，原因如下：若將二十一章 1 至 10 節拍攝成電影，這段經文充滿即將亡國的緊張氣氛，但二十一章 11 節至二十三章卻變為冷靜地檢討亡國的責任。

另一原因是，二十一章 1 至 10 節的時代背景是處於國家滅亡之際、個人生死之際，但二十一章 11 節至二十三章 40 節將焦點由國家和人民轉到王室和先知的身上。二十一章 11 節的開始是「至於猶大王的家」，二十三章 9 節的開始是「論到那些先知」，這兩句片語分別帶出譴責政治領袖（二十一 11～二十三 8）和宗教領袖（二十三 9～40）的經文。

圖 4.6 所顯示的聯繫有兩種：第一種是連鎖（link），指轉接位內的某字詞或片語也出現在上文或者下文。[22] 第二種是連線（thread），即是貫穿經文的字詞，由上文貫穿到轉接位，或由轉接位貫穿到下文。[23]

史督文及柏閭納克分別在舊約中找出很多有關轉接位的例子，在此只舉一例：[24] 以西結書四十五章 1 至 8 節是一個轉接位，將有關祭司的經文（四十四 5～31）和有關王的經文（四十五 9～四十六 18）連接起來。轉接位與上文的聯繫是四十五章 4 節所提及的祭司；轉接位與下文的聯繫是四十五章 8 節所提及的王。

4.1.4.1. 二十一 1～10 與上文的聯繫

- 「交在巴比倫王的手中」這片語在二十一章 10 節出現，也在二十章 4 節出現，這片語是轉接位與上文的連鎖(參圖 4.6 的 link)。
- 「殺／擊殺」（נָכָה）這字在二十章 4 節和二十一章 7 節出現，其文學的角色是連鎖（link）。
- 「仇敵／敵人」（אֹיֵב），這是一個連線（參圖 4.6 的 thread）的字詞，這希伯來字在二十一章 7 節出現，也在上文出現了十一次（六 25，十二 7，十五 9、11、14，十七 4，十八 17，十九 7、9，二十 4、5）。這字在第一至二十章的下半部分經常出現，但在二十一章 11 節至四十五章只出現五次，有可能是因為「仇敵／敵人」被「迦勒底人」所取代（參 4.1.4.2）。

4.1.4.2. 二十一 1 至 10 節與下文的聯繫

「迦勒底人」在第一至二十章沒有出現，它在轉接位出現兩次（二十一 4、9），又在二十一章 11 節至四十五章出現約三十次。這是一個連線（thread）的字詞。

「尼布甲尼撒」在第一至二十章沒有出現，它在轉接位出現兩次（二十一 2、7），又在二十一章 11 節至四十五章出現約二十五次。這是一個連線（thread）的字詞。

「攻擊我們」（עָלֵינוּ）這希伯來字在轉接位出現（二十一 2），又在二十一章 13 節出現。這是一個連鎖（link）的字詞。

4.1.4.3. 二十一 1 至 10 節作為轉接位的意義

上文已交代二十一章 1 至 10 節作為轉接位（hinge），聯繫兩大段經文（一～二十章和二十一 11～四十五）。圖 4.7 指出這轉接位的功能就是由第一大段經文轉到第二大段經文。

	描述敵軍	主要的時代背景	主題
一～二十章	由北方來的敵軍	約西亞王時代至約雅敬第一年（參 4.1.1）	發出責備和警告的神諭
二十一 11～四十五章	尼布甲尼撒的巴比倫軍	西底家時代，有時回顧約雅敬時代（參 4.2）	敘述亡國的故事

圖 4.7：二十一章 1 至 10 節作為轉接位與一至二十章和二十一 11 節至四十五章的關係

為了表達上的簡潔，筆者將第一至二十章簡稱為甲部，二十一章 11 節到四十五章簡稱為乙部。二十一章 1 至 10 節作為轉接位（hinge），目的就是將甲部來自北方的敵軍轉接到乙部尼布甲尼撒所帶領的巴比倫軍；時代背景便由甲部以約西亞王為主的時代轉接到乙部以西底家為主的時代；內容的主旨由甲部發出責備和警告轉接到乙部敘述亡國的故事。

上述的甲部和乙部可串連成因果關係，因為猶大人長期沒有聽從耶利米的責備和警告（甲部），所以他們要面對亡國的結果（乙部）。上述的因果關係也帶出申典神學的報應觀念（參本書第三章 3.1），耶和華是一位賞罰分明的神。這個結構和附帶的因果關係對歷世歷代的信徒皆有提醒：若自己長期違反神的誡命，自己就會落得如同猶大的悲劇下場。

4.1.5. 從分段的主題構思二十一至四十五章的結構

本書第五和第六章討論一至二十章的結構，這裏聚焦在二十一至四十五章的亡國故事。下文列出二十一至四十五章的結構。第二十一章 1 至 10 節是預述亡國，短短十節只帶來短暫的緊張，之後便是分析，這分析很明顯是來自敍事者的觀點（point of view）：亡國的罪魁禍首就是末代兩位猶大王和說假神諭的先知。[25]

二十四章是有關猶大民族的命運，被擄的猶大人比喻為好無花果，蒙神眷顧；留在耶路撒冷的猶大人比喻為壞無花果，被神咒詛。二十五章指出巴比倫崛起，像亞述那樣南征北伐，列國將會滅亡，人民被擄。二十八和二十九章指出說假神諭的先知認為猶大不會亡國，他們跟耶利米角力。

華人學者何傑的博士論文將二十六至四十五章分段，下文和他的分段大致相同，[26] 但筆者加上二十一至二十五章，並加上組合而成為交叉平行結構（參本書第一章 1.2.3.1）。[27]

亡國故事的序言（prologue）

1. 有關猶大必亡，民須投降的預言（set the tone）（二十一 1～10）
2. 末代王約雅敬和西底家要承擔亡國的責任（二十一 11～二十三 8）
3. 說假神諭的先知要承擔亡國的責任（二十三 9～40）

亡國故事的主體（main body）

敍述亡國故事的編排（按主題而不按時序）

A 耶利米與宗教領袖角力（二十四～二十九章）

　B 耶利米對猶大人的勉勵：

　　有關回歸故土和新約的安慰之書（三十～三十三章）

　B’ 耶利米對猶大人的譴責：

　　猶大人必因背約而被神懲罰（三十四章）

　　利甲族人因信實而蒙神祝福（三十五章）

A’ 耶利米與政治領袖角力：

　約雅敬不聽耶利米的警告，令猶大走上亡國之路（三十六章）

　西底家不聽耶利米的警告，結果是國破家亡（三十七～三十八章）

　亡國後的領袖不聽勸告，結果是更多人死亡（三十九～四十四章）

亡國故事的跋（epilogue）（四十五章）

4.2. 從敍述故事的角度鳥瞰耶利米書二十一至四十五章

章數	約雅敬的年代	西底家的年代
二十一		亡國前，王請耶利米求問神。耶利米指國必亡，民須投降
二十四		第一年：好壞無花果分別代表被擄和留下的猶大人
二十五	第四年：耶利米預言列國將要服事巴比倫七十年	
二十六	第一年：宗教領袖因耶利米的神諭而敵對他	
二十七		第一年：耶利米的頸負軛，象徵列國將會服事巴比倫
二十八		第四年：哈拿尼雅預言被擄的猶大人兩年內回歸
三十二		第十年：耶利米購地
三十四		約在第十年：西底家命人民立約，釋放奴僕，後來背約
三十五	利甲族人的信實與猶大的背約成強烈對比	
三十六	第四年：巴錄抄寫書卷 第五年：王火燒書卷	
三十七～三十八		耶路撒冷兩次被圍，王請耶利米求問神。耶利米勸他投降
三十九～四十四		第十一年亡國後的亂局
四十五	第四年：神忠告巴錄不要為自己圖謀大事	

圖 4.8：二十一至四十五章中有標記年代章數

上文從文學分析的角度鳥瞰耶利米書一至四十五章，下文從敍述故事的角度鳥瞰第二十一至四十五章。

敍事評鑑法（narrative criticism）有助讀者研讀故事。這種方法令讀者將靜態的文字想像為動態的電影，不但不會感到沉悶，反而會感到津津有味。從這角度，讀者可將耶利米書由一卷先知書看為一齣亡國的電影，不單令人印象深刻，而且發人深省。

打從一九七五年開始，福爾克曼、[28] 埃弗拉特、[29] 奧爾特（Robert Alter）[30] 等學者先後將敍事評鑑法引入舊約研究這範疇，後來 Tolmie、[31] Amit、[32] Jerome Walsh [33] 等學者亦加入。敍事評鑑法令人不會將耶利米書看為刻板的文字，而是有血有肉的人與事，充滿感情。

故事的元素包括時代背景、敍事的先後次序和時序、主角和他所追求的目標、他與哪些對手角色的關係緊張等。本書第二章已詳述時代背景，下文按部就班地討論其他元素，最後才判斷敍事的佈局。

耶利米書有很多時間的標記，絕大部分的標記都是在約雅敬和西底家這兩個王的年代。這些標記並沒有在一至二十章出現，但集中在二十一至四十五章出現（參前頁圖 4.8）。[34] 圖 4.8 並沒有列出二十二、二十三、二十九至三十一、三十三章，原因是這數章並沒有標記年代。二十一、三十四、三十七和三十八章沒有標記年代，但下文將會確定它們的年代。

4.2.1. 敍述的次序（narrating order）是否按時序？

圖 4.8 顯示二十一至四十五章敍事的次序（narrating order）並不是按時序（chronological order）的，讀者或會感到混亂。下文提供一些方法，可解決上述困難。圖 4.8 顯示第二十一至四十五章的大部分事件都是在西底家的年代發生，下文 4.2.2 指出約雅敬時代的事件只是插敍。讀者可將二十一至四十五章當作一齣電影，將西底家年代的事件當作彩色的主線情節，約雅敬年代的事件當作黑白的回顧片段，穿插在西底家的主線情節之中，讀者就不會感到混亂。

上述方法已解決了很多時序的問題，但三十七至三十八章的圍城事件在西底家九至十一年發生，而三十二和三十四章這兩章卻是在西底家第十年發生。下文 4.2.2 將處理這兩章不按時序的問題。

4.2.2. 有關西底家時代的經文是否按時序敘述？

下列結構是上文 4.1.5 所表列的主體部分，並加上西底家王的年代（見粗體字）。由於約雅敬年代的事件只屬回顧，所以這結構沒有交代約雅敬的年代。這結構顯示各主題是在哪些年代發生。

A 耶利米與宗教領袖角力（**西底家一至四年**）（二十四～二十九章）
　B 耶利米對猶大人的勉勵：
　　有關回歸故土和新約的安慰之書（**西底家十年**）（三十～三十三章）
　B' 耶利米對猶大人的譴責：
　　猶大人必因背約而被神懲罰（**約在西底家十年**）（三十四章）
　　利甲族人因信實而蒙神祝福（三十五章）
A' 耶利米與政治領袖角力（**西底家九至十一年+亡國後的年代**）
　約雅敬不聽耶利米的警告，令猶大走上亡國之路（三十六章）
　西底家不聽耶利米的警告，結果是國破家亡（三十七～三十八章）
　亡國後的領袖不聽勸告，結果是更多人死亡（三十九～四十四章）

有關耶利米與宗教領袖的角力（A 部分）記載在二十四至二十九章，主要是在西底家作王的第一至第四年發生，還有來自約雅敬時代的插敍（二十五～二十六章）。

有關耶利米與政治領袖的角力（A'部分）記載在三十六至四十四章，主要是在西底家作王的的末期和亡國的初期發生，還有來自約雅敬時代的插敍（三十六章）。

有關回歸故土和新約的應許（B 部分）記載在三十至三十三章，這四章都是提及回歸故土的應許（三十 3、10，三十一 8、16、17、21、23，三十二 37、44，三十三 7、11、26），並提及回復神人關係的應許（三十 22，三十一 31、33，三十二 40，三十三 21～22，參本書第三章 3.2.2）。三十至三十三章被大部分學者認為是「安慰之書」。筆者認為這四章是一個整體，不可分割。若沒有上述的應許，三十二章的購地只是一個愚蠢的行動，因為亞拿突當時已淪陷（三十二 25）。相反來說，若沒有購地的行動，上述的應許便好像只是空談，沒有行動的配合。由此可見，這四章的神諭與購地的時間相若，那麼這些神諭應大約在西底家第十年臨到耶利米。本書第九章會有詳細的討論。

耶利米對猶大人的譴責（B'部分）記載在三十四至三十五章，上文 4.2.1 的結尾已指出猶大人背約的事大約在西底家十年發生。

根據上文 4.2.1 的年曆表，有關西底家的經文之中，有三章是不按時序的，就是二十一章、三十二章和三十四章。上文 4.1.3 已指出二十一章 1 至 10 節是預述（prolepsis），目的是作為詳述亡國故事（二十一～四十五章）之前的定調。在此不再詳細討論，下文只集中討論三十二章和三十四章。

4.2.2.1. 三十二章作為預述

三十二章 1 節指出這一章的時代背景是在西底家第十年，當時耶利米被軟禁在王宮中衛兵的院子裏。當巴比倫軍從耶路撒冷城撤軍時，耶利米的堂兄弟哈拿篾得以進城，他來到衛兵的院子裏，請耶利米購買他在亞拿突的那塊田地。其實亞拿突城已經淪陷(三十二 25)，並沒有甚麼經濟的價值。購地只是一種象徵：猶大人雖然被擄到巴比倫，但他們將來必定回歸故土和建立家庭（三十三 10～11）。

不久之後，巴比倫再次圍城，耶路撒冷淪陷是在西底家第十一年四月初九發生（三十九 2）。上述購地的事件在猶大亡國前一年發生，這件事證明神為祂的子民所定的計劃是使他們得平安，而不是遭受災禍。災禍只是短期，長遠來說，神要賜給他們美好的前程和盼望（二十九 11）。

三十七章敘述巴比倫第一次攻城，年代是西底家第九年（參三十九 1），在三十二章的購地事件是在西底家第十年（三十二 1），所以三十二章的經文是預先敘述後期的事和神諭，預述的目的，可能是令讀者閱讀隨後有關亡國的經文（三十七至三十八章）時仍保存盼望。

4.2.2.2. 三十四章作為預述

當巴比倫圍困耶路撒冷時，城內缺糧並不是圍城初期就立即發生的事，估計釋放奴僕是在西底家第十年才發生。主人很可能因城內缺糧而自發地釋放奴僕，西底家隆而重之地率領眾百姓訂立誓約，釋放該城所有奴僕。立約的儀式是按古代中東的締約儀式進行，先把牛犢劈開兩半，然後立約的人都要從兩半中間走過（三十四 18～19）。如果他們違約，就會像牛犢被劈開。

為甚麼西底家要隆重其事呢？很可能是形勢危急，當時的上下人等都感到要向神表達忠誠，希望神會拯救他們。他們向神表達忠誠的行動就是釋放奴僕；根據摩西的律法：「若有一個希伯來男人或希伯來女人賣給你，已服事你六年，到了第七年就要讓他自由離開你。」（申十五 12）當巴比倫軍隊因埃及出兵而暫時撤退時（耶三十七 5），猶大人就違約，強迫早前得自由的人再作奴僕（耶三十四 11）。耶利米指責他們沒有遵守這條律法（耶三十四 15～16）。

在上述的背景下，讀者很容易明白神在三十四章 21 至 22 節的宣告：「我必將猶大王西底家和他的眾領袖交在仇敵和尋索其命的人手中，與那暫時離你們而去的巴比倫王軍隊的手中。看哪，我要吩咐他們回到這城，攻打這城，將城攻取，用火焚燒；我也要使猶大的城鎮變為廢墟，無人居住。」

三十七章敍述巴比倫第一次攻城，年代是西底家第九年（參三十九 1），三十四章的奴僕事件發生在巴比倫撤軍後，所以三十四章的經文是預述（prolepsis）後期的事和神諭，預述的目的是要預備讀者的憤慨心情：感到猶大人必定要為到背約的事件而受到神的懲罰。當讀者由三十四章讀到三十八章的猶大亡國事件之時，讀者會感到國破家亡是猶大人罪有應得的。

4.2.3. 誰是主角（protagonist）？他追求甚麼目標？

上文有關二十一至四十五章的時間標記，大部分的經文都是有關西底家年代所發生的事，令人猜想主角是否西底家？其實西底家只是在三十七至三十九章頻密地出現，但耶利米在全卷書由頭到尾都出現，所以主角應是耶利米。

根據福克爾曼，故事的開首通常是一個難題（problem）或缺乏（deficit），故事的主線就是主角為了處理這個難題或缺乏而展開的過程。[35] 耶利米書一章已經表達這個難題，就是神召北方列國的萬族，「他們要來，各安寶座在耶路撒冷的城門口，周圍攻擊城牆，又要攻擊猶大的一切城鎮」（一 15）。

耶利米書的故事發展就是巴比倫軍隊由北方而來，攻陷猶大許多城市，然後圍困首都耶路撒冷。最後猶大亡國，人民被擄。耶利米因應不同景況而先後追求下述三個目標：

4.2.3.1. 亡國前，耶利米追求的目標是避免國破家亡的災難

國破家亡的原因是基於猶大人長期敬拜偶像，屢勸不改（一 16；參二十五 3）。即使約西亞王大力推行宗教改革，但猶大人在民間仍是敬拜偶像（參三 6）。在約西亞時期，耶利米被神差遣到各城去宣告警告的信息（十一 6）：猶大人必須離棄偶像，敬拜真神，才能避免國破家亡的大災難。耶利米在各城宣告時，他被人咒罵，甚至逼害。

當約西亞這位敬虔的君王戰死沙場之後，他的兒子約哈斯只作王三個月就被廢，約雅敬被埃及立為傀儡王。約雅敬第一年已將約西亞的宗教改革推翻，重新敬拜偶像，人民再次敬拜巴力（七 9），在欣嫩子谷將兒女經火獻給偶像（七 31～32）；同時在道德上也敗壞，如偷盜、殺人、姦淫等（七 9）。神吩咐耶利米在聖殿宣告警告的信息，但人民捉拿他，宗教領袖控告他，幸而官員保護耶利米（二十六 24）。

當約雅敬在位第四年，巴比倫已崛起成為超級強國，成為列國的威脅，耶利米已預言列國將會滅亡，人民將會被擄，他們在被擄

七十年之後回歸故土（二十九 10）。若猶大人不欲成為亡國被擄的其中一分子時，就要認罪悔改，從此不再敬拜偶像。在約雅敬四至五年期間，神給猶大人最後悔改的機會，耶利米藉巴錄在聖殿宣告神諭，目的是希望猶大家聽見神想要降給他們的一切災禍，各人可以回轉離開惡道，神就赦免他們的罪孽和罪惡（三十六 3）。

約雅敬第五年，上述的警告信息輾轉到達王的耳中。當他焚燒耶利米的書卷時，神吩咐耶利米宣告：猶大必定亡國，人民必定被擄（三十六 29～31）。從此耶利米退而求其次，追求下述兩個目標。

4.2.3.2. 亡國前後之際，耶利米追求的目標是減少死亡人數

當耶路撒冷即將被巴比倫軍攻陷時，耶利米很清楚發出公開呼籲：「住在這城裏的必遭刀劍、饑荒、瘟疫而死；但出去投降圍困你們之迦勒底人的必得存活，保全自己的性命。」（二十一 9）

當西底家面臨國破家亡時，他請耶利米向神求問指引；耶利米也是發出投降的指引。當時的耶利米先後兩次被扔入有淤泥的深坑，第一次是在約拿單的屋裏，三十七章的敘述看似輕描淡寫，其實耶利米正面對死亡（參三十七 20）。第二次是在瑪基亞的屋裏，即使他被太監救出，但也已經很虛弱（參三十八 11～13 的評註）。當西底家再次請他求問神時，他仍情詞迫切，不斷重複地懇求西底家投降（三十八 17～23）。

猶大亡國後，巴比倫立基大利為省長管理沒有被擄的猶大人，但他後來被行刺（四十一 1～3）。猶大人恐怕巴比倫追究，意欲逃往埃及。行動之前，他們先請耶利米向神求問指引，耶利米求得的神諭是若他們逃往埃及，必遭刀劍、饑荒、瘟疫而死。若他們留在原地，神必保佑他們（四十二 1～22），但他們仍堅持逃往埃及，不聽從耶利米的神諭，又把他和巴錄挾持到埃及。

4.2.3.3. 民族被擄後，耶利米追求的目標是民族能夠安居樂業

在約雅敬第四年，耶利米已預言列國將會被巴比倫侵略，人民被擄七十年後才回歸故土（耶二十五 1～14，二十九 10）。但以理等才俊就在這時被擄（但一 1～7），這時被擄的人數不多。西底家登基之前，前朝的約雅斤王和官員、木匠、鐵匠、勇士等約一萬猶大人被擄到巴比倫（王下二十四 14）。這時猶大尚未亡國，但人心惶惶。神吩咐耶利米向被擄的人宣告，神必保佑他們，他們要在巴比倫安居樂業，將來必定回歸故土（耶二十九 10）。

在西底家第十年，耶利米的家鄉亞拿突已淪陷（三十二 25），他仍依照神的吩咐花錢購買親人在亞拿突的一塊地，目的就是令那些在亡國陰影籠罩下的猶大人不致絕望，即使他們被擄，神必定帶領他們回歸故土。此事可見耶利米所追求的目標就是為了實踐神給他的使命，又為了民族的好處，即使付出金錢購買沒有經濟價值的土地，他也甘心樂意（三十二 9、25）。

總而言之，耶利米在年青時蒙召作先知，由年青到年老，他追求的目標是忠於神託付他的使命，他持守這使命長達四十多年。他一生所關注的是民族的安危，過於自己的利益和生命。

4.2.4. 主角與哪些對手角色（antagonists）有矛盾？

根據敍事評鑑法，主角（protagonist）與對手（antagonists）這兩個字的中間數個字母 *agon* 都是來自希臘文 *agōn*，意思是競爭或爭持（contest）的意思。[36] 對手不一定攻擊主角，也可以與主角在意見上、目標上、價值觀上等等**因為有矛盾而存在角力或張力（tension）**。[37] 例如：在三十七和三十八章之中，西底家並沒有攻擊耶利米，但他們在意見和立場上存在矛盾或張力。耶利米遊說西底家打開城門，帶領百姓向巴比倫投降，目的就是避免巴比倫焚城和屠殺人民。西底家並不像耶利米站在百姓的立場，他只是注重個人的安危（三十八 19），過於民族的安危。

另一方面，敍事評鑑法的學者指出爭持不一定是在主角與對手之間，也可以是**主角內心的矛盾**。其中一個例子是路加福音十八章 18 至 23 節所敍述的少年官長所面對的矛盾，就是他不能兼得財寶和永生，以致很憂愁地離開耶穌。

神呼召耶利米時已告訴他：猶大的君王、官長、祭司和這地的百姓必因他的預先警告而攻擊他（一 18）。下圖 4.9 列出二十一至四十五章之中，三組人與耶利米之間出現角力或張力。

圖 4.9 第一和第三組的經文與主題是顯而易見地吻合，不用多作解釋。第二組需要在下文予以解釋。耶利米面對猶大百姓時，他內心的矛盾，就是先要按公義去譴責他們的背約（三十四 17～22），但又基於愛他們而購地，目的是象徵被擄之民將來必定回歸故土。

	主角（protagonist）與對手（antagonists）	章數
第一組	耶利米與宗教領袖角力	二十四～二十九章
第二組	耶利米面對猶大百姓時內心充滿張力	三十～三十五章
第三組	耶利米與政治領袖角力	三十六～四十四章

圖 4.9：二十一至四十五章中三組人與耶利米之間的角力或張力

耶利米面對猶大百姓時，他內心的矛盾，就是在恨和愛之間掙扎，正如夫妻吵架之後，一方面惱恨對方，但另一方面仍愛對方。同樣，神也面對恨和愛之間的矛盾，一方面神對猶大人的審判是亡國和被擄，但另一方面三十至三十三章這段「安慰之書」的結語顯示神必憐憫被擄者，帶領他們回歸故土（三十三 26）。[38] 神對耶路撒冷的最後行動並不是審判，而是拯救、回歸和重建。神與祂的子民重新立約（三十一 31～33），使他們能夠得到福樂（三十二 39），有公義的王管治他們（三十三 20～26）。詳細的討論可參照本書第三章有關回歸神學、餘民神學、君王神學。

神超越愛和恨之間的矛盾，不單彰顯祂的品格和能力，而且令祂的子民重建生活和重建與神的關係。這美好的結果成為耶利米的激勵，也成為所有事奉者的激勵。神所示範的是令人學效的榜樣，有動力去超越愛和恨之間的矛盾。這是下文所提及的高潮。

4.2.5. 有關二十四至四十四章敘事的佈局（plot）

敘事的佈局或結構常見的有兩種，第一種就是∪形結構，[39] 即是佈局由開始到中段是走向低谷，令主角愈來愈悲哀。佈局由中段到結尾卻是走向大團圓結局。

另一種佈局是 ∩ 形結構，[40] 即是佈局由開始到中段是走向高潮，這高潮可能令主角歡欣（參下圖 4.10），也可能是災難來臨，令主角悲哀（參本書第五章 5.1）。不論高潮是哪一種，佈局的結尾都是悲劇收場。從上述角度，二十四至四十四章的佈局就是 ∩ 形的。

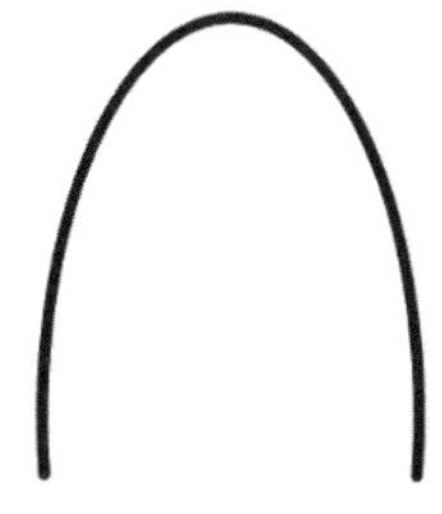

圖 4.10：耶利米書二十四至四十四章敘事的佈局

上圖左下角（二十四～二十九章）的情況令人沮喪，但上圖頂部（三十～三十三章）所提供的盼望令人穿越苦難。二十五章 10 節提到新郎和新娘的聲音都止息了，但三十三章 11 節卻明言：「歡喜和快樂的聲音、新郎和新娘的聲音，並聽見有人說：你們要稱謝萬軍之耶和華，因耶和華本為善，祂的慈愛永遠長存！他們奉感謝祭到耶和華的殿中；因為我必使這地被擄的人歸回，如起初一樣。」二十九章 10 和 14 節只精簡地提及被擄七十年之後回歸，但三十至三十三章將回歸的信息帶到高潮。

在三十二章，神吩咐耶利米購地，這是一個象徵性的行動，指出被擄者回歸後能夠購地，重建家園。上述提及的新郎和新娘，就是建立新家庭的象徵。

上述盼望的信息並不是叫人活在明天的烏托邦（utopia），乃是令人堅忍地面對眼前的苦難。信心和盼望不是令人逃避現實，而是穿越苦難。[41] 在西底家登基時，耶利米看見好壞無花果的異象，其意義就是神必眷顧被擄的猶大人如同好的無花果一樣（二十四 1～7）。可見神的眷顧早在被擄時期已經開始，不需要等待七十年，在回歸時才被神眷顧。猶大人不需要幻想自己活在七十年後的烏托邦，而是存著堅忍的心去面對眼前的被擄時期。這是上文所指的高潮。

4.3. 小結

本章使用文學分析和敍述故事的角度鳥瞰耶利米書，這兩種角度就像兩副不同的眼鏡，令人看見耶利米書的各部分如何組合起來，成為一個有邏輯的文學結構，而不是好像一些學者的立場，認為耶利米書的時序混亂和主題混亂，編者好像沒有計劃去編排次序，只是將所有資料拼湊一起。[42]

不同的學者使用不同的角度或眼鏡去解讀耶利米書，有些學者將混亂歸納到有關立約的主題，[43] 另一位學者嘗試在混亂中找出次序。[44] 筆者採取另一條出路，就是建構耶利米書的整體框架，令人能聯繫各段經文，又能解決上述混亂的問題。由於四十六至五十一章是有關列國的神諭，而五十二章是歷史補篇，筆者可暫時不處理這些內容，只集中在第一至四十五章有關猶大的神諭和事件，並劃分為下列結構：

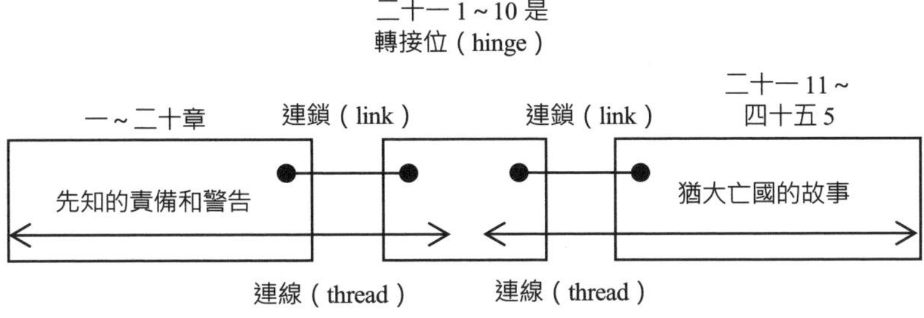

圖 4.11：耶利米書一至四十五章的文學結構圖

二十一章 1 至 10 節扮演兩個文學的角色：第一是轉接位（hinge），第二是預述（prolepsis）。從文學結構的角度，二十一章 1 至 10 節將兩大段經文（一～二十章和二十一 11～四十五 5）聯繫一起，所以二十一章 1 至 10 節是一個轉接位（hinge）。另一方面，二十一章 1 至 10 節屬亡國故事的後期發展，按時序它的位置應在三十七和三十八章之間，但被編者放置在亡國故事的序幕作為預述（prolepsis），令讀者懷著沉重的心情去閱讀猶大亡國的長篇故事（二十一～四十五章）。這長篇的故事可分為下列的結構：由於約雅敬年代的事件只屬回顧（參本書第四章 4.2.1），所以下列結構沒有交代約雅敬的年代。

亡國故事的序言（prologue）

1. 有關猶大必亡，民須投降的預言（set the tone）（二十一 1～10）
2. 末代王約雅敬和西底家要承擔亡國的責任（二十 11～二十三 8）
3. 說假神諭的先知要承擔亡國的責任（二十三 9～40）

亡國故事的主體（main body）

敍述亡國故事的編排（按主題而不按時序）

A 耶利米與宗教領袖角力（二十四～二十九章）

B 耶利米對猶大人的勉勵：

有關回歸故土和新約的安慰之書（三十～三十三章）

B’ 耶利米對猶大人的譴責：

猶大人必因背約而被神懲罰（三十四章）

利甲族人因信實而蒙神祝福（三十五章）

A’ 耶利米與政治領袖角力：

約雅敬不聽耶利米的警告，令猶大走上亡國之路（三十六章）

西底家不聽耶利米的警告，結果是國破家亡（三十七～三十八章）

亡國後的領袖不聽勸告，結果是更多人死亡（三十九～四十四章）

亡國故事的跋（epilogue）（四十五章）

上表從文學分析的角度找出第一至四十五章的結構，下表從敍述故事的角度找出亡國故事的佈局。筆者使用文學的分析找到亡國故事的主體（main body）是在二十四至四十四章。筆者使用敍事評鑑法找出上述主體的佈局就是下列的 ∩ 形。上表有關 A 和 A’的經文出現在下圖 4.12 的左右兩角，B 和 B’ 的經文在下圖 4.12 的頂部。圖的左下角的情況令人沮喪。頂部的耶利米面對猶大百姓時內心充滿張力，同樣，神也面對愛恨的矛盾，但神對耶路撒冷的最後行動並不是審判，而是拯救、回歸和重建（三十～三十三章）。新約書卷的重點也是如此，神對祂的子民的最後行動並不是審判，而是拯救、回歸和重建。不單重建生活，而且重建人與神的關係。

上述的遠象令耶利米感到欣慰。圖的右下角的國破家亡當然令人傷心難過，但三十至三十三章所提供的盼望令人能穿越苦難。

上文的數個結構或佈局都是按主題或人物去建構的，而不是按年代去理解耶利米書。耶利米書並不是一卷歷史書，它沒有必要按年代去敍述。事實上，它是一卷先知書，目的是要敍述耶利米這先知如何在亡國前後的年代履行他的使命。雖然他已離世，但他的事迹和信息流傳後世，不單對被擄時期的猶大人發出信息，也對歷代的猶大人和基督徒發出信息。耶利米時代的猶大人面對國家走向滅亡，同樣，我們也面對世界走向滅亡，我們需要從耶利米書學習如何面對末世。耶利米時代和末世時代雖有不同之處，但也有相同之處，令人從耶利米書的信息有所學習。

（參上文的結構 B 和 B'）耶利米面對猶大百姓時內心充滿**張力**（三十二章對比三十四～三十五章），同樣，神也面對愛恨的矛盾，但神對耶路撒冷的的最後行動並不是審判，而是拯救、回歸和重建（三十～三十三章）。這遠象令耶利米感到欣慰。

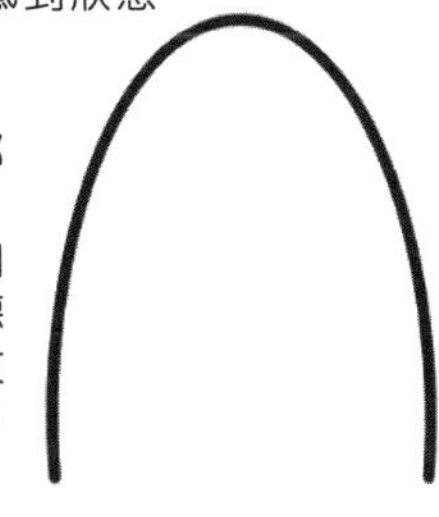

（參上文的結構 A）耶利米與宗教領袖**角力**，結果是說假神諭的先知死亡，但猶大人沒有聽從耶利米的勸告而悔改（二十四～二十九章），令人沮喪。

（參上文的結構 A'）耶利米與政治領袖**角力**，結果是政治領袖沒有聽從他的勸告，猶大走向亡國之路，很多猶大人死亡（三十六～四十四章），令人悲痛。

圖 4.12：耶利米書二十四至四十四章敘事的佈局

最後筆者要提及一點，本章的重點只討論一至四十五章的結構。至於耶利米書全卷書的整體組合，筆者採用下列的三個視野（perspective）來建構：耶利米個人、猶大國、列國。

圖 4.13 的內圈是耶利米的視野，一至十章敘述他蒙召之後領受神諭，也包括他與神的對話，這好比一個蒙召的人在神學院學習神的說話，當中也包括他與神的對話。十一至二十章敘述他三次的宣告行程（參上文 4.1.1）。這段經文多次敘述耶利米面對事奉的申訴或埋怨（參本書第六章），這好比一個神學畢業生在事奉初期需要處理內心的埋怨。這些埋怨反映事奉者的個人視野。

圖 4.13 的中圈是有關猶大亡國的故事，讀者在二十一至四十五章看見許多具名的人物以及他們的事情。這段經文所敘述的範圍由耶利米這個人物擴闊到猶大這個國家。當然，國家的存亡遠比個人

的埋怨重要得多。

圖 4.13 的外圈是有關列國的神諭，敘事者將讀者的視野由猶大這個國家擴闊到列國。有關列國的神諭指出列國將會受到神的審判，強如巴比倫也將會亡國，猶大的亡國只是列國受到審判的其中一個故事而已。列國受審彰顯神的公義，但被擄的人將來回歸故土，卻彰顯神的慈愛（二十九 10～11）。

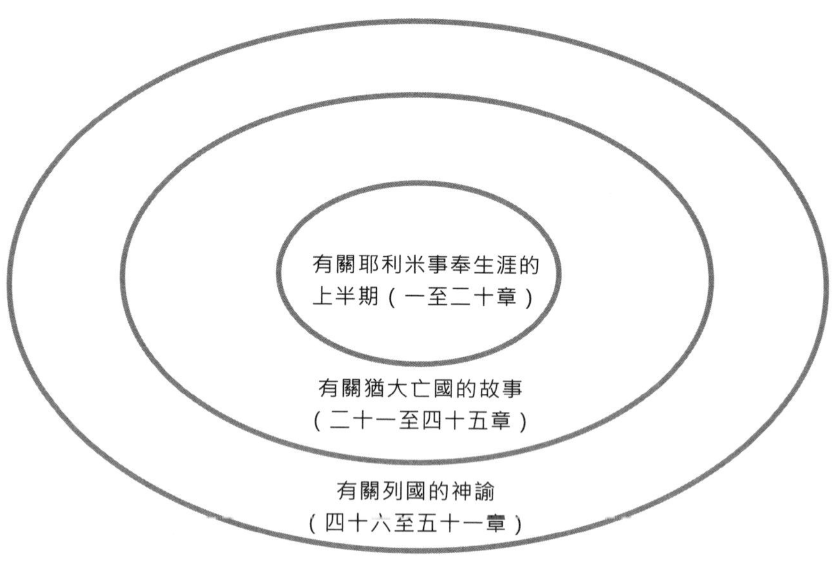

圖 4.13：耶利米書一至五十一章的結構的三個視野

耶利米書的結束是五十二章，這章 31 節「抬起頭來」這片語的意思，就是指可以抬起頭來做人（參士八 28；伯十 15；詩三 3，二十四 7）。這句說話的意思是約雅斤不用在監獄內垂頭喪氣，出獄後可以抬起頭來做人。31 節「抬」和 17 節「運」的原文是同一個字，即是聖殿的器皿被巴比倫人抬往巴比倫。總而言之，人和器皿都被抬舉。

總而言之，筆者藉著圖 4.13 去表達耶利米書的整體結構是由耶利米個人擴闊到猶大國，再由猶大國擴闊到列國。在擴闊的過程之中，個人的成敗榮辱都變成至暫至輕，國破家亡也不再是舉足輕重，最重要的是神在審判之後，祂的眷顧再一次臨到願意回轉的人。讀者在這擴闊的過程中反省自己的事奉，需要學習不斷成長，邁向成熟。

註釋

1. M. Kessler, "The Scaffolding of the Book of Jeremiah," in *Reading the Book of Jeremiah: A Search for Coherence*, ed. M. Kessler (Winona Lake: Eisenbrauns, 2004), 58.
2. L. Stulman, *Jeremiah,* Abingdon Old Testament Commentaries (Nashville: Abingdon Press, 2005）, 222～225.
3. T. E. Fretheim, *Jeremiah.* Smyth & Helwys Bible Commentary (Macon: Smyth & Helwys, 2002), 18.
4. T. T. Chan, "Jeremiah and the Fall of Jerusalem: A Rhetorical Study of Jeremiah 37～38 and 21:1～10," (Th.D. diss., Lutheran Theological Seminary, 2010), 274.
5. J. R. Lundbom, "Rhetorical Criticism: History, Method and Use in the Book of Jeremiah," in *Jeremiah: A Study in Ancient Hebrew Rhetoric* (Winona Lake: Eisenbrauns, 1997), xli (page in Preface).
6. 哈理遜：《耶利米書·耶利米哀歌》，李蕙英譯，丁道爾舊約聖經註釋（台北：校園書房，2001），頁 45。
7. "בּוֹא (*bô'*)," *BDB*, 97—"come."
8. J. A. Thompson, *The Book of Jeremiah*, NICOT (Grand Rapids: Eerdmans, 1980), 637.
9. J. Bright, *Jeremiah*, AB 21 (Garden City: Doubleday, 1965), 233.
10. Chan, "Jeremiah and the Fall of Jerusalem," 13.
11. R. D. Anderson, *Glossary of Greek Rhetorical Terms* (Leuven: Peeters, 2000), 104；這技巧有時被稱為 overshadow 或 anticipation。
12. Y. Amit, *Reading Biblical Narratives: Literary Criticism and the Hebrew Bible*, trans. Y. Lotan (Minneapolis: Fortress Press, 2001), 112.
13. D. F. Tolmie, *Narratology and Biblical Narratives: A Practical Guide* (San Francisco: International Scholars Publications, 1999), 88.
14. 福克爾曼：《聖經敘述文體導讀》，胡玉藩、伍美詩、陳寶嬋譯（香港：天道書樓，2003），頁 43。
15. Shimon Bar-Efrat, *Narrative Art in the Bible*, trans. Dorothea Shefer-Vanson, JSOT Supp 70 (Sheffield: Sheffield Academic Press, 1989), 165～166.
16. Shimon Bar-Efrat, *Narrative Art in the Bible*. 179.
17. Y. Amit, *Reading Biblical Narratives*, 112.
18. Tolmie, *Narratology and Biblical Narratives*, 88.
19. 福克爾曼：《聖經敘述文體導讀》，頁 44。
20. Stulman, *Jeremiah*, 205.
21. H. V. D. Parunak, "Transitional Techniques in the Bible," *JBL* 102, no. 4 (1983): 540～541.
22. Parunak, "Transitional Techniques in the Bible," 528.
23. J. T. Walsh, *Style and Structure in Biblical Hebrew Narrative* (Collegeville: The Liturgical Press, 2001), 177～178。他稱這方式為 "linked thread" 。另參

Parunak, "Transitional Techniques in the Bible," 532。他稱這方式為 "linked keyword"。

24. Parunak, "Transitional Techniques in the Bible," 542.
25. R. Rendtorff, *The Old Testament: An Introduction*, trans J. Bowden (Philadelphia: Fortress Press, 1986), 203～204; J. R. Lundbom, *Jeremiah 21～36,* AB 21B (Garden City: Doubleday, 2004), 111.
26. 參何傑：《國殤情懷・先知風範：耶利米書二十六至四十五章表述先知的敍事策略與修辭手法》（香港：漢語聖經協會，2010）。
27. T. T. Chan, "A Rhetorical Study of Compositional Structure of Jeremiah," *Theology & Life* 33 (2010): 240～267.
28. J. P. Fokkelman, *Narrative Art in Genesis: Specimens of Stylistic and Structural Analysis* (Assen: van Gorcum, 1975).
29. Bar-Efrat, *Narrative Art in the Bible*.
30. R. Alter, *The Art of Biblical Narrative* (New York: Basic Books, 1981).
31. Tolmie, *Narratology and Biblical Narratives*.
32. Amit, *Reading Biblical Narratives*.
33. Walsh, *Style and Structure in Biblical Hebrew Narrative*.
34. T. T. Chan, "A Rhetorical Study of Compositional Structure of Jeremiah," 262.
35. 福克爾曼：《聖經敘述文體導讀》，頁 93。
36. "ἀγὼν (*agōn*)," *NIDNTTE* 1:142～144.
37. J. L. Resseguie, *Narrative Criticism of the New Testament: An Introduction* (Grand Rapids: Baker Academic, 2005), 201.
38. J. R. Lundbom, *Jeremiah 21～36*, 545.
39. L. Ryken, *Words of Delight: A Literary Introduction to Bible* (Grand Rapids: Baker, 1992), 49.
40. Resseguie, *Narrative Criticism of the New Testament*, 206.
41. J. Moltmann, *Theology of Hope,* trans. J. W. Leitch (London: SCM Press, 1967), 19～21.
42. Bright, *Jeremiah*, lvi (page in Preface).
43. R. P. Carroll, *From Chaos to Covenant: Prophecy in the Book of Jeremiah* (London: SCM Press, 1981).
44. L. Stulman, *Order Amid Chaos: Jeremiah as Symbolic Tapestry* (Sheffield: Sheffield Academic Press, 1998).

第二大單元——耶利米書的分段和評註

（低空航拍）

甲部

神差遣耶利米宣告神諭和他的三次宣告行程

第五章

耶利米蒙召作先知、聆聽神諭和作出回應（一～十章）

本書第四章 4.1.1 指出一至二十章的重點是責備和警告。這二十章可細分為一至十章和十一至二十章。[1] 在一至十章神向耶利米述說很多神諭，但耶利米尚未向猶大人宣告神諭。十一至二十章才敍述耶利米三次向猶大人宣告神諭的行程（參本書第六章）。

5.1. 一至十章的結構

離棄（עָזַב [2]）神這罪名在一至十章出現七次（一 16，二 13、17、19，五 7、19，九 13），單在二章已出現三次。這罪名引發控告、勸告、懲罰、警告、哀歌、覺悟等六個主題（參下圖 5.1 的粗體字）。

本章 5.2.1 討論圖 5.1 第一個段落，5.2.2 至 5.2.4 採用六個部分分別討論第二至七段落的六個主題（參圖 5.1 的粗體字）。下文將此圖第二至七段落整合為耶利米書二至十章的結構。第四段落的篇幅最長（共有九十節經文），它指出神的懲罰就是戰爭將臨，猶大的城鎮變為廢墟（四 7，六 1）。在下表之中，第四段落所帶來的震撼是最大的。

	一～十章的分段	**時代背景**
一	神呼召耶利米作先知，又給他兩個異象（一 1～19）	約西亞
二	神**控告**猶大人的罪名是離棄神（二 1～37）	
三	即使神發出休書，神**勸告**猶大人歸回祂（三 1～四 2）	約西亞
四	神的**懲罰**就是戰爭將臨，猶大必會荒涼（四 3～六 30）	
五	神在懲罰人之前發出嚴厲的**警告**（七 1～八 17）	約雅敬
六	神預告人經歷神的懲罰時必唱**哀歌**（八 18～九 26）	
七	教導人在唱哀歌之後要**覺悟**（十 1～25）	

圖 5.1：一至十章的分段及其主題

在舊約的書卷中，「懲罰」的希伯來文動詞（פָּקַד）和名詞（פְּקֻדָּה）合共出現的次數以耶利米書最多，共五十八次。上述動詞和名詞都是來自同一個希伯來字根 פקד，意思是懲罰、委任、探訪等。[3] 當這希伯來字譯作懲罰（或討罪或審判）時，這字在耶利米書合共出現約四十次，並且頻密地在五至六章出現（五 9、29，六 6、15）。「懲罰」這字在四章沒有出現，但四章詳述懲罰就是戰禍來臨，所以四章 3 節至六章 30 節這段落（參圖 5.1 第四段落）的主題是與懲罰有關。

神先後三次明言：「我豈不因這些事施行懲罰（פָּקַד）嗎？像這樣的國家，我豈能不報復（נָקַם）呢？」（五 9、29，九 9）在這三節經文的「報復」，按原文的意思譯為「報應」較為合適。[4] 意思是神基於人的罪行而向他們施行公義的審判，而不是基於神受到傷害而去報復人。

上圖第三段落的起首部分指出，當時正是約西亞時期（耶三 6）。雖然約西亞王推動宗教改革，但敬拜偶像的民間傳統並沒有改變。

這傳統是由瑪拿西作王時，全國長時期敬拜偶像所帶來的（王下二十三 25～26）。耶利米也將這陋習歸咎於先王瑪拿西，而不是歸咎於約西亞改革不力（耶十五 4）。其實在三章 1 節至四章 2 節（參圖 5.1 第三段落部分），神勸告猶大人歸回祂。

本書有關七章 1 至 15 節和 30 至 34 節的評註指出，在約雅敬登基的那年，耶利米宣告這兩段經文的神諭（另參二十六 1～6 和十九 1～13 的評註），所以圖 5.1 第五段落的時代背景應是在約雅敬登基那一年。

有如一個沉迷賭博的人尚未家破人亡時，勸他戒賭的親友已可預告哀歌，哀歌是勸告的其中一部分，希望令賭徒懼怕而悔改。同樣，九章的哀歌並不一定是國破家亡時才出現，也可以是亡國前的預告，為要令人懼怕而聽從勸告，正如耶利米勸告西底家投降時也採用哀歌作為勸告的其中一部分（三十八 22～23）。

圖 5.1 第二、四、六和七段落的經文沒有明言時代背景，這些經文應是源自約西亞和約雅敬的時期。當然，這些神諭不單適用於約西亞和約雅敬的時代，而且符合西底家和亡國的時代，所以上述經文沒有必要明言時代背景。

筆者將二至十章的結構描繪為下圖 5.2 的 ∩ 形。這是敍事評鑑法其中一種佈局（參本書第四章 4.2.5）。圖 5.2 頂部是有關懲罰的神諭，這段神諭描繪猶大必定亡國，這情況是最震撼的，所以筆者將有關這段神諭放在下圖的頂部，就是高潮的位置。

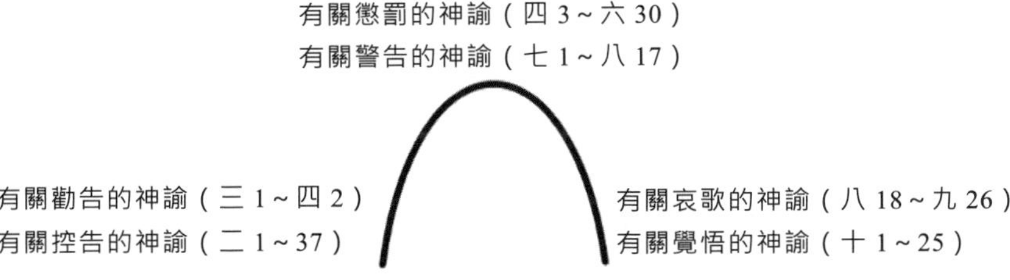

圖 5.2：耶利米書二至十章的結構佈局

這就好像機動遊戲過山車由高處向下衝的時候，坐車的人會感到驚心動魄，猶大人亡國的經歷比過山車向下衝的過程更加驚心動魄。若讀者難以投入猶大人亡國的經歷，可思想今天一些戰亂國家的悽涼境況，就會對一至十章的經文有較深的感受。由此可見上述結構看似簡單，但有助讀者投入經文。

有關警告的神諭是關於戰爭將臨，屍骸遍野（七 32～33），令到當時的猶大人有很大的反應（參二十六 7～11），所以筆者也將這段經文放在圖 5.2 的頂部。另一原因是，下圖 5.3 指出兩對串連的經文內都有相同的字詞，這些字詞將有關懲罰的神諭（四 3～六 30）和警告的神諭（七 1～八 17）連繫起來。[5] 這是舊約時代文士的修辭技巧。[6]

懲罰之前必然是控告和勸告，所以從上圖 5.2 可見，這兩段神論是在 ∩ 形結構的左面。懲罰令當事人感到悲哀，有所覺悟（∩ 形的右面）。不過，即使有所覺悟，也是痛定思痛，感受也是痛苦的。然而，當事人是否能改善環境和心境呢？這是後話，並不是 ∩ 形描述的範疇。

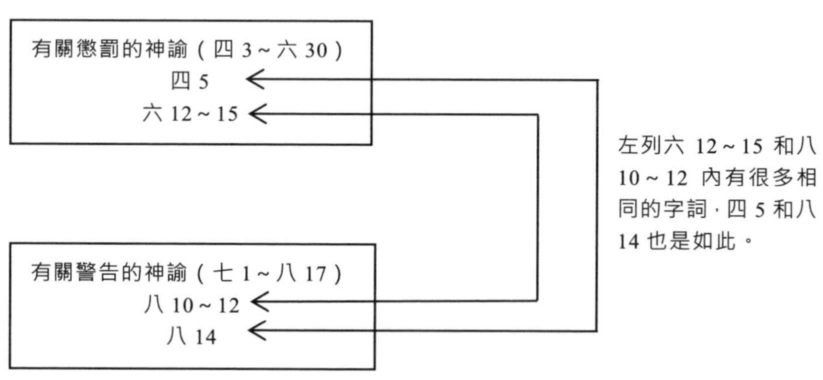

圖 5.3：在耶利米書四至八章中，兩組神諭之間的相似之處

5.2. 一至十章的評註

5.2.1. 神呼召耶利米作先知，又給他兩個異象（一 1～19）

一章 1 節　「耶利米」是一個常見的名字，[7] 其他人也使用這名字，如三十五章 3 節的「雅利米雅」與「耶利米」的原文是相同的。五十二章 1 節指西底家的外祖父是立拿人耶利米，這人當然不是先知耶利米。「耶利米」這名字的意思一是「神投擲」（參出十五 1 的 רָמָה），或「神高舉」（參撒上二 1 的 רום）。然而，雖然上述兩個希伯來字與「耶利米」的原文（יִרְמְיָהוּ）相似，但學者卻不能確定「耶利米」這名字的意思。[8]

耶利米出生於祭司的家族，不過沒有經文顯示他曾擔任祭司的工作，但他應該熟悉這方面的工作，所以他能覺察到祭司有不當之處而作出譴責（七 21）。

一章 2～3 節　約西亞作王第十三年時耶利米蒙召作先知，約西亞作王三十一年後駕崩，即是說耶利米作先知的其中十八年是在約西亞時期，之後的十一年是在約雅敬時期，再之後的十一年是在西底家時期。因此，耶利米作先知的上述時期已達四十年。猶大亡國後，耶利米仍為耶路撒冷的猶大人求問神的帶領（耶四十二章）。即使他被帶到埃及去，他仍遵照神的吩咐發出神諭（耶四十四章）。

一章 4～5 節　先知們中只有耶利米尚未在母胎形成之前已被神立為先知。這裏的意思並不是只強調神的呼召而忽略人的意願，而是神刻意地告訴耶利米：神知道在亡國時期先知的任務是十分艱辛，所以神按這任務的所需條件去塑造耶利米的先天質素。當然，每位先知或事奉者都有艱辛的任務。上述經文令人知道，神按每個任務所需的條件去塑造每個事奉者，成為他的先天質素。不過，這並不表示事奉者只靠先天質素就可勝任，他仍需要神堅固他（一 18）和拯救他（一 19），正如聖樂的事奉人員雖然有音樂的天賦，但他們仍需要倚靠神去事奉。

一章 6～8 節　在第 6 節，耶利米指自己年輕，「年輕」的原文

נַעַר[9] 可譯作「少年」。當約西亞作王第八年，即是他十六歲時，聖經使用上述的希伯來字去形容約西亞尚年輕（代下三十四 3）。故此，估計耶利米蒙召時也可能大約是十六歲。耶利米拒絕神的呼召可能源於畏懼，所以神在 8 節勸他不要怕他們，因為神與他同在，要拯救他。這句說話在一章 19 節重複，可見這句說話的重要性。

一章 9 節　我們不知道神的手如何按著耶利米的口，只知道這行動可能是回應 6 節耶利米表明自己不曉得說話，目的可能是令耶利米留下深刻的印象和感受：至高無上的神居然親自按手在自己的口。以賽亞只看到神坐在高高的寶座上，由撒拉弗的手裏拿著燒紅的炭，用炭沾他的口（賽六 6～7）。若我是耶利米，我就會問：「我只是一個黃毛小子，何須勞動神在我的口上按手？」我必定經常回想這件事，成為自己事奉的激勵。

一章 10 節　古代每個國家都有供奉神祇，並且有先知作為神祇的代言人。[10] 5 節指出神委任耶利米不單作為猶大國的先知，也作為列國的先知，即是他說神諭的對象也包括列國（參二十七 4～8）。這節經文在大多數中文聖經的翻譯是「我立你在列邦列國之上」，在大多數英文聖經也翻譯為「之上」（over）。這裏的意思並不是指耶利米要作為王去管治列國，而是代表神向列國發出神諭，正如欽差大臣代表王向地方官員發出諭令。《思高譯本》將這節譯作「看，我今天委派你**對**萬民和列國，執行拔除、破壞、毀滅、推翻、建設和栽培的任務。」筆者認為這裏的介詞（עַל）譯為「對」，[11] 比譯為「之上」更加適合。

10 節指有關列國的神諭，就是列國將要被拆毀，然後被建立。這裏的意思是指列國將要被巴比倫摧毀，人民將要被擄（參耶二十五 9～11、15～29，二十七 8～11）。至於重建方面，波斯王居魯士下旨被擄的人可回歸故土時（代下三十六 22），不單猶大人可回歸故土，其他被擄的民族都可回歸，也可重新興建殿宇。[12]

一章 11～12 節　這兩節是有關耶利米蒙召後所看見的第一個異象。11 節的「杏樹」（שָׁקֵד）和 12 節的「看守」（שָׁקַד）在原文是用同一字根（שׁקד），且發音相似。中文的翻譯實在難以令讀者將這兩節串連起來，但原文就可以將這兩詞串連。杏樹是春天最早發芽的植物，對氣候的變化作出敏銳的反應。這字也用來形容豹窺伺獵物那種虎視眈眈（五 6）。同樣，神時刻留意時局的發展，目的就是要按時成就祂的預言。拆毀的預言必定按時成就，重建的預言也必定按時成就（參三十一 28，四十四 27）。《新譯本》在 12 節 שָׁקַד 這希伯來字譯作「留意」。根據上文的討論，《新譯本》「留意」是較佳的翻譯。原文的動詞表達方式可指神時刻留意時局的發展（參 NIV）。

一章 13～16 節　這數節經文是有關第二個異象。耶利米看見一個水燒開的鍋由北向南而傾。神賦予的解釋是：災禍從北而來臨到猶大，原因是猶大人離棄真神，敬拜假神。15 節指敵軍是來自北方。三十七至三十九章指出從北而來的災禍是指巴比倫軍攻陷猶大各城。

一章 17～19 節　這數節經文再次重複一章 8 節的內容，但加上補充或強調。8 和 17 節都吩咐耶利米不要懼怕和驚惶失措，但第 17 節加上一句：「免得我使你在他們面前驚惶」。事奉者要懼怕神過於懼怕人，反之，若事奉者因為懼怕人而違反神的命令，結果只會更加嚴重。

8 和 19 節都提及應許：神與耶利米同在，要拯救他，但 18 節加上補充：「看哪，我今日使你成為堅城、鐵柱、銅牆，對抗全地和猶大的君王、官長、祭司，並這地的百姓。」這句只有一個動詞，[13] 這動詞是由字根 נתן[14] 加上變化後而成的 נְתַתִּיךָ，意思是「我要使你成為（I turn[15] you into）」。נְתַתִּיךָ 本身已包含動詞 נָתַן、主詞「我」和受詞「你」，原文在 נְתַתִּיךָ 之前額外加上另一個主詞「我」，目的是強調神親自要使耶利米像堅城、鐵柱、銅牆那麼堅固。

簡而言之，耶利米的事奉並不是靠自己去抵擋，而是靠神在他背後撐腰，令他面對別人的攻擊時仍能屹立不倒。即使在生死關頭時，神必與他同在，拯救他。在二十六、三十七和三十八章，神真的按 8 和 19 節的應許去拯救他。

保羅也曾經歷生死關頭時蒙神拯救，他將這寶貴的經驗寫下來：「我們有這寶貝放在瓦器裏，為要顯明這莫大的能力是出於神，不是出於我們。我們處處受困，卻不被捆住；內心困擾，卻沒有絕望；遭受迫害，卻不被撇棄；擊倒在地，卻不致滅亡。」（林後四7～9）事奉者應該要以基督作為生命的重心。即使我們倒下來，也可以像不倒翁般再次站起來。即使失去生命，我們也要留下生命的見證，好像保羅的見證一樣，不論生死，總要讓基督在自己的身上照常顯大（腓一 20）。

思想問題

1. 當耶利米被神呼召時，他的心裏可能充滿畏懼，所以神對他說不要怕他們，因為神與他同在，要拯救他。一位牧師的兒子曾因看見父親非常辛勞，所以抗拒做傳道人。後來他看見教會羣羊沒有牧人，心裏感到神的呼召而放下抗拒的心，決定全職事奉。神又如何扭轉你抗拒事奉的心態呢？
2. 事奉者面對危險或艱難的處境時，可能因為心灰意冷或者恐懼而退出事奉的行列。上文提及神對耶利米的應許，又提及保羅的見證，這些經文如何鼓勵你繼續事奉？

5.2.2. 有關控告和勸告的神諭（二 1～四 2）

本章 5.1 已將耶利米書二至十章的結構描繪為 ∩ 形（參圖 5.2）。這裏要討論該圖的左面部分，就是有關控告和勸告的神諭（參圖 5.4）。

5.2.2.1. 神控告猶大人的罪名是離棄神 （二 1～37）

本章 5.1 已指出神控告猶大人的罪名是離棄神。「離棄」（עָזַב）這字在二章出現三次（13、17、19 節）。二章 35 節有數個字詞都是法庭上的用語，如「無辜」、「審問」、「犯罪」。「爭辯」在二章 9 節出現兩次，也在二章 29 節再次出現，原文可指法庭的訴訟。由此可見，二章的主題是「控告」。

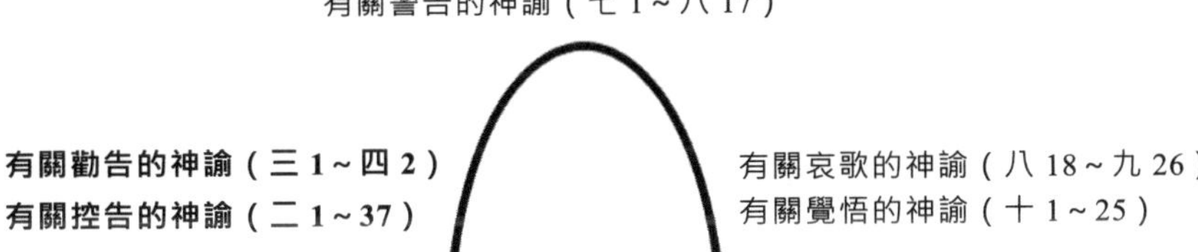

圖 5.4：耶利米書二至十章的結構佈局中有關控告和勸告的部分

二章 1～3 節　2 節中所提及的婚姻關係，就是指神與以色列人之間的關係，正如何西阿書所指的夫妻關係。「年輕時的恩愛」和「新婚」都是指以色列民族與神立約的初期。「我都記得」指神回憶以色列民族起初對神的愛和倚靠。

2 節「曠野」並不是指以色列人在西奈曠野流浪四十年的時期，那段時期以色列人多次悖逆神而不跟從神。這節經文的背景很可能是以色列人過約旦河的時期，他們對約書亞說：「惟願耶和華你的神與你同在，像與摩西同在一樣。無論甚麼人違背你的命令，不聽從你所吩咐他的一切話，就必處死。你只要剛強壯膽！」（書一 17 下～18）這句話反映當時的民族心態是全體民眾都願意跟從神。

2 節「曠野」的地點可指死海周邊的曠野。死海周邊的降雨量每年只有十至三十毫米，所以大部分的土地是曠野。[16] 猶大曠野就是在死海的西部，大衛在猶大曠野時作詩：「在乾旱疲乏無水之地，我的心靈渴想你，我的肉身切慕你。」（詩六十三 1）這地區惟一有泉水和植物的地方就是耶利哥，耶利哥被稱為棕樹城（申三十四 3；代下二十八 15）。圖 5.5 來自聖經的地圖集，[17] 顯示猶大曠野的位置。圖 5.6 是筆者由耶路撒冷下耶利哥的路上實地拍攝猶大曠野和耶利哥。

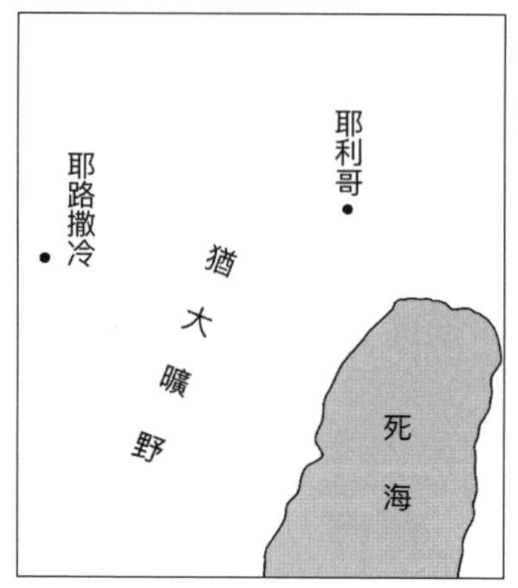

圖 5.5：猶大曠野位於耶利哥的西面

圖 5.6：筆者實地拍攝的耶利哥和猶大曠野

2 節「恩愛」原文是 חֶסֶד，這字在舊約大多指神對人所施的慈愛，是盟誓之愛（申七 9、12；王上八 23；代下六 14；但九 4；尼九 5、32），是信實和永恆的，充滿恩慈。[18] 這種愛也可指父母和子女之間的愛（創四十七 29），或夫妻之愛（創二十 13）。[19] 不論這字詞指神人之間，或人與人之間的愛，雙方都要愛對方。何西亞書六章 4 節指以色列人對神的愛（חֶסֶד）像早晨的雲霧，又像速散的露水。神對以色列人的愛是永恆的，但他們對神的愛卻很短暫（見下文）。

3 節「那時」並沒有在原文出現，「以色列歸耶和華為聖，作為祂初熟的土產」應該是常態，並沒有分此時或彼時，由始至終，以色列人都是神的選民。初熟的土產要分別為聖歸給神（出二十三

19），這節將以色列人比喻為初熟的土產，分別為聖歸給神，意思就是屬神的，所以凡吞吃以色列人的，都算為有罪，災禍必臨到他們。以色列人在曠野流浪時，亞瑪力人攻擊他們，神就消滅亞瑪力人（出十七 14；撒上十五 2～3）。同樣，巴比倫人攻擊猶大，神就消滅巴比倫（耶五十一 64）。這節所引伸的意義是：神很珍惜祂的子民，不容其他人傷害他們，然而神的子民卻經常深深傷害祂。

第二章 2 至 3 節的篇幅很短，需要詳細解釋才能令讀者掌握字裏行間的情感。以色列民族對神的恩愛是在大約八百年之前，神仍然記憶猶新。

二章 4～13 節 在第二章，神向祂的子民發出一連串的質問。這些質問以修辭式問題（rhetorical question）的表達方式出現，修辭式問題比直述句（direct statement）更能向聽眾和讀者發出質疑或挑戰。[20] 筆者可舉一例：「你做得很錯！」是直述句。「你居然作這種事，你還是人嗎？」是修辭式問題。後者的表達比前者更有力。

5 節是神作出的質問：「你們的祖先看我有甚麼錯處，竟遠離我，隨從那虛無的神明，自己成為虛無呢？」這問題的答案，顯然神沒有做對不住以色列人的事，反而施予許多恩典給以色列人。這個修辭式問題令猶大人無言以對，而且無地自容。6 節和 8 節指出，從來沒有人著意地關心：「耶和華在哪裏呢？」這兩節經文的意思是指，真神在自己的子民中竟然無人理會，在自己的地方竟然無處可容。猶大人敬拜對自己無益的東西（8 節），竟然遠離對他們施厚恩的神（5 節）。

9 節的「爭辯」出現兩次，原文可指在法庭的訴訟。[21] 這裏可翻譯為「控告」，被告是當時的猶大人和他們的子孫。換言之，牽涉其中被告的人士橫跨世代。10 節指出控告的參考範圍橫跨各國，包括東方或西方的國家，包括海島居民或者遊牧民族（參下文），[22] 即是其他民族都沒有出現猶大人對真神那種不忠的情況。

10 節的「基提」是指以色列西北面的塞浦路斯海島，而「基達」是指以色列東北面的阿拉伯遊牧地區，這節的修辭技巧是「兩極平行句」（merismus），即是採用兩個相對或者相反的部分來代替整體。基提和基達代表東西南北各國和各類型的民族。

11 節指其他國家不會將自己的神祇換掉，但神的子民竟然將真神換掉為對自己無益的偶像，12 節「諸天哪，要因此震驚」的意思就是舉世震驚或驚天動地。12 節「淒涼」的原文（חָרֵב）大多是指旱災帶來荒蕪，或戰爭帶來破壞。[23] 這裏所破壞的不是環境，而是心境。這動詞所引伸的意義是意興闌珊。

13 節提及兩件惡事：第一件是猶大人離棄了神這活水的泉源。活水的泉源像井水或河水，天天供應水源。第二件是猶大人為自己鑿了池子，用來儲存雨水，但這池破裂不能儲水。迦南地雨量不多，如家居附近沒有井或河流，就需要鑿儲水池。下圖 5.7 的儲水池，是筆者在耶路撒冷的經文花園（Scripture Garden）拍攝的。

圖 5.7：耶路撒冷經文花園（Scripture Garden）的一個儲水池

猶大支派所得的分地大多是山地，要在山地鑿儲水池，花費昂貴，費時費力。若儲水池不能儲水，就是徒勞無功。13 節用了上述兩件惡事表達偶像不能帶來益處，而且離棄真神這活水的泉源，只會令猶大人不能生存。若放棄天然的活水泉源，花金錢和時間去鑿不能儲水的池，這是何等荒謬愚蠢。同樣，神就像天然的活水泉源，但猶大人竟然放棄，並且花金錢和時間去自製偶像和敬拜偶像，這是何等荒謬愚蠢。13 節使用類比試圖令猶大人醒悟。

二章 14～19 節 筆者採用學者所提出的結構去解釋這段經文。[24] 在 A 和 A'，9 和 29 節分別出現「爭辯」（רִיב）。在 B 和

B'，14 和 20 節分別出現「奴僕」（עֶ֫בֶד）和「服事」（עָבַד），這名詞和動詞都來自同一字根 עבד。

A	神與以色列人爭辯（רִיב）	（4～13 節）
B	以色列人是家中的奴僕（עֶ֫בֶד）	（14～19 節）
B'	以色列人拒絕服事（עָבַד）神	（20～28 節）
A'	以色列人與神爭辯（רִיב）	（29～37 節）

14 節「家中生的奴僕」是指奴婢的子女在他們出生時已註定一生都作主人的奴隸，[25] 他們不可拒絕服事主人（參 20 節）。這裏奴僕是指以色列人在應許之地居住，他們所吃所穿的都是來自神，而且有神作為保護，但他們為何成為掠物呢？原因是他們離棄神（17 節），「離棄」在 17 和 19 節出現，延續了 13 節的「離棄」。18 節提及河水，也延續 13 節的「活水的泉源」。14 至 15 節指出離棄神的結果是十分嚴重的。

15 節「獅子」需要解釋多些。在古代中東，獅子常被用來象徵敵人的攻擊（賽五 29；珥一 6）。[26] 耶利米書五十章 17 節將亞述和巴比倫比喻為獅子。不論亞述或巴比倫，他們的軍隊都會掠奪財物，然後焚城，原本繁華的城市變成荒蕪，無人居住。這節描繪昔日亞述軍攻擊北國以色列，或是巴比倫即將攻擊南國猶大的景象。

16 節的「挪弗」和「答比匿」都是指接近猶大邊界的埃及城市。亡國後有些猶大人逃亡到這兩個城（四十四 1）。16 節有一個片語在《和修版》譯作「打破你的頭顱」，《新譯本》譯作「剃光了你的頭頂」。根據原文字典，這片語的意思是「剃光頭頂」（參《新譯本》），[27] 這是一種羞辱別人的方式（參撒下十 4；賽七 20），16 節的下文也提及「羞愧」（26 節）和「蒙羞」（36 節）。16 節的「剃光了你的頭頂」（《新譯本》）可指猶大人逃亡到上述兩個城時被埃及人所羞辱。

在 17 節出現的「你」在原文全都是陰性，明顯不是指猶大王這男性，而是猶大人這民族，正如教會這羣體被稱為新婦，新婦是陰性。17 節「你離棄了祂」是指猶大人離棄神。

18 節並非指猶大人長途跋涉到埃及和亞述飲用當地的水，而是指他們倚靠亞述和埃及，而不倚靠真神。不論南國猶大或北國以色列，他們都喜歡倚靠亞述或者埃及，結果是他們都要成為亞述或者埃及的附庸國，被亞述或者埃及收取巨額貢款，結果是國庫空虛，問題叢生，最後亡國。

「背道」首次在 19 節出現，然後在三章頻密地出現（6、8、11、12、14、22 節），這字在原文的原意是「折回」，引伸的意思是「背道」。[28]「背道」在這裏指的是人轉離神，對神不忠。換言之，背道不單指猶大人在道德上犯罪，而且破壞了他們和神的關係，正如婚外情並不單是道德上的問題，而且破壞了夫妻的關係。

二章 20～28 節　這段經文的重點是有關猶大人敬拜偶像（20、23、27～28 節）。敬拜偶像的地點是在各高崗上、各青翠的樹下（20 節），這些地點和丘壇一併出現在其他經文中（王下十六 4；代下二十八 4）。23 節明言猶大人所拜的偶像是巴力，這是風雨之神。猶大地每年的降雨量平均約五百毫米，[29] 只及香港的五分一。每當猶大人面對雨水不足的問題，他們可能會敬拜巴力。當然，耶和華有能力帶來風雨，問題是猶大人相信耶和華，還是相信巴力。

敬拜巴力的禮儀包括敬拜者和廟妓行淫，當時的人認為這行徑能夠帶來生育，這可能是理性的藉口，也可能是情慾的吸引力（參 24 節）。相比之下，敬拜真神的獻祭禮儀顯得嚴肅和缺乏吸引力，又感到被神的誡命所約束，好像農耕的牛面對軛和繩索的約束（20 節）。然而，敬拜假神只會帶來短暫的罪中之樂，結果是長期的罪中之苦。敬拜假神不單無益（8 和 11 節），而且帶來神的懲治（19 節）；在患難來到時，這些假神也不能拯救人（27 和 28 節）。

「患難」和「拯救」這兩個字詞同時在 27 和 28 節出現，表示這患難是窮途末路，需要拯救。這不一定是生死關頭，但絕對不是人自己的能力所能解決的。

二章 29～37 節　「爭辯」在 9 節出現兩次，在 29 節再次出現，原文可指法庭的訴訟。[30] 這裏可翻譯為「控告」。31 節上暗示神被猶大人控告，指控耶和華只是西奈曠野的神；當猶大人進入迦南後，這位西奈曠野的神沒有提供足夠的雨水給猶大人。實情是猶大人離棄神（31 節下），好像新約浪子的比喻中的小兒子離棄父親那樣。賊被捉拿時怎樣羞愧，以色列人都要怎樣羞愧。他們殺害先知（30 節），又流無辜人和貧窮人的血（34 節）。罪中之樂不單短暫，而且令人羞愧，正如捉姦在牀，高官被揭發貪污的情境。

35 節有數個字詞都是法庭上的用語，如「無辜」[31]、「審問」[32]、「犯罪」[33]。36 節「像從前因亞述蒙羞一樣」的意思，是指南國猶大被亞蘭和北國以色列聯合攻擊，當時的以賽亞先知勸猶大王亞哈斯倚靠神（賽七 1～16），但他不聽從，反而請求亞述出兵救他（王下十六 7～8）。結果猶大變成亞述的附庸國，要向宗主國繳付巨額貢款，正如北國米拿現王邀請亞述出兵去幫助他，他需要向亞述繳付巨額貢款（王下十 19～21）。問題不單在於繳付貢款，也在於附庸國內要設置宗主國的神壇，又令人民供奉這些偶像。[34]

思想問題

1. 「路」的原文 דֶּרֶךְ 在第二章多次出現（17、18、36 節），23 節將這字譯為「所做的」，33 節譯為「道」和「門徑」，它們都是表達猶大人走入歧途。請回想過去的人生中，自己有沒有因貪愛世界而離開神？或因貪圖利益而犯罪？或受不住情慾的誘惑而犯罪？
2. 二章有數節經文用上了修辭式問題的表達方式，為要令人反省。例如：「這不是你自己招惹的嗎？不是因耶和華引導你行路時，你離棄了祂嗎？」（二 17）這些經文令你有甚麼反省呢？

5.2.2.2. 即使神發出休書，神仍勸告猶大人歸回神（三 1～四 2）

「回轉」和「歸向」等字詞在原文相同，這字在三章出現九次

（1x2、7x2、10、12、14、19、22 節），也在四章 1 節出現兩次，可見「歸回」這主題在三章 1 節至四章 2 節是很重要的。「背道」在三章出現六次（6、8、11、12、14、22 節），「背道的兒女（或譯背道者）」在三章出現兩次（14、22 節）。

三章 1～3 節 根據申命記二十四章 1 至 4 節，一位女子被前夫休棄之後，跟了另一位男人，若這男人死了，或將她休棄，前夫不能再娶她為妻。三章 1 節指猶大人不是跟了另一位男人，而是與許多情人行淫，所以他們比申命記二十四章所描述的情況更差勁。《和修版》將這節的最後一句譯作「還是可以回到我這裏。」《新譯本》譯作「還想歸向我嗎？」上述兩種翻譯令人猜想，究竟這句是疑問句？還是肯定的直述句？筆者首先指出下列經文的排列反映 1 節 e 是可以延續 1 節 c 和 d 的疑問句。13 和 14 節提供上述疑問的答案：他們要承認敬拜偶像的罪，並且回轉歸向真神，神才願意再次作他們的主或丈夫。

1 節 c　前夫豈能再回到她那裏呢？
1 節 d　那地豈不是大大污穢了嗎？
1 節 e　但你和許多情郎行淫，還是可以回到我這裏。
（1 節 e 可重譯：但你！你曾與許多朋友行淫，還可歸向我嗎？）

三章 4～5 節 4 節原文第一個字母是發出疑問，所以 4 節的結尾應是問號（參 NASB）。根據原文，這兩節是接連的兩句疑問句。現將兩節重譯如下：

（下列兩節的開引號和關引號經過修訂）

4 節　你不是才向我呼叫說：「我父啊，你是我年輕時的恩主嗎？」
5 節上　「**祂**豈永遠懷恨，長久存怒嗎？」

《和修版》將 5 節上譯作「**人**豈永遠懷恨，長久存怒嗎？」其實原文直譯是「祂豈永遠懷恨，長久存怒嗎？」很多人都會永遠懷怒，常存憤恨，所以 5 節的「他」不是指人，而是指耶和華，這理解與 12 節「我（神）必不永遠懷怒」吻合。這引伸另一問題：4 節對神的稱呼是「你」，但為何 5 節對神的稱呼改為「他」？筆者想首先指出，原文並沒有標點符號，引號是由譯者加上去的，所以 5 節不一定要依附在 4 節的引號內。

5 節的原文第一個字母是疑問助詞（interrogative particle），所以 5 節上的結尾應是問號（參 NASB）。5 節是一獨立的疑問句，可能是來自另一羣猶大人，編者將 4 和 5 節這兩句疑問句拼湊一起而已。

1 節 c 句和 d 句的第一個字母都是疑問助詞，4 節和 5 節的第一個字母都是疑問助詞。這一連串疑問的答案都是顯而易見，編者刻意使用下列串連的字詞，讓讀者可在經文中找尋上述疑問的答案。（參下圖 5.8）

	三章 1～5 節	三章 6～18 節
休妻（原文可譯作「叫妻離開」）	1 節	8 節
回轉／回到／回來／歸回／歸向	1 節	7、10、12、14 節
永遠懷恨／懷怒	5 節	12 節
父親／兒女	4 節	14 節
主（《和合本》、《新譯本》）	4 節	14 節

圖 5.8：三章 1 至 5 節與 6 至 18 節的一些串連字詞

4 節「密友」的原文在《和合本》譯作「恩主」，《新譯本》譯作「良伴」。究竟是「密友／良伴」？還是「恩主」？這字在原文是 אַלּוּף，意思是族長（創三十六 15）或首領（耶十三 21）。這字與上半句的「父」平行，所以這字譯為「恩主」比譯為「良伴」更佳。現代的父親不一定是一家之主，但古代的父親一定是一家之主。

5 節指責他們恃著神不會長久存怒，就為所欲為地作惡，反映他們並沒有悔意，神豈不懲罰他們嗎（參五 9、29，九 9）？正如有些基督徒犯罪之後，就慣性地以下面經文作祈禱：「我們若認自己的罪，神是信實的，是公義的，必要赦免我們的罪，洗淨我們一切的不義。」（約壹一 9）這些基督徒作出認罪禱告之後，就有恃無恐地繼續犯罪。可是，另一節經文卻提醒所有基督徒：「我若心裏注重罪孽，主必不聽。」（詩六十六 18）

三章 6～11 節 當約西亞登基作王時，北國以色列已亡國八十多年，耶利米無可能親眼目睹昔日以色列拜偶像的現象。6 節「你看見（רָאָה）……嗎？」在原文可譯為「你留意（רָאָה）到嗎？」[35] 正如 7 節「猶大也看見了」在原文可譯為「猶大也留意到」。

8 節「給她休書休了她」這句的兩個動詞很相似，但它們的原文是兩個不同的動詞，這句應譯作「我叫她離開，並給她休書」（參 CJB），罪名就是她行淫。[36] 根據申命記二十四章 1 節，被休的妻子失去丈夫，又不能繼續在夫家居住。古代的女性沒有就業的機會，被休的妻子難以生存。同樣，北國亡國後，人民被擄，又被混種，被視為失去神的子民這身分，結果是十分嚴重。

11 節「背道的以色列比奸詐的猶大還顯為義」這句說話有兩個意思，第一是指南國猶大有北國以色列人作為前車可鑑，但猶大人仍然不懼怕（8 節），選擇去敬拜偶像，離棄真神，所以南國的猶大人比北國的以色列人更不值得原諒。

第二個意思是猶大人假意敬拜真神（10 節），但心裏卻是敬拜偶像。在約西亞時代，大多數猶大人在宗教改革的政策下假意敬拜真神。約西亞駕崩後第一年，人民立即敬拜巴力（七 9），在欣嫩子谷將兒女經火獻給偶像（七 31～32，另參本書對七章和二十六章的評註）。

三章 12～18 節 12 節「背道的以色列啊，回來吧！」這句話呼籲以色列人不再敬拜偶像，歸向真神（13 節），隨後的經文指被擄的以色列人可以回歸故土（14、18 節）。舊約的經文和歷史的文獻並沒有證據指被擄的北國以色列人能夠回歸故土。可能是波斯王居魯士下旨恩准所有被擄的民族可以回歸故土時，被擄的北國以色列人能夠個別地回歸故土（14 節）。

另一方面，這裏可能暗示背道的北國以色列人可以回歸故土，同樣，背道的南國猶大人都可以回歸故土，條件是他們要承認敬拜偶像的罪，並且回轉歸向真神。14 節「丈夫」在原文的字根是 בעל，這希伯來字在這裏用作動詞，[37] 這動詞和隨後介詞（בְּ）的組合意思可譯為「管治」（參 YLT：ruled over），這裏直譯的意思是「我管治你們」。《新譯本》對這片語譯作：「因為我才是你們的主」。

15 節「我必將合我心意的牧者賞賜給你們，他們要以知識和智慧牧養你們」這句說話的「牧者」在原文是眾數，這字在二章 8 節譯作「官長」，這字在二十三章 1 至 4 節是指君王（參二十三 1～4）。[38]

16 節「人必不再提說耶和華的約櫃」，約櫃在猶大亡國時已遺失，直到主再來時，約櫃出現在天上的聖殿（啟十一 19）。在遺失之前，約櫃被視為神的寶座（撒上四 4；代上十三 6）。

17 節「人必稱耶路撒冷為耶和華的寶座」這句指神的寶座並不是約櫃，而是耶路撒冷。這耶路撒冷可能不是指實體的城，而是指萬民，正如教會可能不是指一座建築物，而是指一個基督徒的羣體。換言之，神的寶座是在真誠敬拜者的心裏。「萬國」原文可譯為「萬民」，[39] 即是不分以色列人或外邦人，都可以來到耶和華這位神面前來敬拜祂。

「不再」在 16 節和 17 節共出現三次：（1）不再以約櫃作為敬拜中心的地點；（2）不再製造（約櫃）；（3）必不再隨從自己頑梗的惡心行事（17 節）。上述三點都不是局限在舊約的框架，也可用新約的角度去理解這段經文。

16 節「那些日子」、17 節「那時」和 18 節「當那些日子」都令人思想時代的變遷，可能是指由舊約時期轉到新約時期。

三章 19～25 節　19 節「我……把你列在兒女之中」的「列在」原文的動詞是 שִׁית，這動詞隨後是介詞 בְּ。上述動詞和介詞的組合直譯是「我安置你在」，意譯是「我待你像」，[40]《新譯本》將這片語譯為「我待你，像待兒女一樣」。上述的動詞和介詞同時出現在撒母耳記下十九章 28 節：「王卻使僕人列在王的席上吃飯的人當中」，這句的意思是大衞待米非波設如同上賓。由此可見這片語在《和修版》是直譯的，在《新譯本》是意譯的。有時直譯較佳，有時意譯較佳。這裏則是意譯較佳：「我待你，像待兒女一樣。」

21 節「有聲音從光禿的高地傳來，就是以色列人哭泣懇求的聲音」，這聲音就像以利亞和巴力先知在迦密山上對決時，巴力先知大聲呼求（王上十八 28）。這節指猶大人向偶像呼求。23 節「從小山來的真是枉然，大山的喧嚷也是枉然」就是指人向偶像呼求，結果只會是徒勞。

22 節上半節「我」和「你們」轉變為 22 節下半節「你」和「我們」，所以《和修版》使用了兩組開引號和關引號，令讀者將上半節理解為呼籲，將下半節理解為回應：看哪，我們來到你這裏，因你是耶和華我們的神。在耶利米時代的猶大人並沒有作出上述回應，這回應可能是耶利米期望猶大人經歷國破家亡之後有此回應，或編者在被擄時期加入這句引導讀者作出這回應。

24 節的意思是指亡國時，猶大人勞苦得來的財物都被巴比倫軍兵搶掠一空，兒女也被殺死或者擄掠。這節經文並沒有指責巴比倫軍，而是怪責猶大人敬拜偶像，原因是神基於猶大人敬拜偶像而差派巴比倫軍去搶掠他們的財物。

25 節「我們在羞恥中躺臥吧！願慚愧將我們遮蓋！」這句描繪了一幅圖畫，就是心靈被羞恥和慚愧所籠罩，好像身體在日間披衣服，在夜間睡眠時被毛毯所遮蓋。以色列人得罪耶和華，從這民族形成的初期到亡國時期，他們都沒有聽從耶和華的話。猶大亡國後，他們變得一無所有，才懂得後悔，心靈被羞恥和慚愧所籠罩，浪子的比喻（路十五章）就是他們的寫照。

四章 1～2 節　「若」在 1 節出現兩次，第一次「若」指出大方向，就是以色列當回轉歸向神。第二次「若」指出具體的行動，就是「除掉你可憎的偶像」。

第一次「若」指出大方向，就是以色列當回轉歸向神。[41] 原文的語法（syntax）是強調「向我」，[42] 表示「回轉」是不單向神認罪，也不單停止拜偶像，而且要歸向真神。法利賽人並沒有拜偶像，但耶穌批評他們只用嘴唇尊敬神，心卻遠離神（太十五 8）。基督徒不能只為了罪的苦果而後悔，也要為了得罪神而認罪悔改，正如耶穌所說浪子的比喻，浪子回家時向父親認錯和悔改。箴言二十三章 26 節吩咐我們：「我兒啊，要將你的心歸我，你的眼目也要喜愛我的道路。」

第二次「若」指出具體的行動，就是 1 節下及 2 節「從我眼前除掉你可憎的偶像，不再猶疑不定，憑誠實、公平、公義指著永生的耶和華起誓；列國就必因祂蒙福，也必因祂誇耀。」最後兩句令人聯想神對亞伯拉罕的祝福，創世記十二章 2 節可如此翻譯：「我必使你成為大國，賜福給你，使你的名為大，以致（so that，參 NRSV, ESV, NAB）你使別人得福。」基督徒的使命，就是神藉著我們賜恩福給別人，而不是自私地享受福氣。

思想問題

1. 有些基督徒認罪禱告之後，就有恃無恐地繼續犯罪。當你向神發出祈求時，這句經文「我若心裏注重罪孽，主必不聽」（詩六十六 18）對你甚麼提醒呢？
2. 希伯來書警告基督徒離棄真道是會失去救恩（來六 6～8）。而耶利米書三章 8 節：「我叫她（妻子）離開，並給她休書」（筆者重譯），這些經文給你甚麼提醒呢？

5.2.3. 有關懲罰和警告的神諭（四 3～八 17）

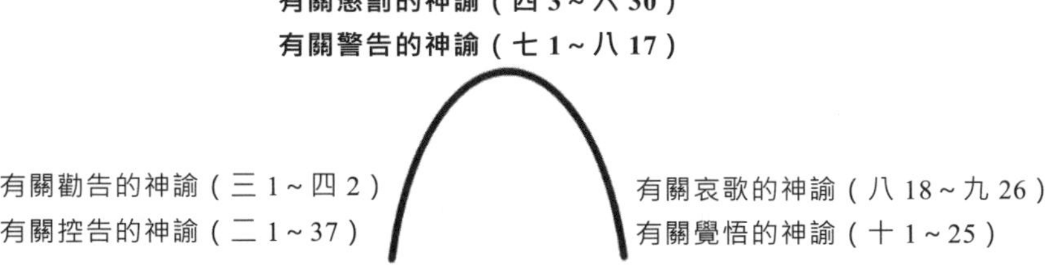

圖 5.9：耶利米書二至十章的結構佈局

本章 5.1 已將耶利米書二至十章的結構描繪為 ∩ 形結構（參圖 5.2）。這裏要討論頂部，就是有關懲罰和警告的神諭（參圖 5.9）。

5.2.3.1. 神的懲罰是戰爭將臨，猶大必被毀滅（四 3～六 30）

藉著形式評鑑法（form criticism；參附錄 A），這段經文（四 3～六 30）可分為下列四個神論。每個神諭之中，有時加插或者後補耶利米的說話。

第一組神諭（四 3～26）： 耶和華……如此說（אמר）（四 3）
這是耶和華說（נאם）的（四 17）
第二組神諭（四 27～五 13）：耶和華如此說（אמר）（四 27）
這是耶和華說（נאם）的（五 9、11）
第三組神諭（五 14～六 5）： 耶和華……如此說（אמר）（五 14）
這是耶和華說（נאם）的（五 15、18、22、29）
第四組神諭（六 6～30）： 耶和華如此說（אמר）（六 6、9、16、21、22）
這是耶和華說（נאם）的（六 12）

	第一循環	第二循環
有先知預言平安，其實欺騙人	四 10	六 14
神怎能不施行懲罰	五 9	五 29
描繪戰爭的情況	四 13～21、29	五 15～18、六 6、23
百姓要逃／避難（take refuge）	四 6	六 1
堅固城只能作暫時避難所	四 5	五 17
百姓哀號，像生產的婦人大叫	四 31	六 24、26

圖 5.10：耶利米書四章 3 節至六章 30 節中的四個神諭可分為二個循環

筆者將第一和第二神諭組合為第一循環，第三和第四神諭組合為第二循環（參圖 5.10）。筆者這樣做的根據，是圖 5.10 所列出的字詞在這兩個循環都出現。另一方面，由第一循環到第二循環是有其進展性，例如：由耶路撒冷城（五 1）擴闊到全國（五 20）；猶大人的罪行不單是首都的問題，而且是全國性的問題；不單是領袖的問題，而且是全民的問題，因為全民都喜歡先知只說平安的假預言（五 31、六 14），都喜歡權貴站在他們的利益去踐踏弱勢社羣（五 26、28），貪圖不義之財（六 13）。

另一例子是，第一循環只簡述敵軍逼近前響起警報的情況（四 4～7），第二循環詳細地描述敵軍逼近耶路撒冷城和人民逃避戰禍的情境，他們要逃到耶路撒冷附近的堅固城提哥亞和伯哈基琳（六 1～6）。

四章 3～4 節　《新譯本》把 3 節譯作「你們要為自己開墾」（נִירוּ）和「未經耕耘之地」（נִיר），上述兩個希伯來字是源自同一個希伯來字根。學者指前者「開墾」是正確的翻譯，後者「未經耕耘」是錯譯，應譯作「曾經開墾」[43] 或「已開墾，待耕耘之地」。[44] 開墾之後的下一步就是撒種和耕耘，目的是出產糧食。「開墾」和「多產」在箴言十三章 23 節同時出現。

《和修版》把 3 節譯作「你們要為自己開墾（נִירוּ）荒地（נִיר），不要撒種（זָרַע）在荊棘裏。」上述三個希伯來字都出現在以下經文：「你們要為自己栽種（זָרַע）公義，收割慈愛。你們要開墾（נִירוּ）荒地（נִיר），現今正是尋求耶和華的時候；等祂臨到，公義必如雨降給你們。」（何十 12）將上述兩節經文（耶四 3；何十 12）的意思結合起來的話：人所撒的種是指公義的言行，然後期待神降下公義的雨給人，最後收割的是神的慈愛，否則人所收割的是神的怒火，這怒火是人不能熄滅的（4 節）。下文詳述神的懲罰。

四章 5～10 節　在亞述和巴比倫的時代，在皇宮或神殿門前築有有翼的獅身人面像，象徵神祇的保護。[45] 埃及吉薩的獅身人面像也是象徵神祇的保護，保護金字塔內的法老屍體。亞述和巴比倫的獅身人面像是有雙翼的，可能指亞述和巴比倫的行軍迅速，又能遠征。但以理書七章 4 節所描繪異象中的獅子是有鷹的翅膀。

在約西亞時期，亞述已沒落，巴比倫開始崛起。7 節「獅子」可指巴比倫王和他所帶領的軍隊，原因是 7 節第一句的「獅子」與第二句的「毀壞列國的」平行，而後者是指巴比倫（耶二十五 9），所以前者也是指巴比倫。

在約雅敬第四年（公元前六〇五年），巴比倫已經崛起成為強國，而且南征北伐。尼布甲尼撒擊潰埃及北上駐紮在迦基米施的軍隊（耶四十六 2，另參本書第二章 2.1.2），並且南下追擊到埃及本土的邊界，回程時到耶路撒冷擄掠但以理等精英到巴比倫，以後還有三次擄掠。最多人被擄的那一次是在約雅敬十一年，大約三千猶大領袖和工匠，以及七千勇士被擄（見下圖）。四章 5 至 7 節可能指西底家十一年猶大被巴比倫攻打而亡國的那一次戰役，人民需要逃亡。

猶大末期年份

	約雅敬 第四年	約雅敬 第十一年	西底家 第十一年	
公元前：	605 年	597 年	586 年	581 年
尼布甲尼撒：	第一年	第七年	第十八年	第二十三年
猶大人被擄：	但以理 等人	3023 人包括約雅 斤、領袖和工匠， 另加七千勇士	832 人包括 西底家	745 人

圖 5.11：尼布甲尼撒在位期間數次擄去猶大人的情況

在約雅敬第四年，尼布甲尼撒登基為巴比倫王。耶利米在當時已預言列國將會服事巴比倫王七十年（耶二十五 11）。耶利米書四章沒有明顯說明巴比倫的崛起和對列國的威脅，僅在此發出警告。筆者要指出由巴比倫的崛起（公元六〇五年）至猶大亡國（公元五八六年）這段接近二十年的時期，猶大都面對著被巴比倫所亡的威脅。

10 節的背景是上述二十年的時期，當時的祭司和說假神諭的先知傳講平安的信息。耶利米兩次指責這些祭司和先知宣講：「平安了！平安了！」其實沒有平安（六 14，八 11），相反，耶利米呼籲人要腰束麻布，哭泣哀號（參四 8，八 18～22，九 1、10、17～22

等）。10 節的「我說」，是指耶利米模擬猶大人向神埋怨的說話，其實錯不在於神，而是在於猶大人。他們聽信說假預言的先知，而沒有聽從神藉耶利米先知所發出的警告。

四章 11～18 節 這段經文將敵軍類比為由沙漠吹來的熱風。猶大的東面是偌大的阿拉伯沙漠，由沙漠吹來的熱風不單炙熱，而且充滿沙粒，令植物枯毀，也令人閉眼遮面。敵軍像炙熱的風沙無孔不入，所以敵軍所帶來的破壞是十分之大。

15 節的「但」和「以法蓮」都是位於耶路撒冷的北面，從這些地方傳出警報，代表敵軍是從北面而來，不單攻擊猶大，而且攻擊列國（16 節）。這是亞述和巴比倫的一貫作風，南征北伐，侵佔各國的領土，擄掠人與財物。

敵軍圍城時會紮營在城外郊野地方，好像看守的人長期紮營在城外郊野的田園（17 節），敵軍圍城直到城內的人因缺糧而投降。列王紀下六章 24 至 29 節描述北國以色列首都撒瑪利亞被亞蘭軍圍困時，城內發生極大的饑荒，婦人們交換兒子作為食物。耶路撒冷被圍困時也面對極大的饑荒（參王下二十五 3）。

戰禍所帶來的苦楚刺透人的心（18 節），這段經文所敘述的戰爭尚未發生，但經文描繪得栩栩如生，目的是令人在戰禍尚未來臨之前，就要悔改歸向神（14 節），以免神的審判來臨（12、17 節）。

四章 19～26 節 22 節的「我」是指神，26 節的「他」也是指神。除了 22 節之外，其他經文都可能是耶利米說出自己的感受。神和耶利米好像戰地記者在現場目睹災情，他們一唱一和[46] 地報導災情，又表達他們的感受，令讀者感同身受。雖然讀者沒有在現場，但聞者傷心，見者流淚。

23 節「地是空虛混沌」這片語曾在創世記一章 2 節出現，耶利米書在這裏的意思，就是戰爭帶來很大的破壞，令人失去一切所擁有的人與物。下一句「天也無光」即是日月無光，借喻環境的黑暗，去比喻心境是極其絕望。

思想問題

1. 北國以色列和南國猶大都先後因離棄神而被神所差派的敵軍所亡，他們看不到罪帶來的痛苦是遠超過人的承受能力。他們慘痛的經歷令你有何反省？你如何提高自己的危機意識？

四章 27～31 節 在本章 5.2.3.1 的導論已指出四章 27 節開始了第二組神諭，這是採用形式評鑑法（參附錄 A）所作出的論述。

27 節「我卻不毀滅淨盡」令筆者聯想三十章 11 節：「因我與你同在，要拯救你，也要將那些國滅絕淨盡，就是我趕你去的那些國；卻不將你滅絕淨盡，倒要從寬懲治你，但絕不能不罰你。」[47] 為甚麼神對猶大人不毀滅淨盡呢？類似「不毀滅淨盡」的字詞在五章 10 和 18 節再次出現，這問題的答案可參照那兩節的評註。

30 節「戀慕你的卻藐視你」這片語中的「戀慕你的」，它的原文是名詞，大多數英譯本都譯作「你的愛人」（your <u>lovers</u>），原文的字根 עגב 是指情慾（lust）[48] 而不是指愛情。上述希伯來字在以西結書多次出現，都是指猶大人與巴比倫人 [49] 的情慾關係（結二十三 5、7、9、12、16、20）。其中一例是以西結書二十三章 20 節：「戀慕（עָגְב）情人的身壯精足，如驢似馬。」

30 節描繪猶大人即使悉心打扮，但被她所謂的「愛人們」所藐視和殺害。這情境就如耶洗別雖然悉心打扮，但她仍被耶戶所殺（王下九 30～33）。這節經文描繪猶大人只著重外在的奢華和財富，但沒有敬拜真神和遵守神的誡命。他們的財富招惹巴比倫人來攻擊和搶掠，同時，他們的罪行招致神的懲罰。正如神在二十章 5 節明言：「我要將這城中一切的貨財和勞碌得來的，並一切的珍寶，以及猶大君王所有的寶物，都交在仇敵手中。仇敵要搶奪他們，抓住他們，把他們帶到巴比倫去。」

五章 1～9 節 這段經文令人想起亞伯拉罕為所多瑪、蛾摩拉代求，神答應他：若這些城的義人數目有十人，神就不毀滅這些城。有學者指出耶路撒冷比這些城更差，因為神降低要求至一人，可見罪惡在耶路撒冷普及至每一個人。[50] 其實耶路撒冷城的義人至少有耶利米和巴錄，以及保護耶利米的官員和支持他的長老（二十六章）。1 節是誇張的說法，即是絕大部分猶大人都不是義人。

4 節指出普羅大眾對摩西五經的認識匱乏，因為古代的普羅大眾都是目不識丁，他們只能靠每星期的安息日到聖殿聽文士誦讀經文，但至少知道要守十誡。即使他們對摩西五經不嫻熟，至少應該憑良心做人，但絕大部分人都沒有憑良心做人。

在 5 節，耶利米認為，當時的社會領袖應該知道神的作為（《新譯本》譯作「道路」）和法則，誰知他們卻齊心將軛折斷，掙開繩索。這句將神的法則象徵為軛，用繩索捆綁在人的身上，好像人受到約束，沒有自由。

新約時期的奴隸阿尼西謀逃離主人腓利門的家，需要保羅寫信給腓利門，為阿尼西謀向腓利門求情，請他接納阿尼西謀（門 17），以致他回到主人家時不會被腓利門重罰至死。古代的奴隸即使被主人鞭打或者暴虐至死，主人不會被控告殺人的罪名，因為奴隸已賣身給主人，奴隸只被當作物品而不是人。

不論舊約或新約時期的社會，主人對奴隸的管束就像一個沉重的枷鎖，好像軛套在牛的頸項上。耶穌引用這種軛的觀念說：「我心裏柔和謙卑，你們當負我的軛，向我學習；這樣，你們的心靈就必得安息。因為我的軛是容易的，我的擔子是輕省的。」（太十一 29～30）上述的經文是語帶相關的，一方面是指神比當時社會的主人慈悲為懷，絕對不會虐待奴隸。另一方面是指神令人從罪惡的枷鎖或捆綁之中得到釋放，不再被罪惡折磨。

人從罪惡的軛得到釋放，不等於人有絕對的自由，可以為所欲為。人的自由是有限制的，不能超越道德的界線。對基督徒來說，道德的界線是按照神在聖經所訂的法則。保羅指出人順從誰就作誰的奴隸，或作罪的奴隸，以至於死；或作順服的奴隸，以至於成義（羅六 16）。申命記強調順從神是關乎生死禍福（申三十 15～20），可見類似上述保羅的經文早已在舊約時期出現。

根據耶利米書五章 5 節，當時的社會領袖竟然一起違反神的法則，不願意遵守。以色列人在埃及為奴之地被神拯救出來，而且在西奈山與神立約，他們要遵守十誡。在約西亞王時期，猶大人與神重新立約，他們守約就會蒙福，違約必定受罰。如上文所述，神是慈悲為懷的主，猶大人不會動輒得咎，但他們的罪過極多，背道的事也增加，結果是被神懲罰（6 節）。

7 至 8 節就是指出情慾有很大的魔力，敬拜巴力的其中一個禮儀，就是敬拜者與廟妓性交，美其名為提高生育的機會，其實問題叢生，自尋煩惱。7 節可能是指巴力廟就是妓院。[51]

五章 10～13 節　10 節「但不可毀壞淨盡」和 18 節「我也不會將你們毀滅淨盡」這兩句的字詞相似，令人將這兩節串連一起去解釋。10 節將猶大比喻為葡萄園，敵軍要進入葡萄園裏盡行毀壞，但神禁止他們毀滅淨盡，只能除掉它枝子，因為那些枝子不屬耶和華。18 節指出神決意不把猶大人毀滅淨盡，即是神主動保留屬祂的子民。10 節和 18 節都顯示敵軍的毀壞是在神的掌管之下，背後的信息有關「餘民神學」，本書第三章 3.3 有詳細的討論，在此不贅。

12 節「他不會的」這想法是來自說假神諭的先知，他們不承認 10 節的災禍會發生，12 節指出他們將 10 節的神諭扭曲為「災禍必不臨到我們，我們也不會遇見刀劍和饑荒」。

思想問題

1. 5 節「這些人卻齊心將軛折斷，掙開繩索」的「軛」和「繩索」指規則所帶來的約束。若某人不願意接受交通規則的約束而隨意過馬路，他可能會被車輛撞傷而被送到醫院，結果他在病牀上更加沒有自由。在人生的路上隨意亂闖，結果也是傷人傷己。你在甚麼事上不願意受真理的約束？譬如無節制地消費卻不願意花金錢幫助貧困的人？或在其他的事上？
2. 8 節「各向鄰舍的妻子吹哨」的「鄰舍」在原文可指朋友，向朋友的妻作出調戲或調情，只會帶來友誼和家庭的破壞，甚至帶來仇殺等社會問題。若上述的事發生在你的家人身上，你會十分難過，難以容忍。若社會中有很多人對性很隨便，社會將會出現甚麼問題？若教會也是這樣，教會會變成怎樣？

五章 14～19 節　14 節「所以」的原文是由 לָ 和 כֵּן 這兩個字組合而成的，這個組合不一定譯作「所以」，也可譯作「事實上」或者「確實地」（參 TNK）。這個組合在 14 節譯作「所以」，但其原因卻不能在 10 至 13 節中找出來，因此，筆者將這個組合譯作「事實上」。換言之，這個組合是帶出另一段經文，14 節不需要連結於 10 至 13 節。筆者在上文已經指出，14 節展開第三組神諭（參本章 5.2.3.1）。

在 14 節的上半部，「因為他們說這話」的「這話」是指 12 節的下半部：「他（神）不會的，災禍必不臨到我們，我們也不會遇見刀劍和饑荒」，14 節這裏「因為」的結果在 14 節下半部至 19 節作出交代。

19 節「事奉外邦神明」、「事奉外族人」的原文可譯作「服事外族人的神」、「服事外族人」，其意思就好像奴隸服事主人那樣。「服事」（עָבַד）和「奴隸」（עֶ֫בֶד）是同一字根，當作為動詞時，被譯為「服事」；當作為名詞時，被譯為「奴隸」。當猶大人服事神時，他們被神所疼愛；但猶大人服事巴比倫人時，他們被巴比倫人奴役。

五章 20～31 節 20 節「當在雅各家傳揚，在猶大宣告」這片語帶出 21 至 31 節所要宣講的內容。上文 1 至 9 節的評註已指出，猶大人在道德上的問題可追溯為宗教上的問題。22 節也指責猶大人不懼怕神，當人心中無神之時，就會無惡不作。28 節「作惡過甚」的原文意思，是指他們過分地行惡，越過（עָבַר）了底線（參 NET）。這字在 22 節出現兩次：「我以沙為海的界限，作永遠的條例，使它不得越過（עָבַר[52]）。波浪洶湧，卻不能勝過；怒濤澎湃，仍無法越過（עָבַר）。」神不單在大自然設定了界限，也在道德方面設定了底線。當人作惡時，神必報應（五 9、29）。

25 節下「你們的罪惡使你們不能得福」，《新譯本》譯作「你們的罪惡剝奪（מָנַע）了你們的幸福」。上述希伯來字是動詞，解作「剝奪」，[53] 而且與上一句的動詞「轉離」平行。這些惡人的財富是來自對窮人的剝奪，神對他們的報應就是剝奪他們的財富。不單剝奪他們的財富，而且剝奪他們的好東西。25 節「福」的原文在英譯是 good，指他們的好東西，如房屋、田地和妻子，都要一起轉歸別人（六 12）。

31 節的「先知說假預言」，先知應說真預言，但他們卻說假預言。同樣，祭司作了相反的事，就是濫用[54] 權柄。其中一例便是祭司監禁耶利米（二十 1～2）；另一例是他們應把燔祭全部焚燒獻給神，但他們卻把燔祭加在其他祭上，拿祭肉來吃（參七 21 的評註）。

31 節「到了結局你們要怎麼辦呢？」暗示神的報應不一定立即執行，但時候到了，神必定執行。這節指出惡人面對報應時無能為力。在國破家亡時，人就會知道落在永生神的手裏，實在可怕（來十 31），屆時他們才懼怕神，已經太遲了。

六章 1～5 節 由第四章到第六章，下列經文指出猶大人需要逃離耶路撒冷。[55]

四 5　你們要在猶大傳揚，在耶路撒冷宣告，說：「當在國中吹角，高聲呼叫說：『你們當聚集！我們好進入堅固城！』

四 6　應當向錫安豎立大旗。逃吧，不要遲延，因我必使災禍與大毀滅從北方來到。

六 1　便雅憫人哪，當逃離耶路撒冷，在提哥亞吹號角，在伯・哈基琳升信號，因為有災禍與大毀滅從北方逼近。

六章 4 節「起來吧，我們要趁正午上去」與 5 節「起來吧，我們要夜間上去」，兩者在原文的用字差不多完全相同，只是時間分別在正午和夜間。正午適宜打仗，夜間不適宜打仗，兩者的結合是一種文學技巧，就是用兩極去表達全體（merismus），[56] 即是敵軍的攻擊不分晝夜，也不分適宜或不適宜打仗的時間。

思想問題

1. 22 節的「懼怕」和 24 節的「敬畏」在原文是同一個字。從約瑟敬畏神的心態：「我怎能行這麼大的惡，得罪神呢？」（創三十九 9）我們學習到甚麼？
2. 當猶大人服事神時，他們被神所疼愛；但猶大人服事巴比倫人時，他們被巴比倫人奴役（參五 19 評註）。服事錢財（參太六 24）只會令人變成金錢的奴隸，後果可能很嚴重，例如：若為了金錢而選擇婚姻的對象，結果可能是終生後悔。有人因貪戀錢財而背離信仰，用許多愁苦把自己刺透了（提前六 10）。在貪財這方面，你要如何提醒自己呢？

六章 6～15 節　本章 5.2.3.1 已指出從六章 6 節開始是第四個神諭。這神諭出現了五次「耶和華……如此說」（六 6、9、16、21、22），所以這神諭可以細分為五個神諭（參附錄 A），但也可以說只是一個神諭重複五次「耶和華……如此說」；這五次重複的目的是要強調神諭的重要性。

在《和合本》，6 節的開始是「因為」，這字的原文可解作「肯定」，[57] 所以 6 節不一定跟 5 節有關連，《和修版》沒有將這字翻譯出來。8 節「管教」的原文意思包含：先教導，若對方不聽就警戒，再不聽就懲戒，以免人犯罪愈來愈厲害，招來更嚴重的懲罰。8 節以兩個「免得」來表達更嚴重的懲罰。第一個是「免得我心與你生疏」，其中的「生疏」原文指神憎惡他們，轉面不再看他們，正如父母轉面不再看子女；斷絕關係是很嚴重的懲罰。第二個是「免得我使你荒涼、成為無人居住之地」，這懲罰也很嚴重。

6 至 8 節所提及的懲戒，描述得太精簡和太含糊，下文將具體地詳述懲罰。這段經文有三個字詞或片語與 6 節重複。第一個重複的片語是「萬軍之耶和華」（6 和 9 節），通常指神帶著一大羣天使、或者神興起地上的軍隊作出針對性的行動。

第二個重複的字詞是 6 節的「建土堆」和 11 節的「倒」在原文是同一個字。當敵軍砍樹之後，他們將樹幹傾倒在城牆前面，目的是建築攻城的斜坡，令他們可藉此走上城牆。敵軍傾倒樹木的行動，象徵神將傾倒憤怒在孩童、年輕人、夫妻、老人和高齡者的身上(參 11 節)。

第三個重複的字詞是「罰」（6 和 15 節），15 節針對祭司和先知。他們行了可憎的事，本應覺得羞愧，可是他們一點羞愧都沒有，結果是他們必定被殺。

上述重複的字詞以**粗體**作為標記：6 節可直譯作「**萬軍之耶和華**這樣說：你們要砍下耶路撒冷城外的樹木，**傾倒**在城前作為攻城的斜坡。她是那該受**懲罰**的城，其中盡是欺壓的事。」

總而言之，6 節精簡地指出猶大人「該受罰」，9 至 15 節詳述懲罰，務求達到阻嚇之效，目的是要令猶大人及早悔改。

六章 16～26 節　16 節的「安息」（מַרְגּוֹעַ[58]）這字與用在「安息日」裏「安息」的希伯來文 שַׁבָּת[59]（英譯 Sabbath）不相同，後者在舊約經常出現，但前者在舊約只出現一次，是指遠足旅途中的歇息之處。[60]

香港麥理浩徑和衞奕信徑是政府所建設的郊遊路徑，令遊客可以較舒適和安全地在山林中步行。路徑中的梯級或小路可能是人工開闢，途中亦興建了涼亭，可以讓步行者歇息，不單遮蔭擋雨，而且可以欣賞風景，令遊客的身心都得到舒暢，然後重新上路。

16 節的「完善的道路」就如同上述的路徑，「我們不走」就如同行山人士不選擇上述完善的路徑，結果可能有危險。

16 節的「古老的路」在原文是眾數（英譯：ancient paths），這裏可指以色列的祖先行了不同的路，有些祖先因悖逆而被神懲罰，有些因順服而被神祝福。16 節勸諫猶大人去查考古人所走的路：出埃及那一代的以色列人因不信的緣故而在曠野流浪四十年；約書亞帶領順服的那一代進入迦南。古人所行的路令每一代的以色列人能以史為鑒。

16 節勸諫當時的猶大人察看古人所走過的路（原文是眾數），然後思想哪一條是完善的道路（原文是單數）。完善的道路就是摩西五經（律法書）所指的路（參 19 節的「律法」），這路是遵行誡命的路（詩一一九 35）。

17 節的「守望的人」和「角聲」的原文在以西結書三十三章 6 節分別譯作「守望者」和「吹角」。守望者發現敵軍來襲時必定吹號角，令城內的人因這警報而備戰或逃生。先知們被神設立為守望者（耶六 17；結三十三 7）向人民發出警告：神必因人犯罪而懲罰人。人民不聽先知的警告，就如同不聽守望者的吹號，自取滅亡。

18 節下半句「會眾」在原文可譯為「見證者們」（參 NIV）。列國都被當作是見證者，被神命令要聆聽和曉得他們（指猶大人）將遭遇的事。這裏「見證者」與上半句「列國」平行，意思是呼籲列國的人作為見證人前來聆聽猶大人將遭遇的事，正如神呼喚天地來聽祂的申訴那樣（賽一 2）。

21 節「絆腳石」是眾數，不單叫一人絆倒，也叫眾人絆倒。21 節「鄰舍與朋友也都滅亡」的意思是絆腳石令眾人滅亡。以西結書三章 20 節明言：「但是義人若轉離祂的義而作惡，我要把絆腳石放在他面前，他必死亡。」不論義人和惡人，都要面對自己犯罪的後果，但審判來臨之先，神必發出警告。

對當時的猶大人而言，神所放置的「絆腳石」是指敵軍（22～

26 節）。「絆腳石」又可指神所差派來的敵人，正如大衛犯姦淫和殺人罪之後，神興起敵人去敵對他。神的審判不是在主再來時才臨到，在今生也可臨到人身上。

六章 27～30 節　27 節在《和合本》譯為：「我使你在我民中為高台、為保障」，在《和修版》已修訂為：「我使你作我百姓的測試者和考驗者」，至於《新譯本》則譯為：「我使你在我子民中作鑒辨和試驗的」。27 節「行為」與 16 節「完善的道路」的「道路」在原文是同一個字 דֶּרֶךְ。[61] 根據上文的解釋，耶利米奉命去鑒辨（按《新譯本》的翻譯）人的道路是否依照神的道路去行。若否，他就要好像守望的人（17 節）那樣發出警告的信息。

27 節「考驗者」的原文意思指金器的鑒辨員，[62] 他們要鑒辨金器的材料的真偽；這解釋符合上文所述先知的職責是要鑒辨人的路是否依照神的路去行，又符合下文所述提煉的意思。

28 至 30 節引用從鉛礦提煉銀的例子，比喻以色列地鉛礦含有銀的成分不多，而且要用高溫提煉，成本很高。29 節指煉而又煉，終是徒然；30 節指結果銀渣惟有被丟棄。這裏指經歷數百年的試煉後，南北兩國亡國時，絕大部分的國民都被棄絕，只有少量的餘民能夠保留神子民的身分。詳細的討論可參照本書第三章有關「餘民神學」的部分。

思想問題

1. 六章 6 節精簡地指出猶大人「該受罰」，9 至 15 節詳述懲罰，務求達到阻嚇之效，目的是要令猶大人及早悔改。你在甚麼事情上被人屢勸不聽？被神屢罰不改？六章 29 至 30 節對你來說，會否是最後通牒？
2. 有些人即使相信耶穌，但不一定完全認同聖經的指引就是一條完善的道路（六 16）。上述經文給你甚麼提示去勸導這些信徒呢？

5.2.3.2. 懲罰之前，神發出嚴厲的警告（七 1～八 17）

七章 1～15 節　大多數學者認為這段經文與二十六章有聯繫，原因是只有七章 12 至 14 節和二十六章 6 至 9 節提及示羅的會幕被摧毀這件事，而且上述兩段經文都是敍述神差派耶利米在聖殿宣告警告：若猶大人繼續敬拜偶像，耶路撒冷的聖殿將會被強敵摧毀，好像示羅的會幕被強敵摧毀一樣。猶大人也將被逐出應許之地。

七章 2 節「你當站在（בְּ）耶和華殿的門口」和二十六章 2 節「你要站在（בְּ）耶和華殿的院內」有些差異：前者指殿門，後者指聖殿的外院。中文的翻譯令人產生疑問：究竟耶利米是站在殿門？還是站在外院？其實七章 2 節的介詞 בְּ 可譯作「附近」，[63] 外院是一個很廣闊的地方，耶利米可以既在外院，又接近南門或北門的地方作出宣告。

圖 5.12：筆者拍攝的耶路撒冷模型

上圖是新約時期的聖殿模型，耶利米時期的聖殿是所羅門所興建的，在猶大亡國時期已被巴比倫軍所燒毀。猶大人被擄七十年之後回歸，由所羅巴伯帶領重建聖殿，並在公元一世紀由大希律擴建。雖然耶利米時期的聖殿與新約時期的聖殿在外型上是不相同的，但

基本設計相似，內院的入口都是朝向東面（三 38；結四十六 1）

圖 5.12 是筆者拍攝的耶路撒冷模型。這模型在二〇〇六年由耶路撒冷的聖地酒店遷往以色列博物館新址。筆者在圖片加上文字作為標記。

聖殿東面和西面分別有汲淪溪（或稱汲淪谷）和中間谷（參下圖 5.13），人民大多由北門或南門出入聖殿（結四十六 9）。耶利米在外院，可能接近北門或南門，向人羣宣告神諭。

七章 1 至 15 節詳述耶利米要在聖殿宣告的內容，二十六章 1 至 6 節簡述他在聖殿宣告的內容，二十六章 7 至 24 節敍述耶利米宣告後被捉拿和受審等情節。這兩章是指同一件事，本書有關二十六章 1 至 9 節的評註提供有關的理據。

圖 5.13 是筆者在以色列博物館拍攝的等高線圖（contour map），並加上文字作為標記。

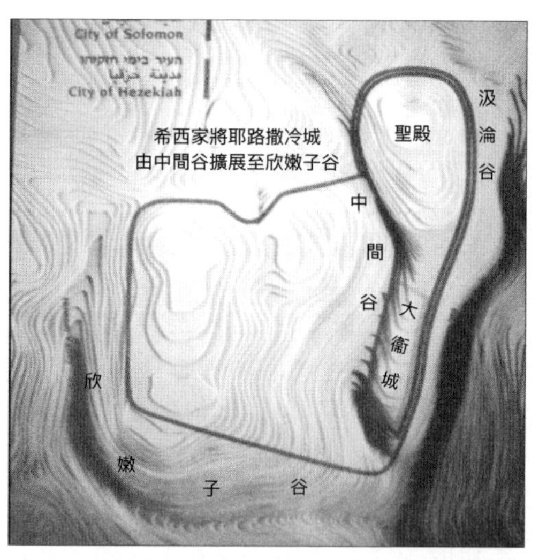

圖 5.13：筆者在以色列博物館拍攝的聖殿等高線圖

由於二十六章 1 節交代了時代背景是在約雅敬開始執政的時候，所以七章的時代背景也是在約雅敬開始執政的時候。約雅敬行

耶和華眼中看為惡的事（代下三十六 5），上述**粗體**的字句常被用來指敬拜偶像（申四 25；士二 11，三 7；王上十一 6，二十一 1～2，二十二 52～53 等）。約西亞本來已經玷污欣嫩子谷的陀斐特，不許人在那裏把兒女經火獻給摩洛（王下二十三 10）；可是在約雅敬時代，人民在欣嫩子谷中，重建陀斐特的丘壇，焚燒自己的兒女，作為燔祭獻給偶像（耶七 31，十九 5）。

七章 1 至 3 節接連使用了數種神諭的格式，好像官方的文件都可能有許多格式，可見這警告的信息十分重要。有關神諭格式的詳情，可參照本書的附錄 A，在此不贅。

3 至 4 節言簡意賅地表達重點，5 至 15 節詳述內容。3 節上「你們要改正你們的所作所為」和 5 節上「你們若實在改正你們的所作所為」的字詞差不多相同（見下文劃線字詞）。3 節下和 7 節的字詞亦有相似（見下文粗體字）。

簡述：

七 3　你們要<u>改正</u>你們的<u>所作所為</u>，
　　我就使你們仍然居住這地。

詳述：

七 5　你們若實在<u>改正</u>你們的<u>所作所為</u>……
七 6　不欺壓寄居的和孤兒寡婦，不在這地方
　　流無辜人的血，也不隨從別神陷害自己，
七 7　**我就使你們仍然居住這地**……

5 至 6 節具體地表達神所列出的條件，就是人與人之間認真施行公平，不欺壓寄居的，不欺壓孤兒寡婦，不在這地方流無辜人的血，也不隨從別的神。若猶大人將他們的行為改正，符合上述條件，他們就可以在神所賜的地方居住（3 和 7 節）。猶大人住在應許之地的先決條件，就是遵守神所列出的要求，否則他們會被逐出境（申

二十八 36～37、63，三十 18），正如租客若不交租，他們就會被業主勒令搬離所租的單位。

上文指出 5 至 7 節詳述 3 節的內容，下文亦指出 8 至 15 節詳述 4 節的內容。8 節重複 4 節的「倚靠」和「虛謊」，14 節重複 4 節的「倚靠」和「殿」。

簡述：

七 4　不要倚靠**虛謊**的話，說：『這是耶和華的殿，是耶和華的殿，是耶和華的殿！』

詳述：

七 8　看哪，你們倚靠**虛謊**無益的話語。

七 9　你們豈可偷盜，殺害，姦淫，起假誓，向巴力燒香，隨從素不認識的別神，

七 14　所以我要向這稱為我名下、你們所倚靠的殿，與我所賜給你們和你們祖先的地這樣行，正如我從前向示羅所行的。

4 節的意思是當時的猶大人不是倚靠神，而是倚靠聖殿。這是基於一個典故，就是在猶大王希西家時代，亞述王率領軍隊圍困耶路撒冷，他辱罵猶大的神不能救希西家脫離他的手，神就差派使者殺死十八萬五千的亞述軍兵（王下十九 35）。說假神諭的先知利用這典故去製造「錫安不敗」的謊言，令當時的猶太人相信耶和華必定保護祂的居所（聖殿），包括保護耶路撒冷城。這些先知指神保佑耶路撒冷是基於祂的殿宇在此城（賽三十一 4～5），而不是基於人相信祂和聽從祂的話。[64]

10 節指猶大人來到聖殿敬拜，就以為自己平安無事。「平安無事」在原文是「得救」，[65] 其實他們不是得救，而是得禍。11 節「我真的都看見了」指神看見他們敬拜巴力和違犯十誡的罪行（9 節）。他們沒有認罪悔改，而且令聖殿變成賊窩。祭司應該把燔祭全部焚

燒獻給神，但他們把燔祭加在其他祭上，拿祭肉來吃（參七 21 的評註）。他們這些行徑是神所看見的，他們將會被敵軍所殺，正如以利的兒子將燔祭的肉取為己用而被殺（撒上二 12～25，四 17）。

12 節「先前」是指由以色列人進入迦南至以利祭司晚年時期，會幕安置在示羅，作為神名字的居所。在以利祭司時期，他的兩名兒子偷取獻給神的祭牲（撒上二 12～17），令神發怒，後來他們在戰爭中死去（撒上四 17）。當時的以色列人將約櫃由會幕抬到戰場，以為約櫃的押陣可令他們打勝仗（撒上四 1～4），然而神對人的幫助並不是基於約櫃的押陣，而是基於人順從神的誡命。

戰爭的結果是以色列人打敗仗，約櫃被非利士人搶去了。後來神帶領約櫃回到以色列的基列耶琳（撒上五～六章），而不是回到示羅，示羅也從此失去作為宗教中心的地位。根據詩篇七十八篇 56 至 64 節，神離棄示羅的帳幕（指會幕）是基於以色列人敬拜偶像。

當撒母耳繼任為祭司時，他勸告以色列人要除掉外邦的神明和亞斯她錄，預備他們的心歸向耶和華，單單事奉祂。當以色列人聽從他的勸告，神就救他們脫離非利士人的手（撒上七 5～14）。

上文指出神對人的幫助並不是基於約櫃的押陣，而是基於人順從神的誡命。同樣，神不會因為約櫃在耶路撒冷聖殿而幫助猶大人抵禦巴比倫軍的攻擊。若猶大人不離棄偶像，歸向耶和華，單單事奉祂，耶路撒冷聖殿將會被摧毀，正如示羅被強敵所摧毀。

七章 16～20 節　這段經文是神和耶利米的對話。先知其中一個職分就是為人民代求（參撒上十二 23）。阿摩司曾基於以色列人弱小而求神免去災禍，神答應了他起初的兩次的代求，後來神表明不會再寬恕以色列人（摩七 8），阿摩司也沒有堅持繼續代求。

16 節有三個「不要」出現，都是吩咐耶利米不要為人民代求，第三個「不要」之後的動詞是「祈求」。這動詞的原文可譯作「逼使」，[66] NAB 譯作 press（逼使），可見耶利米即使多次催逼神也沒有用。

17 節「你難道沒有看見嗎？」指出耶利米應該由用口祈求改為

用眼觀看。在猶大的各城中，在耶路撒冷的街道所出現的景象，就是「孩子撿柴，父親燒火，婦女揉麵做餅，獻給天后，又向別神獻澆酒祭」（18 節）。約西亞的宗教改革只能令人表面敬拜真神，他死後，猶大人就原形畢露，全國和全家都去敬拜偶像。

七章 21～28 節　燔祭要全然被焚，目的是全然獻給神，而不是獻完之後，人取祭牲來吃。至於平安祭，燒在壇上獻給神的只包括內臟上所有的脂油、兩個腎等（利三 3～4），祭牲的剩餘部分可與人共享（利七 15）。至於官長或平民所獻的贖罪祭，祭牲的脂油必要燒在壇上，剩餘部分歸給祭司作食物（利六 25～30）。

21 節其中有一句在《和合本》的翻譯是「你們將燔祭加在平安祭上、喫肉罷！」其實原文並沒有「平安祭」，《和修版》已修訂為「你們要將燔祭加在你們的祭物上，又要吃肉」，意思就是原本歸給神的燔祭被祭司撥作歸給自己的食物。

22 節「因為」的原文可譯作「其實」，[67] 這裏是強調神所介意的並不是損失了祭物，而是猶大人犯了罪，正如小童偷了父母一百元，父母所介意的並不是損失金錢，而是子女犯了罪。

22 節「我將你們祖先從埃及地領出來的那日，燔祭和祭物的事我並沒有提說，也沒有吩咐他們」令人感到奇怪：神的確有頒佈有關獻祭的律例（出二十九 38～42），為何 22 節指神沒有吩咐以色列人呢？其實 22 至 23 節所表達的是先後次序：守約在先，獻祭在後。簡而言之，22 節指神帶領以色列人從埃及出來的那日，神沒有提說燔祭；這句暗示神的重點並不是在於人的祭物。

24 節「不進反退」的原文在《和合本》及《新譯本》譯作「向後（אָחוֹר）不向前（פָּנִים）」，意思是關係疏離了。二章 27 節「他們以背（עֹרֶף）向我，不肯以面（פָּנִים）向我」的意思是關係破裂。十五章 6 節「你棄絕了我，轉身退後（אָחוֹר）」的意思是猶大人離棄神。由此可見，24 節「不進反退」是指猶大人與神的關係疏離了。

27 節「你要將這一切的話告訴他們」意思是將上述神與耶利米之間的對話轉達給猶大人，而且神預言他們必不聽從耶利米的話。

28 節強調他們不受管教。自從約雅敬登基後，人民即時恢復敬拜偶像（七 9），隨處可見人民敬拜天后（七 17）。令人髮指的是，猶大人焚燒自己的兒女，作為燔祭獻給偶像（七 31，十九 5）。

七章 29 節～八章 3 節　在耶利米時代，耶路撒冷的西北面尚未興建，只有聖殿和大衞城，以及希西家在西南面的擴建。七章 1 至 15 節是有關聖殿的神諭，但七章 30 節至八章 3 節是有關欣嫩子谷的神諭。[68] 兩者的地點並不相同（參圖 5.13）。希伯來聖經 BHS 的分段排列（參圖 5.14），29 和 28 節屬於不同段落，七章 34 節和八章 1 節相連。七章 29 節上是神吩咐耶利米剪頭髮，29 節下和 30 節提供原因，[69] 所以 29 和 30 節是相連的。

希伯來聖經的初期版本是沒有經文的章節，章節是由後世的人加添，所以這裏的分段不一定以七章 34 節為結束，也可能以八章 3 節為結束。[70] 七章 29 至 34 節和八章 1 至 3 節是連貫的，連貫的字詞如「埋葬」、「墳墓」、「屍首」、「骸骨」等（七 32，八 1、2）。

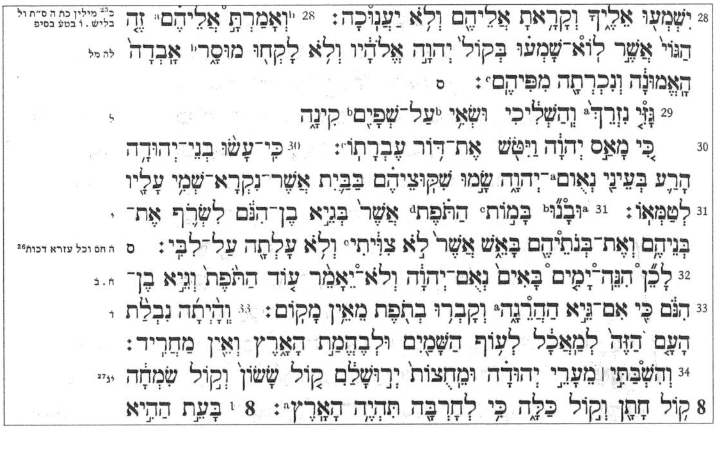

28 יִשְׁמְעוּ אֵלֶיךָ וְקָרָאתָ אֲלֵיהֶם וְלֹא יַעֲנוּכָה׃ 28 וְאָמַרְתָּ אֲלֵיהֶם זֶה
הַגּוֹי אֲשֶׁר לוֹא־שָׁמְעוּ בְּקוֹל יְהוָה אֱלֹהָיו וְלֹא לָקְחוּ מוּסָר אָבְדָה
הָאֱמוּנָה וְנִכְרְתָה מִפִּיהֶם׃ ס
29 גָּזִּי נִזְרֵךְ וְהַשְׁלִיכִי וּשְׂאִי עַל־שְׁפָיִם קִינָה
30 כִּי מָאַס יְהוָה וַיִּטֹּשׁ אֶת־דּוֹר עֶבְרָתוֹ׃ 30 כִּי־עָשׂוּ בְנֵי־יְהוּדָה
הָרַע בְּעֵינַי נְאֻם־יְהוָה שָׂמוּ שִׁקּוּצֵיהֶם בַּבַּיִת אֲשֶׁר־נִקְרָא־שְׁמִי עָלָיו
31 לְטַמְּאוֹ׃ 31 וּבָנוּ בָּמוֹת הַתֹּפֶת אֲשֶׁר בְּגֵיא בֶן־הִנֹּם לִשְׂרֹף אֶת־
בְּנֵיהֶם וְאֶת־בְּנֹתֵיהֶם בָּאֵשׁ אֲשֶׁר לֹא צִוִּיתִי וְלֹא עָלְתָה עַל־לִבִּי׃ ס
32 לָכֵן הִנֵּה־יָמִים בָּאִים נְאֻם־יְהוָה וְלֹא־יֵאָמֵר עוֹד הַתֹּפֶת וְגֵיא בֶן־
33 הִנֹּם כִּי אִם־גֵּיא הַהֲרֵגָה וְקָבְרוּ בְתֹפֶת מֵאֵין מָקוֹם׃ 33 וְהָיְתָה נִבְלַת
הָעָם הַזֶּה לְמַאֲכָל לְעוֹף הַשָּׁמַיִם וּלְבֶהֱמַת הָאָרֶץ וְאֵין מַחֲרִיד׃
34 וְהִשְׁבַּתִּי ׀ מֵעָרֵי יְהוּדָה וּמֵחֻצוֹת יְרוּשָׁלִַם קוֹל שָׂשׂוֹן וְקוֹל שִׂמְחָה
8 קוֹל חָתָן וְקוֹל כַּלָּה כִּי לְחָרְבָּה תִּהְיֶה הָאָרֶץ׃ 8 1 בָּעֵת הַהִיא

圖 5.14：希伯來版本的耶利米書七章 28～34 節

29 節「剪頭髮」和腰束麻布都是當時舉哀的舉動（摩八 10；彌一 16；結七 18）。三章 2 節指猶大人在光禿的高地敬拜偶像，七章 29 節吩咐猶大人在光禿的高地舉哀，這是帶有諷刺的意味，[71] 即是敬拜偶像只會帶來災禍。

七章 30 至 34 節和十九章 1 至 13 節所用的字詞有很多相似之處（參本書有關十九 1～13 的評註），後者比較詳盡，估計前者（七 30～34）以摘要的方式複述後者（十九 1～13）。31 節「陀斐特」是音譯，原文可指火爐，也可指打鼓，[72] 火爐和打鼓像硬幣的兩面，不可分割。「陀斐特的丘壇」是指將小孩經火獻給巴力的丘壇（十九 5）。火燒小孩時，小孩大哭，但伴隨儀式的鼓聲蓋過哭聲，令人只留意歌舞的歡樂，不會留意悲慘的小孩。就如電影《奪寶奇兵》（*Indiana Jones*）第二集《魔宮傳奇》（*The Temple of Doom*）其中一幕，就是將小孩經火獻給偶像，期間也有打鼓和歌舞，都是用鼓聲蓋過哭聲。

31 節「丘壇」的原文是眾數，即是小孩經火獻給摩洛的丘壇不單止一個。欣嫩子谷呈曲尺形狀，環繞耶路撒冷城的西面和南面。此谷又長又寬闊，可容納許多火燒小孩的丘壇。31 至 32 節指欣嫩子谷將被稱為殺戮谷，這是帶諷刺的意味，因為猶大人將兒女經火獻給摩洛，等於殺戮自己的兒女。另一方面，巴比倫軍攻陷耶路撒冷時大開殺戒，在陀斐特的屍體多至無處可葬。

八章 2 節也帶有諷刺的意思：「散佈在太陽、月亮和天上眾星之下，就是他們從前所喜愛、所事奉、所隨從、所求問、所敬拜的。這些骸骨不被收殮，不被埋葬，必在地面上成為糞土。」這樣的結局不單是諷刺，而且是哀歌。

思想問題

1. 七章 10 節指猶大人來到聖殿敬拜，就以為自己平安無事。「平安無事」在原文是「得救」，其實他們不是得救，而是得禍（參七 11）。當我們來到神的殿時，傳道書五章 1 節有這樣的勸告：「要謹慎你的腳步；近前聽，勝過愚昧人獻祭，他們不知道自己在作惡。」當你來到神面前，你有沒有認真認罪悔改呢？
2. 18 節和 20 節都提及神的憤怒。有些基督徒認為神是永遠慈愛的，不會發怒的。然而，正如一個人有外遇，甚至帶回家，在配偶面前與外遇親熱，配偶的正常反應當然是發怒；猶大人把偶像安放在稱為神名下的聖殿中（30 節），神豈會不發怒呢？你的心內除了有神之外，還有沒有其他偶像？邀請偶像進入心靈的結果是否自招災禍，自取其辱（參 19 節）？

八章 4～7 節　4 節「轉去」和「轉回」，以及 5 節「回頭」在原文是同一字 שׁוּב，[73] 意思是轉向。5 節的「背道」這名詞（מְשׁוּבָה [74]）是來自 4 節「轉去」這動詞（שׁוּב）。這段經文引用了兩個例子指出人偏離了正道後，可以回轉正道；例一：人跌倒，不再起來嗎？（4 節）。例二：季候鳥知道自己來去的季節（7 節）。然而，人好像馬瘋狂地直闖戰場（6 節），不懂回轉；也像跑車衝向山崖，結果是車毀人亡。這裏指神已藉耶利米發出嚴厲的警告，但猶大人仍然敬拜偶像和違反誡命，不懂回轉，結果是國破家亡。

八 4　人跌倒，不再起來嗎？
人轉去（שׁוּב），不再轉回（שׁוּב）來嗎？
八 5　這耶路撒冷的百姓為何永久背道（מְשֻׁבָה）呢？
他們抓住詭詐，不肯回頭（שׁוּב）。
八 6　我留心聽，聽見他們說不誠實的話。
無人懊悔自己的惡行，說：『我做的是甚麼呢？』
他們全都轉（שׁוּב）奔己路，如馬直闖戰場。

八章 8～9 節　智慧和律法不單導人向善，而且防止人走入歧途。走入歧途的結果只會令人慚愧和驚惶（9 節）。「文士」在這裏的意思是指抄寫經文的文士；在古代，不是人人都識字。文士不單抄寫經文，也負責讀經給百姓聽，以及解釋和教導，好像後世的以斯拉一樣（拉七 10；尼八 13～18）。這裏的文士把律法變成虛假。8 節「假」和「虛假」，以及七章 4 節「虛謊」在原文都是同一字，都是騙人的。

八章 10～13 節　七章 10 節指當時的猶大人行惡之後，來到聖殿敬拜，他們就以為自己平安無事。八章 11 節指責宗教領袖輕忽地醫治百姓的損傷，說：「平安了！平安了！」其實沒有平安。

八章 10 至 12 節與六章 12 至 15 節差不多完全相同，宗教領袖只是瞎子領瞎子行路，結果是一起掉在坑裏（太十五 14）。八章 13 節是 10 至 12 節的結論，就是神必使他們全然滅絕；神所賜給他們的，必離他們而去。13 節的「全然滅絕」是甚麼意思呢？16 節令人聯想敵軍所到之處，一切都被毀滅，不單莊稼被滅，而且國破家亡。

八章 14～17 節　14 節「我們當聚集，進入堅固城」的原文直譯作「你們當聚集，讓我們進入堅固城」（參 NASB）。在原文，這句與四章 5 節內有相同的字詞，這是文士的修辭技巧將兩段文字聯繫起來。[75] 圖 5.15 中兩段經文各自兩個部分將有關懲罰的神諭（四 3～六 30）和警告的神諭（七 1～八 17）連結，[76] 所以八章 4 至 17 節與下文（八 18～九 1）並不相連。

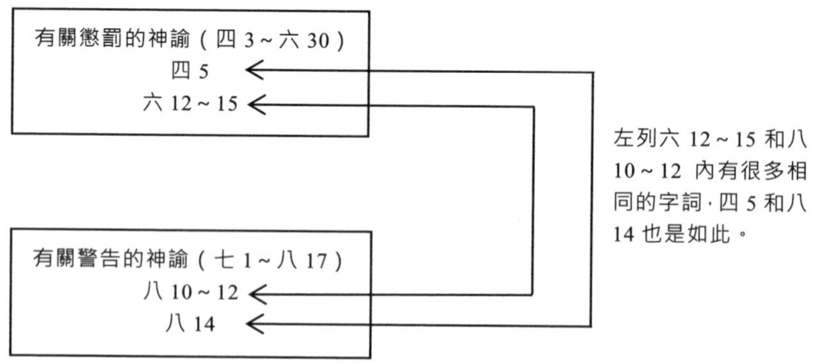

圖 5.15：在耶利米書四至八章中，兩組神諭之間的相似之處

將上述 14 節直譯出來的意思是：領袖向羣眾發出呼籲，但羣眾沒有回應。14 節的起首「我們為何靜坐不動呢？」描繪一幅無回應的場景。14 節的結束交代了無回應的原因：「在那裏靜默不言；因為耶和華我們的神使我們靜默不言，又將苦水給我們喝，都因我們得罪了耶和華。」這句的意思是堅固城已逐一淪陷，無處可逃。

17 節是結語：「我必派蛇進到你們中間，就是法術無法驅除的毒蛇，牠們必咬你們。」這一節與阿摩司書九章 3 節所描述北國亡國的情況相似：「如果他們藏在迦密山頂，神必在那裏搜尋，擒拿他們；如果他們藏在海底，神必在那裏命令蛇咬他們。」無論猶大人如何逃避戰禍，神會打發毒蛇鑽來鑽去，把他們找出來。

思想問題

1. 6 節指出人好像馬瘋狂地直闖戰場，不懂回轉。這場景好像跑車衝向山崖，結果車毀人亡。你有甚麼陋習是親友屢勸無效，結果令自己受害呢？
2. 11 節指出「平安了！平安了！」其實沒有平安。當時的猶大人犯了十誡，獻了祭之後就以為自己平安了，其實沒有平安。你會不會在奉獻之後，就感到自己平安了？你會不會在犯罪之後，仍然感覺良好地生活，不知悔改？

5.2.4. 有關哀歌和覺悟的神諭（八 18～十 25）

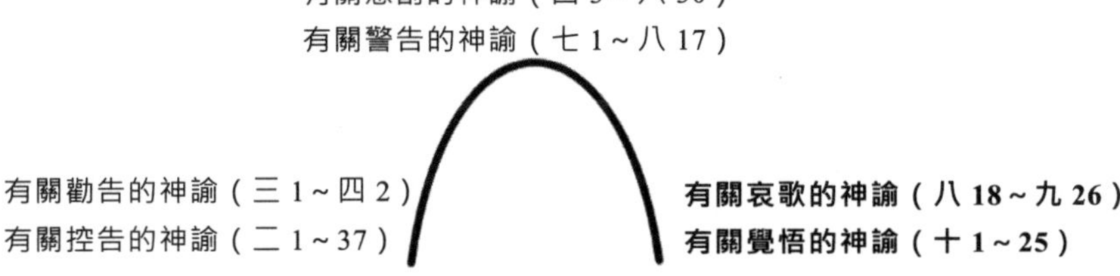

圖 5.16：耶利米書二至十章的結構佈局

本章 5.1 已將耶利米書二至十章的結構描繪為 ∩ 形結構（參圖 5.2）。這裏要討論圖的右面，就是有關哀歌和覺悟的神諭（參圖 5.16）。

5.2.4.1. 神預告人經歷神的懲罰時必唱哀歌（八 18～九 26）

這段經文有可能是耶利米基於先天下之憂而憂，為即將亡國而撰寫的哀歌，也可能是作為修辭法試圖感染後世讀者。這段經文的主旨十分明顯，就是為亡國而發出哀歌（八 21～九 1，九 17～22 等），並且指出猶大人因為在宗教上和道德上的罪而亡國（九 2～9、13～16）。

這段經文（八 18～九 26）有多節以哀歌表達，其中也加插神的質詢（如八 19 下），令人反思哀歌的根源。只有哀歌而沒有認罪悔改是沒有意義的，所以這段經文包括神的質詢和人的認罪悔改。

八章 18 節～九章 1 節 **בַּת־עַמִּי**（直譯是「百姓的女兒」，《和修版》譯作「百姓」）這片語貫穿這段經文（八 19、21、22，九 1），可見這段經文自成一體。另外，這段經文有下列的結構：

A 耶利米發出哀歌 （八 18）
B 噩耗傳來：百姓呼救，耶和華不在錫安嗎？（八 19 上）
C 神說：他們為甚麼以自己雕刻的偶像和外邦虛無的神明惹我發怒呢？（八 19 下）
B’ 噩耗傳來：農產失收，我們還未得救（八 20）
A’ 耶利米為百姓發出哀歌 （八 21～九 1）

18 節的原文可翻譯為「我的喜樂（מַבְלִיגִיתִי）遠離我（עֲלֵי），憂傷臨到我（עָלַי），我的心發昏」（參 NRSV）。第一個希伯來字（מַבְלִיגִיתִי）可分拆為「我的」和「喜樂」（מַבְלִיגִית[77]）。

「遠離我」（עֲלֵי）和「臨到我」（עָלַי）在原文十分相似，只是音標不同。音標是後期文士所加上去，所以音標可以暫時撇開不理。因此，「遠離我」（עָלַי）和「臨到我」（עָלַי）都使用同一個介詞 עַל，然後加上「我」作為後綴（suffix）。這介詞 עַל 可解作「敵對」（against）[78] 或「之上」（on），[79] 所以前面的 עָלַי譯作「遠離我」，後面的 עָלַי 譯作「臨到我」。[80]

這節只有六個希伯來字，前四個希伯來字譯作「我的喜樂遠離我，憂傷臨到我」，這兩句很明顯是對比：「喜樂」對比「憂傷」，「遠離我」（עָלַי） 對比「臨到我」（עָלַי）。[81]

上文用了不少篇幅去解釋上述交叉平行體的 A（八 18），其實在這段經文（八 18～九 1）中，A'（八 21～九 1）的篇幅是最長，重點也應在 A'。「百姓的女兒」（בַּת־עַמִּי）在 A' 出現三次，顯出 A' 的重要。「百姓的女兒」這片語在 NET 的翻譯是「親愛的百姓」。這情境就像父母哀悼剛死去的兒子，重複說：「我親愛的兒子」（參撒下十八 33）。

耶利米預期猶大人在耶路撒冷淪陷時將會發出以下的埋怨：「耶和華不是在錫安嗎？錫安的王不是在其中嗎？」（八 19 上）這埋怨是基於他們相信錫安不敗的謊言（參七 4 的評註）。神的回應是：「他們為甚麼以自己雕刻的偶像和外邦虛無的神明惹我發怒呢？」（八 19）

在《和合本》，20 節第一句譯作「麥秋已過」，原文沒有「麥」，《和修版》譯作「秋收已過」，但原文沒有「秋」，《新譯本》譯作「收割期已過」，這是原文的直譯。[82] 另一方面，當地的收割節並非在秋天，而是在陰曆二月至三月之間。

20 節第二句是「夏季已完」，「夏」的原文可譯為「夏果」。[83]「夏季已完」與上一句「收割期已過」（參上文的《新譯本》翻譯）平行，所以「夏果」是借喻收藏節的時期（參耶四十 10）。收藏節在陰曆七月至八月之間。

20 節在《和修版》的翻譯是：「秋收已過，夏季已完，我們還未得救！」至於《新譯本》的翻譯是：「收割期已過，夏天也結束；但我們仍未獲救。」上文的討論反映出《新譯本》對 20 節的翻譯較佳。這句子的重點在於農產失收，[84] 而不在於夏天和秋天。「我們還未得救」的「我們」不單指農夫，其他百姓都因農產失收而大受影響，但沒有人可以提供解救。

21 節「因我百姓的損傷，我也受了損傷」這句的「損傷」的原文 שֶׁבֶר[85] 曾經在四章 20 節出現：「毀壞（שֶׁבֶר）的信息不斷傳來，因為全地荒廢。」這字也在八章 11 節出現：「他們輕忽地醫治我百姓的損傷（שֶׁבֶר），說：『平安了！平安了！』其實沒有平安。」

22 節指基列沒有乳香和醫生嗎？暗示以色列這個民族在宗教和道德上的敗壞是無藥可救的，神的解決辦法就是要使用亡國這手段置猶大於死地而後生。

原文的初期版本是沒有經文的章節，章節是由後世的人加添，所以這裏的分段不一定是以八章 22 節結束。事實上，八章 8 節至九章 1 節是詩歌體裁，但 2 至 3 節是散文體裁。有關詩歌和散文在體裁上的分別，可參本書附錄 D 的 1.1。從文學體裁的角度，九章 1 節並不是和 2 節連繫一起的。另一方面，九章 1 節的「我好為我百姓中被殺的人晝夜哭泣」和 2 節的「我好離開我的百姓而去」在意義和感情上都截然不同。前者延續八章 18 至 22 節的哀歌主題，但後者帶出九章 2 節下半部「因他們全都行姦淫，是行詭詐的一黨」和 3 至 9 節的責備。基於上述原因，筆者將 1 節和 2 節分開處理。

九章 1 節的原文直譯是：「誰會將我的頭變成水？又將我的眼睛變成淚水的噴泉？令我能夠為我百姓中被殺的人晝夜哭泣」（參 NJB），上述的直譯描繪了眼淚流乾流盡的情境。國破家亡並不是一兩天的事，每天不斷有人民死亡，後遺症更加是長年累月。耶利米為人民哀哭一段長時期之後，眼淚已經流乾流盡，但心裏仍然十分哀痛。眼淚本來是用來發洩悲痛的情緒，但欲哭無淚，更加悲痛。這節是這段經文的結尾，而且是表達情感的高潮。

九章 2 節　這節「惟願在曠野有旅客的客棧」，是耶利米說出自己的感受，因為神不需要旅客住宿的地方。這節「我好離開我的百姓而去」不一定表示耶利米對猶大人已抱持放棄的心態，也可能是指他在他們當中時感到不安全。下文「因他們全都行姦淫，是行詭詐的一黨」這句就是不安全的意思，不宜在街頭露宿

（創十九 1～3；士十九 20）。其實這裏只是借喻，[86]借用旅客無安全的住宿來比喻四處都不安全。亡國後不安全，其實亡國前已經不安全了（見下文）。

九章 3～9 節　3 節和 8 節將舌頭形容為弓和箭，都是圖像化地表達舌頭能置人於死地。不單欺騙（4 節）和詭詐（8 節），而且毀謗（4 節）和謀害（8 節）。舌頭本身不能犯罪，必定有犯罪的心去指揮舌頭干犯上述的罪。這段經文並沒有指出有關犯罪的動機，但上述的罪行都是令人受害。世間上有許多損人不利己的事，也有許多損人利己的事。不少人用不擇手段的方式來致富，然後炫富。23 至 24 節指出：「智慧人不要因他的智慧誇口，勇士不要因他的力氣誇口，財主也不要因他的財富誇口；誇口的卻要誇自己有聰明，認識我是耶和華，知道我喜悅在世上施行慈愛、公平和公義。」

除了提及有關舌頭的罪之外，這段經文也提及猶大人不認識神（3、6 節）。這裏「認識」的原文意思不單指知識的層面，也指關係的層面，[87] 正如一個人選擇婚姻對象時不會單憑婚姻介紹所的檔案資料就作出抉擇，一對男女通常會經過交往才決定對方是否適合成為伴侶。同樣，人對神的認識並不是單靠聖經，也需要靠經歷。當人經歷過神的恩典時，他會感到神是慈愛的。當人經歷過神的懲罰時，他會感到神是公義的，而且輕慢不得。

「這是耶和華說的」出現三次（3、6、9 節），結語是神必因這些事而報應他們（9 節）。9 節「報復」的原文應譯作「報應」，強調神必定因為人犯罪而施行懲罰，。

八章 18 至 22 節和九章 1、10、17 至 22 節都是哀歌，但其中九章 3 至 9 節並不是哀歌，而是有關舌頭的罪行，令人感到主題忽然轉變。這問題不難解決：在亡國前猶大人用舌頭說詭詐和欺騙的話，但亡國後他們的口只能用來唱哀歌。前者是因，後者是果。

九章 10～16 節　10、17 至 22 節是哀歌，但其中的 11 至 16 節卻不是哀歌，而是有關戰爭令到耶路撒冷和猶大的城鎮都變成廢墟，因而令人感到主題忽然轉變。下文回應這問題。

即使沒有這段經文，所有人都知道戰爭的結果會是生靈塗炭和頹垣敗瓦，所以這段經文不一定是在猶大亡國後才宣講，亡國前已可預告戰爭的結果。其實重點並不在於經文的時代背景，而是在於文學的結構。八章 18 至 22 節和九章 1、10、17 至 22 節都是哀歌，所以經文的主調都是哀歌。但在上述經文的中間，卻加插了兩段插曲：第一段插曲是在亡國前猶大人用舌頭說詭詐和欺騙的話（九 3～9），這是因，戰爭是果。第二段插曲是描繪戰爭所帶來的禍害（九 11～16），這是因，哀歌是果。

10 節的哀歌將上述兩段的插曲作出分隔。10 節「無人經過」與 12 節「無人經過」相同，又和 11 節「無人居住」相似。12 節「枯焦」和「曠野」也是重複 10 節的字詞。由此可見，10 節的上半部分是哀歌，而下半部分則是引入第二段插曲。

15 節「茵蔯」指一種植物，它所生產出來的油非常苦澀，[88] 但這節的茵蔯是用來吃的。其實這裏的重點並不是指茵蔯用來生產油或是用來吃，而是用來借喻亡國後的生活充滿困苦流離（哀三 15、19）。

九章 17～22 節　八章 18 至 22 節和九章 1、10 節的哀歌是由耶利米發出的。另一方面，在亡國前猶大人不用唱哀歌，但亡國後猶大人不得不唱出哀歌。九章 17 至 22 節可能是耶利米模擬猶大人在亡國時所唱的哀歌，正如他模擬王妃和宮女向西底家唱哀歌（耶三十八 22）。當然，猶大人不一定會依照上述經文唱哀歌，但亡國後猶大人必定唱哀歌。當他們唱哀歌時，才會顯出悔意。這段經文也提及以舉哀為職業的婦女，她們只能在行動上唱哀歌，而不能代替所有猶大人表達悲哀的心情。

17 節「將唱哀歌的婦女召來」所指的婦女，是以舉哀為職業，21 至 22 節指死亡的人數太多和受影響的人太廣，所以舉哀的婦女供不應求，20 節指所有婦女都要教導女兒去舉哀，而且神勸勉婦女要聽從神的話（九 20），婦女也可能教導兒女聽從神的話。哀悼只是第一步，第二步是要悔改和歸向神。

九章 23～24 節　這段經文與九章 3 節首尾呼應，九章 3 節有三個字詞在這兩節經文重複出現（見下列經文附有原文的字詞）：

第一個字是九章 3 節「增長勢力」（גָּבַר[89]），這原文是動詞；九章 23 節「勇士」（גִּבּוֹר[90]），這原文是名詞，兩者都是來自同一字根。

第二個字是 3 節「國」和 24 節「世上」，它們的原文[91] 是同一個字（見下列經文），《新譯本》分別譯作「地」或「地上」。

> 九 3　他們在國（אֶרֶץ）中增長勢力（גָּבַר），不是為誠信。他們惡上加惡，並不認識（יָדַע）我。這是耶和華說的。
>
> 九 23　智慧人不要因他的智慧誇口，勇士（גִּבּוֹר）不要因他的力氣誇口，財主也不要因他的財富誇口；
>
> 九 24　誇口的卻要誇自己有聰明，認識（יָדַע）我是耶和華，知道我喜悅在世上（אֶרֶץ）施行慈愛、公平和公義。

第三個字是 3 節和 24 節「認識」神，23 至 24 節指出認識神的人不會因智力、勇力、財力而誇口，只會指著神誇口。「當耶和華發怒的日子，他們的金銀不能救自己；耶和華妒忌的火必燒滅全地，要向地上所有的居民施行可怕的毀滅。」（番一 18）

九章 25～26 節　有文獻指出，埃及和以東都有接受割禮的傳統，[92] 在這兩節經文，猶大與其他中東民族並列，神對所有只在肉身上受割禮的人都是一視同仁，猶大並不能因為受了割禮而自恃為神的選民，他們並沒有特權而免於神公義的審判。

26 節下「因為列國都未受割禮，以色列全家心中也未受割禮」可譯為「因為所有列國和以色列全家都是內心沒有受過割禮。」（參 NJB）這翻譯顯示以色列所有支派都與列國並列，如同在 26 節上，猶大與其鄰國並列。所有民族在公義的神面前都是一視同仁，最重要是內心受割禮。何謂內心受割禮呢？耶利米書四章 4 節指出人要為了耶和華的緣故而自行割禮，即是除去心裏的污穢。

25 和 26 節的信息回應前面的經文，人不單口唱哀歌（九 19），不單因認識神而誇口（九 24），而且心要歸向神（九 20），還要除去心裏的污穢（四 4），否則神的懲罰必然臨到自己（九 9）。

思想問題

1. 當國家走向滅亡時，耶利米唱哀歌。在這個時代，世界走向衰敗，基督徒也應唱哀歌。當然，我們不能每時每刻都唱哀歌，但人若完全不唱哀歌，他們會有甚麼後果？
2. 「敬虔加上知足就是大利……貪財是萬惡之根。有人因貪戀錢財而背離信仰，用許多愁苦把自己刺透了。」（提前六 6、10）「追逐別神的，他們的愁苦必增加。」（詩十六 4）根據上述的經文，你該怎樣避免哀歌所描述的景況出現？

5.2.4.2. 教導人在唱哀歌之後要覺悟（十 1～25）

第一個覺悟：離棄偶像，敬拜真神（十 1～16）

十章 1～5 節 1 節開宗明義地指出「以色列家啊，要聽耶和華對你們所說的話」。下文就是神開始勸告祂的子民要覺今是而昨非，「昨非」指覺悟到自己在以往的日子敬拜偶像是大錯特錯，「今是」指覺悟到自己應該從今開始敬拜真神耶和華。下文會作出詳述。

2 至 5 節的重點是「昨非」。2 節「不要效法列國的行為」的「不要」的原文 אַל [93] 應譯作「禁止」，神禁止祂的子民學像外邦人那樣敬拜天象。神不單禁止，而且提供原因。在原文，3 節的第一個字是כִּי（因為），《和修版》沒有將此字翻譯出來。3 節的第一句應譯作「因為萬民所信奉的是虛空」（參《新譯本》）。

「虛空」的原文 הֶבֶל 在十章出現三次（3、8、15 節），皆是形容偶像是虛空的。這字詞就是傳道書經常提及的「虛空」，意思是像空氣或水氣等沒有實質、飄浮不定、轉瞬即逝的事物，又好像捕風、徒勞無功、沒有價值或意義。[94] 「用」在 3 節下和 4 節多次出現，指工匠用了很多時間和材料去製造偶像，但偶像不能降禍，也無力降福。人敬拜偶像是徒勞無功的。

十章 6～7 節 2 至 5 節的重點是「昨非」，6 至 7 節的重點是「今是」。在原文，6 節的開始和 7 節的結束完全相同，都是「沒有可以跟你相比的」（參《新譯本》）。6節的「大」在原文出現兩次，「你本為大」這片語太抽象了，於是下一句便作出解釋：「你的名也大有能力」，7 節更作出具體的類比，神就是萬國的王，即是舉世所尊崇的王。古代的人對王敬畏，而且要敬拜。7節也明言：誰不敬畏你。

十章 8～16 節　這段經文的首尾有三對相同的字：第一是「如同畜牲」（8 和 14 節）；第二是「銀匠」（9 節和 14 節）；第三是8節「甚麼」和 15 節「虛無」，兩者的原文都是 הֶ֫בֶל，《新譯本》也譯作「虛無」。上述的字詞都是有關「昨非」，即是覺悟到自己在過往的日子敬拜偶像是大錯特錯的。上述的數個相同的字詞，是文士寫作時慣用的首尾呼應，作為分段的標記，令讀者觀察得到，將 8 至 15 節視為一段。

10 至 13 節的重點是「今是」，就是覺悟到自己應該從今開始敬拜真神耶和華。16 節是 8 至 15 節的結論：「雅各所得的福分（חֵלֶק）不是這樣，因主是那創造萬有的，以色列是祂產業的支派，萬軍之耶和華是祂的名。」

上述這希伯來字（חֵלֶק），在《和修版》譯為「福分」，在《和合本》譯為「分」，這希伯來字泛指在分配土地（書十三 7）、祭物（利六 17）和擄物（創十四 24）時，每人或每個家庭所分得的那一份，這字通常指分配土地。[95] 當約書亞帶領以色列人攻入迦南後，他依照摩西的吩咐，利未支派並沒有得到分地，因為耶和華自己就是他們的產業（申十 9）。約書亞從各支派中分地給利未人，令他們散居在各支派當中（書二十一章），以致他們可在各支派服事神和當地的人。

16 節的第一句是「雅各所得的福分（חֵלֶק）不是這樣」，《新譯本》譯作「那作雅各產業的（חֵלֶק）並不像這些偶像」。這翻譯令人聯想起詩篇十六篇 5 節：「耶和華是我的產業（חֵלֶק），是我杯中的福分；我所得的，你為我持守。」

第二個覺悟：在急難中向神求救（十 17～25）

這段經文明顯地將上述有關真神和偶像的課題，轉回到有關戰禍和哀歌的課題。有關戰禍的課題在上文四章 3 節至六章 30 節已經詳述（參 5.2.3.1），所以這段經文只是簡述敵軍圍城（十 17）和城市淪陷（十 22）。有關哀歌的課題在上文八章 18 節至九章 26 節已經詳述（參 5.2.4.1），所以這段經文也只是簡述（十 19）。簡述的目的就是引導讀者回到有關戰禍（十 17、22）和哀歌（十 19）的主題，而最後的重點就是要向神求救（十 23～25）。

十章 17～18 節　在 17 節，神吩咐猶大人執拾自己的行囊，可見猶大人被擄之前神仍然顧念他們，正如亞當夏娃被趕出伊甸園時，神為他們造衣服。神令人受苦是一種手段，目的是令人在苦難中反省。

18 節指神要把被圍困的猶大人拋出去（可能指被殺或被擄），以致他們覺悟。「覺悟」的原文是 **מָצָא**，這字通常的翻譯是「尋找」，也可譯作「學習」，[96] 即是有覺悟或領悟的意思。這字在傳道書七章 27 節出現過，《新譯本》有如此翻譯：「我發現（**מָצָא**）了這件事，我一再揣摩（**מָצָא**），要找出事情的道理。」這希伯來字在上述的翻譯分別是「發現」和「揣摩」，揣摩可指覺悟或領悟的意思。由此可見，《和修版》在 18 節的「使他們覺悟」是正確的翻譯。

十章 19～20 節　19 節的「我」是指猶大人，這是從 18 節揣摩而得的，就是猶大人面對國破家亡時的揣摩。當人面對痛苦時，可能有負面反應，怨天尤人，不願意接受苦難；不過，也可能有正面反應，就是積極面對苦難，學習當中的功課。無論猶大人的反應是正面，還是負面，他們每一個都要自我鼓勵，作出正面反應。

19 節的下半句：「我卻說：這真的是我必須忍受的痛苦。」「卻」的原文 **אַךְ** 可譯作「縱然如此」。[97] 全句可譯作：「縱然這真是我的苦難，我仍要忍受（參 NIV）」。換言之，這節鼓勵戰爭的生還者要採用正面的反應，就是積極面對苦難，學習當中的功課。

十章 21～22 節　21 節「順利」的原文可譯作「亨通」，[98]《新譯本》也譯作「亨通」。在《和修版》，列王紀上二章 3 節及列王紀下十八章 7 節將這字也譯作「亨通」；在《和合本》，約書亞記一章 7 至 8 節將這字也譯作「亨通」。上述三段經文都提及亨通的條件就是要遵守「耶和華——你神所吩咐的」，照著摩西律法上所寫的行耶和華的道。

21 節的「牧人」是眾數，在當時這是指領袖（參三 12～18 的評註）。不論人民在面對國破家亡時所採取的反應是正面或是負面，領袖們都不能逃避責任。若領袖們沒有求問神，也沒有依照聖經的教導去領導人民走當行的路，他們的帶領就不會得到亨通。

十章 23～25 節　這段經文的「我」可指耶利米，也可以是猶大讀者：耶利米引導猶大讀者去向神發出祈求。人行走時，有機會絆倒，也有機會迷路。人一生中總有機會跌倒或迷失方向，但這並不是推卸責任的藉口。24 節「不要在你的怒中懲治我」的原文並沒有「我」，《新譯本》譯作「不要按著你的忿怒施行懲治」。

在新約浪子的比喻（路十五 11～32），小兒子誤入歧途，但他在落難時醒悟過來，回家向父親認錯。同樣，猶大人在國破家亡時，他們要醒悟過來，向神認錯悔改，神必會帶領他們將來回歸故土。

思想問題

1. 《新譯本》將 16 節譯作「那作雅各產業的（חֵלֶק）並不像這些偶像」。這翻譯令人聯想起詩篇十六篇 5 節：「耶和華是我的產業（חֵלֶק），是我杯中的福分；我所得的，你為我持守。」你有沒有認定神是我們的主，我們的福氣惟獨從神而來（詩十六 2）？如何令自己被神吸引，多於被其他偶像（如財富、情慾）所吸引？
2. 有關 17 至 25 節的評註指出，這段經文的重點是：在急難中向神祈求，但不是每位基督徒都懂得在急難中向神祈求。你是否平日不祈求神，在急難中才祈求神？若是，你會否因而感到為難？請分享當中怎樣克服這種為難的心情。

5.3. 小結

	一至十章的分段	時代背景
一	神呼召耶利米作先知，又給他兩個異象（一 1～19）	約西亞
二	神**控告**猶大人的罪名是離棄神（二 1～37）	
三	即使神發出休書，神**勸告**猶大人歸回神（三 1～四 2）	約西亞
四	神的**懲罰**是戰爭將臨，猶大必會荒涼（四 3～六 30）	
五	神在懲罰人之前發出嚴厲的**警告**（七 1～八 17）	約雅敬
六	神預告人經歷神的懲罰時必唱**哀歌**（八 18～九 26）	
七	教導人在唱哀歌之後要**覺悟**（十 1～25）	

圖 5.17：一至十章的分段及其時代背景

在一至十章，離棄神這罪名共出現七次（一 16，二 13、17、19，五 7、19，九 13），單在二章已出現三次。離棄神這罪行引發控告、勸告、懲罰、警告、哀歌、覺悟等一連串主題（參上圖 5.17 的粗體字）。

圖 5.18：耶利米書二至十章的結構佈局

筆者將二至十章的結構描繪為上圖（圖 5.18）的 ∩ 形。頂部是有關懲罰的神諭，描繪猶大必國破家亡，這情況是至為震撼的，所以筆者將這段神諭放在上圖的頂部，就是經文敍述高潮的位置。有關警告的神諭是關於戰爭將臨，屍骸遍野（七 32～33），令到當時的猶大人有很大的反應（參二十六 7～11），所以筆者也將這段經文放在上圖的頂部。懲罰之前是控告和勸告，這兩段神諭在 ∩ 形的左面。懲罰令當事人感到悲哀，有所覺悟（∩ 形的右面）。即使有所覺悟，也是痛定思痛，感受也是痛苦的。當事人是否能改變環境和心境呢？這是後話，不是上圖 ∩ 形所能描述的範疇。

註釋

1. J. R. Lundbom, *Jeremiah 1～20,* AB 21A (Garden City: Doubleday, 1999）, 94.
2. “עָזַב (*ʿāzab*),” *BDB*, 736—“leave, forsake, loose set apart.”
3. “פָּקַד (*pāqad*),” *HALOT*, 955-958.
4. “נָקַם (*nāqam*),” *HALOT*, 721. 參 NRSV：“bring retribution”。
5. J. R. Lundbom, “Rhetorical Criticism: History, Method and Use in the Book of Jeremiah,” in *Jeremiah: A Study in Ancient Hebrew Rhetoric* (Winona Lake: Eisenbrauns, 1997), xli (page in Preface)—“They (catchwords, catchphrases, etc) are used to connect originally independent literary units in the Bible”.
6. Lundbom, *Jeremiah 1～20,* 87—“catchwords (and catchphrases, etc) represent an association technique that was doubtless the rhetorical tradition shared by prophet and scribe.”
7. Lundbom, *Jeremiah 1～20,* 222.
8. Lundbom, *Jeremiah 1～20,* 223.
9. “נַעַר (*naʿar*),” *BDB*, 654—“youth.”
10. “נָבִיא (*nābîʾ*),” *BDB*, 611—“spokesman.”
11. B. T. Arnold and J. H. Choi, *A Guide to Biblical Hebrew Syntax* (Cambridge: Cambridge University Press, 2003）, 124—“to mark the object of interest.”
12. 卜魯斯：《以色列與列國史》，張永佳譯（香港：種籽出版社，1983），頁 134。
13. 《和修版》的翻譯令人感到「對抗」是動詞，其實「對抗」在原文只是一個介詞，英譯本大多翻譯為「對立」（against）。
14. “נָתַן (*nātan*),” *HALOT*, 734—“turn someone into something.”
15. 這裏的動詞的時態是 perfect，作用是 performative，意思是在說話時成就，所以譯為現在式。參 Arnold et al., *A Guide to Biblical Hebrew Syntax*, 56。
16. 詳可參 B. J. Beitzel, *The Moody Atlas of Bible Lands* (Chicago: Moody Press, 1985), 50。
17. 詳可參 Y. Aharoni et al., eds., *The Macmillan Bible Atlas* (New York: Macmillan Publishers, 1993), 169。
18. D. A. Baer and R. P. Gordon, “חֶסֶד (*ḥęsęd*),” *NIDOTTE* 2: 210～218.
19. “חֶסֶד (*ḥęsęd*),” *HALOT*, 336.
20. M. H. Abrams, *A Glossary of Literary Terms* (New York: Rinehart, 1957), 79.
21. “רִיב (*rîb*),” *HALOT*, 1225～1226—“lawsuit against.”
22. J. R. Lundbom, *Jeremiah 37～52,* AB 21C (Garden City, NY: Doubleday, 2004), 591.
23. “חָרֵב (*ḥāreb*),” *HALOT*, 349.
24. Lundbom, *Jeremiah 1～20,* 289.
25. Lundbom, *Jeremiah 1～20,* 271.
26. Lundbom, *Jeremiah 1～20,* 337.
27. 《和修版》將 יִרְעוּךְ 這字的動詞判斷為 רעע（打破），《新譯本》判斷為 רעה（剃）。根據 16 節有關這動詞第三身眾數的標音，這動詞的標音是來自 רעה（參“רעה,” *HOL*, 342），而不是來自רעע（參“רעע,” *HOL*, 344）。另參“רָעָה（*rāʿâ*）,” *HALOT*, 1260— “they will pasture upon your skull, meaning shave your

head"。

28. "מְשׁוּבָה (*mᵉšûḇâ*)," *BDB*, 1000— "turning back, apostasy."
29. 詳可參 Beitzel, *The Moody Atlas of Bible Lands*, 50。
30. "רִיב (*rîb*)," *HALOT*, 1225～1226—"lawsuit against."
31. "נִקָּה (*niqqâ*)," *HALOT*, 720—"blameless (cf. guilt)."
32. "שָׁפַט (*šāp̄aṭ*)," *BDB*, 1047—"judge."
33. "חָטָא (*ḥāṭāʾ*)," *BDB*, 306—"sin."
34. J. M. Miller and J. H. Hayes, *A History of Ancient Israel and Judah* (Philadelphia: Westminster, 1986), 370.
35. "רָאָה(*rāʾâ*)," *HALOT*, 1159—"question...to attract attention."
36. "נִאֲפָה (*niʾᵃpâ*)," *HALOT*, 658—"commit adultery."
37. "בָּעַל (*bāʿal*)," *HALOT*, 142—"rule over."
38. Lundbom, *Jeremiah 1～20,* 261—"'shepherds' is a general term for 'rulers' in the Ancient Near East…The Babylonian King Hammurabi calls himself 'the shepherd-king.'"
39. "גּוֹי (*gôy*)," *BDB*, 156—"nation, people."
40. "שִׁית (*šîṯ*)," *HALOT*, 1485—"to place someone in the position of, to treat someone as an heir like a son."
41. 《和合本》的翻譯遺漏了「就當回轉歸向我」，《和修版》卻沒有漏譯，但將之譯為「回轉歸向我」。原文的時態 imperfect 可翻譯為「應當」，參 Arnold et al., *A Guide to Biblical Hebrew Syntax*, 59。
42. 參 ESV, RSV："…to me you should return…"。按語法（syntax）來說，to me 應在 return 之後出現，上述的英語翻譯，是依照原文的次序，強調「向我」。
43. Lundbom, *Jeremiah 1～20,* 329.
44. 參 YLT：tillage，又參"נִיר (*nîr*)," *BDB*, 644—"fallow ground"。
45. R. K. Harrison, "Lion," *ISBE 2* (Grand Rapids: Eerdmans, 1986）, 141.
46. Lundbom, "Glossary of Rhetorical Terms," in *Jeremiah 37～52,* 588—"dialogue."
47. Lundbom, *Jeremiah 1～20,* 361.
48. "עָגַב (*ʿāḡaḇ*)," *BDB*, 721—"lust after."
49. 在耶利米蒙召作先知時，亞述走向衰微，最後被巴比倫所滅（參本書第二章）。以西結書中的亞述人已在巴比倫的統治下生活，所謂巴比倫人就是包括幼發拉底河和底格里斯河上游的亞述人和下游的迦勒底人（結二十三 23）。
50. 唐佑之：《耶利米書（卷上）》，天道聖經註釋（香港：天道書樓，2016），頁 173。
51. 唐佑之：《耶利米書（卷上）》，頁 178。
52. "עָבַר (*ʿāḇar*)," *BDB*, 716—"pass over."
53. E. A. Martens,"מָנַע (*mänaʿ*)," *NIDOTTE* 2: 991；參 NIV 和 NRSV："…your sins have deprived you of good"。
54. R. Youngblood, "רָדָה (*rāḏâ*)," *NIDOTTE* 3:1056—"the priests in Jer 5:31 are doing the opposite of what they are supposed to do so." 這字在《和修版》譯作「把權柄抓」，但這字在這裏應譯作「濫權」。
55. J. M. Henderson, "Jeremiah 2～10 as a Unified Literary Composition: Evidence of Dramatic Portrayal and Narrative Progression," in *Uprooting and Planting: Essays on Jeremiah for Leslie Allen*, ed. J. Goldingay (London: T & T Clark, 2007）, 146.
56. Lundbom, "Glossary of Rhetorical Terms," in *Jeremiah 37～52,* 591.
57. " כִּי (*kî*)," *HALOT*, 470—"certainly, indeed."
58. "מַרְגּוֹעַ (*marigôʿa*)," *BDB*, 921—"rest."
59. "שַׁבָּת (*šabbāṯ*)," *BDB*, 992.
60. Lundbom, *Jeremiah 1～20,* 436.
61. "דֶּרֶךְ (*dęreḵ*)," *HALOT*, 232—"way, manner, custom, behaviour."

62. "בָּחוֹן (*bāḥôn*)," *HOL*, 45— "gold-tester."
63. "בְּ (*b^e*)," *HALOT*, 105—"near, in." 英譯本 CEB 在七章 2 節的翻譯是"Stand **near** the gate of the LORD's temple..."，在二十六章 2 節的翻譯是"Stand in the temple courtyard ..."。
64. W. Brueggemann, *The Theology of the Book of Jeremiah*, ed. B. A. Strawn and P. D. Miller, Old Testament Theology (New York: Cambridge University Press, 2007), 67～70.
65. "נָצַל (*nāṣal*)," *BDB*, 664—"be delivered." 這字出現在耶利米書四十二章 11 節，《新譯本》將之譯為「搭救」，而《和修版》則譯為「拯救」。
66. "פָּגַע (*pāga'*)," *HOL*, 287—"put pressure on someone, urge strongly on."
67. "כִּי (*kî*)," *HALOT*, 470—"indeed."
68. Lundbom, *Jeremiah 1～20,* 453, 492.
69. 七章 30 節的第一個字是 כִּי，《新譯本》將之譯為「因為」，《和修版》及《和合本》均沒有翻譯這字。
70. Lundbom, *Jeremiah 1～20,* 492.
71. Lundbom, *Jeremiah 1～20,* 490.
72. Lundbom, *Jeremiah 1～20,* 495.
73. "שׁוּב (*šûḇ*)," *BDB*, 996—"turn back, return."
74. "מְשׁוּבָה (*m^ešûḇâ*)," *BDB*, 1000— "turning back, apostasy."
75. Lundbom, *Jeremiah 1～20,* 87—"catchwords (and catchphrases, etc) represent an association technique that was doubtless the rhetorical tradition shared by prophet and scribe."
76. Lundbom, "Rhetorical Criticism," xli (page in Preface)—"They (catchwords, catchphrases, etc) are used to connect originally independent literary units in the Bible"
77. "מַבְלִיגִית (*maḇilîgîṯ*)," *BDB*, 114—"smiling, cheerfulness."
78. Arnold et al., *A Guide to Biblical Hebrew Syntax*, 123.
79. Arnold et al., *A Guide to Biblical Hebrew Syntax*, 121.
80. 在希伯來文，同一個介詞在同一句內可有不同的理解，參 Arnold et al., *A Guide to Biblical Hebrew Syntax*, 117—"Far be it **from** me (לִי), because of the Lord, to do this thing **against** my lord (לַאדֹנִי)." (1 Sam 24:6)。在上述例子，同一個介詞 לְ（*l^e*）分別譯作 from 和 against。
81. 在原文，每一節都有有標誌半節的記號（Atnah），這記號位於這節的第三個希伯來字，破壞了上述的平行句。其實半節的標記是後世的文士加入經文，這裏的標記有可能是錯的。若它的位置改在在這節第四個希伯來字，就不會破壞上述的平行句。參 Lundbom, *Jeremiah 1～20,* 530～531。
82. "קָצִיר (*qāṣîr*)," *BDB*, 894—"harvest."
83. "קַיִץ (*qayiṣ*)," *BDB*, 884—"summer-fruit."
84. Lundbom, *Jeremiah 1～20,* 532—"The point is that the entire harvesting season—early and late—is past."
85. "שָׁבַר (*šāḇar*)," *BDB*, 990—"break, destroy."
86. 借喻的例子是以賽亞書十一章 6 節：「野狼必與小綿羊同住，豹子與小山羊同臥；少壯獅子、牛犢和肥畜同群；孩童要牽引牠們。」這節經文不是指動物世界，而是有世界和平的意思。借喻（implication）比暗喻（metaphor）更不露出比喻的痕迹，因此借喻容易令讀者誤解經文。
87. "יָדַע (*yāḏa'*)," *HALOT*, 391—"to know someone (personally)."
88. "לַעֲנָה (*la'^anâ*)," *HALOT*, 533—"wormwood, yielding an extremely bitter oil."
89. "גָּבַר (*gāḇar*)," *BDB*, 149.
90. "גִּבּוֹר (*gibbôr*)," *BDB*, 150.

91. "אֶרֶץ (*'ęręṣ*)," *BDB*, 75.
92. Lundbom, *Jeremiah 1～20,* 573～574.
93. "אַל (*'al*)," *HALOT*, 48—"prohibition."
94. G. H. Johnston, "הֶבֶל (*hębęl*)," *NIDOTTE* 1:1003.
95. C. V. Dam, "חֵלֶק (*ḥelęq*)," *NIDOTTE* 2:162.
96. M. A. Grisanti, "מָצָא (*mäcä'*)," *NIDOTTE* 2:1062—"find, learn."
97. "אַךְ (*'aḵ*)," *BDB*, 36—"in contrast to what precedes, but, yet…"
98. "שָׂכַל (*śāḵal*)," *BDB*, 968—"prosper, have success."

第六章

耶利米的三次宣告行程（十一～二十章）

6.1. 十一至二十章的結構

一至十章敍述神呼召耶利米，和差遣他所要宣告的內容。十一至二十章敍述他的三次行程。耶利米出於好意警告猶大人，但他們不聽他的警告，而且攻擊他，因此他向神申訴。學者簡潔地將這段經文歸結為一句話：「這些經文呈現一個相似的結構，就是宣告的場合、宣告審判的信息、先知受到逼迫、哀歌。」[1] 筆者基於這句說話而擴充為下列三次行程。

圖 6.1 列出耶利米每次的行程，當中可分為三個部分：第一是有關警告；第二是猶大人的回應（見灰框粗體字）；第三是耶利米向神的申訴和認信，有時包括神的回應。

第一次行程的範圍最廣，耶利米要走遍猶大各城鎮和耶路撒冷各街道。第二次的範圍縮小至首都耶路撒冷，第三次再縮小到耶路撒冷城西南面的欣嫩子谷。[2] 範圍縮小的另一種說法，就是聚焦在欣嫩子谷的陀斐特，這是猶大人將子女經火獻給偶像的祭壇，這背道和殘忍的行為是神所憎惡的（申十八 10～12）。

	第一次行程（十一 1～十七 18）	第二次行程（十七 19～十八 23）	第三次行程（十九 1～二十 18）
時代背景	約西亞時代	約雅敬第一年	約雅敬第一年
耶利米在不同地點宣告警告	在猶大各城鎮和耶路撒冷各街道[3]（十一 6）	在耶路撒冷的各城門口（十七 19）	在欣嫩子谷、哈珥西的門口（十九 2）
鑰字	「盟約」出現五次（十一 2、3、6、8、10）	「安息日」出現七次(十七 21、22x2、24x2、27x2）	「陀斐特」出現五次(十九 6、11、12、13、14）
人不聽警告就會被神懲罰	未來三災：被擄、旱災、戰禍（十三 15～十五 9）	火必燒毀耶路撒冷的宮殿，不會熄滅（十七 27）	人要在陀斐特埋葬屍首，甚至無處可葬（十九 6～13）
猶大人的回應	**同鄉尋索耶利米的命（十一 21），人人咒罵他（十五 10）**	**耶路撒冷人設計謀害耶利米（十八 18、23）**	**祭司擊打先知耶利米，將他監禁在聖殿裏（二十 2）**
耶利米向神申訴和認信，有時包括神的回應	第一次申訴和回應 上半部分（十一 18～23） 下半部分（十二 1～17） 第二次申訴和回應 上半部分（十五 10～18） 下半部分（十五 19～21） 結語：耶利米的認信（十六 16～十七 18）	第三次申訴 （十八 18～22），其後有耶利米的認信（十八 23）	第四次申訴 （二十 7～10 和 14～18），當中有耶利米的認信(二十 11～13）

圖 6.1：耶利米於十一至二十章的三次行程

上文交代了行程的地點，下文交代行程的時代背景。約西亞在聖殿發現約書之後，他帶領人民與神立約（王下二十三 3），耶利米第一次行程的宣告主題就是譴責猶大人背約（參下文）。上述兩件事情的時代背景相若。約西亞十二年開始宗教改革，十八年發現律法書後就帶領人民與神立約。耶利米在約西亞十三年蒙召作先知(耶一 2）。當時他尚年幼，而且他要先聆聽神諭，又可能需要一些準備工夫後才開始宣告行程。[4]

約西亞在位的時候大力推動宗教改革，耶利米不需要在朝廷發揮先知的角色，而是在猶大各城鎮和耶路撒冷各街道宣告警告的信息（十一 6）。

另一時代背景的指標是十七章 21 節至 27 節，這段經文指責猶大人在安息日挑擔子進入耶路撒冷的各城門。當約西亞在位時，他必定下令人民嚴守安息日，正如尼希米禁止人民在安息日進城買賣（尼十三 15～21）。由此可見，第二次行程的背景不可能在約西亞時代。由於第二次行程在第三次時間之前，所以第二次行程的時代背景應是在約雅敬第一年內發生（參下文的簡述，詳可參十九 14～15 的評註）。

還有一個指標是，十九和二十章的背景應是約雅敬王第一年，原因如下：耶利米在欣嫩子谷宣告神諭（十九 1～13），然後到聖殿宣告神諭（十九 14～15），巴施戶珥把他枷鎖在聖殿裏，在第二天就釋放他（二十 1～6）。他被釋放後就到聖殿宣告神諭（七 1～15）。他很快就被捕和受審（二十六 1～19），最後官員亞希甘保護他（二十六 24）。本章有關這兩章的評註將作出詳細的討論。

6.2. 十一至二十章的評註

6.2.1. 第一次行程：在全國各城宣告（十一 1～十七 18）

6.2.1.1. 宣告的主題：譴責背約（十一 1～17）

十一章 1～13 節 6 和 9 節皆出現「耶和華又對我說」（《新譯本》的翻譯），即是神吩咐耶利米向猶大人發出這段神諭。圖 6.1 指出這段經文的鑰字是「盟約」，而這盟約的關係，就是猶大人作耶和華的子民，耶和華作他們的神（4～5 節）。這約是神帶領以色列人出埃及之後在西奈山訂立的。以色列人世代都要遵守神的誡命，否則神使這約中一切咒詛臨到他們（8 和 11 節）。申命記二十八章詳列各種福禍，三十章 15 至 20 節指出愛神和遵守祂的命令是關乎生死禍福，也關乎整個民族是否被神趕出應許之地。

這段經文一再強調猶大人要聽從神的話（2、4、6、7 節），但他們刻意地拒絕聽從（9 節），繼續拜偶像，這些罪是違約的（10 節）。當時的猶大人不能推卸責任，認為西奈山的約是神與他們的先祖訂立的，與他們無關。事實上，在約西亞十八年，約西亞派人維修聖殿時，發現律法書（代下三十四 8～18），然後這律法書被輾轉交到王的手裏。約西亞在聖殿裏聚集人民，將律法書讀給人民聽，並且帶領人民在神面前重新立約（王下二十三 2～3）。當時的猶大人都有參與立約，不能說西奈的約與他們無關。

神應許迦南地給亞伯蘭和他的後裔（創十五 7、18～21）。當以色列人進入迦南居住之前，神藉摩西重複地提醒以色列人要遵守西奈山的約，最基本的條件就是守十誡，否則他們必不能長久地居住在應許之地（申四 26、三十 18）。正如租客若不交租，便會被業主趕出屋外。猶大人若不遵守神的吩咐，他們就會被趕出應許之地。

十一章 5 節的第一句應譯作：「我好履行向你們列祖所起誓的誓言」。「誓」在原文出現兩次：一次是動詞，另一次是名詞。更重要的是，神用起誓的儀式去設立祂和亞伯蘭的約（參創十五 9～10、18；申七 8）。另一方面，新約是耶穌用祂的血所設立的。不論舊約和新約，神都隆重其事地立約，但以色列人和基督徒是否輕易地違約呢？

基督徒受洗前要公開表示自己願意受洗歸入基督，這行動的意義就是舊我死新我生，新我要學像基督（羅六 3～4）。當人離棄神，或者長期犯罪（來十 26～29），就違背受洗時的諾言，結果是人會面對大禍，甚至死亡；人若不浪子回頭，就要面對下文的結果。

十一章 14～17 節　14 節下半部分明言，神必不聽猶大人的祈禱，15 至 17 節交代詳細的原因。筆者先要指出 15 至 16 這兩節突然轉變為詩歌體裁（參下圖 6.2），目的是要表達強烈的情感。[5] 由散文轉為詩歌是要表達強烈的情感。

15 節有不同的翻譯，筆者需要重新翻譯這節，並按原文分成以下三行。[6] 下文來自希伯來文聖經 *BHS* 的耶利米書十一章 14 至 15

節。14 節使用散文的體裁，15 節使用詩歌的體裁（下圖 6.2 的最下三行）。希伯來詩歌採用平行句，而且不會用盡每行的空間。

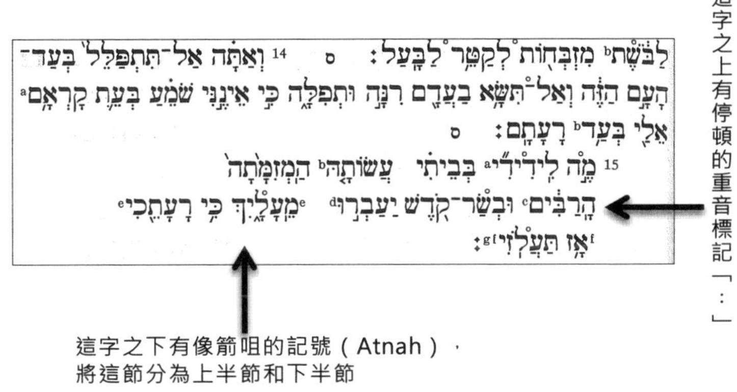
לַבֹּשֶׁת מִזְבְּחוֹת לְקַטֵּר לַבָּעַל׃ ס 14 וְאַתָּה אַל־תִּתְפַּלֵּל בְּעַד־
הָעָם הַזֶּה וְאַל־תִּשָּׂא בַעֲדָם רִנָּה וּתְפִלָּה כִּי אֵינֶנִּי שֹׁמֵעַ בְּעֵת קָרְאָם
אֵלַי בְּעַד רָעָתָם׃ ס
15 מֶה לִידִידִי בְּבֵיתִי עֲשׂוֹתָהּ הַמְזִמָּתָה
הָרַבִּים וּבְשַׂר־קֹדֶשׁ יַעַבְרוּ מֵעָלָיִךְ כִּי רָעָתֵכִי
אָז תַּעֲלֹזִי׃

圖 6.2：耶利米書十一章 15 節的 BHS 版本

下列的翻譯是筆者按上列 15 節的原文分成以下三行：

我所愛的人在我的殿裏做甚麼？**她**施行**她的**惡謀！
與眾同謀嗎？**妳**將分別為聖的祭牲中飽私囊？肯定是**妳**作惡！
豈有此理，**妳**居然還歡笑！

上文第一行上半句的「我」和「我的」，是與下半句的「她」和「她的」平行。這三行的翻譯是按原文的陰性而譯作「她」和「妳」（見粗體字），指祭司和利未人的羣體。「羣體」是集體名詞，採用陰性的代名詞，[7] 正如教會被稱為基督的新娘。所以，祭司和利未人的羣體被稱為「她」是不足為怪的。「我所愛的人」的上下文顯示出這稱呼帶有諷刺的意味，暗示自己的親信（指祭司和利未人）竟然監守自盜。

《和修版》在這節的翻譯「多設惡謀」來自兩個希伯來字：第一是 **הָרַבִּים**（即是「多」），第二是 **הַמְזִמָּתָה**（NIV 譯作 “her evil schemes”，即是「她的惡謀」）。前者是陽性，後者是陰性，兩者並不相配，[8] 所以上述兩個字不可合譯為「多設惡謀」。

此外，הָרַבִּים（「多」）在 15 節的第二行出現（上文箭咀指的第一個希伯來字），第二個字 הַמְזִמָּתָה（「她的惡謀」）在 15 節第一行的結尾出現，所以這兩個字不可合譯為「多設惡謀」。筆者在上文的翻譯「……她的惡謀！與眾同謀？」是分為兩句而不是同一句的。筆者將 הָרַבִּים 譯作「與眾」而不是「多」（參 NIV）。另一方面，筆者補上「同謀」，這是延續上一句「她的惡謀」。

15 節的第一個字是 מָה，[9] 《新譯本》譯作「甚麼資格？」原文並沒有「資格」，這希伯來字的重點是發出提問（參 YLT）。這發問引伸到第二行的第一個字： הָרַבִּים 這希伯來字之上有一個小冒號「：」，這是重音標記（Zaqap Parvum），用作停頓和分割句子的記號，筆者將這字譯作「與眾同謀嗎？」[10]

第二行的「分別為聖的祭牲」是指燔祭的祭牲，必須全然燒給神（利一 9）。第一行的「惡謀」可能是七章 21 節所指的「你們要將燔祭加在你們的祭物上，又要吃肉」，意思是燔祭被祭司和利未人據為己有。這行「妳將分別為聖的祭牲中飽私囊」是意譯，此句的原文直譯是「聖肉在妳那裏有流轉出來嗎？」[11] 「流轉出來」這動詞來自希伯來字根 עבר，這字的直譯是逾越（pass over）或傳遞（pass on）。[12] 這裏意譯為「流轉」，指處理祭牲需要流經多人的工序（利一 6～9），最後應該全然焚燒獻給神，但在流轉的過程中，聖肉被祭司和利未人剋扣起來，中飽私囊。第二行「肯定」的原文是 כִּי，這字其中一個意思是「肯定」，[13] 是要表達自己所肯定的答案。

第三行「豈有此理」的原文是 אָז，可用來強調這字之後的一句話：[14] 祭司和利未人剋扣神的祭物，居然還歡笑。這裏表示神十分憤怒。

16 節描述神必定擊殺上述的祭司和利未人，正如神必定擊殺以利祭司的兩名兒子（撒上二 25），因為他們將祭牲據為己有。

17 節的範圍由神的家擴大到以色列家和猶大家，[15] 好像鏡頭由長鏡變焦到廣角鏡。不論南國和北國的人民，他們的罪行都是向巴力燒香，同樣令神發怒。即使有部分人民到聖殿獻燔祭給真神，但這些祭牲只會被祭司和利未人偷取，中飽私囊。

14 至 17 節的小結是不論聖殿內外，不論南北兩國，都是令神憤怒，不會聽他們的祈求（14 節）。這是整個民族的問題，這問題由來已久，從王國分裂成南北兩國，到耶利米時代已長達三百多年，需要徹底處理。政治和宗教的制度都需要推倒重來，先拆毀，後重建，這主題會在耶利米書重複地出現（一 10，三十一 28）。

思想問題

1. 一方面，耶利米出於愛同胞的緣故而勸告或警告他們必須悔改，另一方面，神吩咐耶利米不要為人民代求（參七 16，十一 14，十四 11），兩者是否互相矛盾？若你是耶利米，你會如何面對這矛盾？（參十四 12）
2. 一方面神吩咐耶利米向人發出警告，另一方面又禁止他為人祈禱，神是否也面對矛盾？你如何理解神的心境？

6.2.1.2. 第一次申訴及神的回應（十一 18～十二 17）

第一次行程的經文（十一 1～十七 18）太長，可細分為下列的拱形結構。[16] 上文 6.2.1.1 已討論 A，下文將要討論 B1。

A 第一次行程的開始：譴責猶大人背約（十一 1～17）
  B1 第一次申訴及神的回應（十一 18～十二 17）
  B2 第一輪象徵性行動（十三 1～14）
    C 未來三災：被擄、旱災、戰禍（十三 15～十五 9）
  B'1 第二次申訴及神的回應（十五 10～21）
  B'2 第二輪象徵性行動（十六 1～15）
A' 第一次行程的結語：神的宣告和耶利米的認信（十六 16～十七 18）

第一次申訴的上半部分

十一章 18～20 節 18 至 20 節是耶利米向神的申訴，耶利米說他像羊羔被牽到宰殺之地（19 節），他竟懵然不知。若非神把他們的陰謀指示他，他可能無辜受害（18～19 節）。雖然他沒有死去，但他要向神申訴，就是把他的案件向神陳明（20 節）。「案件」的原文 רִיב 是指在法庭的訴訟。[17] 耶利米求神主持公道，期望神在他們身上報仇（20 節），「報仇」的原文可譯為「報應」。[18] 上一句「公義審判」指神像法官那樣基於被告的罪行而作出審判，而不是原告受到傷害而報復。

有關第一次申訴上半部分的回應

十一章 21～23 節　在 22 至 23 節，神已承諾必定會為耶利米伸張公義，但他仍不感到滿足，繼續在十二章 1 至 4 節申訴。十一章 18 至 20 節和十二章 1 至 4 節不能分割為兩次申訴，應分為上下兩半部分。圖 6.3 顯示這兩部分有很大關連，它們在原文所使用的字詞有不少是字根是相同的，在表達上有時是動詞，有時是名詞，有時亦會有不同的翻譯。

	申訴的上半部分	申訴的下半部分
知道 / 認識（ידע）	十一 18、19	十二 3
宰殺 / 宰（טבח）	十一 19	十二 3
案件 / 爭辯（רִיב）	十一 20	十二 1
判斷 / 公正（שׁפט）	十一 20	十二 1 （參《新譯本》）
公義 / 義（צַדִּיק）	十一 20	十二 1
心（לֵב）	十一 20	十二 2
指明 / 看見（ראה）	十一 18、20	十二 3、4
察驗（בחן）	十一 20	十二 3

圖 6.3：十一章 18 至 20 節和十二章 1 至 4 節一些相同的字詞

第一次申訴下半部分

十二章 1～4 節　1 節的第一句，似乎想表達神在上文的回應是公義有理的，其實 1 節的「但」的原文[19] 要表達的下文才是重點：惡人的道路為甚麼亨通？所有行詭詐的人為甚麼都得享安逸？這裏的重點不單埋怨神容許惡人當道，而且埋怨神栽種惡人（十二 2）。其實神所栽種的是以色列這個民族（十一 17），神並沒有栽種惡人，只是以色列人行惡而已。

4 節「他看不見我們的結局」的「他」可能指「耶利米」，即是他將會被人殺害，沒有機會看見惡人的結局。「他」也可能指「神」，即是神沒有適當地處理好人和惡人的結局。不論「他」指誰，這節都是耶利米對神的埋怨。

上文交代了第一次申訴的第一個重點，就是埋怨神為何栽種惡人，又讓這些惡人的道路亨通？下文交代第二個重點，就是耶利米發洩自己的怨氣。在十一章 19 節，耶利米將自己形容為一隻柔順的羊羔，被牽到屠宰之地；在十二章 3 節，耶利米求神把害他的人拉出來，好像將宰的羊一般，然後宰殺他們。

有些讀者可能覺得耶利米沒有愛仇敵，然而，這裏的重點是：耶利米向神傾訴心中的怨氣。我們面對神時可以宣洩怨氣，但面對人時就要控制怒氣，因為人的怒氣不能實現神的義（雅一 20）。

有關第一次申訴下半部分的回應

十二章 5～6 節　5 節中間的部分在《和合本》的翻譯是：「你在平安之地，雖然安穩」，《和修版》的翻譯是：「你在安全之地尚且會跌倒」。《新譯本》譯為：「你在平安穩妥之地，尚且跌倒」。NASB、NIV、NRSV 也譯為「跌倒」，但 ESV、NET、KJV 譯作「安穩」。其實「跌倒」的原文有兩個意思，一是「信靠」，另一是「跌倒」。[20] 根據上下文，這字的意思譯作「跌倒」比較適合，因為耶利米被同鄉言語攻擊而感到受不了，將來當他面對死亡的威脅時(三十八 26），更加受不了。

總而言之，對比後期耶利米在耶路撒冷所面對的逼迫，現時他所受的逼迫算不得甚麼。約雅敬時期的祭司和說假神諭的先知（二十六 8～11），以及西底家時期的官員（三十八 1～4），都不會像亞拿突人那樣在耶利米面前說好話，只會想殺死他（二十六 8～11，三十八 1～4）。可見神的確回應了他的埋怨，就是他現時所受的逼迫不算甚麼，他要有心理準備，將來有更厲害的攻擊。

十二章 7～9 節 7 節「我的殿宇」這片語與「我的產業」平行，「離棄」和「撇棄」也是平行的。詳細的意思在下一句表達出來：「將我心裏所親愛的交在她仇敵手中。」這些平行的經文雖然有點重複，可能令人感到累贅，但字裏行間所流露的感情是很大的傷感。

7 節「她仇敵」和 8 節「恨惡她」的「她」指「心裏所親愛的」（יְדִדוּת）和「我的產業」（נַחֲלָתִי），上述兩個希伯來字都是陰性。由 7 節的「心裏所親愛的」轉變為 8 節「恨惡她」，這裏的變化並不是指男女之間的關係由愛變恨，而是指神和人之間的情感變化。原因是猶大人對待神，就像獅子的「出聲攻擊」（8 節），又像下一節的斑鬣狗（צָבוּעַ [21]）和鷙鳥（עַיִט）聯羣結隊圍攻祂那樣。

9 節上（《和修版》）： 我的產業向我如斑點的鷙鳥，有鷙鳥在四圍攻擊她。

9 節上（重譯）： 我的產業對待我，豈不像斑鬣狗（צָבוּעַ）衝前搶食（עיט）？[22] 豈不像鷙鳥（עיט）圍攻獵物？[23]

不論是斑鬣狗抑或是鷙鳥，只要牠們其中一隻捕獲獵物，準備大快朵頤時，其他的斑鬣狗或鷙鳥都會陸續前來，結果就是一大羣斑鬣狗或鷙鳥圍繞獵物，將獵物吃光為止。這裏的意思是：神也經歷耶利米的遭遇，所以神對耶利米所面對的攻擊是感同身受的。

這段經文令耶利米知道神和他都是同路人，神能夠體會他申訴的心境。即使這段經文是神大吐苦水，但神不停留在吐苦水的階段，下述經文表達神對猶大人的審判。下文不單是神對耶利米申訴的下半部分（十二 1～4）作出回應，也回應了申訴的上半部分（十一 18～20）。

十二章 10～13 節　這段經文延續 7 節的「將我心裏所親愛的交在她仇敵手中」，10 節「許多牧人毀壞我的葡萄園」這片語令人聯想起耶利米書六章 2 至 5 節：「那秀美嬌嫩的錫安，我必剪除。牧人必引領羊羣到它那裏，在它周圍支搭帳棚……毀壞它的宮殿。」這裏指敵軍的將軍們帶領兵丁來攻打猶大（參六 3～6）。[24]

12 節「光禿的高地」的原文只是一個字（שְׁפָיִם [25]），這字在耶利米書多次出現，大多指敬拜偶像的山崗（三 2、21，七 29）。這些山崗和華人的山墳有一點相同，就是在山坡草叢之中堆開一個地台。華人的山墳是祭祖，但猶大人所堆開的地台是作為敬拜偶像的祭壇。這節的意思可指神藉敵軍將敬拜偶像的人盡行殺滅。

13 節好像是指農耕失收，但 13 節的最後一句是「因耶和華的烈怒，你們必為自己的收成感到羞愧」。這裏表達種惡因，收惡果。13 節的上半節只提及小麥（參《新譯本》）而不提及大麥，原因可能是小麥的經濟價值比大麥高，但需要更加辛苦的農耕工作，又需要較長的農耕時期。[26] 13 節也可能借小麥這個比喻，指人付出很辛苦和長期的代價，卻一無所獲。11 至 12 節所描述的戰禍令人所付出的辛勞都化為烏有，歸根究柢，都是因為人犯罪。

十二章 14～17 節　10 至 13 節的重點是，神藉列國攻擊猶大作為審判，而 14 至 17 節的重點卻是神要審判列國。這審判實在令人感到冤冤相報何時了，雖然如此，神仍為人提供出路：如果某國真的學習神子民的道路，指著神的名起誓，某國就必在神的子民中間被建立起來（16 節）。神讓耶利米不單看見神的審判臨到猶大和列國，也讓他看見神的憐憫如何臨到猶大和列國。神的回應在 5 至 13 節尚未完結，14 至 17 節延續這回應。

16 節「他們若殷勤學習我百姓的道，指著我的名起誓」這句話指出，重建的先決條件就是要學習神給予祂子民的道。若他們不學習，17 節指神必拔出那國，還要毀滅那國。

思想問題

1. 在祈禱時，你會向神傾心吐意，甚至宣洩怨氣嗎？面對人的時候，如何控制怒氣，免致自己的怒氣不能實現神的義（雅一20）？
2. 7 至 13 節讓耶利米知道神和他都是同路人，神能夠體會他申訴時的心境。14 至 17 節讓耶利米看見神的憐憫如何臨到猶大和列國。請重複閱讀 7 至 17 節，哪一節能感動你或驅使你作出立志？

6.2.1.3. 第一輪象徵性行動：腰帶和酒罈（十三 1～14）

上文已提及，第一次行程的經文（十一 1～十七 18）太長，可歸納為下列的拱形結構，上文已討論 A 和 B1，下文將要討論 B2。B2 和 B'2 的象徵性行動都令到耶利米不再停留在個人層面的申訴，他需要回到神給他的使命，再次向人羣宣告神的信息（十三 8～14）。正如神回應以利亞的申訴之後，差派他下一個任務（王上十九 15～18）。

A 第一次行程開始：譴責猶大人背約（十一 1～17）
　B1 第一次申訴及神的回應（十一 18～十二 17）
　B2 第一輪象徵性行動（十三 1～14）
　　C 未來三災：被擄、旱災、戰禍（十三 15～十五 9）
　B'1 第二次申訴及神的回應（十五 10～21）
　B'2 第二輪象徵性行動（十六 1～15）
A' 第一次行程的結語：耶利米對神的認信（十六 16～十七 18）

本段經文有兩個象徵性的行動（十三 1～11 和十三 12～14）。有關象徵性行動的經文可分為三部分：第一部分，神吩咐先知作出象徵性的行動；第二部分，先知順服地作出象徵性的行動；第三部分，神解釋象徵性行動的意義。[27] 第一和第二部分可構成視象的片段，感染力較強，[28] 令人較容易記憶。第三部分的表達方式是言語，信息比較清晰；若沒有這一部分，讀者難以明白象徵性行動的意義（十三 8～11）。[29]

即使象徵性的行動並沒有現場觀眾，後世的讀者都可閱讀這些象徵性行動的經文。在先知書內，神諭所佔的篇幅較多，象徵性的行動所佔的篇幅較少，正因為較少的原故，象徵性的行動引起讀者留意。象徵性的行動並不一定預言未來，也可描繪現時的實況，其中一個例子，就是神吩咐何西阿去愛那位離棄他的妻子，這行動象徵神仍愛那些離棄祂的以色列人。

十三章 1～11 節 4 節提及磐石，但幼發拉底河的下游是平原，沒有磐石，而幼發拉底河的上游與猶大相隔至少六百公里，這段經文指耶利米來回兩次，行程至少共二千四百公里。有些學者認為這段經文的幼發拉底（פְּרָת），是指便雅憫支派內一個名為巴拉（פָּרָה）的地方（參書十八 23）。[30] 考古學家曾在該地查證，那裏有小河和磐石。[31] 另一方面，舊約提及幼發拉底河時不單使用 פְּרָת（幼發拉底）這個字，而且大多加上一個字 נְהַר （河，可參書一 4；耶四十六 2、6、10），[32] 但這段經文的原文完全沒有提及 נְהַר（河）這字。這裏 פְּרָתָה 更可能指上述的巴拉。

7 節指上述的腰帶埋藏多日之後就破爛（שָׁחַת）了，《新譯本》將上述希伯來字譯作「腐爛」。這希伯來字在 9 節也出現，《和修版》及《新譯本》都是譯作「敗壞」。根據原文字典，這字可指因為水或潮濕而腐爛。[33]

11 節「腰帶怎樣緊貼人的腰，照樣，我也曾使以色列全家和猶大全家緊貼著我，歸我為子民，**使我**得名聲，得頌讚，得榮耀；他們卻不肯聽從。」這翻譯有需要斟酌的地方。上述經文的「使我」，在原文並沒有出現。11 節下可譯作：「使他們成為我的子民，得到名聲，得到讚賞，得到榮美；可是他們卻不聽從（參 TNK）。」上述兩個譯法的不同之處是：前者指神憑藉人皈依祂而得到名聲，得讚美，得榮耀；後者指人因為作神的子民而得到名聲，得讚美，得榮耀。

11 節的場景並不是人在敬拜中高舉神，而是人被神收納為子民。換言之，不是人高舉神，而是人被抬舉，高攀神。當人被賜予權利成為神的子民時，就有義務要聽從神的話，以免羞辱神的名。

十三章 12～14 節　這段經文與二十五章 15 至 38 節有關連：神差派耶利米從神的手中拿這杯烈怒的酒給列國喝，他們喝了就會瘋狂亂性，因為神要打發刀劍到他們中間去。耶利米要傳達神諭：「你們要喝，且要喝醉，要嘔吐，且要跌倒，不再起來，都因我使刀劍臨到你們中間。」（二十五 27）若他們不肯從耶利米的手中接過這杯來喝，他就要對他們說：「萬軍之耶和華如此說：你們一定要喝！」原因是神既在祂名下的城中先降災禍，列國也不能免受懲罰（二十五 27～29）。

由此可見，「各罈都要裝滿酒」的意思是：各罈都盛滿神的怒氣；各國各族都要喝這酒，即是被神懲罰。醉酒的人東倒西歪，意思是瘋狂亂性（二十五 16），彼此衝突（十三 14）。神要滅絕人（十三 14）；這裏的「滅絕」和上文腰帶「破爛」（十三 7），以及神必照樣「敗壞」（十三 9），希伯來原文也是同一個字（שָׁחַת）；可見這段經文與 1 至 11 節有關連，上述兩個象徵性的行動是有關係的。

思想問題

1. 有些基督徒將神當作僕役，好像阿拉丁神燈的燈神，被阿拉丁呼之則來，揮之則去。十三章 11 節的圖畫剛好相反，神將人當作腰帶緊貼祂，把人抬高。你將神當作阿拉丁神燈的燈神？還是將自己當作神的養子，言行不能羞辱神的名？
2. 《四個屬靈的定律》這小冊子指出一個重要的定律：當神不在人的心靈中作王時，人就會犯罪，生活就變得亂七八糟。十三章 12 至 14 節指醉酒的人東倒西歪，意思是瘋狂亂性（二十五 16），彼此衝突（十三 14）。你現時的生活是否因為沒有依照神的旨意行事為人而變得亂七八糟？你如何讓神在自己的心靈中作王？

6.2.1.4. 未來三災：被擄、旱災、戰禍（十三 15～十五 9）

上文 6.2.1.3 已指出十一章 1 節至十七章 18 節可歸納為一個對稱的拱形結構，下文將要討論這拱形結構的 C 部分。C 的重點是：若猶大人不聽警告，他們就要面對被擄、旱災、戰禍這三災。上文的兩個象徵性行動（十三 1～11 和十三 12～14）之後，15 至 17 節這段落將重點由兩個象徵性行動轉到三災。

十三 15～17 節 上文有關 11 節的評註已經指出，猶大人被神收納為子民，就有義務要聽從神的話，以免羞辱神的名。15 節勸告猶大人不要驕傲，反要謙卑地聽從神的說話。

16 節「榮耀」的原文 כָּבוֹד 可譯作「尊榮」（參 TNK）。上述希伯來字在箴言三章 35 節譯作「尊榮」：「智慧人必承受尊榮（כָּבוֹד）；愚昧人高升卻是羞辱。」這節將智慧人得到尊榮（honour），與愚昧人得到羞辱（dishonour）作出對比。「尊榮」對比「羞辱」，由此可見，猶大人應該聽從神的說話。

16 節「猶大人要將榮耀歸給他」這片語曾於約書亞對亞干的勸勉之中出現（見粗體字）：「我兒，我勸你**將榮耀歸給耶和華以色列的神**，在他面前認罪，將你所作的事告訴我，不要向我隱瞞。」（書七 19）根據亞干對約書亞的回應（書七 20～21），他公開地坦白認罪，所以這裏 16 節的目的是要猶大人認罪悔改。

16 節整體的意思是，若猶大人不尊榮神而認罪悔改，神就要使他們的光明變為死蔭（16 節），即是他們將要面臨下列三災的懲罰。這三災並不是在第一次行程之後立即發生，而是猶大人經過這三次行程的警告之後，仍不認罪悔改，就必受罰。

第一災：被擄（十三 18～27）

十三章 18～19 節 18 節「你要對君王和太后說」並沒有明言是哪一位君王。學者認為這裏是指約雅斤王和他的母親。[34] 列王紀下也明言在約雅斤的父親約雅敬第十一年，巴比倫攻打耶路撒冷，約雅敬死亡，約雅斤繼位只有三個月，他和母親率領羣臣出城外向巴比倫軍投降，他們都被擄去巴比倫（王下二十四 8～15）。

這段經文並不單提及王和太后，19 節也描繪整個猶大都被擄掠淨盡。19 節「尼革夫（Negev）」指南地，即是擄掠的範圍包括猶大南部的地區。敵軍由北而來攻打猶大（十三 20），不單猶大的北部被擄掠，連南部都被擄掠。如下圖 6.4 所示，約雅斤和朝臣、工匠等三千人，及勇士七千人被擄（王下二十四 13～16）。被帶往巴比倫人數最多的是約雅斤那一次被擄，而不是亡國那一次被擄。

為甚麼這裏提及王的母親？原因是約雅斤登基時只是十八歲（王下二十四 8），需要母親的指導。更重要的問題是：十三章 18 至 27 節這段經文是在哪段時期撰寫的呢？下文討論兩個可能性：第一個可能性是在約雅斤被擄之後撰寫，第二個可能性是在約雅斤被擄之前撰寫。

支持第一個可能性的經文是 18 節：「你們當自卑，坐下；因你們的王冠，就是你們華美的冠冕已經掉落了。」這節明言華美的冠冕「已經」掉落了。這說法所面對的問題是：若猶大的大部分城鎮都已被擄掠（參 19 節），就不需要作出 16 節的警告。

猶大末期年份

	約雅敬第四年	約雅敬第十一年	西底家第十一年	
公元前：	605 年	597 年	586 年	581 年
尼布甲尼撒：	第一年	第七年	第十八年	第二十三年
猶大人被擄：	但以理等人	3023 人包括約雅斤、領袖和工匠，另加七千勇士	832 人包括西底家	745 人

圖 6.4：尼布甲尼撒在位期間數次擄去猶大人的情況

支持第二個可能性的經文是十三章 18 至 27 節，這段經文是在約雅斤被擄之前撰寫的。這可能性所面對的困難是：18 節明言華美的冠冕「已經」掉落了。這難題的答案是：希伯來文動詞的完成時態（perfect tense）不一定用來形容已成過去的事，也可作為一種修辭方式去表達將來必定會發生的事。[35] 王和母后的冠冕尚未掉落，被擄的事尚未發生，但經文將這些事的景象描繪得栩栩如生，好像已經發生，目的是要加強感染力，令當時的人悔改。

筆者認為上述第二個可能性比較合理，18 至 27 節是在約雅斤被擄之前撰寫，是神藉耶利米發出警告：神尚未使黑暗來臨，猶大人要將尊榮歸給神，否則神要使他們的光明變為死蔭，猶大王和母后的冠冕必然掉落，被擄的事必然發生。

十三章 20～21 節 20 節的上半句「從北方來的人」是指巴比倫軍隊。「引以為榮」之中「榮」的原文 תִּפְאָרָה 在十三章出現三次。第一次用來形容以色列全家和猶大全家被收納為神的子民後，他們得榮耀（11 節）。第二次用來形容君王和太后頭上的冠冕為華美（18 節）。第三次用來形容被擄的子民（20 節），就是朝臣、工匠，和戰士。他們是當時猶大人的精英，被百姓引以為榮的人物。現今他們被擄，而且是為數一萬人（王下二十四 13～16），從此國家就變得沒有政治領袖，百姓也失去巧手工匠的服務。這些大問題不是只維持一兩個月，也不是一兩年就可以解決。這些問題長期地困擾猶大人。

21 節的「耶和華立你自己所教導的盟友」可能是指希西家作王時，[36] 他將國家寶庫內的金銀和武器庫內的軍器給當時的盟友巴比倫的使者看。當時的巴比倫並不強大，神已藉以賽亞預言這些財富和軍備都會被擄掠到巴比倫（賽三十九 1～7）。這裏 21 節「立他們為頭來轄制你」的意思是預言猶大亡國後，猶大人被巴比倫人所轄制。

十三章 22～27 節 22 和 26 節的「下襬」是指長袍的下面部分，被牽起之後就是內褲或下體。22 節「腳跟受傷」是委婉的寫法（參申二十三 30），表示下體受傷，指北國以色列因敬拜偶像而亡國。

不論北國的以色列人或南國的猶大人，他們原是神的子民，但他們都先後敬拜偶像，好像淫婦一樣（27 節）。他們的本質是善於行惡，這本質是改變不了，好像花豹不能改變牠的斑點（23 節）。

神對不忠的子民所施行的懲罰是國破家亡，人民被擄（20 節）。

第二災：旱災（十四 1～12）

十四章 1～6 節　1 節明言將有旱災，2 至 6 節描繪旱災的嚴重情況，童僕來到儲水池，但找不到水（3 節），因為沒有雨水，土地乾裂（4 節）。猶大地甚少河流，若沒有雨水，就會寸草不生。因為沒有青草，母鹿丟棄小鹿（5 節），野驢像野狗喘著氣（6 節）。這次旱災的災情嚴重，但聖經沒有提供任何歷史的資料，讀者無從考究這次旱災在哪時發生。在何時發生並不是重點，重要的是在於表達災情縱使嚴重，但人民仍沒有向神認罪和祈求（10～11 節）。

十四章 7～9 節　有些學者認為這數節是人民向神認罪，[37] 但上下文並沒有顯示人民認罪。另一方面，其他經文顯示領袖代表人民向神認罪，如但以理（但九 3～5）、以斯拉（拉九 6～7），以及尼希米（尼一 4～9），他們在單獨祈禱時，使用「我們」以顯示自己代表人民向神認罪。由此可見，7 節「我們本是多次背道，得罪了你」這句話只是耶利米視自己是人民當中一分子，代表人民向神認罪。[38]

耶利米在 8 至 9 節以埋怨為開始，以代求為結束。其實埋怨的背後也是一種訴求，正如女友埋怨男友忙於工作而沒有花時間陪伴她，埋怨的背後就是期望男友陪伴自己。當然，太多的埋怨並不是好事，因為埋怨也令自己的心理不健康。

十四章 10～12 節　9 節「離開」（נוּחַ[39]）與 10 節「遊蕩」（נוּעַ[40]）在原文的發音是差不多的，這令人將這兩節連結起來。上述 9 節的希伯來字 נוּחַ 也可譯作「離棄」（參《新譯本》）。在 9 節，耶利米求神不要離開或離棄（נוּחַ）猶大人，但神在 10 節的回應是猶大人喜愛遊蕩（נוּעַ），正如浪子決定在外面流蕩，問題在於浪子離棄父親，而不是父親離棄（נוּחַ）兒子。

另一方面，在 11 節神吩咐耶利米不要為人民代求，這是神第三次吩咐耶利米不要為人民代求。第一次在七章 16 節，第二次在十一章 14 節。12 節交代其原因，指出即使猶大人禁食和獻上燔祭和素祭，神也不會聽他們的呼求，這些表面的行為不等於內心的懺悔。

第三災：戰禍（十四 13～十五 9）

十四章 13～18 節 這段經文似乎是突然轉到說假預言的先知身上，事實上這不算突然，這是由 12 節下半句的「刀劍、饑荒」轉到 13 節說假神諭的先知所應許的平安，其實一點都不平安。「刀劍、饑荒」在這段經文多次出現（13、15、16 節），好像神咬牙切齒地要殺死這些先知和聽從他們的百姓，但 17 至 18 節顯示神的心境是「打在兒身，痛在母心」。

17 節「少女——我百姓」這翻譯太簡化，原文 בְּתוּלַת בַּת־עַמִּי 的直譯是「處女，我百姓的女兒」，意譯是「我的百姓，親愛的兒女」（參 NET）。戰爭尚未來臨，神的眼淚已日夜不停地直流，大義滅親的代價是無盡的眼淚，悲慘的結果是早已預期的，但悲痛卻不會因為早有心理準備而有絲毫的減少。

18 節「先知和祭司也在各地往來經商」令人提出疑問：為何宗教領袖經商？其實原文沒有「經商」。《新譯本》譯作「連先知和祭司也流亡到他們素不認識的地方」，這翻譯比較貼近原文。

十四章 19～22 節 耶利米再次代表人民向神認罪（參 7 和 20 節），但猶大人的懺悔並沒有在上下文出現，甚至在耶利米書全卷書也沒有出現過。即使耶利米的代求多次出現，但當事人必定要親自懺悔和求神赦免，別人不能代替當事人認罪。

十五章 1～9 節 這裏只提及摩西和撒母耳的代求，原因並不是他們的代求特別有果效，而是舊約多次提及他們為人民或王代求（出三十二～三十三；民十六，二十一；撒上七，十二，十五 11）。他們是代禱者的典範。縱使他們為猶大人代求是沒有用的，暗示猶大人無可救藥。

1 節「你把他們從我眼前趕出」這句有翻譯上的問題。神與耶利米對話之時，人民並沒有出現，耶利米無從趕他們出去。「趕出」的原文 שָׁלַח 可譯作「讓……離開」(dismiss)，[41] 這字在出埃及記多次出現，就是摩西多次（出五 1，七 16，八 1，九 1、13）向埃及法老傳達神的吩咐：「讓我的百姓離開（שַׁלַּח）」（參 NIV、NRSV、NASB：let my people go.）。這裏是神吩咐耶利米不要像法老抓住以色列人那樣不肯放手。換言之，神吩咐他不要堅持為人民代禱。

2 節「如果猶大人問去哪裏？」是一個修辭性的表達方式。這問題的回應是要叫他們去死吧！被擄吧！

1 至 9 節這段經文是有進展性的：2 節包括死亡和被擄，3 節聚焦在死亡的屍體被吃掉，8 節聚焦在死者的母親，場面愈來愈令人傷感。8 節「他們的寡婦在我面前比海沙更多」和 9 節「生過七個孩子的婦人衰弱」都是描繪戰火所帶來的悲痛場面。「尚在白晝，太陽忽然落下」這句指母親的內心世界已變得昏暗無光。

其實戰火尚未來臨，但經文的描繪卻是栩栩如生，令人感受到戰爭所帶來的悲情，目的並不是要賺人熱淚，而是想令人悔改。不單勸勉當時的猶大人早日悔改，也令被擄時期的猶大人知所警惕。

思想問題

1. 基督徒仍會被罪惡奴役。罪惡不單指違法的罪行，也指憎恨、妒忌等，令到信徒的心靈受到奴役和折磨。你需要為哪種奴役的罪向神認罪呢？你不單止要認罪，也要求神幫助你從罪惡的捆綁中釋放出來。
2. 有人的地方就有人的煩惱，罪破壞人與人的關係。請想想你與哪些人的關係緊張，甚至敵對？你需要為此認罪嗎？你需要求神幫助你改善與人的關係嗎？

6.2.1.5. 第二次申訴及神的回應　（十五 10～21）

第一次行程（十一 1～十七 18）可歸納為下列的拱形結構，上文已討論 A、B1、B2 和 C，下文將要討論 B’1 和 B’2。

A　第一次行程的開始：譴責猶大人背約（十一 1～17）

B1 第一次申訴及神的回應（十一 18～十二 17）

B2 第一輪象徵性行動（十三 1～14）

C 未來三災：被擄、旱災、戰禍（十三 15～十五 9）

B'1 第二次申訴及神的回應（十五 10～21）

B'2 第二輪象徵性行動（十六 1～15）

A' 第一次行程的結語：神的宣告和耶利米的認信（十六 16～十七 18）

第二次申訴的上半部分

十五章 10 節 耶利米形容自己與全地相爭相鬥，像被千夫所指。耶利米申訴自己從沒有借錢給人，也沒有向人借錢，可是人人都咒罵他。若債主定意追債，他可能會不擇手段地逼害欠債的人（王下四 1；太十八 21～34）。耶利米引用欠債的比喻表達自己在全國宣告警告的信息，惹來人民敵對他，甚至逼害他（參 15 節）。

有關第二次申訴上半部分的回應

十五章 11 節 筆者首先要指出《和合本》a 句譯作「堅固」的原文應譯作「釋放」。[42]《和修版》已修訂為「釋放」。11 節分為下列 a 句和 b 句，在原文這兩句都以 אִם־לֹא（這片語的意思是「必定」）作為起首。英譯本大多以「必定（surely）」為起首，但中譯因文法的緣故而沒有將「必定」放置在起首。基於上述原因，a 句應該與 b 句平行，但 a 句「使你得福氣」與 b 句「使仇敵央求你」兩者不像平行。下文將處理這問題。

11 節 a 耶和華說：「我必定釋放你，使你得福氣。

11 節 b 災禍苦難來臨時，我必使仇敵央求你。」

上述問題的主因是「央求」這翻譯需要修訂。「央求」的原文意思是「見面」，可指遇見（出五 20，二十三 4）或刻意的見面。若是刻意的見面，可能是追捕或殺害（書二 16；撒上二十二 17）；也可能是看顧（創三十二 1；賽六十四 5）或者請求（伯二十一 15；

賽五十三 12）等。[43] 筆者認為這裏應譯作「看顧」，原因是基於下述的經文記載。

耶路撒冷被攻陷後，巴比倫將領打發人把耶利米從衛兵的院子裏提出來（三十九 14），又建議他住在巴比倫所立的省長基大利那裏（四十 5），又給他糧食（四十 5）。這是因為耶利米在亡國前已鼓吹猶大人向巴比倫人投降，以致巴比倫認為耶利米是支持他們的人，所以他們看顧耶利米。

11 節「仇敵」的原文有定冠詞（definite article），應譯作「那仇敵」。[44]「那仇敵」可能是 10 節所指的那些咒詛耶利米的猶大人，但在耶利米書，猶大人並沒有央求過耶利米。惟一的例外是約哈難等將領帶領猶大人央求耶利米（四十二 1～3），但約哈難等將領並不是耶利米的仇敵（四十 13～15）。另一方面，耶利米書的「仇敵」大多指攻擊猶大的敵軍（參本書第四章 4.1.4.1），而且「災禍」和「苦難」都是指神降災給猶大人（參二 28，十一 12，十四 8 等），而不是指猶大人對耶利米的逼迫。

11 節「使你得福氣」的原文意思並不是指「福氣」，而是「美善」。原文並沒有指明「美善」單是「為你」（參 NIV）。耶利米得到釋放，不單為他的好處，也為了猶大人的好處，他們可以藉耶利米求問神（四十二 1～3）。

根據上述的解釋，筆者重譯如下：

11 節 a　耶和華說：「我必釋放你，這是美善的，

11 節 b　在災禍的時期，在苦難的時期，我必使那仇敵看顧你。」

十五章 12～14 節　12 節 מִצָּפוֹן（從北方）這個字在耶利米書多次出現，大多指災禍或毀滅從北方而來（一 14，四 6，六 1，十三 20 等）。另一方面，二十八章 13 至 14 節指哈拿尼雅折斷了木軛，卻換來了鐵軛，神要把鐵軛套在這些國家的頸項上，使他們服事巴比倫王尼布甲尼撒。「折斷」和「鐵」在二十八章 13 至 14 節出現，也在十五章 12 節出現。筆者的結論是，這裏指猶大人不能折

斷從北方而來的鐵軛。

11 節的「你」是指耶利米，但 13 至 14 節的「你們」和「你」是指猶大人，「你」和「你們」在 13 至 14 節交替使用，舊約其他經文也是這樣交替使用（參申九 7；詩一〇四 35 [45]）。

14 節「我要使你的仇敵過去，到你所不認識的地方」這句是指仇敵到猶大所不認識的地方，令人莫名奇妙。筆者根據原文作出以下解釋。14 節第一個字 וְהַעֲבַרְתִּי（我使……經過）也在以西結書二十章 37 節出現過，那裏的翻譯是：「我要使你們從杖下經過」。耶利米書十五章 14 節也可作出類似的翻譯「我必使你的仇敵在土地經過」。上述兩節的第一句有下列相同的結構：

	主詞+動詞+直接受詞	其他字詞
結二十 37	我使你們經過	從杖下
耶十五 14	我使你的仇敵經過	在土地

圖 6.5：同一原文在以西結書二十一章 37 節和耶利米書十五章 14 節中的翻譯

根據上文的解釋，筆者重譯如下：

14 節　我必使你的仇敵在土地經過，這是你沒有經歷過的，
　　　因為我的怒火燃燒起來，要燒滅你們。

上述的重譯將《和修版》的「到你所不認識的」更改為「這是你沒有經歷過的」，「認識」的原文可譯作「經歷」（賽四十七 8）。[46] 這種「不認識」是基於猶大人未經歷過毀滅，這是指巴比倫軍所到之處，猶大的土地都變成荒涼，無人居住（四 7）。當他們經歷過後，他們才認識這位神是輕慢不得。

在 11 節，神很明顯地回應耶利米在 10 節的申訴，但 12 至 14 節的回應似乎是不明顯的。其實 12 至 14 節也是表達神會為耶利米伸冤，就是令逼害他的人遭受報應（參 15 節）。

第二次申訴的下半部分

十五章 15 節 這節「不輕易發怒」的原文可譯為「忍」（אָרֵךְ）「怒」（אַף）。上述兩個希伯來字曾出現在箴言十五章 18 節及以賽亞書四十八章 9 節，《和修版》在上述兩處經文都將這兩個希伯來字的組合譯為「忍怒」，但奇怪的是，在耶利米書十五章 15 節譯作「不輕易發怒」。筆者認為這裏應譯作「忍怒」，原因有二：一是 14 節明言神已發怒，而不是《和修版》的翻譯「不輕易發怒」。二是 15 節在原文只有一個「不」（見粗體字），這個「不」是用來祈使神不要把耶利米取去。換言之，《和修版》的第二個「不」是譯者加上去的（見劃線字）。

《和修版》：**不**要把我取去，因你<u>不</u>輕易發怒

《新譯本》：求你忍怒，**不**要取去我的性命

另一方面，上述《和修版》的「因」字，其原文可譯作「在」。[47] 14 節已明言神發怒的對象並不是耶利米，而是猶大人，可見《和修版》譯作「因」是不合理的。筆者認為 15 節下半部分可意譯為：「在你忍怒期間，求你不要讓猶大人取去我的性命」，即是在神忍怒，尚未向猶大人爆發怒氣的時期，猶大人持續地逼迫耶利米，使他面對死亡的威脅，所以耶利米求神保守他，不致死亡（參 NET）。[48]

十五章 16～18 節 耶利米聽到神說話的那一刻就歡樂（十五 16），但回到現實的處境時，他感到痛苦和受傷（十五 18）。耶利米在祭司的家庭長大，有錢可以聘請書記巴錄，又有錢購地（三十二章）；他很可能自小受人服事，現今神的差使令他由人上人變成人下人。他出於好意向人民作出警告，卻招來咒罵（十五 10），甚至逼迫（十五 15）。

上述的問題只是一些耶利米負面的感受或埋怨，但 18 節卻是他對神的控告：「難道你以詭詐待我，像流乾的河道嗎？」原文可譯作：「你肯定對我像虛假的水源，這些水源都是靠不住的」（參 NASB）。這些虛假的水源像沙漠中的海市蜃樓，[49] 不單欺騙人，

而且令人由找到水源的狂喜變成失落，好像跌落無底坑，無盡的絕望。這種經歷只會令沙漠中乾渴的人失去求生的意志，生不如死。

當猶大踏上亡國這條不歸路，逼迫耶利米的人愈來愈多。當然，神多次保存他的生命，但他面對的逼迫卻令他愈來愈痛苦。他在有生之年看不到被擄的人回歸，也看不到社會和聖殿得到重建，只有信心的眼睛才能夠幫助他穿越苦難，正如希伯來書十一章 13 節所列出的人物都是存著信心死的，雖然並沒有得著所應許的，卻從遠處觀望，且歡喜迎接。他們承認自己在地上是客旅，是寄居的。

簡而言之，18 節不單是耶利米對神的控告，而且反映他對神的信心動搖，只有信心的眼睛才能夠幫助他穿越苦難，這信心的眼睛來自人對神的認信（參二十 11～13 及二十 14～18 的評註）。

有關第二次申訴下半部分的回應

十五章 19 節　這節採用兩個「若」字去回應耶利米在 18 節的埋怨。第一個「若」帶出「你若回轉（שׁוּב），我就使你歸回（שׁוּב），站在我面前」。「回轉」和「歸回」的原文是同一個字，這字可譯作「悔改」。[50] 雖然耶利米是先知，但他有時會犯錯或軟弱，他需要悔改，才可繼續事奉。下文粗體的字詞指耶利米悔改後可以繼續作先知，代神發言。

19 節 b　你若回轉，我就使你歸回，**站在我面前**。

19 節 c　你若能將寶物和無用之物分別出來，**你就可以當作我的口**。

第一個「若」是指悔改（19 節 b），第二個「若」也是指悔改（參上文）。《和修版》將 19 節 c 譯為：「你若能將寶物和無用之物分別出來」，這說法實在令人感到莫名奇妙，但《新譯本》將這句譯為：「如果你說寶貴的話，不說無價值的話」，這翻譯更加符合上下文的意思，而且符合原文的意思。[51]

第二個「若」的結果是「你就可以當作我的口」，即是可以繼續作先知，代神向人民發言。若耶利米繼續說埋怨神的話（十五 18），他就不可作先知。由此可見，他要在言語上悔改，正如以弗所書四章 29 節的吩咐：「一句壞話也不可出口，只要隨著需要說造就人的好話，讓聽見的人得益處。」

19 節的最後一句：「他們必歸向你，你卻不可歸向他們。」這句是神給予耶利米的忠告，他不能被人民的惡行影響自己，反而是人民要跟著他走神的路。換言之，他要注目看神而不是看人。

十五章 20～21 節　20 節和一章 19 節的字詞是幾乎相同的，讀者可參考一章 19 節的評註。筆者在此要指出，這兩節合共用了四次有關「救」的動詞，如 20 節「拯救」和「搭救」；21 節「搭救」和「救贖」。由此可見，這裏強調神的拯救，目的是要令耶利米減少憂慮，增加信心。沒有信心的人會經常憂慮。

思想問題

1. 在受苦的日子，靈修令筆者可以暫時放下痛苦的感覺，而且享受經文所帶來的甘甜。請重複閱讀 16 節，這節給你甚麼提醒？
2. 潛水員背負氧氣筒，可以在深海活動一段時間，他需要按時回到水面補充氧氣或更換氧氣筒。同樣，每天的靈修令筆者得到屬靈的充電，心靈得到神的加力，能夠改變負面的思想，面對挫敗時不致一沉不起。請重複閱讀 19 節，這節經文給你甚麼提醒？

6.2.1.6. 第二輪象徵性行動（十六 1～15）

上文 6.2.1.3 指出象徵性行動令耶利米不會停留在個人層面的申訴，他需要回到神給他的使命，再次向人羣宣告神的信息。正如神回應以利亞的申訴之後，差派他下一個任務（王上十九 15～18）。下文將會討論第二輪的象徵性行動（十六 1～15）。

十六章 1～13 節　這段經文的重點是：神吩咐耶利米不可娶妻

生兒，不可去喪家和喜宴之家。對現代人來說，不娶妻不生兒並沒有甚麼特別之處，但對古代的以色列人來說，這是不尋常的事。這神諭可能在耶利米已到適婚年齡時發出的。[52]

當耶利米遲遲都未婚，又不出席喪禮和喜宴時，身邊的親友就會向他發出提問，這正好提供機會給他作出解釋，指出這抉擇是基於神的吩咐。10 節指人民會追問：「耶和華為甚麼說：要降這大災禍攻擊我們呢？我們有甚麼罪孽呢？我們向耶和華我們的神犯了甚麼罪呢？」這正好提供機會給耶利米作出進一步解釋，指出這首先是基於他們的祖先離棄了神（11 節），然後指出他們行惡比你們祖先更甚（12 節）。下文將上述的象徵性行動的意義表列出來。

象徵性行動	象徵性行動的意義
不可娶妻生兒	兒女和養他們的父母都必死於致命的疾病或饑荒，或被刀劍殺死（十六 3～4）。
不可去喪家	他們必在這地死亡，不得埋葬。人必不為他們哀哭，不為他們割劃自己，也不剃光頭。有喪事，人不為他們擘餅，也不因死人安慰他們；他們喪父喪母，人也不給他們一杯酒安慰他們（十六 6～7）。
不可去喜宴	神必止息這地方歡喜和快樂的聲音、新郎和新娘的聲音（十六 9）。

圖 6.6：耶利米書十六章 1 至 13 節的象徵性行動及其意義

十六章 14～15 節　這兩節經文令上述的經文並不是以咒詛為結束。14 節的第一句是：「看哪！日子將到。」《新譯本》譯作「看哪！日子快到。」原文並沒有「快」的含義。猶大人由第一次被擄到回歸需要大約七十年時間（參本書第二章 2.2.4.1）。這兩節指人必不再指著那領以色列人從埃及地上來的永生耶和華起誓，卻要指著那領以色列人離開被擄之地的耶和華起誓。上述兩種起誓者處於不同時代，經歷也不同。這兩節的重點是：人的信仰不是從祖先而來，而是與親身經歷有關。

思想問題

1. 猶大亡國前，猶大人已經歷過希西家和約西亞這兩個王的宗教改革，以及耶利米在約雅敬和西底家時期宣告警告的信息。換言之，神已給予多次機會讓猶大人悔改。如此看來，若有人感到舊約所描述的神很嚴厲，你會如何作出回應？
2. 已婚和未婚的生活模式是不同的，有兒女和沒有兒女的生活也有不同。不論那種模式，如何在生活中經歷神的帶領和供應，這才是重點所在。請閱讀十六章 14 至 15 節，你有甚麼感受和立志呢？

6.2.1.7. 耶利米的認信（十六 16～十七 18）

第一次行程（十一 1～十七 18）可歸納為下列的拱形結構。上文已討論 A、B1、B2、C、B’1 和 B’2，下文將要討論 A’。

A 第一次行程的開始：譴責猶大人背約（十一 1～17）
　B1 第一次申訴及神的回應（十一 18～十二 17）
　B2 第一輪象徵性行動（十三 1～14）
　　C 未來三災：被擄、旱災、戰禍（十三 15～十五 9）
　B’1 第二次申訴及神的回應（十五 10～21）
　B’2 第二輪象徵性行動（十六 1～15）
A’ 第一次行程的結語：神的宣告和耶利米的認信（十六 16～十七 18）

B1 和 B’1 分別記載耶利米兩次的申訴，也記載神給他的回應。第一次宣告行程的結語是他的認信。這認信的時間不一定在第一次宣告行程結束之時，但在文字的編排上，這認信是作為第一次行程的結語。耶利米的認信是回應神的宣告，而且可分下列兩輪。

	神的宣告	耶利米的認信
第一輪	十六 16～18	十六 19～20
第二輪	十六 21～十七 11	十七 12～18

圖 6.7：神的宣告和耶利米的認信

十六章 16～18 節　16 至 18 節和 14 至 15 節明顯地有下列不同之處，所以 16 至 18 節是新段落的開始。

1. 15 節指神帶領以色列人回歸故土，即是神的恩典臨到他們；但 16 節指神差派人如漁夫和獵人那樣去捕獵以色列人，18 節更明言神報應他們。由此可見，16 至 18 節指到猶大將會亡國，而人民會被擄或被殺。
2. 14 和 15 節指以色列人向真神起誓，18 節指責他們敬拜偶像。

先知書所提及「神的日子」時，包括兩個方向，第一是懲罰（16～18 節），第二是拯救（14～15 節）。那些敬拜偶像的人必會被逐出應許之地（13 和 18 節），只有認信真神的人才能回歸應許之地（15 節）。面對上述兩個方向，耶利米的回應是：引導當時的猶大人和後世的讀者向神認信（見下文），並且要悔改，才能得到神的拯救，不致被神懲罰。

十六章 19～20 節　這段經文只有兩節，但其重要性卻不會因為篇幅簡短而減少。19 節是耶利米自己或他代表列國的人向神發出堅定的認信，下文顯示 19 節先後兩次採用一連串三個片語作為認信。

十六 19　　耶和華啊，你是（a）**我的**力量，
（b）是**我的**保障，
（c）在患難之日是**我的**避難所。
列國的人必從地極來到你這裏，說：
「我們祖先所承受的，[53] 不過是（a）虛假，
（b）是虛空
（c）無益之物。」

20 節「製造神明」這片語， 就如中國人需要出入平安，他們就會製造土地公公來敬拜，需要發財就製造財神來敬拜。亞述、巴比倫等帝國需要打勝仗，就製造戰神來拜，其實這些偶像並不是神。神的子民不應該學效列國去製造偶像來敬拜，而是要有 19 節的那種認信。

十六章 21 節　上文已討論圖 6.7 的第一輪神的宣告和人的認信，下文討論第二輪。21 節第一個字是 לָכֵן （因此），[54] 《和合本》沒有翻譯此字，而《和修版》加了「所以」。十六章 21 節至十七章 11 節都是神向人的宣告。

> 十六 21　所以，看哪，我要使他們知道（יָדַע），就是這一次使他們知道(יָדַע)我的手和我的能力。他們就知道(יָדַע)我的名是耶和華了。

上文的「知道」（יָדַע）在這節出現三次，分別帶出目的、時期和結果。這字也可串連十五章 14 節（見圖 6.8），正如十六章 19 節的「患難」（צָרָה）可串連十五章 11 節的「苦難」（צָרָה）。

	十五章	十六章
苦難 / 患難　（צָרָה）	十五 11	十六 19
認識 / 經歷 / 知道（יָדַע）	十五 14	十六 21

圖 6.8：耶利米書十五和十六章中可串連的詞語

圖 6.8 顯示，十六章 19 至 21 節串連著十五章 11 至 14 節，十六章 21 節的「這一次」，可能就是指十五章 11 至 14 節的國破家亡，人民被擄或被殺。當耶利米長期地勸告和警告都無效時，神最後要施以極刑才奏效。十六章 21 節精簡地指出重點，十七章 1 節才開始詳述。

十七章 1～4 節　1 節的「心版」是對應出埃及記三十一章 18 節的石版，神在石版上寫十誡，但猶大人卻在他們的心版上雕刻罪惡，比喻罪根在他們的心裏是根深蒂固。用現代的詞彙來說，就像賭癮一般，罪惡是一種沉溺性病態，病者靠自己是無法擺脫的。這種病態不單是在個人的層面，也在社會的層面，2 節「他們的兒女思念」表示拜偶像的惡習是一代一代地流傳下去的（參七 17～18）。

1 節「用鐵筆、用金剛石記錄的，銘刻在他們的心版」表示拜偶像的祭壇已根深蒂固，需要根治。3 至 4 節指出敬拜偶像的結果：猶大人的財物變成敵人的掠物，他們也會被逐出應許之地，根治的方式就是國破家亡，人民被擄；當人痛定思痛之後，才懂得悔改。

十七章 5～11 節 上文是有關實物的偶像，而這段經文是有關心中的偶像，包括倚靠人（5 節）和不按正道得財富（11 節）。不論是實物的偶像，或是心中的偶像，人可能認為自己所揀選的勝過神所吩咐的。有些基督徒會認為，花時間在事業上衝刺勝過花時間去崇拜和事奉，這正是一例顯示 5 節「倚靠人，以血肉為膀臂，心中離棄耶和華的」。

5 至 11 節的經文類似詩歌智慧書，例如：8 節「他必像樹栽於水旁，在河邊扎根，炎熱來到，毫不察覺，葉子仍必青翠；在乾旱之年，一無掛慮，並且結果不止。」這節令人聯想詩篇一篇 3 節：「他要像一棵樹栽在溪水旁，按時候結果子，葉子也不枯乾。凡他所做的盡都順利。」

詩篇一篇對比義人和惡人，耶利米書十七章對比倚靠神（7 節）和離棄神（5 節）。離棄神的結果是受咒詛，令人在生活上出現很多困苦，就像圖 6.9 的灌木面對沙漠的惡劣環境（6 節）。這段經文好像詩歌智慧書，這不單止是宗教上的選擇，也是務實的考慮。[55]

8 節「乾旱」（בַּצֹּרֶת）令人聯想十四章 1 節的「旱災」（בַּצָּרָה），上述兩個希伯來字的字根相同。倚靠神的人也會面對十三章 15 節至十五章 9 節提及的三災（另參 6.2.1.4），但 8 節的應許是：在乾旱之年，倚靠神的人不需掛慮，並且不斷結果子，正如主的應許：「你們要先求神的國和祂的義，這些東西都要加給你們了。所以，不要為明天憂慮，因為明天自有明天的憂慮；一天的難處一天當就夠了。」（太六 33～34）

圖 6.9：灌木面對沙漠的惡劣環境

十七章 12～13 節 上文討論神在第二輪的宣告，下文討論耶利米的回應。

12 至 13 節都是人對神的認信。12 節的「我們」，反映這認信不單來自耶利米，而且是屬神的子民應有的認信。12 節「聖所」的原文 מִקְדָּשׁ 是由動詞 קָדַשׁ（意思是分別為聖）[56] 轉為名詞，所以這名詞含有動詞的原意，其重點是聖殿的特殊性在於其分別為聖而不在於建築物。在聖殿尚未建築之前，上述希伯來名詞可指會幕（利十二 4）。即使聖殿被毀，猶大人不論被擄或留在巴勒斯坦地，神都作他們的聖所（結十一 16）。

《和修版》將「我們的聖所」放在句子的起首。其實在原文，這片語放在句子的結尾，起首的片語是「榮耀的寶座」。這節可譯作「榮耀的寶座從起初的時候是高高在上，這就是我們的聖所。」可見重點是「寶座」而不是「聖所」。當烏西亞王駕崩時，以賽亞看見神仍然坐在高高的寶座上（賽六 1）。同樣，聖殿被毀和國破家亡之時，神仍然坐在高高的寶座上；象徵在動盪時期，神仍掌權。

13 節其中有一句的翻譯需要較多斟酌：「他們必被寫（כָּתַב）在地（אֶרֶץ）裏」。這句的第一個希伯來字被譯為「寫」，但有時可譯為「名列」（詩六十九 28）或「錄在」（結十三 9）。[57] 第二個希伯來字被譯為「地」，但有時可譯為「地府」。[58] 有些英譯本將 13 節這一句譯作：「他們在地獄中被記錄」（參 NRSV）。

13 節「離棄」（עָזַב [59]）的原文也在 11 節出現，就是「到了中年，財富必離開（עָזַב）他」。13 節指離棄真神就像離棄活水的源頭，這比喻來自二章 13 節：「因為我的百姓做了兩件惡事：離棄（עָזַב）我這活水的泉源；又為自己鑿出水池，卻是破裂不能儲水的池子。」猶大地大多是山地，要在山地鑿儲水池，費時費力。若儲水池不能儲水，就是徒勞無功。這情況指有些人一生為了財富而不擇手段，到了中年，財富必離開他，最後他必成為一個愚頑人（十七 11）。

十七章 14～18 節 16 節的翻譯需要較多斟酌，這節可分為下列四部分：

16 節 a　至於我，我並沒有逃避（אוּץ）作牧人跟隨你，
16 節 b　也沒有想望（אָוָה）那災殃的日子；
16 節 c　這是你所知道的。
16 節 d　我嘴唇所出的都在你面前。

上述 c 句和 d 句的內容是平行，因為耶利米所說的話都是在神面前說的，都是神所知道的。在《和修版》的翻譯，a 句和 b 句的平行是不明顯，主要是因為 a 句和 b 句內有些字詞需要重新翻譯。a 句的 אוּץ 應譯為「催促」，[60] 而不是「逃避」。b 句「想望」這翻譯不夠貼切，應譯為「渴望」（參 NIV）。[61]

a 句另一翻譯「牧人」也需要斟酌。耶利米被神呼召時是作先知（即是神的代言人），而不是作牧人（耶一 5）。以色列的大衛王被人民認定是神差派他作王去牧養人民（撒下五 2）；而在耶利米書中，神藉耶利米多次指責王沒有作好的牧人（耶十 21，二十三 1～2，二十五 34～36，五十 6）。這些經文正正反映在耶利米時代的人

認為王是人民的牧人。

a 句「牧人」這翻譯要面對的另一問題，是在舊約，先知被稱為「守望者」（結三 17，三十三 7），舊約從來沒有稱先知為「牧人」。[62] 惟一例外是先知撒迦利亞被神差派去牧養將要被宰的羊（亞十一 4～7），但這句說話在回歸的時代出現，在耶利米死後數十年才有這觀念。

「牧人」的原文 רֹעֶה 可譯作「災難」。[63] a 句「跟隨你（after you）」的原文 אַחֲרֶיךָ 可譯作「在你背後（behind you）」；[64] 因此，a 句可譯作「我並沒有在你背後催促災難」（參 NJB）。a 句的「催促」平行 b 句的「渴望」，正如父母若渴望子女成龍或成鳳，就會催促子女讀書。子女可能對父母的催促感到厭煩，甚至逃避父母。父母不能在他們面前耳提面命，可能在他們背後作出另類的催促。根據上述的重新翻譯，a 句「催促」與 b 句「渴望」平行，a 句「災難」與 b 句「災殃的日子」平行。若 a 句譯作「牧人」，就會出現不平行。

最後要處理的問題是：「災難」的原文有一個前綴，這前綴是一個介詞 מִן（見下文 16 節 a 的希伯來字 מֵרֹעֶה 是 רֹעֶה 和 מִן 的組合字）。這介詞通常被譯為「由」或「離開」，但它也可解釋為「在」或「在那方」，[65] 也可譯作「朝向」，[66] 所以這句可譯作：「我並沒有在你背後催促災難」。

重新翻譯十七章 16 節上半節

16 節 a　至於我，我並沒有在你背後催促災難（מֵרֹעֶה），

16 節 b　也沒有渴望那災殃的日子。

重新翻譯 16 節之後，15 和 16 節之間的邏輯關係就比較容易掌握。在第一個宣告的行程，耶利米要走遍猶大各城鎮和耶路撒冷各街道（參十一 1～17 及本章 6.2.1），他向人民宣告未來的三災：被擄、旱災、戰禍（參十三 15～十五 9 及本章 6.2.1.4）。當

時尚未有任何戰禍或被擄的迹象，人民自然會向耶利米發出譏諷：「耶和華的話在哪裏呢？讓它應驗吧！」（15 節）他的回應是，強調自己沒有渴望災殃的日子，也沒有催促神降災（16 節）。追源溯始，這並不是耶利米發動災禍，而是人民敬拜偶像，招致神降災。

面對人民的譏諷，耶利米可能感到受傷害，他向神祈求：「求你醫治我，我就痊愈，拯救我，我便得救；因你是我所讚美的。」（14 節）這段經文有申訴的成分（15 和 18 節），也有認信的成分（14、16 和 17 節），這段經文一連串出現「你」去表達認信。

十七 14　因你（אָתָּה）是我所讚美的。

十七 16　這是你（אַתָּה）所知道的。我嘴唇所出的都在你面前。

十七 17　你（אַתָּה）是我的避難所。

16 節的動詞「知道」在原文的表達上已包含「你」，但這動詞之前還刻意地加上代名詞「你」（אַתָּה）作為強調（參 NASB），這表達耶利米對神的認信；認信愈堅定，人就愈有力量去抗衡環境的艱辛。

18 節的「加倍的毀壞」可能令人質疑：耶利米是否期望報復？這片語可能是回應神在十六章 18 節所宣告的「加倍報應」，「加倍」（מִשְׁנֶה）在耶利米書只出現兩次，就是在這段認信經文（十六 16～十七 18）的起首（十六 18）與結尾（十七 18）部分出現。這首尾呼應令讀者不會只停留在十七章 18 節，也會考慮十六章 18 節的意思。猶大人長期敬拜偶像，神也長期給予悔改的機會，神豈不應加倍報應嗎？若一名被告有多次犯案的案底，原告律師豈不要求法官重判被告嗎？

思想問題

1. 十七章對比倚靠神（7 節）和離棄神（5 節）。13 節指離棄真神就像離棄活水的源頭（另參二 13）。可見信靠神不單止是宗教上的選擇，也是務實的考慮。不少基督徒參加崇拜一段時期之後就離開教會，原因不一。他們是否認信神是比一切更重要？在你心目中，神是否排在第一位？
2. 十六章 19 節和十七章 14、16、17 節都強調人對神的認信，認信愈堅定，人就愈有力量去抗衡環境的艱辛。請重複閱讀上述四節，哪節經文最能感動你？

6.2.2. 第二次行程：在耶路撒冷各城門宣告(十七 19～十八 23)

圖 6.10：筆者在城北拍攝的大馬士革門

下文將會討論耶利米第二次宣告的行程（參上文圖 6.1）。第二次行程的地理範圍縮小到首都耶路撒冷的各城門（十七 19）。筆者曾沿著耶路撒冷現時舊城的城牆繞行，一個下午就可繞城一周，現時城牆的周界大約五公里。[67] 上圖是筆者在城北拍攝的大馬士革門。

現時的耶路撒冷舊城有八個城門，東南西北四個城門之外再加上另外四個，方便居民出入。估計在舊約時代的耶路撒冷城門不會太多，因為城牆比城門更堅固，敵軍的攻擊大多集中在城門。若耶利米在每個城門宣告一天，估計他的行程不用十天。若他在每個城門宣告一星期，估計他的行程不用十星期。第一次行程走遍全國，達十八年之久（參本書第二章 2.2.2.2），但第二次的行程所需的時間應該很短。

第一次行程很可能是在約西亞時期，約西亞在位時大力推動宗教改革，耶利米毋須在宮室發揮先知的角色，而是在民間宣告神諭。當約西亞王死後，繼位的約雅敬敬拜偶像（參本書 2.2.2），人民恢復敬拜偶像（耶七 9），而且在欣嫩子谷中重建陀斐特的丘壇，焚燒自己的兒女作為燔祭獻給偶像（耶七 31，十九 5）。耶利米就在這時期被神差派去耶路撒冷，展開他的第二和第三次的宣告行程。

6.2.2.1. 宣告的主題：譴責猶大人不守安息日（十七 19～27）

十七章 19～27 節 在耶利米書，只有這段經文提及安息日，而且一連七次（十七 21、22x2、24x2、27x2）。出埃及記二十章 8 至 11 節指出神在六日之內造天、地、海和其中的萬物，第七日就歇息了；所以神賜福安息日，定為聖日。在安息日，所有以色列人都不可作任何的工。十誡當中的第四誡是要記念安息日，守為聖日。由此可見，安息日的重點並不是休息和吃喝玩樂，而是每星期有一日是分別為聖，記念神和獻祭（26 節），正如基督徒每星期參加崇拜去敬拜神、感謝神、作出奉獻和事奉、認罪和悔改等等。

19、20 和 25 節「君王」是眾數，原文可譯為「王親國戚」。[68] 25 節「就必有坐大衛寶座的君王和領袖」的「寶座」是單數，但「君王」和「領袖」不能同時坐在一個座位上。「寶座」的原文可譯為「王朝」[69] 或「朝廷」，所以 25 節應被譯為「就必有王親國戚和眾領袖坐在大衛的朝廷上」。

上文不是要讀者留意「君王」這個字以眾數出現，而是要指出當時的王親國戚和眾領袖帶頭不守安息日。他們也沒有禁止人民和外族人在安息日挑擔子進城做買賣。

「挑擔子」或「挑甚麼擔子」在這段經文出現共四次（21、22、24、27 節）；挑擔子的目的，是要將貨物運入城內作買賣。尼希米書十三章 15 至 21 節說明，古代運入城的貨物就是酒、禾捆、葡萄、無花果、魚和各樣的貨物，不單在平日賣給猶大人，而且在安息日也是如此運作。省長尼希米就責備猶大的貴族，對他們說：「你們怎麼會做這惡事干犯安息日呢！」（尼十三 17 下）尼希米下一步就強制猶大人和外族人不能在安息日進城做買賣。

上述挑擔子和做買賣的情況恆常地在每一個安息日出現。當每一個猶大人都是重視自己的利益而輕視神之時，下一步就是整個民族離棄神，結果是猶大亡國（27 節），人民失去居住在應許之地的權利（25 節）。這情況就正如在某些基督教國家，有許多基督徒恆常不再參加崇拜，結果就是教堂需要出售，社會的基督教文化漸趨薄弱，道德水平一代不如一代，成為國家的咒詛。

思想問題

1. 19 至 27 節強調不守安息日是罪行。希伯來書十章 25 節也有同樣的吩咐：「不可停止聚會，好像那些停止慣了的人，倒要彼此勸勉，既然知道那日子臨近，就更當如此。」你有沒有每週參加崇拜的習慣？這對你的生命有甚麼影響？
2. 當每一個猶大人都是重視自己的利益而輕視神之時，下一步就是整個民族離棄神，結果是猶大亡國（27 節）。同樣，當家庭中每一個成員都是重視自己的利益而輕視神之時，下一步就是整個家庭都離棄神。我們可以如何幫助自己的家人更敬畏神，以神居首？

6.2.2.2. 象徵性行動：陶匠製造器皿作為比喻 （十八 1～17）

十八章 1～4 節　製造陶器的過程，首先要將一團黏泥放在轉盤上，當轉盤不斷旋轉時，陶匠用雙手將黏泥弄出不同的形狀、大小或結構，然後經過雕刻和上色，經高溫後就可將黏土變成固定形狀。在製造過程中，如果陶匠認為形狀、大小或結構不合乎自己的心意時，他就會把黏泥擰作一團，重新塑造另一個新的器皿（4 節）。

十八章 5～10 節 6 節描述神揀選和栽培以色列人的過程，若他們不合乎神的心意，神可以拆毀，然後重新製造，就如陶匠把黏泥擰作一團，重新塑造另一個新的器皿。上述的「不合乎神的心意」不是暗示神像地上的君王那麼喜怒無常，[70] 令人感到伴君如伴虎。相反，神有一貫的原則，而且在西奈山神與以色列人立約時已列明十誡的原則，只是以色列人不守這些原則。

7 至 10 節明言以色列人不能恃著神的選民這身分而隨時犯罪。不論那一個民族，只要他們棄惡從善，神就會回心轉意，將原定的災禍撤回。若他們棄善從惡，神也會回心轉意，將原定的祝福撤回。這裏不是指人偶爾犯罪或行善，而是指持久地犯罪或行善。

上述希伯來字 נִחָם 在在 8 和 10 節出現，《和合本》將這字譯作「後悔」，這翻譯令人感到神會考慮不週而作出決定，事後感到反悔。《和修版》譯作「改變心意」，這翻譯令人感到神好像三心兩意，忽是忽非。《新譯本》譯作「回心轉意」，這翻譯避免了上述的誤解，而且符合原文意思。[71]

十八章 11～12 節 11 節「捏塑」（יָצַר）與 6 節「陶匠」（יוֹצֵר）是屬於同一字根。陶匠是陶器的塑造者，同樣，神是災禍的塑造者，上述希伯來字 יָצַר 有「塑造」或「形成」的意思。[72]

下文的 a 句與 a' 句平行，這兩句的結束都是同一個字 עֲלֵיכֶם （against you），筆者將它譯為「敵對你們」。b 句與 b'句平行，b 句的「當」在原文（נָא）是帶有勸告的意思。下列 a 句和 a'句是警告，而 b 句和 b'句是勸告。勸告和警告像軟硬兼施，希望猶大人回轉，避免災難。

11 節下：

a　看哪，我捏塑（יָצַר）災禍降給你們（עֲלֵיכֶם），

a’　擬定（חָשַׁב）計謀（מַחֲשָׁבָה）敵對你們（עֲלֵיכֶם）。（這句重譯）

b　你們各人當（נָא[73]）回轉離開所行的惡道，

b’　改正你們的所作所為。

11 節指神採取警告和勸告的策略，希望猶大人回轉，但在下文 12 節的 c 句，猶大人的回應是叫神或耶利米死心，d 句和 d’句是平行句，強調他們堅持自己的計劃去繼續行惡。a’句「計謀」（מַחֲשָׁבָה）和 d 句「計謀」（מַחֲשָׁבָה）是名詞，它的原文動詞是 a’句「擬定」（חָשַׁב[74]），反映猶大人完全不將神的計劃和塑造放在心上。

12 節：

c　他們卻說：「沒有用的（נוֹאָשׁ[75]），

d　我們要照自己的計謀（מַחֲשָׁבָה）去行，

d’　各人要隨自己頑梗的惡心行事。」

十八章 13～17 節　14 節「黎巴嫩」指加利利湖以北七十公里以外的山脈，黎巴嫩山東面是黑門山（參下圖 6.11[76] 右上角）。這兩座山山頂全年都有積雪，而且有大量露水（參詩一三三 3）從山麓流下山腳，然後流到呼勒湖（或稱米倫湖，參書十一 5），再向南流入革尼撒勒湖（或稱加利利湖），再向南經約旦河流入死海。革尼撒勒湖和約旦河提供了重要的水源給以色列人。[77] 其他經文也提及從黎巴嫩山流下的溪水（歌四 15）。上述兩座山都不在以色列境內，神從遠遠的外地將水供應給祂的子民，神所供應的水更是長期和可靠的。

14 節「磐石」的原文可譯作「峭壁」[78] 或「石山」，[79]「田野的磐石」的原文可譯作「石山的斜坡」。[80] 這裏的意思是指黎巴嫩石山由山頂到之下的斜坡都有積雪，類似日本的富士山。14 節提及兩條問題：第一，黎巴嫩山上的積雪曾離開過石山頂和之下的斜坡嗎？第二，從遠處流下的涼水曾乾涸過嗎？這兩條問題都是編者刻意發出的修辭式問題，當時的讀者都知道答案是否定的。14 節的意思是指神供應水源的路徑從來沒有斷絕。

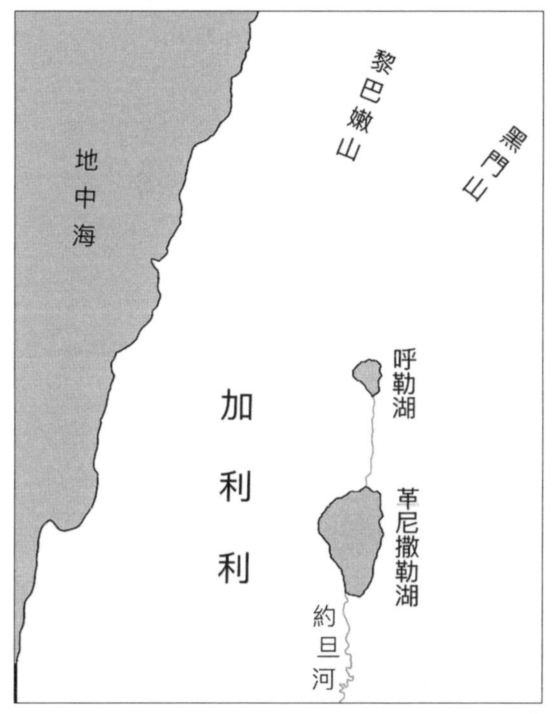

圖 6.11：黎巴嫩山東面是黑門山

14 和 15 節詳述 13 節所指的極恐怖事情。「恐怖」的原文 שַׁעֲרֻרִת 在何西阿書六章 10 節也出現過，那裏譯作「可憎」，指以法蓮的淫行令以色列被污辱了。這裏 14 節所指的，是神從遠遠的外地供應水源給祂的子民，15 節指責猶大人忘記神，向虛無的神明燒香。南國猶大人（耶十八 13～15）和北國以色列人（參何十 10）都在宗教上不忠。

上文 12 節的體裁是散文，而這段經文（13～17 節）的體裁已轉變為詩歌。有關詩歌和散文在體裁上的分別，可參本書附錄 D 的 1.1。轉用詩歌體裁的目的，是要表達強烈的情感，就是神被自己的子民所棄絕，心裏悲痛。神長期供應水源給以色列人，但他們竟然離棄神，正如子女自小被父母養育，但長大後卻遺棄父母。

15 節的「古道」與六章 16 節「古老的路」的原文相同，都是眾數，指以色列人的列祖所走的路（參六 16 的評註）：有些祖先因悖逆而被神懲罰，有些因順服而被神祝福。每一代的以色列人都要以史為鑒，在祖先的各種「古道」中揀選一條完善的路，但猶大人卻不走在其中（六 16），按著自己頑梗的惡心行事（十八 12）。

舊約的原文在每一節都有一個標記 Atnah（參十一 14～17 的評註），就是用來將經文分為上半節和下半節，這標記將 15 節分為兩半。根據下文的解釋，筆者重譯如下：

> 15 節上：我的百姓竟忘記我，向那虛無的神明燒香，
> 15 節下：它們使百姓在所行的路上絆跌，就是在眾多古道（שְׁבוּל）之中，他們選擇去行未修築的路（נְתִיבָה）

15 節的結尾有不同的翻譯，《和修版》譯作「在古道（שְׁבוּל）上絆跌，去行未修築的斜路（נְתִיבָהג）」，《新譯本》譯作「行走小路（שְׁבוּל），不是修建過的大道（נְתִיבָה）」。上述兩個希伯來字在其他經文只翻譯為「路」，沒有加上「小」、「大」或「斜」這些字。其實重點不是在於小、大或者斜，而是在於路曾否經過修築而變成安全。修築的路徑不一定是大道，也可能是小路或斜路；修路的目的是令到崎嶇變成平坦，危險變成安全。下述經文可作為上述重點的根據。

15 節「修築」（字根 סלל）和「絆跌」（字根 כשל）這兩個希伯來字根都在以賽亞書五十七章 14 節出現：「你們要修築（字根 סלל），修築，要預備道路，除掉我百姓路中的絆腳石（字根 כשל）。」在這兩節經文（耶十八 15；賽五十七 14），「絆跌」都是與拜偶像有關。

簡而言之，15 節上半節提供了絆跌的原因，就是指百姓竟忘記真神和敬拜偶像。下半節子句用圖像的方式去描繪他們絆跌的情境：即使有眾多先祖的故事作為借鏡，他們仍選擇一條沒有修築的路，令自己絆跌，甚至喪命。

17 節「東風」是指猶大東面阿拉伯沙漠所吹來的熱風。這股風吹來很多沙粒。這裏是指敵軍像風沙般無孔不入（參四 11 的評註）。「遭難的日子，我要以背向他們，不以臉看他們。」這句是對比二章 27 節「他們以背向我，不肯以面向我」和十五章 6 節「你棄絕了我，轉身退後」。即使猶大人在遭難時懇切地求神拯救，但 17 節指神不垂聽他們的祈求。

上述的象徵性行動令人想起六章 29 至 30 節：「風箱吹火，鉛被燒毀，煉而又煉，終是徒然，因為惡劣的還未除掉。人必稱他們為被拋棄的銀子，因為耶和華已經拋棄了他們。」這段經文令人想起基督徒也有可能被神棄絕，以下的思想問題會有進一步的討論。

思想問題

1. 加爾文派認為「一次得救，永遠得救」，亞米紐斯派認為基督徒有機會失去救恩。其實聖經的重點可能不在於所謂「一次得救，永遠得救」的問題，而是信徒要經常認罪悔改，不做掛名的基督徒。你曾否在離棄神的邊緣？神如何帶領你回歸？
2. 請重複閱讀十八章 11 至 17 節，你感受到神的傷感嗎？你會用甚麼說話去安慰神？

6.2.2.3. 第三次申訴（十八 18～23）

耶利米的第二次行程是在耶路撒冷的各城門口發出警告（十七 19），但結果引發耶路撒冷人設計謀害耶利米（十八 18）。

十八章 18～20 節　「來吧」在 18 節出現兩次，原文的意思是有所行動，[81] 行動就是「讓我們用舌頭攻擊他」，19 節說明這行動就是「指控」耶利米，甚至要害他的性命（20 節），從此他們就不用聽到耶利米的任何勸告和警告（18 節）。控告耶利米的罪名就是根據申命記十八章 20 至 22 節：「若有先知擅自奉我的名說了我未曾吩咐他說的話，或是奉別神的名說話，那先知就必處死……先知奉耶和華的名說話，所說的若沒有實現，或不應驗，這話就是耶和華未曾吩咐的，而是那先知擅自說的，你不必怕他。」

約西亞王在位期間，耶利米在全國宣告審判將臨的信息已達十八年之久，但這些預言遲遲都未應驗，所以十七章 15 節指猶大人不斷地質問（參 CSB）耶利米說：「耶和華的話在哪裏呢？讓它應驗吧！」

當約西亞在位時，他推行宗教改革。即使有人控告耶利米，這控告可能不會得到接受和處理。當約西亞駕崩後，繼位的約雅敬拜偶像，耶利米在此時來到耶路撒冷，展開第二次宣告行程。18 節明言「有祭司講律法，有智慧人設謀略，有先知說預言，都未曾斷絕。」這句的意思，就是耶路撒冷的宗教人士不單運作上彼此分工，而且沒有人手短缺的問題，甚至可以有人手去攻擊耶利米。

十八章 21～23 節　耶利米被指控的癥結，就是有關敵軍毀滅猶大的預言遲遲都未應驗。[82] 21 節的「因此」，有可能是耶利米的反應，他期望神所預告的戰爭早日來到，令這些人都被刀劍所殺。22 節指神叫敵軍忽然臨到他們的時候，就會令耶利米如願以償。在 23 節耶利米強調神肯定（參《新譯本》、YLT）知悉他們要謀害他的計謀，這是他的認信。

耶利米的第一次行程是在全國宣告警告的信息，換言之，他大部分的行程都不在耶路撒冷。第二和第三次行程他身在耶路撒冷這個權力的核心，因此，他所面對的逼迫也更大。

在第一次行程中（十一 1～十七 18），認信的經文出現兩次（十六 19～20，十七 12～18）。在第二次行程中（十七 19～十八 23），認信的經文在十八章 23 節出現。在第三次行程中(十九 1～二十 18)，認信的經文也有出現（二十 11～13）。耶利米的事奉面對很大壓力，認信是面對壓力的良方（參二十 11～13 及二十 14～18 的評註）。

思想問題

1. 在這段經文(十八 18～23)中，耶利米用甚麼方法面對壓力？
2. 承接上題，當你面對壓力時，你採取甚麼方法去面對？

6.2.3. 第三次行程：在欣嫩子谷宣告（十九 1～二十 18）

當約西亞王死後，繼位的約雅敬行耶和華眼中看為惡的事（代下三十六 5）。上述的劃線句子是指拜偶像（申四 25；士二 11，三 7；王上十一 6，二十一 1～2，二十二 52～53 等）。人民恢復敬拜偶像（耶七 9），而且在欣嫩子谷重建陀斐特的丘壇，焚燒自己的兒女，作為燔祭獻給偶像（耶七 31，十九 5）。耶利米就在這時期被神差派去耶路撒冷，展開他的第二和第三次的行程。

6.2.3.1. 宣告的主題：譴責猶大人獻子女給摩洛（十九 1～13）

	七 30～34	十九 1～13
建造丘壇	七 31	十九 5
要在火中焚燒自己的兒女	七 31	十九 5
不是我所吩咐的，我心裏也從來沒有想過	七 31	十九 5
看哪，日子將到，這地方不再稱為陀斐特和欣嫩子谷，反倒稱為殺戮谷	七 32	十九 6
他們要在陀斐特埋葬屍首，甚至無處可葬	七 32	十九 10
屍首要給空中的飛鳥和地上的走獸作食物	七 33	十九 7

圖 6.12：七章 30 至 34 節與十九章 1 至 13 節有很多相似的字詞

「陀斐特」在十九章出現五次（6、11、12、13、14 節）。「陀斐特」是原文的音譯，它是在欣嫩子谷的丘壇，是用來將兒女經火獻給摩洛的（耶七 31，三十二 35；王下二十三 10）。[83]

在耶利米書，只有上述兩段經文指責猶大人把兒女放置在陀斐特的丘壇上經火作為燔祭獻給偶像。在七章 30 至 33 節與十九章 1

至 13 節這兩段經文中，有很多相似的字詞；相比之下，後一段經文較詳盡，而且有打碎瓷瓶的象徵性行動，所以前一段（七 30～34）可能是後一段（十九 1～13）的撮要。

十九章 1～2 節　2 節「哈珥西的門口」是耶路撒冷城的其中一個出入口。舊約其他經文都沒有提及哈珥西的門口。由於陀斐特丘壇是位於欣嫩子谷（10～12 節），估計這門是通往欣嫩子谷的出入口。欣嫩子谷在城的西面和南面，而聖殿在城的東面，兩者相距約數百公尺（參圖 6.13）。

十九章 3～9 節　3 節先簡述災禍：「我必使災禍臨到這地方；凡聽見的人都必耳鳴。」4 至 5 節詳述降災的原因，就是因為猶大人離棄真神，敬拜偶像，而且用火焚燒自己的兒女，當作燔祭獻給偶像。猶大人習染了外族的宗教，以為獻兒女當作燔祭這行動能感動摩洛應允自己的祈求（參王下三 26～27）。其實這行動惹來真神的懲罰，因為這行動不單是敬拜偶像，更殺害無辜的兒女。

6 至 9 節詳述戰禍，這地方不再被稱為陀斐特和欣嫩子谷，反倒應被稱為殺戮谷。猶大人必死於仇敵的刀下，屍體給空中的飛鳥和地上的走獸作食物。

十九章 10～13 節　打碎陶匠的瓷瓶是一個象徵性行動，令神諭能夠以一個活靈活現的方式表達出來，[84] 瓷瓶被打碎之後，就不能再使其完整，同樣，神打碎猶大人和耶路撒冷城之後，他們都不能再使其完整（11 節），這句的意思是：耶路撒冷城即使被重建，已不復舊觀。

除了以打碎瓷瓶這個實際行動作為比喻之外，陀斐特也是一個實物的比喻。神要將耶路撒冷城變成一個大型的陀斐特（12 節）：在巴比倫攻陷耶路撒冷之時，猶大人可能死於巴軍的刀下，也可能在巴軍焚城時葬身火海，好像兒女在陀斐特被火燒。

經文並不是概略地描繪耶路撒冷城將會變成一個大型的陀斐特（屠場和火場），而是細緻地描繪猶大王室的房屋和平民的房屋也將會變成小型的陀斐特（13 節）。神並非殘忍，這是巴比倫軍隊一向的作風。當巴比倫軍圍城時，若城內的人投降，投降的人便會被擄到巴比倫。若不投降，城破時巴比倫軍就會到處殺人，火燒房屋。這是一種威嚇的手段，促使很多被巴比倫軍圍困的城鎮放棄防守。

城破之時，部分的居民可能會匿藏城內，但部分會逃出城外。他們逃走的方向不單會是朝向欣嫩子谷（在耶路撒冷的西和南方），也會朝向其他地方，當中的例子有：西底家從兩城牆中間的門逃跑出城，往亞拉巴（在耶路撒冷的東南方）逃去（三十九 4）。這段經文指欣嫩子谷要被稱為殺戮谷（6 節），原因是陀斐特就在這谷，也因為這谷十分寬廣，猶大人可在這裏埋葬屍體，但因屍體即將太多，以致無處可葬。

13 節「玷污」的原文（טָמֵא）不單是指有關食物（利十一 4）或禮儀上（利七 19）的不潔，此字也可用來指底拿被姦污（創三十四 5），無辜人的流血污染大地（結三十六 18）。[85] 外遇令婚姻蒙上污點，同樣，敬拜偶像這行動令人與神的關係蒙上污點，猶大人在聖殿設立偶像等同玷污聖殿（耶七 30）和玷污自己（結二十 31）。凡摸屍體的，也被視為不潔（利十一 28，民十九 11）。

在耶路撒冷城被攻陷前，猶大人已經在房頂或房屋其上敬拜偶像（參十九 13，三十二 29）。「玷污」形容他們的房屋已成為不潔的地方。由此可見，《和合本》在 13 節的翻譯「已經被玷污」是較為合適的。「玷污」可指兩方面：一方面指這些地方因偶像而被玷污，另一方面指亡國時，這些地方的人被巴比倫軍所殺，屍體玷污這些地方（參該二 13）。

思想問題

1. 這段經文（十九 1～13）是耶利米向長老和祭司發出嚴厲的警告（十九 1）。這些長老和祭司會不會聽從這嚴厲的警告？（參十九 15，二十 1～2）
2. 若基督徒不聽從聖經的警告，後果是很嚴重的。如何可以令自己願意聽從聖經的警告？

6.2.3.2. 耶利米被捕入獄，後來出獄（十九 14～二十 6）

十九章 14～15 節　14 節「從……陀斐特回來」這翻譯令人感到耶利米是由聖殿往欣嫩子谷，然後由欣嫩子谷返回聖殿，其實原文應譯作「從……陀斐特來（בּוֹא[86]）」，即是由欣嫩子谷來到聖殿，而不是來回兩程。

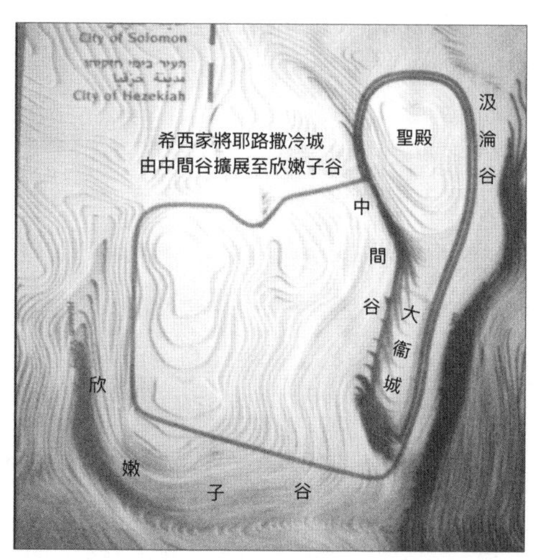

圖 6.13：筆者在以色列博物館拍攝的聖殿等高線圖，另加文字作標記

這兩節經文與七章 1 至 15 節同樣敍述耶利米在聖殿宣告神諭，在時間的先後次序上，七章 1 至 15 節不可能在十九章 14 至 15 節之前發生，因為七章的敍事發生之後，耶利米就被捕和受審（二十六 1～19），最後官員亞希甘保護他（二十六 24），巴施戶珥就不能把他枷鎖在聖殿裏（二十 1～6）。

筆者估計的次序是：耶利米在欣嫩子谷宣告神諭（十九 1～13），然後到聖殿宣告神諭（十九 14～15），巴施戶珥把他枷鎖在聖殿裏，在第二天就釋放他（二十 1～6）。他被釋放後，就到聖殿宣告神諭（七 1～15）。他很快就被捕和受審（二十六 1～19），最後官員亞希甘保護他（二十六 24）。經文沒有交代這次序，上述的次序只是筆者的估計，作為讀者的參考。若上述的估計正確，十九和二十章的背景應是約雅敬王第一年。

二十章 1～6 節 根據二十九章 26 節，聖殿的總管有權將狂妄自稱先知的人用枷枷住，用鎖鎖住。這裏巴施戶珥不單把耶利米枷鎖在聖殿裏，而且毆打他，毆打的理據是來自申命記二十五章 2 至 3 節。[87] 更重要的問題是，為甚麼巴施戶珥在第二天就釋放耶利米？這可能是初犯輕判，再犯就要重罰，所以在二十六章耶利米再次宣告警告的信息時，祭司們就有理由要將他置於死地。[88]

「巴施戶珥」這名字在當時是很普遍。[89] 這名字的意思是「周圍都有成果」，[90] 即是像中國人所說的「東成西就」的意思。耶利米將他改名為瑪歌珥．米撒畢（מָגוֹר מִסָּבִיב），意思就是「周圍都有驚嚇」。上述希伯來字詞曾出現在六章 25 節：「四圍（מִסָּבִיב）有仇敵的刀劍和驚嚇（מָגוֹר）。」上述的改名並不是賣弄文字，而是要讓人每次提起「巴施戶珥」時，就聯想起耶利米上述的警告。[91]

4 至 6 節指出耶利米的預言並不是局限在巴施戶珥的個人層面，而且影響全城。在 4 至 6 節，耶利米書首次明言猶大所要面對的強敵就是巴比倫。由十一至十九章，耶利米只是被人威嚇，但沒有被人毆打，二十章 2 節是他第一次被毆打。

6.2.3.3. 第四次申訴（二十 7～18）

來到約雅敬時期，耶利米被巴施戶珥毆打和禁錮（參上文有關十九 14～二十 6 的評註），他可能預料到前面的日子會愈來愈艱難而向神申訴，這是他的第四次申訴。由 7 節開始，經文的體裁由散文改為詩歌，其目的不單是表達耶利米申訴的理由，也表達他的情緒。

二十章 7～10 節 在 7 節，希伯來動詞 פָּתָה 是比較難譯的：《新譯本》譯作「你愚弄了我」；《和修版》譯作「你欺哄了我」；《和合本》譯作「你曾勸導我」。上述不同的翻譯都可在原文字典找到。[92] 筆者認為 7 節的表達是軟硬兼備的：軟是指耶和華對耶利米又哄又勸（上述希伯來字 פָּתָה 的意思）；硬是指下一句「你比我強，並且得勝」，結果，耶利米跟隨神的意思去宣告災難快來，人要悔改。這情況好像父母想小孩吃藥，又哄又勸，威逼利誘，軟硬兼備。

7、8、10 節都是耶利米所面對的難處。在約西亞時期，猶大尚未有任何戰禍或被擄的迹象，人民當然會向耶利米發出譏諷：「耶和華的話在哪裏呢？讓它應驗吧！」（十七 15）耶利米每天都被人戲弄、凌辱和譏刺（二十 7～8），長達十八年之久。

9 節反映耶利米曾經考慮放棄神給他的使命，但放棄的結果卻是令他更加難受。他覺得似乎有燒著的火悶在他骨中，他忍受不住，不能自禁。這裏的「火」是指心中的熱忱要爆發出來。正如基督徒向家人多次傳福音而被拒絕，有時會感到氣餒。當他想到家人將來會受到地獄之苦時，他心中的火就會被燃點起來，再次向家人傳福音。同樣，每當耶利米想到同胞將來會面對敵軍焚城和殺害時，他的內心就有一把火，要向同胞發出警告和勸告。

10 節「四圍都是驚嚇」與 3 節「瑪歌珥．米撒」在原文是相同（מָגוֹר מִסָּבִיב）的，這裏是指耶利米因為警告同胞而遭到驚嚇。驚嚇是來自耶利米的朋友，《和修版》及《新譯本》在「朋友」前加上「知己」，但原文直譯是「我平安[93] 時的人」，意譯是「在平順日子的朋友」，[94] 面對利益衝突時，這種朋友可能倒戈相向。他們熟悉耶利米的性格和生活習慣，正如賣主的猶大熟悉耶穌的性格和習慣。這些朋友會向政治或宗教領袖告發耶利米，令他感到四圍都有驚嚇。

10 節「在他身上報仇」這翻譯實在令人費解，耶利米並沒有傷害他的朋友，為甚麼他們要向他報仇呢？其實「報仇」在原文可解釋為「報應」，[95] 通常是指神給人的報應。這節的意思是：耶利米的朋友認為他的宣告顛覆國家，所以他們認為要替天行道，要在耶利米身上施行他們所認為的報應。將耶穌釘十字架的領袖和羣眾之中，有部分人也可能認為自己是替天行道，所以耶穌向父神祈求：「父啊，赦免他們！因為他們所做的，他們不知道。」（路二十三 34）

二十章 11～13 節　11 節「行事沒有智慧」的「智慧」的原是 שָׂכַל，這字在舊約大多是指，人因為遵行神的吩咐而行事順利（書一 7；王上二 3；代上二十二 12）。若不遵行神的吩咐，就不順利（耶十 21）。[96]「智慧」是因，「行事順利」是果。耶利米書九章 24 節將「聰明」（原文也是上述的 שָׂכַל）等同認識耶和華。筆者根據上述的討論重新翻譯 11 節：

11 節 a 然而，耶和華與我同在，好像令人畏懼的勇士，因此，

11 節 b 迫害我的人必定會絆跌，**不能**（לֹא）得勝；

11 節 c 他們必定會大大蒙羞，由於他們**不**（לֹא）認識（שָׂכַל）耶和華，

11 節 d 這羞恥是永遠的，他們必定**不能**（לֹא）忘懷。

上列 a 句「耶和華與我同在」是來自神呼召他時所給他的應許（一 8），而「好像令人畏懼的勇士」是耶利米的認信。之後的「因此」帶出第 b 至 d 句，這三句都有「不」作為結尾（見上文）。

12 節「案件」的原文 רִיב 是指在法庭的訴訟。[97] 耶利米求神為他主持公道。耶利米認為自己做得對，他的朋友也認為自己做得對。誰對誰錯，耶利米訴諸天上的神——這位法官——作出裁決。

11 至 13 節都是耶利米的認信，13 節以讚美作為認信的高潮，聖經中的讚美並不空洞，經文會說明讚美的原因。這裏讚美的原因：耶和華拯救窮人的性命，脫離惡人的手。「窮」在原文[98] 的意思可指受欺壓（參 NET）。「性命」在原文的意思不一定指性命，也可指全人，不單肉體的性命，也包括生活上的各方面，[99] 如經濟上、精神上等。由此可見，「性命」在原文的範疇涵蓋全人，而不是局限在性命的層面。全句可譯作：「因為祂救了受欺壓的人，脫離惡人的手」。

二十章 14～18 節 這段經文由上文 11 至 13 節的認信，突然改變為埋怨，邏輯上好像有問題，不過，下列結構有助於解決這問題。

A 耶利米的艱辛（二十 7～10）

　　B 耶利米的認信（二十 11～13）

A' 耶利米的埋怨（二十 14～18）

若沒有 11 至 13 節，經文的邏輯次序是由艱辛到埋怨，正如許多人在艱辛之時的自然反應是怨天尤人。上述的邏輯次序中間刻意加插認信的部分，正如三文治在兩塊麵包之中加入餡料；若沒有餡料，兩塊麵包只會令人感到難以進食。同樣，艱辛的環境和埋怨的心境都令人感到難受，但認信令人的感覺不再一樣。

上文並不是否定艱辛的辛辣味道，也不是否定埋怨的可能性。耶利米是人，他絕對有可能埋怨，埋怨並不會令他的先知身分蒙上污點，反而令人看見這位先知的生命不單有屬靈的質素，也有人性的軟弱。若以利亞只有迦密山上的勝利，而沒有在羅騰樹下求死，聖經就不會指出以利亞是與我們同樣性情的（雅五17），我們也不會看到神如何帶領他從埋怨的死胡同中走出來（王上十九 9～18）。

下文將要討論耶利米在 14 至 18 節的埋怨。耶利米已經出生了，並且長大成人，他不可能因為人生很苦而回到母腹，並死在母腹裏。讀者不需要以理性的思維去批評這段經文如何不合邏輯，反而應該以感性的觸覺去感受耶利米內心的痛苦。

除了感性的觸覺，讀者還要使用修辭法的角度，才能感受字裏行間的感情。向父親報喜訊的人並沒有錯，為何他要受詛咒？（15 節）這裏是借喻，在太平盛世時生嬰孩是喜訊，但在戰亂時報告嬰孩出生的人只會帶來愁煩。這裏借用嬰孩出生的消息帶來愁煩作為例子，指出戰亂時的心境。16 節「願他早晨聽見哀聲，中午聽見吶喊」這句說話，表達出每天的白晝時間都聽聞戰爭的訊息。

18 節可譯作：「為何這樣呢？我離開母胎，目的就是經歷勞苦和憂傷嗎？目的就是要令我的年日都消耗在羞辱之中嗎？」（參 YLT）這是耶利米第四次申訴（二十 7～18）的最後一節，令人猜想這節經文是否將這次申訴定調為憂傷？然而，上文所指的三文治結構，讓讀者知道重點是在於 11 至 13 節的認信，可見 18 節並不是要將這次申訴定調為憂傷。

「胎」（רֶחֶם）在二十章 17 至 18 節共出現三次，有文學觸覺的讀者會猜想這字詞是否標語（catchword），為要令人留意（eye-catching）？「母胎」（רֶחֶם）和「母腹」（בֶּטֶן）在一章 5 節各出現一次。一章 8 節「同在」和「拯救」分別在二十章 11 和 13 節再出現。上述三個相同或相似的字詞均在一章和二十章出現，這種文學技巧就是首尾呼應，[100] 作用是令到一至二十章作為一個大段落。[101] 本書第四章 4.1.1 也指出，一至二十章的內容明顯地和二十一至四十五章有所不同，前者詳述責備和警告的神諭，後者敘述亡國的故事。

思想問題

1. 以色列王亞哈因為先知米該雅曾預言他戰死沙場而囚禁他（王上二十二 1～28）。同樣，耶利米也因為只說凶訊不說吉言而被囚禁。相對上述的處境，今天我們有沒有為著傳揚真道而受苦的心志和準備？
2. 每天的靈修是神為你加油的時刻，正如汽車缺油時需要加油。請思想如何培養靈修的習慣，以致你有能力去面對各樣的試探和逼迫。

6.3. 小結

十一至二十章敘述耶利米的三次宣告行程。圖 6.1 表列出三次行程，每次行程都有三個部分，第一部分是有關耶利米宣告警告；第二部分是猶大人的回應；第三部分是耶利米向神申訴，有時包括神的回應和耶利米的認信。

第一次行程的時代背景是在約西亞時代，第二和第三次行程的時代背景是在約雅敬第一年。

第一次行程的經文可細分為下列的拱形結構。

A　第一次行程的開始：譴責猶大人背約（十一 1～17）

B1　第一次申訴及神的回應（十一 18～十二 17）

B2　第一輪象徵性行動（十三 1～14）

C　未來三災：被擄、旱災、戰禍（十三 15～十五 9）

B'1　第二次申訴及神的回應（十五 10～21）

B'2　第二輪象徵性行動（十六 1～15）

A'　第一次行程的結語：神的宣告和耶利米的認信（十六 16～十七 18）

第二次行程太短，只有簡短的申訴（十八 18～22），這是第三次申訴，結尾有簡短的認信（十八 23）。

第三次行程的申訴較長（二十 7～10 和 14～18），這是第四次申訴，當中有認信（二十 11～13）。筆者將上述經文組織成為下列結構。

A　耶利米的艱辛（二十 7～10）

B　耶利米的認信（二十 11～13）

A'　耶利米的埋怨（二十 14～18）

三文治中間的餡料帶來美味，同樣，在上列 ABA'結構，中間的認信令人感覺不再一樣。筆者每次面對逆境時，每天靈修的時間會自然增加，正如人口渴時，飲水的分量就自然增加。靈修的內容不單向神傾訴自己的痛苦，而且認信神的能力和看顧。認信愈堅定，人就愈有力量去抗衡環境的艱辛和內心的埋怨。

註釋

1. R. Rendtorff, *The Old Testament: An Introduction*, trans J. Bowden (Philadelphia: Fortress Press, 1986), 203. 不同的學者採用不同的字詞去討論下列經文，Rendtorff 採用 lamentation（哀歌），Diamond 採用 confession，參 A. R. Diamond, *The Confessions of Jeremiah in Context: Scenes of Prophetic Drama* (Sheffield: Sheffield Academic Press, 1987)。他這本書討論十一 28～23，十二 1～6，十五 10～14，十五 15～21，十七 14～18，十八 18～23，二十 7～13，二十 14～

18。筆者採用「申訴」去討論上述經文，參本書有關上列經文的註解。

2. T. T. Chan, "Jeremiah and the Fall of Jerusalem: A Rhetorical Study of Jeremiah 37～38 and 21:1～10" (Th.D. diss., Lutheran Theological Seminary, 2010), 68～69.
3. 《和修版》在十一 6 譯作「街市」，但在七 17，十一 13，十四 16 等譯作「街道」或「街上」。原文應譯作「街道」。參" חוּץ (*ḥûṣ*)," *BDB*, 299—"street"。
4. J. R. Lundbom, *Jeremiah 1～20*, AB 21A (Garden City: Doubleday, 1999), 615.
5. 福克爾曼：《聖經敍述文體導讀》，胡玉藩、伍美詩、陳寶嬋譯（香港：天道書樓，2003），頁 217。
6. 詩歌的體裁在原文聖經 BHS 清晰可見，中文和英文的印刷本聖經，以及電腦和手機版聖經的經文格式，並沒有將 15 節分成上述三行，每行也沒有分成兩個或三個小節。有關詩歌和散文在體裁上的分別，可參本書附錄 D 的 1.1。
7. B. K. Waltke and M. O'Connor, *An Introduction to Biblical Hebrew Syntax* (Winona Lake: Eisenbrauns, 1990), 105.
8. Lundbom, *Jeremiah 1～20*, 630.
9. "מָה (*mâ*)," *BDB*, 552—"what."
10. 史托茲：《希伯來文讀經》，梁望惠、鄧開福譯（台北：道聲出版社，2000），頁 85。這希伯來字與 15 節第一個字 מָה，(「甚麼？」) 都屬同一句，所以筆者將 הָרַבִּים 獨立翻譯為「與眾同謀？」所謂「獨立」是指「與眾同謀？」並不屬於下一句「聖肉在妳那裏有流轉出來嗎？」。
11. 在原文十一 15 的第二行 מֵעָלָ֑יִךְ 這字之下有像箭咀的記號（Atnah），就是將這節分為上半節和下半節（參史托茲：《希伯來文讀經》，頁 33），所以筆者翻譯這字時並不串連下一句「肯定是妳作惡！」
12. "עָבַר (ʿābar)," *BDB*, 716—"pass over."
13. B. T. Arnold and J. H. Choi, *A Guide to Biblical Hebrew Syntax* (Cambridge: Cambridge University Press, 2003), 153—"surely."
14. "אָז (*ʾāz*)," *HALOT*, 26.
15. 15 節的「殿」和 17 節的「家」在原文是同一個字 בַּיִת。這字也可譯作「家族」或「王朝」，參"בַּיִת (*bêṯ*)," *BDB*, 109。
16. 在耶十一 1～十七 18 的結構，B1B2 和 B'1B'2 是對稱的。B1 和 B2 是兩件獨立的事件，正如下列經文（王下十一 26～十四 20）的結構中，A1 和 A2 是兩件獨立的事件。同樣，在耶十一 1～十七 18 的結構，B'1 和 B'2 是兩件獨立的事件，正如下列結構的 A'1 和 A'2 是兩件獨立的事件。J. T. Walsh, *Style and Structure in Biblical Hebrew Narrative* (Collegeville: The Liturgical Press, 2001), 190 將列王紀上的經文列為下列結構：
    A1 Alijah prophesies the throne for Jeroboam (11:26～40)
    A2 editorial notice of Solomon's death (11:41～43)
    B political disunity: Israelite rejection of Rehoboam (12:1～20)
    C approval of Jeroboam (12:21～25)
    D Jeroboam's cultic innovations (12:26～31)
    C' disapproval of Jeroboam (12:32～13:10)
    B' prophetic disunity: Israelite prophet betrays Judahite prophet (13:11～32)
    A'1 Alijah prophesies Jeroboam's downfall (14:1～18)
    A'2 editorial notice of Jeroboam's death (14:19～20)
17. "רִיב (*rîḇ*)," *HALOT*, 1224～1226.
18. "נְקָמָה (n^e*qāmâ*)," *HALOT*, 721.
19. "אַךְ (*ʾaḵ*)," *BDB*, 36—"emphasizing what follows, in contrast to what precedes."
20. "בָּטַח (*bāṭaḥ*)," *HALOT*, 120—"trust, fall on the ground."
21. "צָבוּעַ (*ṣāḇûʿa*)," *HALOT*, 997—"hyena." NRSV、ESV、NET、TNK 將這希伯來字譯為「斑鬣狗」(hyena)。斑鬣狗的體型比野狼略大，能夠聯羣結隊地捕食斑馬和羚羊等動物。

22. 在原文，十二章 9 節的第一句是 הַעַיִט צָבוּעַ נַחֲלָתִי，這片語的第一個字是由兩個希伯來字所組成，第一個是疑問助詞（interrogative *He*），第二個是 עיט，這是一個動詞，意思是衝前搶食。參 W. L. Holladay, *Jeremiah 1,* Hermeneia (Philadelphia: Fortress Press, 1986), 387—"the first occurrence of עיט is a verb meaning 'dart greedily.'" Cf. 1 Sam 14:32。
23. 在原文，十二章 9 節的第二句是 הַעַיִט סָבִיב עָלֶיהָ，這片語的第一個字是由兩個希伯來字所組成，第一個是疑問助詞（interrogative *He*），第二個是 עיט，這是一個名詞，意思是鷙鳥。參 Holladay, *Jeremiah 1*, 387—"the second occurrence of עַיִט is a noun meaning 'bird of prey.'" Cf. Gen 15:11; Isa 18:6; Ezk 39:4。
24. Lundbom, *Jeremiah 1～20*, 41—"Babylonian chiefs with their troops."
25. "שְׁפִי (*šᵉpî*)," *HALOT*, 1628—"bare plain." 眾數是 שְׁפָיִם（*šᵉpāyim*）。
26. 張文亮：《聖經與植物：從聖經看見上帝奇妙的創造》（新北：青橄欖，2015），頁 46～47。
27. L. Stulman, *Jeremiah*, Abingdon Old Testament Commentaries (Nashville: Abingdon Press, 2005), 134.
28. W. D. Stacey, "The Function of Prophetic Drama," in *The Place is Too Small for Us: The Israelite Prophets in Recent Scholarship*, ed. R. P. Gordon (Winona Lake: Eisenbrauns, 1995), 123.
29. Stacey, "The Function of Prophetic Drama," 118.
30. Lundbom, *Jeremiah 1～20*, 669.
31. W. F. Birch, "Hiding Places in Canaan. I. Jeremiah's Girdle and Farah," *Palestine Exploration Fund Quarterly Statement* (1880): 233～236, cited in Lundbom, *Jeremiah 1～20*, 669.
32. Lundbom, *Jeremiah 1～20*, 668～669.
33. "שָׁחַת (*šāḥaṯ*)," *HALOT*, 1470—"become ruined, spoiled ...damaged by water, dampness."
34. Lundbom, *Jeremiah 1～20*, 682.
35. Arnold et al., *A Guide to Biblical Hebrew Syntax*, 55～56—"Rhetorical future expresses a vivid future action or situation, which is not yet a reality but considered a certainty from the speaker's rhetorical point of view. As a rhetorical device, the perfect presents future events as if they have already occurred, which often requires the present or future in translation (cf. Num 24:17; 1 Sam 2:16）."
36. Lundbom, *Jeremiah 1～20*, 685.
37. Stulman, *Jeremiah*, 139.
38. Lundbom, *Jeremiah 1～20*, 700.
39. "נוּחַ (*nûḥa*)," *BDB*, 628—"leave behind."
40. "נוּעַ (*nûʿa*)," *HALOT*, 681—"roam around."
41. "שָׁלַח (*šālaḥ*)," *BDB*, 1018—"dismiss."
42. "שָׁרָה (*šārâ*)," *HALOT*, 1652—"release."
43. "פָּגַע (*pāḡaʿ*)," *BDB*, 803.
44. 大多數英譯本 NASB、TNK、YLT、JPS、KJV、ASV、ESV、NET 譯作 the enemy，只有 NIV、NRSV、CJB 譯作 the enemies。原文的定冠詞若指羣體，可譯作眾數。
45. 有關詩一〇四 35 下，《新譯本》譯作「**你**要稱頌耶和華。**你們**要讚美耶和華。」在《和修版》，只有「你們」出現，但沒有將「你」翻譯出來。
46. "יָדַע (*yāḏaʿ*)," *HALOT*, 910—"to experience."
47. 15 節的希伯來文片語 לְאֶרֶךְ אַפְּךָ 當中的介詞 לְ 可譯為「因」或「在」，但這裏應譯為「在」，參 Arnold et al., *A Guide to Biblical Hebrew Syntax*, 111—“in, at, during”。

48. Lundbom, *Jeremiah 1～20*, 743.
49. Stulman, *Jeremiah*, 152.
50. “שׁוּב (*šûḇ*),” *BDB*, 996—“return, repent.”
51. 參英譯本 NAB 1970 版本：“……If you bring forth the precious without the vile, you shall be my mouthpiece……” 上述的英譯本將這節經文的介詞 מִן 譯作 without，參 Arnold et al., *A Guide to Biblical Hebrew Syntax*, 118—“privative”。另參伯二十一 9（英譯本 JPS）—“Their houses are safe, without fear, neither is the rod of God upon them”。
52. Lundbom, *Jeremiah 1～20*, 756.
53. “נָחַל (*nāḥal*),” *HALOT*, 686—“to give as an inheritance.”
54. Arnold et al., *A Guide to Biblical Hebrew Syntax*, 136.
55. Stulman, *Jeremiah*, 168.
56. “קָדַשׁ (*qāḏaš*),” *BDB*, 872—“set apart”，意思是分別為聖。
57. “כָּתַב (*kāṯaḇ*),” *BDB*, 507—“record, enroll.”
58. “אֶרֶץ (*ʾereṣ*),” *HALOT*, 92—“underworld.” 參拿二 6。
59. “עָזַב (*ʿāzaḇ*),” *BDB*, 736—“leave, forsake, loose, set apart.”
60. “אוּץ (*ʾûṣ*),” *HALOT*, 23—“urge.” 參創十九 15。
61. “אָוָה(*ʾāwâ*),” *BDB*, 16。大多英譯本譯作 desire 或 long for。
62. Lundbom, *Jeremiah 1～20*, 799.
63. 雅比斯呼求神說：「甚願你賜福與我，擴張我的疆界，你的手常與我同在，保佑我不遭患難（מֵרָעָה），不受艱苦。」（代上四 10）這節的「患難（מֵרָעָה）」與耶十七 16 的「牧人（מֵרֹעֶה）」的原文字母是相同的，只是標音不相同。舊約的標音是後世的人加上去，標音有出錯的可能性。英譯本 NJB, NAB, NET, CEB, RSV 將耶十七 16 這字譯為“disaster”（災難）。
64. 參耶十二 6；賽三十七 22；王下十九 21；申二十五 18。上述經文在《新譯本》譯作「在你背後」和「在你後面」。
65. “מִן (*min*),” *HALOT*, 597—“points to the place or in the direction where something can be found.” E.g. מִקֶּדֶם (Gen 2:8) = in the East, מִבַּיִת (Lev 14:41) = within the outside, מִחוּץ לַחוֹמָה (Jer 21:4) = at outside of the wall.”
66. “מִן (min),” *HALOT*, 597—“indicates the direction of movement.” E.g. מִשְּׂמֹאל וְיָצָא אֶל־כָּבוּל (Jos 19:27 = and it went northward to Cabel, מֵרָחוֹק בָּרָחוּ (Isa 22:3) = they had fled far away.
67. 詳可參 B. J. Beitzel, *The Moody Atlas of Bible Lands* (Chicago: Moody Press, 1985), 159, 165。這兩頁分別有舊約的耶路撒冷城地圖和現時的耶路撒冷舊城作為對比。
68. Lundbom, *Jeremiah 1～20*, 806—“the royal title could in some cases be extended by courtesy to individuals not in the royal family … It is important simply that Jeremiah stands in a gate where kings (or royalty) go in and out.”
69. “כִּסֵּא (*kisseʾ*),” *BDB*, 490—“figuratively refers to kingdom.” 這希伯來字可譯為「王朝」。這字在 NET 王上二 33 譯作 dynasty，《新譯本》譯作「王位」。
70. 哈理遜：《耶利米書‧耶利米哀歌》，李蕙英譯，丁道爾舊約聖經註釋（台北：校園書房，2001），頁 111。
71. M. Butterworth, “נָחַם (*niḥâ*),” *NIDOTTE* 3:82—“In many cases the Lord’s ‘changing’ of his mind is a gracious response to human factors.”
72. “יָצַר (*yāṣar*),” *BDB*, 427—the verb means “form,” יוֹצֵר refers to a potter forms a

vessel out of a clay.

73. "נָא (*nā'*)," *BDB*, 609—"particle of entreaty or exhortation."
74. "חָשַׁב (*ḥāšaḇ*)," *BDB*, 362—"devise, plan."
75. 這字 נוֹאָשׁ 在《新譯本》撒上二十七 1 譯作「死心」，大衛被掃羅追殺多次，他計劃逃去非利士地，目的是期望掃羅會對他死心，不再追殺他。
76. 詳可參約翰・斯特蘭奇：《實用聖經地圖集》，黃錫木編（香港：基道出版社，2003），頁 12。
77. 詳可參約翰・斯特蘭奇：《實用聖經地圖集》，頁 12。
78. "צוּר (*ṣûr*)," *BDB*, 427—"cliff."
79. "צוּר (*ṣûr*)," *HALOT*, 1016—"rocky mountain."
80. "צוּר שָׂדָי (*ṣûr śāḏay*)" *HALOT*, 1016—"rocky slope."《和修版》在這裏加了註腳，指「田野」的原文 שָׂדָי 可譯作「全能者」(原文是 שַׁדַּי)，但兩者在原文的音標不同，字母也不同，而且這翻譯與上下文不協調。
81. "הָלַךְ (*hālak*)," *HALOT*, 246—"come and let us go."
82. A. R. Diamond, *The Confessions of Jeremiah in Context: Scenes of Prophetic Drama* (Sheffield: Sheffield Academic Press, 1987), 100.
83. 耶十九 5 指猶大人將兒女當作燔祭獻給巴力，但耶三十二 35 指猶大人將兒女經火獻給摩洛。兩者沒有衝突，因為「巴力」的原文意思可解作主人，猶大人將摩洛當作主人。參 Lundbom, *Jeremiah 1～20*, 839。
84. Lundbom, *Jeremiah 1～20*, 842.
85. R. E. Averbeck, "טָמֵא (*ṭāme'*)," *NIDOTTE* 2: 365～376.
86. 參 NASB："Then Jeremiah came from Topheth..."。參"בּוֹא (*bô'*)," *BDB*, 97—"come"。有些英譯本錯譯為"returned from Topheth"。
87. Stulman, *Jeremiah*, 195.
88. Lundbom, *Jeremiah 1～20*, 846.
89. Lundbom, *Jeremiah 1～20*, 845.
90. Holladay, *Jeremiah 1*, 544—"fruitful all around."
91. Stulman, *Jeremiah*, 195.
92. "פָּתָה (*pāṯâ*)," *HALOT*, 984～985—"entice, deceive, persuade."
93. "שָׁלוֹם (*šālôm*)," *BDB*, 60—"peace."
94. L. C. Allen, *Jeremiah*, OTL (Louisville: Westminster John Knox Press, 2008), 415—"fair-weather friends."
95. "נְקָמָה (*neqāmâ*), " *HALOT*, 721.
96 T. E. Fretheim, "שָׂכַל (*śākal*)," *NIDOTTE* 3: 1243.
97. "רִיב (*rîḇ*)," *HALOT*, 1224～1226.
98. "אֶבְיוֹן (*'ęḇeyôn*)," *BDB*, 2.
99. "נֶפֶשׁ (*nępęš*)," *HALOT*, 711～713.
100. Lundbom, *Jeremiah 1～20*, 229.
101. J. R. Lundbom, "Glossary of Rhetorical Terms," in *Jeremiah 37～52*, AB 21C (Garden City: Doubleday, 2004), 591—"inclusio."

乙部

敍述猶大亡國的故事和神諭

第七章

亡國故事的序言（二十一～二十三章）

7.1. 二十一至二十三章的結構

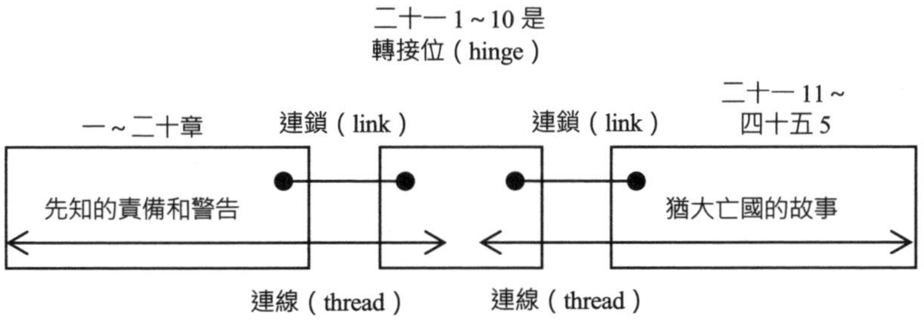

圖 7.1：耶利米書一至四十五章的文學結構圖

本書的第五至六章已對耶利米書一至二十章作出結構上的分析和經文的評註，這一章的重點轉移到二十一至二十三章。

從文學結構的角度，二十一章 1 至 10 節將兩大段經文（一～二十章和二十一 11～四十五 5）聯繫起來，[1] 主題由一至二十章的責備和警告，轉變到二十一至四十五章的亡國故事。本書第四章 4.1 已詳述這點。

上文已提過，若編導按時間的先後次序敍述電影的情節，觀眾可能感到故事平鋪直敍、了無新意。因此，有時編導刻意將時序調轉，以令觀眾有更深體會。下文是其中一例：[2]

喪禮、出生、幼兒、父母離婚，青少年、結婚、離婚、自殺

若觀眾的焦點放在起初的兩個情節，就會留意到編導將生死的次序調轉了。若從整全（unified whole）的角度，基於所有的情節都是描述同一個人，觀眾會猜測編導的用意，就是在電影的開始已經定調（set the tone），令到觀眾的心情很沉重。即使觀眾看見幼兒可愛的笑容，觀眾的心早已被沉重的情緒所籠罩（overshadow）。

耶利米書二十一章 1 至 10 節描述耶利米預言國家必定滅亡，若要求生，人民必定要投降，否則必定死亡。這段經文與上下文不連貫（incoherent），它的出現很突兀。若從整卷耶利米書來看（unified whole），二十一章 1 至 10 節就好像上述例子的喪禮，作為亡國故事（二十一～四十五章）的定調。下文將會討論下列三點：

1. 有關猶大必亡，民須投降的預言（二十一 1～10）
2. 末代王約雅敬和西底家要承擔亡國的責任（二十一 11～二十三 8）
3. 說假神諭的先知要承擔亡國的責任（二十三 9～40）

7.2. 二十一至二十三章的評註

7.2.1. 有關猶大必亡，民須投降的預言（二十一 1～10）

二十一章 1～7 節　巴比倫軍圍困耶路撒冷城，期間有一次短期的撤軍（三十七 5），但巴比倫軍很快再次圍困耶路撒冷城。由初次圍城至城破，期間約十八個月（三十九 1～2）。在巴比倫軍這兩

次圍城，西底家王都先後兩次差派使者去見耶利米，請他求神拯救猶大人。三十七章3節指出使者是猶甲和西番雅，二十一章1節指出使者是巴施戶珥和西番雅。

由於耶利米書敍述的先後次序多次不按時序，所以二十一章不一定是西底家第一次差派使者，也可能是第二次的差派。下文指出二十一章的時代背景，就是耶路撒冷城即將被攻陷之時，西底家需要第二次差派使者去見耶利米，請他求神拯救猶大人。

《和修版》在2節的翻譯是「前來攻擊」，令人感到這段經文的背景是巴比倫軍尚未圍城，或是圍城的初期。然而，原文的意思並沒有表達「前來」，而是指巴比倫軍正在攻打[3]耶路撒冷城。4節也明言猶大軍與圍城的迦勒底人打仗，又明言神即將[4]使猶大軍的兵器聚集在這城中，暗示耶路撒冷城即將被攻陷。

5至7節一連三節的主詞都是「我」，強調神差派巴比倫軍攻擊猶大人。原因是他們長期敬拜偶像，離棄真神，即使耶利米長期勸告他們悔改，他們也不聽從，所以神的審判臨到他們。

5至7節多次採用一連串三個相同或相似的字詞去表達猶大必定亡國的緊張氣氛，例如：5節「怒氣、憤怒和大惱怒」；7節「不顧惜，不同情，不憐憫」。在7節，「從」和「到」的原文出現三次（見下文的劃線字）。「手」也出現三次（見下文的粗體字）。一連串三次並不是累贅的重複，而是強調神定意要攻擊猶大人。根據上述的解釋，筆者將7節重譯如下：

我要將猶大王西底家和他的臣僕百姓，就是在城內剩下的人，
從瘟疫、從刀劍、從饑荒、
交到巴比倫王尼布甲尼撒的**手**中，
　　到他們的仇敵的**手**中，
　　到尋索他們生命的人**手**中，
巴比倫王必用刀擊殺他們，不顧惜，不同情，不憐憫。
這是耶和華說的。

二十一章 8～10 節 1 至 7 節表達神的審判，而 8 至 10 節表達神的憐憫。縱然猶大人罪大惡極，但神仍然給他們死裏逃生的機會。上述兩段經文的聽眾是不同的（見圖 7.2）。由於 1 至 7 節是耶利米給西底家的私人訊息，百姓並不知道，但百姓知道圍城令城內食物短缺（參三十七 21），兵丁因飢餓而無力守護城池。除非神施行拯救，否則巴比倫必定攻入耶路撒冷。

	經文的聽眾	經文的目的
1 至 7 節	西底家和他的使者（3 節）	猶大必定亡國
8 至 10 節	猶大百姓（8 節）	猶大人必須投降

圖 7.2：二十一章 1 至 10 節的聽眾及目的

8 至 10 節的神諭告訴百姓必須投降。8 節的「你」是指神吩咐耶利米，這消息由耶利米廣傳開去。這節的生死選擇令人想起申命記三十章 19 節：「我今日呼天喚地向你作見證：我已經將生與死，祝福與詛咒，擺在你面前。所以你要揀選生命，好使你和你的後裔都得存活。」

8 節不單是生死攸關的重要（important）選擇，而且 8 節的上下文都籠罩著緊急的（urgent）逼切性。10 節「用火焚燒」令人想起所多瑪、蛾摩拉被火焚城前，天使催促羅得和他的家人逃命。8 至 10 節的直接受眾（immediate audience）就是當時的耶路撒冷城居民，亡國在即，他們必須趕快出城和投降，否則他們會死。

9 節將當時的耶路撒冷城居民分為兩類，凡留在城內的人必定死亡，凡出城投降的人必得存活（參 NIV）。若上述的分類是由神作出抉擇，這是宿命論的立場，但上述的分類是由當時的猶大人作出抉擇，每一個人自行決定自己的命運，不能怨天尤人。

10 節指出神必定向耶路撒冷城板臉，降禍不降福；這城必交在巴比倫王的手中，他必用火焚燒。雖然亡國的命運是不可逆轉的，但耶路撒冷城居民自行抉擇是否投降。雖然西底家沒有打開城門，但他們可以在黑夜中從城牆被人縋下城外去（參書二 15；撒上十九 12；徒九 25），然後向巴比倫軍投降。

思想問題

1. 我們不是面對國家即將滅亡的局面，而是面對世界將要滅亡的局面。耶穌說：「人要使你們陷在患難裏，也要殺害你們；你們又要為我的名被萬民憎恨。那時，會有許多人跌倒，也會彼此陷害，彼此憎恨……因為不法的事增多，許多人的愛心漸漸冷淡了。但堅忍到底的終必得救。」（太二十四 10～12）你會在世界的逼迫或誘惑下變節嗎？
2. 西底家和羅得相同的地方就是他們不肯「斷、捨、離」，結果是要面對生死的問題。你有甚麼罪是必須「斷、捨、離」？請你訂下具體的步驟令你能夠「斷、捨、離」。

7.2.2. 末代王約雅敬和西底家要承擔亡國的責任（二十一 11～二十三 8）

二十一章 11～14 節 1 至 10 節的氣氛很緊張，是國家存亡之際，亦是個人生死之際，但二十一章 11 節至二十三章 40 節將焦點分別轉到王室和先知身上。二十一章 11 節的開始是「至於猶大王的家」，二十三章 9 節的開始是「論到那些先知」；這兩節的開始在中文的翻譯分別是「至於」和「論到」，其實原文是同一個介詞 לְ，意思是「關於」。[5]

學者指出，二十一章 11 節至二十三章 8 節是有關譴責猶大王的一系列神諭，而二十三章 9 至 40 節是有關譴責說假神諭的先知的經文。[6] 上述的君王和先知分別是政治和宗教的領袖，可是他們都是禍國殃民，帶領人民走錯路，令國家走上滅亡之路。

11 節「王」和「家」都是單數，但 11 和 12 節都出現「你們」，而 11 至 14 節並沒有特別指明是哪一位王，所以，可能指猶大王朝的所有君王。在古代以色列，人民的伸冤可上達王（撒下十四 4；王上三 16～28）。12 節指所有的王應在每早晨秉公審判，解救被搶奪的脫離欺壓者的手，否則他們會被神懲罰；這裏暗示王權之上有神權。

13 節「山谷和平原磐石上」是指耶路撒冷城，因為此城的東南西三面都有山谷作為天然的屏障，易守難攻。「居民」可泛指居住在耶路撒冷城的人，他們以猶大王為首跟隨他們的帶領去犯罪。

二十二章 1～9 節　1 節「你要下到猶大王的宮中，在那裏說這話」暗示直接的受眾（immediate audience）就是以猶大王為首的王室和官員等人。2 節「這些城門」在原文並沒有「城」，《新譯本》在這裏只譯為「這些門」。由於 4 節指「王宮的各門」，所以 2 節可能指王宮的各門，而不是城門。進入王宮的人可能以王室成員、達官貴人為主。

「公平」和「公義」在 3、13 和 15 節出現，13 至 18 節明言約雅敬王不公平、不公義的罪行，而 3 節暗示王室成員不公平、不公義的罪行，就是沒有為受欺壓的人伸冤，而且虧負孤兒寡婦和寄居的人，甚至流無辜人的血。

在 4 和 5 節，耶利米分別以正面和反面的角度來作出警告：正面是聽從神吩咐的人必蒙神賜福，反面是不聽從者必遭神降禍，這王宮必變為廢墟。這兩節就像敲響警鐘，令西底家王朝上下人等意識到國家將亡。

6 節的基列地和黎巴嫩的山頂都是茂密的樹林，當所羅門在耶路撒冷興建王宮時，他興建黎巴嫩林宮，當中有很多木材都是香柏木（王上七 2～5），很可能是來自黎巴嫩（王上五 6）。香柏木堅硬、抗腐，又具有樹脂的淡香，自古以來被視為地中海地區最好的建築木材。香柏木可高達四十公尺，直徑可超過二點五公尺，是立梁作棟的好材料。[7] 君王喜歡用香柏木來興建高大的樓宇，以及廣闊開揚的窗戶（參 14 節）。

7 節「施行毀滅的人」指巴比倫軍隊，他們焚燒王宮和拆毀城牆（三十九 8）。7 節「預備」的原文可譯為「分別為聖、為神服務」，[8]《新譯本》譯作「指派」，意思是神指派巴比倫軍隊攻擊猶大。7 節「佳美」的原文可譯為「最好」。[9] 這裏有諷刺的意味，王揀選最好的香柏木建造王宮，但它卻將會被神所預備或指派的巴比倫軍所砍下來，扔在火中。

8 和 9 節使用對答的方式描繪場景的轉變：由王宮轉為廢墟，過路的人都唏噓歎息。這對答的方式引導讀者作出結論：徒有外表，敗絮其中是不會有好的結果。所謂「敗絮」是指敬拜偶像，離棄真神，背約棄義。

二十二章 10～12 節 這段簡短經文的重點人物是沙龍，他在猶大作王只有三個月。列王紀下二十三章 30 節稱他為約哈斯，但這裏稱他為沙龍，這名字的意思是平安，這裏可能諷刺他的人生並不平安，顛沛流離。他的父王約西亞戰死沙場之後，他被羣臣推舉出來作王。不過，打敗猶大的埃及法老不滿意這人選，另立約雅敬為傀儡王，沙龍被法老帶去埃及，從此不能回國（王下二十三 28～35）。

10 節「已死的人」是指約西亞，他是一個好王，當他戰死沙場時，舉國的人都為他悲傷（代下三十五 24～25）。10 節「外出的人」指沙龍（或稱約哈斯）。對約西亞而言，戰死沙場只是短期的痛苦；對沙龍而言，在埃及這被擄之地生活是長期的痛苦。「哀哭」在 10 節出現兩次，加上「悲傷」這字詞，這成為沙龍人生的主調。

二十二章 13～19 節 這段經文的焦點人物是猶大王約雅敬，他在任十一年。13 節明言他的罪行：白白使人做工，卻不給他們工錢。約雅敬是埃及所立的傀儡王，猶大要向埃及上繳巨額的貢款（王下二十三 33～35）。約雅敬第四年，巴比倫打敗埃及，猶大等巴勒斯坦的國家都在巴比倫的勢力範圍之下，猶大改為向巴比倫進貢巨款（王下二十四 1）。在國庫空虛之下，約雅敬竟然為自己建造豪華王宮，但卻不繳付工資給工人（13 節）。這兩件事都是約雅敬的罪行。

15 節指他熱中於興建香柏木的樓房，「爭勝」原文的意思是燃燒、熱中、甚至競逐最優秀的美名。[10] 這節表示他作王並不是勤政愛民，而是為了個人的聲譽或享受。15 至 16 節指約雅敬看見他父王約西亞所樹立的榜樣和所享受的福樂，但 17 節指責約雅敬卻沒有跟從約西亞的榜樣。

18 和 19 節指約雅敬和他的家屬要面對悲哀的下場。在約雅敬第十一年，尼布甲尼撒帶領巴比倫軍攻擊猶大，俘擄了約雅敬，並用銅鍊鎖著他，原意要將他帶到巴比倫去（代下三十六 6），但他可能被銅鍊鎖著之前已受酷刑（參耶三十九 7），可能不堪酷刑而死。他的屍首被扔到耶路撒冷的城門外（耶二十二 18～19），白天受炎熱，黑夜受寒霜（耶三十六 30）。猶太史學家約瑟夫（Titus Josephus）直接指尼布甲尼撒王殺死約雅敬。[11]

二十二章 20～23 節 20 節的亞巴琳位於摩押的山區，其中一座山就是在死海（參下圖 7.3[12] 底部）東北面的尼波山（民二十七 12；申三十二 49）。巴珊是在下圖右面的地區，黎巴嫩山在下圖的頂部。上述三個都是應許之地以外的地區。20 節的意思是向鄰國報訊，為甚麼要報訊呢？《和修版》的翻譯是「因為你所親愛的都毀滅了。」《新譯本》的翻譯是「因為你的盟友都毀滅了。」

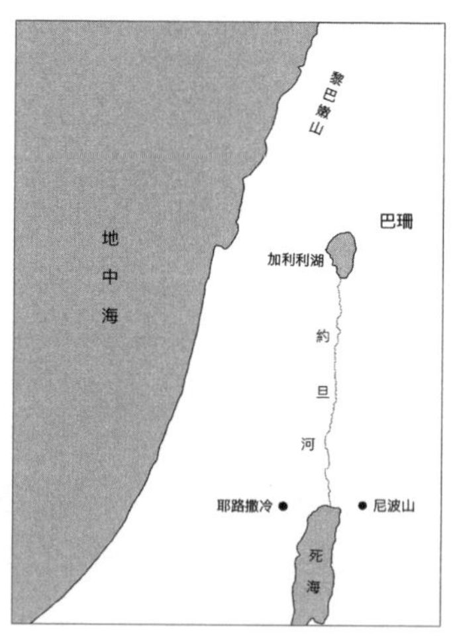

圖 7.3：約但河與死海一帶的城市

22 節「你所親愛的（אָהֵב）必被擄去。」上述希伯來字[13] 在 20

和 22 節都有出現，它可引伸為「盟友」或「朋友」（耶二十 6），又可引伸為猶大人所仰慕的外國人（結二十三 21～23），或他們所喜愛的外邦人偶像（耶二 23～25）。22 節的起首兩句是平行句：「你的牧人」與「你所親愛的」平行，「要被風吞吃（רָעָה）」[14] 與「必被擄去」平行。在古代中東，統治者被稱為「牧人」（參三 15 的評註）。「你所親愛的」是指先知和祭司等領袖（參耶二十 6）。[15]

23 節「你這住黎巴嫩、在香柏樹上搭窩的」不是指住在黎巴嫩香柏樹林的人，而是指住在香柏木所建造的房屋內的人，這些房屋令人好像置身於黎巴嫩的香柏樹林，就如所羅門在耶路撒冷所興建的黎巴嫩林宮（王上七 2～5）。

23 節「你這住黎巴嫩、在香柏樹上搭窩的」的「你」，估計是指富有的權貴，而不是指低下階層的百姓。當政治領袖被風吹走，宗教領袖被擄去時，23 節指有痛苦臨到上述的權貴，他們會好像婦人生產時那樣痛楚地呻吟。在國破家亡時，他們的香柏木房屋都會被巴比倫軍所焚毀（三十九 8），他們也會經歷很多痛苦，原因是他們不肯聽神的話（21 節）。21 節「你從年輕時就是這樣，不肯聽我的話」指出他們不是偶爾不聽從，而是長期不聽從，可見他們是罪有應得。

二十二章 24～30 節　這段簡短經文的重點人物是哥尼雅，又名耶哥尼雅，或約雅斤（參王下二十四 6；耶二十四 1）。列王紀下二十四章提供有關的歷史：約雅敬死後，他的兒子約雅斤繼位，他行耶和華看為惡的事，好像他的祖先一切所行的。他只作王三個月，在巴比倫軍圍攻耶路撒冷的壓力之下，帶領母親和臣僕等人出城投降巴比倫王。他被擄到巴比倫，從此就沒有機會回到猶大的土地生活。

24 節「戒指」是古代的其中一種蓋印，王可使用戒指親自蓋印文件，或將戒指交由宰相代為蓋印文件（參創四十一 42；斯三 10；八 2）。這節是指約雅斤是神手中的戒指，代表神在世上管理猶大國，但神要將這戒指摘下來；「摘」在原文是一種粗暴的動作，代表神棄絕約雅斤的意思。[16]

25 節的「手」在原文接連出現四次，為要作出強調（見下文粗體字），所以這節應譯作：「我要將你交在尋索你命的人**手中**，交在你所懼怕的人**手中**，交在巴比倫王尼布甲尼撒的**手中**，交在迦勒底人的**手中**。」

26 和 28 節的「趕」在原文是一種粗暴的動作，可譯作「扔」，[17] 代表神棄絕約雅斤和他的後代。神不單將約雅斤這戒指粗暴地摘下來，而且扔在外地。扔在外地的結果，是好像瓦器被扔在地或被棄掉，無人喜愛（參 28 節）。

29 節的「地」接連出現三次，然後帶出重點是：「當聽耶和華的話！」「地」並不能聽耶和華的話，這裏的「地」代表地上所有人，他們必定要聽耶和華的話，否則他們就會有約雅斤的下場。

根據歷代志上三章 17 至 18 節，約雅斤有七名兒子，但他們都不能坐在大衞的王位治理人民。接續約雅斤作王的是他的叔父西底家，他被巴比倫王立作猶大的傀儡王（王下二十四 17）。

二十三章 1～8 節　在古代中東地區，統治者被稱為「牧人」（參本書三 15 的評註）。1 節「殘害」的原文 [18] 可譯為「令人滅亡」，1 至 2 節指責猶大末代的數位君王令神的子民滅亡或分散各地，神必懲罰這些王。2 節「你們趕散我的羊羣」，這節的動詞「趕散」在原文已帶有「你們」的意思，但原文額外加上主詞「你們」作為強調。3 節的動詞「召集」在原文已帶有「我」的意思，但原文額外加上主詞「我」作為強調。換言之，2 節指出猶大人分散到各國，猶大末代的數位國王要負起全責。而 3 節指神卻會負起全責召集分散的子民歸回故土。

4 節「牧人」在原文是眾數，5 節「苗裔」在原文是單數。4 節沒有明言牧人的名稱，但 6 節指這苗裔的名必稱為「耶和華——我們的義」。由此可見，5 節的「苗裔」是有別於 4 節的「牧人」。更重要的是，6 節指出苗裔的名稱是「耶和華——我們的義」，而西底家這名字的意思是「耶和華——我的義」。對比兩者的意思，是指西底家不能成就神的義，但將來的苗裔能成就神的義。[19]

本書第三章的 3.4 已指出大衞的苗裔就是指耶穌基督，在此不贅。3.3 已討論「餘民神學」（參二十三 3 及有關的經文），在此不贅。

7 和 8 節分別用兩種起誓的句式去代表兩個不同的歷史關係：7 節的歷史關係，是神將祂的子民從埃及為奴之地拯救出來，然後攻入應許之地；8 節的歷史關係是，神將祂的子民從巴比倫被擄之地拯救出來，然後回歸到應許之地。這兩個歷史關係對當時的人都是刻骨銘心的，並且以這位拯救自己的神作為個人和民族的神。（參本書第三章的 3.2「回歸神學」部分）。

思想問題

1. 教會的牧者和執事並不是完美的，他們有時都會令人失望。只有聚焦在神，才會令我們不致失望，而且有盼望。對你來說，實踐上述道理時，有甚麼難處？
2. 縱然你聚焦在神，但神所帶領的結果亦未必如你所願，神所成就的時間也可能落後於你的時間表，那麼你如何面對這些處境？

7.2.3. 說假神諭的先知要承擔亡國的責任（二十三 9～40）

二十三章 9 節　二十一章 11 至二十三章 8 節是有關猶大王的一系列神諭，而二十三章 9 至 40 節是有關說假神諭的先知的經文。這兩段經文分別指責君王不聽從神的話，又指責先知傳講假預言。他們都是禍國殃民，帶領人民走錯路，令國家走上亡國之路。

二十三章 9 節的開始是「論到那些先知」。這節的「我」是指耶利米，當他講述有關神指責說假神諭的先知之前，他首先講述自己的感受。這感受是以詩歌的平行句表達出來。

這節「憂傷」的原文直譯是「破碎」，[20]《和修版》的「憂傷」可能是意譯，《新譯本》直譯為「破碎」。除了直譯和意譯的分別之外，「破碎」比「憂傷」所傳遞的意思會更悲傷。這節「骨頭全都發顫」，指悲傷到一個程度，全身抽搐，甚至搖擺，像醉酒的人。

這節「因耶和華」的原文是 מִפְּנֵי יְהוָה，[21] 這片語在舊約只出現九次（創三 8；出九 30；士五 5；王下二十二 19；耶四 26，二十三 9；哈一 12；亞二 13；瑪三 14），大多譯作「在耶和華面前」。二十三章 9 節可譯作「在耶和華面前、在祂的聖言面前」。[22] 先知應首先在神面前聆聽神諭後，才宣告神諭，但假先知卻在沒有聽到神諭下宣告「神諭」。

根據上述的解釋，筆者重譯如下：

9 節　論到那些先知：我心在我裏面破碎，我的骨頭全都發顫；
就像醉酒的人，像被酒所勝的人，
在耶和華面前（מִפְּנֵי יְהוָה），
在祂的聖言面前（וּמִפְּנֵי דִּבְרֵי קָדְשׁוֹ）。[23]

二十三章 10～15 節　在原文，10 節的第一個字是 **כִּי**（因為），《和修版》沒有將這字翻譯出來。《新譯本》對 10 節的第一句譯作「**因為**這地滿了行淫的人」。這希伯來字在 12 和 15 節進一步指出耶利米發顫的原因。12 節指神必使災禍臨到他們，他們的道路必像黑暗中的滑地，他們必被追趕，仆倒在其上，他們的慘況令人不寒而慄。15 節指褻瀆的事出於耶路撒冷的先知，遍及各地，這情況也令人不寒而慄。

10 節「賭咒」的原文指起誓或咒詛，[24]《和修版》譯作「因妄自賭咒」，但原文沒有「妄自」，也不一定是「賭咒」。《新譯本》譯作「因為受咒詛」會比較清楚，大多數英譯本也是如此翻譯（參 NIV、NRSV、NASB、ESV 等）。

10 至 15 節只有六節，但有兩個有關連的字分別出現兩次：「姦淫」在 10 節和 14 節出現，「褻瀆」在 11 節和 15 節出現，「姦淫」（**נאף**）和「褻瀆」（**חָנֵף**[25]）的原文同時在三章 9 節出現：「因以色列輕忽了她的淫亂，與石頭和木頭行姦淫（**נאף**），她和這地就都污穢（**חָנֵף**）了。」三章 9 節的木頭是指偶像，姦淫是指宗教上的淫亂，意思是猶大人是屬耶和華的子民，他們敬拜偶像等同宗教上的淫亂。二十三章 10 節指這地充滿了犯姦淫的人！意思是猶大全地的百姓都敬拜偶像。

13 和 14 節將撒瑪利亞的先知和在耶路撒冷的先知作出對比，前者託巴力之名說預言，後者犯姦淫，行虛謊。「虛謊」的原文在耶利米書出現三十四次，有時譯作「虛假」（六 13）。14 節「行虛謊」可指先知託神的名說假預言（耶二十三 25～26；彌二 11）。他們預言平安，其實沒有平安（耶六 13～14）。百姓喜歡聽虛假的吉語（耶五 31），所以褻瀆的事是出於耶路撒冷的先知，遍及各地（耶二十三 15）。

二十三章 16～24 節　先知應先聽到神的說話，然後被神差派向人宣告神諭，目的是叫人悔改歸向神。說假神諭的先知並沒有聽到神的說話，也沒有神的差派，目的只是圖謀自己的利益，人民沒有悔改歸向神。「聽」在 16、18、22 節共出現四次，強調人要聽從神的說話。

在古代的中國，假傳聖旨是死罪。同樣，先知編造假神諭也是死罪。下列經文以重複的字詞去強調神的憤怒，就是「暴風」（見下文粗體字）和「旋轉」（見劃線字）。

19 節　看哪！耶和華的**暴風**在震怒中發出，
是旋轉（חול）的**暴風**，必轉（חול）到惡人頭上。

23 節「我是靠近你們的神，不是遙遠的神，不是嗎？」需要重譯，原文並沒有「你們」。《新譯本》的翻譯比較貼近原文：「難道我只是近處的神嗎？不也是遠處的神嗎？」，意思是即使說假神諭的先知在隱密處藏身（24 節），神也能看見而作出懲罰。

二十三章 25～32 節　「夢」在這段經文出現了六次（按原文計算），其中五次是在 25 至 28 節出現。古代的人認為神可能在人的夢境中向人發出神諭。在耶利米書，神直接向耶利米說話。當然，神有時藉著夢向人作出啟示（但七 1）。這裏的重點並不在於神會否採用夢去向人作出啟示，而是在於人是否編織假夢欺騙人。

25 節指責說假神諭的先知，27 節指責他們使神的百姓忘記神，28 節將這些先知和真先知作出比較，而且兩者的效果是天淵之別：前者所發出的假神諭只像糠秕，後者所發出的真神諭就如麥子是有價值的。29 節更指出神的話像火，像能打碎磐石的大鍾。神諭不一定帶來平安的信息，也可能帶來審判的信息，帶來極大的破壞。平安的信息帶來安慰，審判的信息令人懼怕而早日悔改。

30 節的原文第一個字是 לָכֵן，[26]《和修版》沒有翻譯此字，《新譯本》將此字譯作「所以」，這字表達因果關係，25 至 29 節是因，30 至 32 節是果。上文指責說假神諭的先知編織假夢欺騙人，下文強調神必定與這些先知為敵。30 至 32 節這段的每一節都以「看哪！我必與那些先知為敵」為開始，這三節可重譯如下：

二十三 30　所以，看哪，我必與那些先知為敵，這是耶和華說的，
他們互相偷取對方的話，當作我的話。

二十三 31　看哪，我必與那些先知為敵，這是耶和華說的，
他們用自己的舌頭說是耶和華說的。

二十三 32　看哪，我必與那些編織假夢的先知為敵，這是耶和華說的，
他們述說夢話，以虛假和鹵莽使我的百姓走入歧途，
我並未差遣他們，也沒有吩咐他們。
他們對這百姓毫無益處，這是耶和華說的。

上述的翻譯是按原文的先後次序，令人知道重點是第一句：「看哪！我必與那些先知為敵」。若上司連續三次對下屬說：「看哪！我必與你為敵」，下屬會感受到很大壓力。30、31 和 32 節都有一句相同，30 與 31 節的篇幅很短，但 32 節較長。這文學技巧是三或四的進展結構（參本書第一章 1.2.3.2），重點是在 32 節。

32 節「走迷了路」的原文可譯作「走入歧途」。[27] 當父母看見子女走入歧途時，必定心碎。同樣，當神看見祂的子民走入歧途時，

必定心碎，而且必與那些說假神諭的先知為敵。

二十三章 33～40 節　在這段經文，有一個希伯來字出現八次，這字可譯作「默示」或「重擔」。[28] 這字在這段經文大多指神的默示，只有在 36 節的第二次出現時指人的重擔。這段經文不單重複這希伯來字，而且句子都重複。這些重複的句子和字詞堆砌了下列的結構：

A　神對百姓、先知、祭司所發出的**默示**是神撇棄他們（33 節）

　B　神必懲罰那些說「耶和華的**默示**」的人和他的家（34～35 節）

　　C　你們不可再提「耶和華的**默示**」，因為
　　　各人所說的話必成為自己的**重擔**；
　　　你們錯用永生神、萬軍之耶和華——我們神的話（36 節）

　B'　神已差派人警告他們不可再說「耶和華的**默示**」（37～38 節）

A'　神必定撇棄不聽警告的人和他們的城（39～40 節）

33 節「甚麼默示啊？」是按希伯來文聖經直譯出來的。《新譯本》這裏按希臘文《七十士譯本》譯為「你們就是重擔」。由於《七十士譯本》只是翻譯，是有機會譯錯的，而且神回應這問題「甚麼默示啊？」的答案就是神撇棄他們，所以這句應譯為「甚麼默示啊？」

36 節「各人所說的話必成為自己的重擔」這句話的意思是自作自受，神已禁止人說神的默示，他們還不停地聲稱自己是說神的默示，結果惹來神的懲罰。

36 節「錯用」的原文可解作「扭曲」，[29] 這裏指說假神諭的先知扭曲神的說話。其中一個例子就是耶利米書七章 8 至 10 節。猶大人違犯十誡（耶七 9），然後七章 10 節指他們來到聖殿獻祭，就以為自己安全了。這節的「平安」在原文是「得救」，[30] 其實他們不是得救，而是得禍。為甚麼獻祭的猶大人很有信心地認為自己得救而不是得禍呢？原因是他們倚靠虛謊的（שֶׁקֶר [31]）話語（耶七 8），不論這些虛謊的（שֶׁקֶר）話語是否來自先知或祭司，傳講的人都是冒神的名傳講虛假的（שֶׁקֶר）神諭，令百姓以為獻祭就能得救。掃

羅王只有獻祭，沒有遵守神的誡命（撒上十五 1～30），他因此被神所棄絕；同樣，猶大人也必定因為沒有遵守神的誡命而得禍。

39 節「我必忘記你們」這翻譯需要斟酌，《新譯本》根據另一些抄本譯作「我必把你們當作重擔舉起來」，英譯本也有上述兩種不同的翻譯。不論何者是正確，這節的下半部分清楚地指出：神把他們和他們的城都撇棄了，又使長久的凌辱和羞恥臨到他們。

思想問題

1. 社會上很多人撒播歪理，而魔鬼正正利用這些歪理使基督徒偏離真理——這些歪理甚至會在教會撒播。耶利米書二十三章 16 節吩咐我們不要聽這些假先知自以為是的說話，他們只會使我們成為虛無（原文是傳道書所指的「虛空」）。這節經文給你甚麼提醒？
2. 根據 17 節和 22 節，申命記十八章 20 至 22 節，彼得後書二章 1 節，我們如何判斷那些人是假先知？

7.3. 小結

上文已對二十一至二十三章作出釋經，這部分只總結地指出二十一至二十三章由下列三部分組成。

亡國故事的序（prologue）

1. 有關猶大必亡，民須投降的預言（二十一 1～10）
2. 末代王約雅敬和西底家要承擔亡國的責任（二十一 11～二十三 8）
3. 說假神諭的先知要承擔亡國的責任（二十三 9～40）

下表顯示第二點的經文（二十一 11～二十三 8）有些字詞多次重複，這些字詞全都在二十二章 7 至 15 節出現，指神要差派毀滅者砍伐佳美的**香柏**樹，扔在**火**中（二十二 7），因為約雅敬王用**不公義**的手段建造**香柏**木的樓房，他使工人白白做工，卻不將工錢給工人（二十二 13～15）。相對來說，他父親約西亞施行**公正**和**公義**而得了福樂（二十二 15）。

重複字詞	在二十一 11～二十三 8 出現次數
火	三次（二十一 12、14，二十二 7）
香柏木 / 香柏樹	四次（二十二 7、14、15、23）
公平 / 公正	五次（二十一 12，二十二 3、13、15，二十三 5）
公義	三次（二十二 3、15，二十三 5）

圖 7.4：二十一章 11 節至二十三章 8 節中的重複字詞及其出現次數

有關上述亡國故事的序言第三點，就是有關說假神諭的先知要承擔亡國的責任這段經文（二十三 9～40）。這段經文的起首指出在耶和華面前、在祂的聖言面前，耶利米心碎（二十三 9）。下列的重複字詞「因為」有其重要性，指出耶利米心碎的原因，就是人民聽信說假神諭的先知，結果是國破家亡。

二十三 10　**因為**這地滿了行淫的人
因為受咒詛，地就悲哀……（這節重譯，參上文）
二十三 12　**因為**在他們受罰之年，我必使災禍臨到他們……
二十三 15　**因為**褻瀆的事出於耶路撒冷的先知，遍及各地……

有些字詞分別在四段經文多次出現（參圖 7.5）。下表第一段經文（二十三 10～15）指出「因為」的重要性（參上文）。第二段經文（二十三 16～24）強調人民不要聽這些說假神諭的先知（二十三 16），他們根本沒有聽到神的說話（二十三 18），他們只是自己編造假夢（下表的第三段經文）作為神的默示（下表的第四段經文）。

分段經文	重複字詞	在下列經文出現次數
二十三 10～15	因為	五次 （10x2、11、12、15 節）
二十三 16～24	聽	四次 （16、18x2、22 節）
二十三 25～32	夢	六次 （25x2、27、28x2、32 節）
二十三 33～40	默示／重擔	八次 （33x2、34、36x2、38x3 節）

圖 7.5：二十三章 10 節至二十三章 40 節四段經文重複的字詞

在二十三章 11 節，「因為」的原文出現在這節的起首，但《和修版》沒有將它翻譯出來（參 CSB），「默示」和「重擔」在原文是相同的（參二十三 33～40 的評註）。

「各人所說的話必成為自己的重擔」（二十三 36）這句話是要叫人自作自受，意思是：神已禁止說假神諭的人說神的默示，他們還不停地說神的默示。結果是他們惹來神的懲罰，他們愈多宣告神的默示，神對他們的懲罰愈沉重。這節是上述四段經文（參上表的分段）的總結。

註釋

1. T. T. Chan, "Jeremiah and the Fall of Jerusalem: A Rhetorical Study of Jeremiah 37～38 and 21:1～10," (Th.D. diss., Lutheran Theological Seminary, 2010), 274.
2. D. F. Tolmie, *Narratology and Biblical Narratives: A Practical Guide* (San Francisco: International Scholars Publications, 1999), 88.
3. 原文 נִלְחָם 是分詞，可譯「正在攻打」，英譯本 NIV："is attacking"。
4. 參 NASB："I am about to turn back"，這翻譯是基於הִנְנִי מֵסֵב，這片語中的分詞是表達快要發生的意思。參 *JM*, § 119 *n*—"the future expressed by the participle is usually a near future, the nuance of proximity is often emphasized by הִנֵּה ("Look")"。
5. "לְ (*li*)," *BDB*, 510—"about"；另參 BBE："About the family of the king of Judah ..."(21:11)，以及"About the prophets..." (23:9)。
6. J. R. Lundbom, *Jeremiah 21～36,* AB 21B (Garden City: Doubleday, 2004), 111.
7. 張文亮：《聖經與植物：從聖經看見上帝奇妙的創造》（新北：青橄欖，2015），頁 144。
8. "קָדַשׁ (*qāḏaš*)," *HALOT* , 1073—"to be treated as holy…dedicated for use before God."
9. "מִבְחָר (*mibḥār*)," *BDB*, 104—"best, choicest."
10. "חָרָה (*ḥārâ*)," *BDB*, 354—"burn…strivest eagerly (to excel)."
11. 約瑟夫：《猶太古史》，蘇美靈譯（香港：天人出版社，1994），卷十第七章第一段。
12. 詳可參 Y. Aharoni et al., eds., *The Macmillan Bible Atlas* (New York: Macmillan

Publishers, 1993), 14。
13. "אָהֵב(*'āheḇ*)," *BDB*, 12—"love."
14. "רָעָה (*rā'â*)," *HALOT*, 1260—"כָּל־רֹעַיִךְ תִּרְעֶה־רוּחַ meaning 'the wind carries off (רָעָה)all your shepherds (i.e. leaders).'"
15. Lundbom, *Jeremiah 21～36,* 151。參耶二十 6：「你，巴施戶珥，和所有住在你家中的人都必被擄；你和你的朋友（原文可譯為『你所愛的人』），就是你向他們說假預言的，都要到巴比倫去，死在那裏，葬在那裏。」
16. Lundbom, *Jeremiah 21～36,* 157。參士十六 12。
17. "טוּל (*ṭûl*)," *BDB*, 376—"hurl"。參結三十二 4。
18. "אָבַד (*'āḇaḏ*)," *HALOT* , 3—"cause to perish."
19. 哈理遜：《耶利米書‧耶利米哀歌》，李蕙英譯，丁道爾舊約聖經註釋（台北：校園書房，2001），頁 124。
20. "שָׁבַר (*šāḇar*)," *BDB*, 990—"break in pieces."
21. "מִפְּנֵי יְהוָה" 這片語中的第一個字可譯為「在……面前」，參 B. T. Arnold and J. H. Choi, *A Guide to Biblical Hebrew Syntax* (Cambridge: Cambridge University Press, 2003), 119—"before."
22. Lundbom, *Jeremiah 21～36,* 182.
23. Lundbom, *Jeremiah 21～36,* 178—"My heart is broken within me, all my bones waver, I have become like a drunken man and like a mighty man whom wine has overcome before the Lord and before his holy words."
24. "אָלָה (*'ālâ*)," *BDB*, 46—"oath, curse."
25. "חָנֵף (*ḥānep̄*)," *BDB*, 337—"pollute, profane"；這字在耶三 9 譯作「污穢」，在耶二十三 11、15 譯作「褻瀆」。
26. "לָכֵן" 這字譯作「所以」，參 Arnold et al., *A Guide to Biblical Hebrew Syntax*, 136—"therefore"。
27. "תָּעָה (*tā'â*)," *HALOT* , 1767.
28. "מַשָּׂא (*maśśā'*)," *BDB*, 672—"prophetic utterance, burden."
29. "הָפַךְ (*hāp̄aḵ*)," *HALOT*, 253—"twist"。《新譯本》譯作「曲解」，CJB："twist"；NIV："distort"；NRSV："pervert"。
30. "נָצַל (*nāṣal*)," *BDB*, 664—"be delivered." 在耶利米書四十二章 11 節，這字在《新譯本》譯為「搭救」，《和修版》譯為「拯救」。
31. "שֶׁקֶר (*šeqer*) ," *BDB*, 1055—"deception, falsehood."

第八章

耶利米與宗教領袖的角力（二十四～二十九章）

8.1. 二十四至二十九章的結構

耶利米對國家和民族命運的預言均記載於二十四和二十五章。然後，二十六至二十九章記載宗教領袖反對耶利米的預言，雙方之間有三次角力。宗教領袖是指祭司和說假神諭的先知，神沒有向他們說任何話，但他們自稱是神差派他們發出神諭的。只要有猶大人相信他們，他們就能夠成為領袖（參圖 8.1）。

章數	主題	時代	公元前
二十四	有關民族命運的預言：被擄者蒙神保佑，無被擄的猶大人將遭禍	西底家元年	五九七年
二十五	有關列國命運的預言：列國要被巴比倫所亡，人民被勞役七十年	約雅敬四年	六〇五年
二十六	耶利米和宗教領袖對有關國家和民族預言的第一次角力	約雅敬元年	六〇九年
二十七～二十八	耶利米和宗教領袖對有關國家和民族預言的第二次角力	西底家一至四年	五九七至五九三年
二十九	耶利米和宗教領袖對有關國家和民族預言的第三次角力	西底家四年後	五九三年後

圖 8.1：耶利米書二十四至二十九章的主題及時代背景

下頁圖 8.2[1] 顯示，二十一至四十五章的大部分事件都是在西底家時代發生的，約雅敬時代的事件只是插敍。假如筆者是一名編導，就會將西底家時代的事件拍成彩色片段，約雅敬時代拍成黑白片段，穿插在西底家時代的主線情節之中，這樣的話，觀眾就不會感到混亂。

8.2. 二十四至二十九章的評註

8.2.1. 有關民族命運的預言（二十四 1～10）

二十四章 1～3 節 1 節清楚地指出無花果的異象（2～3 節）的時代背景：約雅敬的兒子耶哥尼雅（又名約雅斤）和猶大的領袖，並工匠、鐵匠從耶路撒冷被擄到巴比倫。當時約雅敬王已死，他的兒子約雅斤繼位。約雅斤作王只有三個月就被擄去巴比倫，他的叔父西底家被巴比倫立為傀儡王，十一年後猶大就亡國。根據下頁圖 8.3，猶大人有四次被擄（參但一～4；耶五十二 28～30），約雅斤等人被擄那一次不單是人數最多，而且是改朝換代，百姓的生活也因缺乏工匠而大受影響，加上七千勇士也被擄（王下二十四 14～16），很多家庭都缺乏壯男工作養家。

章數	約雅敬的年代	西底家的年代
二十一		亡國前，王請耶利米求問神。耶利米指國必亡，民須投降
二十四		第一年：好壞無花果分別代表被擄和留下的猶大人
二十五	第四年：耶利米預言列國將要服事巴比倫七十年	
二十六	第一年：宗教領袖因耶利米的神諭而敵對他	
二十七		第一年：耶利米的頸負軛，象徵列國將會服事巴比倫
二十八		第四年：哈拿尼雅預言兩年內回歸，他與耶利米角力
二十九		第四年後：耶利米與在巴比倫的宗教領袖角力
三十二		第十年：耶利米購地
三十四		約在第十年：西底家命人民立約，釋放奴僕，後來背約
三十五	利甲族人的信實行徑	
三十六	第四年：巴錄抄寫書卷 第五年：王火燒書卷	
三十七～三十八		耶路撒冷兩次被圍，王請耶利米求問神。耶利米勸他投降
三十九～四十四		第十一年亡國後的亂局
四十五	第四年：耶利米忠告巴錄	

圖 8.2：耶利米書二十一至四十五章的主要事件

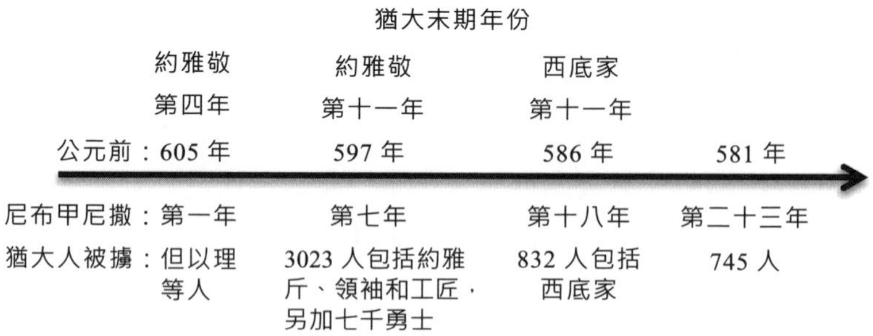

猶大末期年份

	約雅敬第四年	約雅敬第十一年	西底家第十一年	
公元前：	605 年	597 年	586 年	581 年
尼布甲尼撒：	第一年	第七年	第十八年	第二十三年
猶大人被擄：	但以理等人	3023 人包括約雅斤、領袖和工匠，另加七千勇士	832 人包括西底家	745 人

圖 8.3：尼布甲尼撒在位期間數次擄去猶大人的情況

2 至 3 節精簡地描述無花果的異象，就是有兩筐無花果放在耶和華殿前。一筐是極好的無花果，像是初熟的。另一筐是極壞的無花果，壞得不能吃。2 至 3 節只有兩節，但「極」出現四次，不單用來形容好的無花果是極好，也用來形容壞的無花果是極壞，單從外表已令人知道壞得不能吃。

二十四章 4～7 節 從事後孔明的角度來看，後世的人很容易理解上述異象的意義，就是被擄的羣體在巴比倫安全地生活，但留在猶大地的羣體要繼續面對國破家亡的戰亂，他們的際遇當然比較前者差得多。

從當時的角度來看，約雅斤等人被擄是改朝換代的事件，社會發生這樣大的震盪，猶大人如何看這一次大規模的被擄事件呢？被擄的人是否因為離鄉別井和寄人籬下而被認為不幸？

筆者認為閱讀上述異象的角度不是在於人的理解，而是在於經文所指出的角度，原因如下：第一是兩筐無花果是被放置在聖殿之前（1 節），而不是被放置在於人面前，所以這異象的重點在於神如何看這兩筐無花果，而不在於猶大人的看法。第二是 5 節「我必看顧他們如這好的無花果，使他們得福樂」的「看顧」的原文直譯「看作」。[2] 這節表明神如何看這兩個猶大羣體，所以重點不是猶大人的看法。

5 節的結尾和 6 節的起首有一相同的字，就是 לְטוֹבָה（=for good），《和修版》譯作「使他們得福樂」，其實原文並沒有「他們」（參 JPS）。更重要的是，5 節表達被擄的事件表面上看來是災難，其實是好事。二十九章 10 至 11 節更明言被擄的事是出於神的意念（或譯「計劃」，參本書有關二十九章 10 至 11 節的註譯），神向猶大人所懷的意念是賜平安的意念，不是降災禍的意念，要叫他們末後有指望。

7 節表達神所看重的「好」並不是在於人「得福樂」，而是在於人要有「心」。不論原文和中文翻譯，「心」在 7 節出現兩次：一開始「我要賜給他們認識我的心」，以及結尾的「他們要一心歸向我」。7 節指出這「心」是神所賜的，正如以西結書三十六章 26 至 27 節所言：「我也要賜給你們一顆新心，將新靈放在你們裏面，又從你們的肉體中除掉石心，賜給你們肉心。我必將我的靈放在你們裏面，使你們順從我的律例，謹守遵行我的典章。」

除了有「心」，還要有「約」（covenant）的關係。雖然「約」在 7 節沒有出現，但「約」的關係在 7 節清楚表達出來，就是「他們要作我的子民，我要作他們的神」（參出十九 5；申二十九 13）。正如耶利米書三十一章 33 節所言：「那些日子以後，我與以色列家所立的約是這樣：我要將我的律法放在他們裏面，寫在他們心上。我要作他們的神，他們要作我的子民。」

二十四章 8～10 節　這段經文的字面意思顯而易見，但讀者會問：為何留在猶大地的人會被神敵視？神是否不公平？二十一章 8 至 9 節便提供了答案：「我將生命的路和死亡的路擺在你們面前。住在這城裏的必遭刀劍、饑荒、瘟疫而死；但出去投降圍困你們之迦勒底人的必得存活，保全自己的性命。」神並沒有對任何羣體偏心，西底家時代面臨國破家亡的時候，當時的每一個猶大人仍可選擇投降而保存生命，他們有權選擇投降而成為被擄的其中一分子，正如每一個現代人都有權選擇相信耶穌而得到永生。從這角度，二十四和二十五章所指的命運並不是宿命論（fatalism），而是決定論（determinism）。前者指人生中的遭遇，包括生死禍福、貧富貴賤等都是神或命運預先命定的，而不是因果的關係。後者指每一事件的發生，都是因為先前的事而發生。即是說事情的演變是由因果定律支配，人的決定會影響將來的發展。

另一個問題是：為何神要在猶大地毀滅淨盡？原因是猶大的政治、宗教、人心等已是千瘡百孔了，神決定要完全拆毀，然後重建。正如一座大廈已殘破不堪時，需要重建。

思想問題

1. 上述以西結書三十六章26至27節和耶利米書三十一章33節都令人感到新心和新約是在被擄之後才會發生。事實上被擄的事件令人痛定思痛，心靈才有轉變的可能。基督徒是否需要苦難，痛定思痛，心靈才有轉變的可能？
2. 面對各類社會問題，我們相信神可以給人出路嗎？好壞無花果的異象教人如何面對上述問題？

8.2.2. 有關列國命運的預言（二十五 1～38）

在編排的次序上，二十四章排先，二十五章排後，但在時間的次序上，二十五章比二十四章早七至八年發生。二十四章1節所指的猶大人被擄，耶利米早在約雅敬四年已預言各地人民被擄。在約雅敬四年，巴比倫剛剛崛起（參本書第二章2.1），尚未威脅到猶大。當時的猶大人可能不會留意二十五章的預言。

章數	主題	時代	公元前
二十四	有關民族命運的預言：被擄者蒙神保佑，無被擄的猶大人將遭禍	西底家元年	五九七年
二十五	有關列國命運的預言：列國要被巴比倫所亡，人民被勞役七十年	約雅敬四年	六〇五年

圖 8.4：二十四和二十五章的主題及時代

學者指出經文的先後次序不一定按事件發生的次序，也可按主題編排。[3] 二十四和二十五章的主題分別指出民族和列國的命運。

上圖指出二十四章的主題是有關猶大民族命運的預言：被擄者蒙神保佑，沒有被擄的猶大人遭禍。這是甚麼災禍呢？二十四章並沒有明言，關心這問題的猶大人向耶利米查詢時，他的回應當然會指出早在約雅敬四年時，神已藉他發出預言，指列國（包括猶大）將被巴比倫所亡，人民將被勞役七十年（二十五 8～14）。被擄者的前路已成定局，就是要在巴比倫生活。沒有被擄的猶大人會再次面對戰爭；西底家十一年國破家亡時，許多猶大人都死於戰亂，但在亡國前投降的猶大人可保存生命。

二十五章 1～7 節 1 節「二十三年」的計算方式是由約西亞第十三年至約雅敬第四年。另一方面，1 節指出約雅敬第四年和尼布甲尼撒元年是同期。換言之，尼布甲尼撒作巴比倫王之前二十三年，神已差派眾先知，即是不單耶利米這先知，也包括烏利亞（耶二十六 20～23）去警告猶大人要停止敬拜偶像，要歸向真神，並且認罪悔改，否則他們將會被逐出應許之地。

3 和 4 節都出現「一再」此詞，《和合本》譯作「從早起來」，這片語的原文意思不一定指清早起來，也可指「懇切地」或「不斷地」。[4] 神不單差遣耶利米，也差遣眾先知去警告猶大人。可惜的是猶大人並不聽從，結果是他們害了自己（7 節），不能怨天尤人。

這段經文兩次提及「惹我發怒」（6、7 節），8 至 9 節作出警告，若猶大人不悔改，神就會差派巴比倫軍攻擊猶大。由約雅敬四年至猶大被巴比倫所滅，尚有十八年（參圖 8.3）。換言之，神仍然給人機會悔改，可惜猶大人沒有把握機會。上文令人聯想羅馬書二章 5 節：「你竟放任你剛硬不悔改的心，為自己累積憤怒！在憤怒的日子，神公義的審判要顯示出來。」

二十五章 8～14 節 為甚麼 9 節稱呼尼布甲尼撒為神的僕人呢？現代基督徒看見「僕人」這字詞，就可能從宗教的角度認為「僕人」指舊約的先知或教會的傳道人。其實當時的人有另一種理解，就是君臣的角度，官員被稱為「僕人」（王下二十五 8；但二 4）。所羅門王在神面前自稱為「僕人」（王上三 7），乃縵元帥在神面前自稱為「僕人」（王下五 15）。由此可見，任何人在神面前都可自稱為「僕人」，連尼布甲尼撒也稱呼但以理的三個朋友為「神的僕人」（但三 26、28）。

9 節「召」和 4 節「差遣」的原文是同一個字，神差遣尼布甲尼撒的任務就是前來攻擊猶大地的居民，並四周列國的國民。當然，尼布甲尼撒不自覺做了神的僕人，執行了神的計劃。其實巴比倫之前的亞述帝國也是南征北伐以擴大帝國的版圖，尼布甲尼撒只是蕭規曹隨。只要神將尼布甲尼撒這人放置在巴比倫的王座上，他自然就會依照神要他執行的任務去行。

9 節「北方的眾族」的意思是尼布甲尼撒的軍隊不單是迦勒底人，也包括其他民族，例如亞蘭人（耶三十五 11）。事實上，當巴比倫打敗一個國家時，她不單擄掠財物，也擄掠壯丁（王下二十四 16）。9 節「眾族」很可能是指這些被擄的壯丁被收編列作為兵丁。

9 節「前來攻擊這地和這地的居民，並四圍所有的國民」的意思是：尼布甲尼撒不單攻擊猶大國，也攻擊猶大附近的國家如摩押、亞捫等國（參二十五 19～26）。

11 節「這些國家要服事巴比倫王七十年」就是指猶大和其他國家不單亡國，而且這些國民要被擄去巴比倫，服事巴比倫王七十年。二十五章沒有提及回歸，但二十九章 10 節明言所有被擄者（包括猶大人和其他民族）都可以回歸故土。

11 節「服事」和 6 節「事奉」的原文是同一個字，6 節「事奉」指猶大人敬拜偶像，11 節「服事」指猶大人和其他民族要服事巴比倫王。事奉偶像帶來的結果，就是被巴比倫王所奴役，但事奉真神是不會有如此的結果，反而會被真神保守和祝福。

12 節「七十年滿了以後，我必懲罰巴比倫王……」的意思是巴比倫將會永遠亡國。在歷史上，巴比倫在公元前五三九年被波斯所滅，再不能復國。這節「懲罰巴比倫」令人感到大惑不解，尼布甲尼撒王和他的軍隊是神差遣去滅猶大和其他國家，為甚麼神要懲罰巴比倫？下文提供答案。

巴比倫人的殘暴臭名遠播（哈一 6、13），具體的罪行就是將所打敗的國王斬頭示眾或挖掉雙眼（耶三十九 7）。詩篇一百三十七篇 8 至 9 節暗示巴比倫人抓起嬰孩或小孩[5] 摔在磐石上，可能因為他們影響巴比倫軍的行程或工作，所以巴比倫軍會有這種殘暴的行為。

14 節指出神必照巴比倫人的行為，按他們手所做的報應他們。

神懲罰巴比倫，並不是因巴比倫軍在打仗時殺害敵軍，而是因他們打勝仗後仍殘暴地對待戰敗國的人民。

二十五章 15～28 節　這段經文有兩個問題：第一，耶利米如何將神手上憤怒的杯給各國的百姓喝？第二，17 節令人感到各國的百姓已經喝了憤怒的杯，但 28 節卻令人感到各國的百姓尚未喝，究竟是喝了還是未喝？

對於第一個問題，學者認為這是在異象裏發生的事，[6] 耶利米不用長途跋涉去各國。對於第二個問題，這裏的「喝」是一個象徵性的行動，象徵各國的百姓要被神懲罰。17 節指耶利米順服地去執行神的吩咐，28 節指無論各國的百姓是否願意受罰，神定意施行懲罰，他們就必定受罰。由此可見，17 節和 28 節是沒有衝突的。

15 節「杯」在原文是單數，「各國的百姓」在原文是眾數，上文已指出這段經文是異象，讀者不用考慮一杯酒是否可供千萬人去喝，其實這杯是象徵神的憤怒。16 節指這杯酒代表神的審判，就是神使刀劍臨到他們中間。27 節明言「你們要喝，且要喝醉，要嘔吐，且要跌倒，不再起來，都因我使刀劍臨到你們中間。」醉酒的人通常在一段時間之後會清醒，重新站立起來，但 27 節指人喝神的杯而醉倒，不再起來。27 節的結尾提供不再起來的原因，是神使刀劍臨到列國中間。由此可見，這裏「跌倒，不再起來」不是指醉酒後不再起來，而是指人被刀劍所殺，不再起來。

19 至 26 節列出一連串的國家，她們都要被神審判，這裏沒有交代詳細的原因，留待四十六至五十一章有關列國的神諭才交代她們的罪行。筆者要指出，26 節的「示沙克王」指的是「巴比倫王」，[7] 這段經文的結尾（26 節）指列國受到神懲罰之後，神要懲罰巴比倫。

二十五章 29～33 節　29 節指出 19 至 26 節的重點是：神既從那被稱為神名下的城（指耶路撒冷）起首施行災禍，列國能免去懲罰嗎？30 節「吼叫」和「吶喊」都是很大的聲音，引人留意。這節對比 4 節指無人留意先知長達二十三年的警告。

30 節「向自己的羊羣」令人感到神只向猶大人吼叫，但這節「向地上所有的居民吶喊」清楚表示神向地上所有的人吼叫。31 節指這響聲達到地極，也清楚表示神叫地上所有的人留意。

31 節「爭辯」的原文是指法庭的控訴，[8] 這裏指神控告和審判列國。31 節指神要審判每一個人的罪，每一個人都要受罰。

32 至 33 節指神對各國的審判是藉著巴比倫軍的南征北伐，戰士的刀劍帶來殺戮。「必無人哀哭，不得收殮，不得埋葬，必在地面上成為糞土」表示屍骸遍野，無人埋葬。

二十五章 34～38 節　「牧人」和「羊羣的領導者」都在 34 至 36 這三節出現，兩者都是眾數，古代中東地區稱君王是人民的牧人（參三 15 的評註）。這裏指列國的君王們都被殺掉，他們仆倒，好像珍貴的器皿遭打碎一樣（34 節），他們的土地也變成荒涼。「荒涼」在二十五章出現五次（9、11、12、18、38 節），意思是列國將會被摧毀。

「獅子」在耶利米書通常指巴比倫（四十九 19，五十 17、44），但這裏的 30 節「吼叫」指神，38 節「獅子」可能指神，或神藉巴比倫軍大開殺戒。其實重點是在於「神的怒氣」這主題貫穿二十五章，「神的怒氣」這主題在二十五章的首尾都有出現（6～7 節，37～38 節），中間的部分提及神怒氣的杯（15、28 節），這杯必定要列國都喝。「神的怒氣」這主題指神對列國的審判，包括猶大和巴比倫。

思想問題

1. 基督徒不去寺廟拜偶像，但可能心中有偶像，如拜金主義、購物狂，或追逐名利等。主說：「一個人不能服事兩個主；他不是恨這個愛那個，就是重這個輕那個。你們不能又服事神，又服事瑪門〔＝財神〕。」（太六 24）「追逐別神的，他們的愁苦必增加。」（詩十六 4）請思想你現在追逐的是甚麼東西？
2. 有些基督徒以為神是慈愛的，不會發怒，但「神的怒氣」這主題貫穿二十五章，而且 29 節指神從稱為神名下的城（指耶路撒冷）起首施行災禍。彼得前書四章 17 節指審判要從神的家開始。你如何令自己警醒度日，以免自己的罪招惹神的怒氣？

8.2.3. 耶利米與宗教領袖的第一次角力（二十六 1～24）

章數	主題	時代	公元前
二十六	耶利米和宗教領袖對有關國家和民族預言的第一次角力	約雅敬元年	六〇九年
二十七～二十八	耶利米和宗教領袖對有關國家和民族預言的第二次角力	西底家一至四年	五九七至五九三年
二十九	耶利米和宗教領袖對有關國家和民族預言的第三次角力	西底家四年後	五九三年後

圖 8.5：二十六至二十九章的主題及時代

在編排的次序上，有關民族命運的預言（二十四章）是在有關列國命運的預言（二十五章）之前，但在歷史的次序上，後者是在約雅敬第四年發生，前者是在西底家元年發生。上文 8.1 已指出約雅敬時代的事件穿插在西底家的主線情節之中，作為對比。下文將會討論耶利米這立場引起宗教領袖與他三次角力。

二十六章 1～9 節　大多數的學者認為這段經文與七章有聯繫，原因有三：第一，只有七章 12 至 14 節和二十六章 6 至 9 節提及示羅的會幕被摧毀這件事。第二，上述兩段經文都是敍述神差派耶利米在聖殿宣告警告（七 2，二十六 2；另參本書有關七章的評註）：若猶大人繼續敬拜偶像，聖殿將會被摧毀，好像示羅的會幕被摧毀一樣。第三，兩段經文都是宣告猶大人若不悔改，耶路撒冷將必荒廢，無人居住（七 34，二十六 9）。七章 1 至 15 節詳述神吩咐耶利米要宣告的內容，二十六章 1 至 6 節簡述宣告的內容，兩者的內容相似。二十六章的重點不是敍述宣告的內容，而是敍述耶利米宣告後被捉拿和受審等情節（7～24 節）。

7 至 9 節描述祭司、先知與眾百姓都來抓住耶利米，羣情洶湧地指責他該死，罪名是假借耶和華的名預言，說聖殿必如示羅被摧毀（參二十六 6、9），耶路撒冷城必荒廢無人居住（參七 34，二十六 9）。

二十六章 10～19 節　10 節的新門位置不詳，可能是給王室和官員專用，令官員可以很迅速地抵達現場去處理騷亂，正如保羅在聖殿將要被羣眾殺害時，千夫長帶領士兵從營堡跑來處理騷亂（徒

二十一 31～32）。學者將這段經文作出下列分段：[9]

a. 官員即時召開審訊（10 節）
b. 原告祭司和說假神諭的先知作出指控（11 節）
c. 被告耶利米作出辯護（12～15 節）
d. 官員作出裁決（16 節）
e. 長老作出和議（17～19 節）

11 和 12 節等「官長」的原文是眾數（參 10 節「官長們」），即是不止一位官員審訊。這些官員可能是在前朝約西亞王已作官，至少其中一位官員亞希甘是前朝的官員（王下二十二 12），他保護耶利米（耶二十六 24）。耶利米書三十六章顯示有很多官員都是敬畏耶和華的。

在這段經文中，百姓的立場好像搖擺不定，起初他們反對耶利米（8 節），後來他們好像支持他（16 節）。其實 16 節只是表達百姓的多元性，並不是全體百姓都反對耶利米，至少仍有些長老支持他（17～19 節）。上述官員和長老不怕羣眾的壓力，支持耶利米，令人欣賞他們的勇氣；更重要的是他們站在神的立場，不會因為利害的關係而支持祭司和說假神諭的先知。

18 節的引述是來自彌迦書三章 12 節，其實彌迦書三章 9 至 11 節指出彌迦當時（希西家時代）的祭司為酬勞施訓誨，先知為銀錢行占卜；他們卻依然有恃無恐地說：「耶和華不是在我們中間嗎？災禍必不臨到我們。」（彌三 11 下）這背景正反映約雅敬時代祭司和先知的腐敗情況，他們認為神保佑耶路撒冷是基於祂的殿宇在此城，而不是基於人聽從祂的話。他們將原本獻給神的祭牲據為己有（耶七 21），他們只為私利而宣告平安的信息（耶七 10，八 11）。

19 節指出，希西家和當時的猶大人並沒有因為彌迦宣告耶路撒冷會變為廢墟而殺害他。同樣，長老們指出百姓不可因為耶利米宣告耶路撒冷會變為廢墟而處死他，反而要學像希西家和當時的猶大人去敬畏耶和華，懇求耶和華施恩。神可能因此改變心意，不降災給他們。若他們要處死耶利米，神就降災給猶大人。

彌迦先知處於希西家的時代，距離耶利米的時代大約一百年，上述長老尚未出生。換言之，上述的希西家事件並非他們的人生經歷，而是他們熟悉彌迦書而引述的經文，又聽聞希西家的事跡，因而指出希西家並沒有因為彌迦宣告耶路撒冷會變為廢墟而處死他。

二十六章 20～24 節 審訊結果雖然對耶利米有利，但這段經文顯示約雅敬王敵對耶和華的先知。雖然耶利米得到某些官員保護，但另一位先知烏利亞所宣講的信息跟耶利米是一樣的，可是他卻被約雅敬所殺。

耶利米和烏利亞的分別不單在於神是否保存先知本人的生命，也在於先知是否至死忠心地宣講神的說話。耶利米在聖殿宣講神的說話時，即使他被捉拿和控告，但他至死忠心地繼續宣講神的說話（二十六 14～15）。相對來說，先知烏利亞因為怕被殺害而逃去埃及，但約雅敬王派人把他從埃及帶回猶大，然後用刀殺了他（二十六 20～23）。至死忠心的耶利米不一定能夠保存生命，但逃命的烏利亞即使能夠保存生命，他卻沒有機會向猶大人宣講神諭，結果他不能夠履行先知的職責。換言之，烏利亞即使偷生，也雖生猶死。耶利米即使死亡，也雖死猶生。

思想問題

1. 耶利米書一章 8 節明言：「你不要怕他們，因為我與你同在，要拯救你。」若你是耶利米，上述的應許和二十六章所敍述有關耶利米的經歷會否令你有把握去面對下一次的逼害？
2. 以西結書三章 8 節明言：「我何時指著惡人說：『他必要死』；你若不警戒他，也不勸告他，使他離開惡行，拯救他的性命，這惡人必死在罪孽之中；我卻要從你手裏討他的血債。倘若你警戒惡人，他仍不轉離罪惡，也不離開惡行，他必死在罪孽之中，你卻救了自己的命。」若你是耶利米，你回顧烏利亞的經歷，你會如何面對下一次的逼害？

8.2.4. 耶利米與宗教領袖的第二次角力（二十七 1～二十八 17）

二十七章 1～4 節　1 節「約雅敬」的原文在《新譯本》譯作「西底家」。這裏要面對的不是翻譯的問題，而是抄本的問題。古代的書都是人手抄寫。任何抄本都不可能百分之百抄寫正確。即是，有些抄本是「約雅敬」，有些抄本是「西底家」。換言之，一定是有些抄本抄錯了。

尼布甲尼撒搶掠耶路撒冷聖殿的器皿先後有三次：第一次是在約雅敬第三年，[10] 但以理被擄之時發生的（但一 1～2）。第二次擄掠聖殿的器皿是在約雅敬和約雅斤先後被擄之時（代下三十六 6～10）。第三次是在西底家十一年猶大亡國之時（代下三十六 18）。

不論耶利米書二十七章 1 節是指「約雅敬」或「西底家」，這節明言事情發生在這王登基之時。當約雅敬登基時，上述聖殿的器皿三次被搶掠尚未發生。當西底家登基時，聖殿的器皿已經歷兩次被掠。16 和 20 節分別指出聖殿有部分器皿已被擄掠到巴比倫，聖殿餘下的器皿也將會被搶掠到巴比倫。由此可見，二十七章 1 節在抄本上的選擇應是「西底家」，近代的大多數英譯本都選擇「西底家」而不是「約雅敬」（參 NIV、NRSV、NASB、NJB、ESV、NET、CSB、BBE）。

學者對這裏的軛有兩種說法：第一種軛是指兩隻牛或馬同負一軛那一種工具，但那一種軛又大又重，不是人可以負荷。[11] 第二種軛是給被擄者或奴隸穿戴在頸項上，目的是要他們協力去搬運沉重的工程物料。考古學家在亞述豪爾薩巴城內發現一幅浮雕，這浮雕描繪眾多工人負軛搬運沉重的工程物料。[12] 這種軛令人一看就知道是被擄者或奴隸的標誌。

上文的第二種解釋符合這段經文所指列國的民族要被巴比倫人擄去和奴役的意思。另一方面，耶利米要負著軛四處走動，令四周的人看見這軛的象徵性意義。耶利米也要將六個軛交給猶大和五位外國使節（3 節）。

3 節指那些到猶大的使節是來自以東、摩押、亞捫、推羅、西頓。他們都是猶大的鄰國，使節同一時期在猶大出現，目的可能是商討如何集各國的力量去對抗共同的敵人巴比倫。這估計是合理的，因為耶利米敦請使節轉告他們的王要服事巴比倫（4 節）。

二十七章 5～11 節　5 節指神創造大地和地上的人民。神看誰合適，就把地給誰。這句話好像很霸道，但只有創造主才能從宏觀和公正[13] 的角度去作出上述決定，正如公司的整體決策不會由其中一個部門作出決定，而是由董事會從宏觀的角度去作出決定。

在 6 節，神作出預告：祂將全地都交在巴比倫王尼布甲尼撒手中。神預告的目的是希望減少傷亡，這情況類似天文台預告颱風即將來臨，目的並不是要威嚇人，而是期望人能夠避免災難。這些王要聽從創造主的話，因為創造主所顧念的不單是猶大人，也包括地上所有的人。

11 節指無論哪一邦國肯把頸項放在巴比倫王的軛下服事他，神必使那邦國仍在本地存留，「存留」的原文是指神使那邦國平靜安穩。[14]「服事」這字詞的原文意思並不是好像教會內的事奉者那麼甘心樂意。這段經文的「服事」（עָבַד）與「奴隸」（עֶ֫בֶד）的原文是出自同一字根。被巴比倫奴役的感受是很差勁的，但這段經文應許當時的人，只要他們向巴比倫臣服，即是向她進貢或投降，他們就得保平安。

二十七章 12～15 節　「他們向你們傳的是假預言」在二十七章出現三次（10、14、16 節）。「他們」指說假神諭的先知，「你們」指下列三個目標聽眾，目的是希望他們存活。二十七章分為下列三部分。[15]

經文	**目標聽眾**	**經文所提供的應許**
二十七 1～11	各國的使節	哪一邦肯把頸項放在巴比倫王的軛下服事他，神必使那邦仍在本地存留（11 節）
二十七 12～15	以西底家為首的人	要把頸項放在巴比倫王的軛下，服事他，就得存活，否則死亡（12 節）
二十七 16～22	以祭司為首的人	只管服事巴比倫王，就得存活。何必使這城變為廢墟呢？（17 節）

圖 8.6：二十七章的目標聽眾及其應許

北國以色列和南國猶大都要面對亡國之痛，這是他們罪有應得，列國也是如此受到審判（耶二十五 29）。在亞述滅了北國以色列之前，神沒有藉先知宣告類似這段經文的應許，北國亡國是罪有應得的。南國亡國也是罪有應得，但當巴比倫滅猶大之前，這段經文給猶大和列國保平安的應許，這是神額外開恩，可惜他們沒有順從。

二十七章 16～22 節 這段經文多次出現的字詞「器皿」，在上文未出現過。其實上文宣告的目標對象分別是各國使節（1～11 節）和西底家王（12～15 節）。他們的焦點並不在於器皿，而在於如何面對巴比倫的侵略，因此耶利米引用「軛」這象徵性的工具去勸他們臣服於巴比倫。不過，由 16 節開始，目標對象改為祭司，他們的工作涉及聖殿內各種器皿，他們比較關注器皿，因此耶利米多次提及「器皿」。

對於當時的祭司來說，他們聽到有些先知說被掠去的器皿將會被帶回來（16 節），又聽到耶利米這先知說未被掠去的器皿將會被掠去（22 節）。後世的人當然知道哪位先知的預言應驗，但當時的祭司尚未知道。他們需要等到西底家第十一年，猶大亡國，聖殿的器皿再次被搶掠時（下圖 8.7 中 b'應驗 b 的預言），祭司們才可分辨誰是說真神諭的先知、誰是說假神諭的先知。

年代	事件	經文
約雅敬第五年	約雅敬火燒巴錄所抄的書卷，耶利米預言約雅敬死於非命（a）	耶三十六 23、30
約雅敬十一年	巴比倫攻擊猶大，約雅敬死（a'），他的兒子約雅斤繼位	王下二十四 6
西底家第一年	耶利米負軛，預表列國服事巴比倫，又預言剩餘器皿被掠到巴比倫（b），但有些先知預言被掠的器皿快回歸	耶二十七 1～22
西底家第四年	哈拿尼雅預言被掠的器皿兩年內回歸，被擄者也回歸	耶二十八 1～4
西底家十一年	猶大亡國，832 名猶大人被擄，殿內剩餘的器皿被擄到巴比倫（b'）	耶五十二 18～20、29

圖 8.7：約雅敬及西底家時代的兩個預言及其應驗

上圖 8.7 令人較容易處理上述的問題。左欄表列猶大王的年代，右欄表列經文。有關約雅敬死於非命的預言是在約雅敬第五年發出（a）。當有關器皿再次被搶掠的預言在西底家第一年（b）發出之時，猶大人知道有關約雅敬死於非命的預言已經應驗（a’ 應驗 a 的預言），所以耶利米這先知的可信性（credibility）已經得到確立。相反來說，在約雅敬十一年，巴比倫攻擊猶大，那些在約雅敬年代發平安預言（七10，八 11）的先知已被證實是錯的，那些先知的可信性應被人質疑。

二十八章 1～4 節　這節的時代背景是在西底家王第四年。但在西底家登基那一年，即是三年多之前，神已藉著耶利米顯示無花果的異象，好的無花果代表被擄的猶大人，他們被神眷顧（二十四 6），但壞的無花果代表留在猶大的人和逃去埃及的人，他們要面對災禍（二十四 9）。

另一個預言都是在西底家登基那一年發生，神吩咐耶利米要將木軛套在頸項上（二十七 2），又吩咐他對西底家王說：「你們要把頸項放在巴比倫王的軛下，服事他和他的百姓，就得存活。」（二十七 12）

問題是，為甚麼哈拿尼雅（或其他先知）在西底家第一年不立即回應耶利米上述的預言，要等三年多之後，即是在西底家第四年才將耶利米的木軛折斷？這可能是與當時國際形勢的變化有關。在尼布甲尼撒王第九至十年期間（即是西底家第二至三年期間），巴比倫東面的以攔民族叛變，尼布甲尼撒王忙於平亂而無暇理會巴比倫西面的巴勒斯坦諸國。[16] 在此國際形勢下，哈拿尼雅便將耶利米的木軛折斷，並預言被擄的猶大人兩年內回歸。

二十八章 5～9 節　5 節重複 1 節「耶和華的殿」、「祭司」和「眾百姓」，7 節重複上述兩節「眾百姓」。重複是要提示讀者：先知之間的角力是在眾人的注視之下。

8 節指出先知之間的角力不單是哈拿尼雅和耶利米這兩個人，而是自古以來都有先知之間的角力。說假神諭的先知羣體可能人多勢眾，又說吉言去討好人（參王上二十二 13）。當然，說真神諭的先知也會發出轉危為安的預言（王下七 1～15；賽七 1～17）。某先知孰真孰假的關鍵並不在於有多少人支持他，也不在於他的話能否討好人，而在於他是否真的被神差派去向人發言（9 節）。「先知」

的原文意思並不是未卜先知，而是神的發言人，[17] 神差派先知發言的內容不單有預言，而且有勸告、警告、安慰和鼓勵等等。

二十八章 10～17 節 10 至 11 節好像哈拿尼雅得勝，但 12 至 17 節顯示他發假預言之後兩個月就死了。1 節仔細地明言，在西底家登基第四年的五月，哈拿尼雅發假預言。17 節指哈拿尼雅當年七月間就死了，所以他發假預言之後兩個月就死了，正如在 16 節神藉耶利米預言哈拿尼雅在當年必死。猶大在西底家王第十一年亡國，上述事件在西底家王第四年發生。由此可見，在猶大亡國七年之前，猶大人已經意識到耶利米是說真神諭的先知，他頸負木軛的行動是神所差派，有關猶大要臣服於巴比倫的預言必定應驗。

13 節「你折斷木軛，卻換來鐵軛！」這句說話並不表示哈拿尼雅一個人的過犯可以連累猶大整個國家，而是哈拿尼雅的假預言和折斷木軛的行動，以及他按耶利米的預言而死亡這一連串的事件，令當時的猶大人有七年時間反省和悔改，但他們沒有把握機會，故此亡國被擄是他們罪有應得的。哈拿尼雅折斷木軛，卻換來鐵軛，可能暗示猶大人鐵定要在巴比倫的軛下服事他，也可能暗示猶大人要面對更沉重的壓迫。

思想問題

1. 猶大人面對亡國被擄的痛苦，這是他們要面對的罪債。罪有罪債，正如賭有賭債。欠債的賭徒即使決志信主，他仍然要辛苦工作去還債。只要他肯戒賭，又先求神的國和神的義，神會帶領他的生活和前路。不少人信主之後仍迷戀罪中之樂，結果是他們要面對罪中之苦。有甚麼罪債是你需要面對的呢？
2. 「從前在民間有假先知起來；同樣，將來在你們中間也會有假教師，偷偷地引進使人滅亡的異端……許多人會隨從他們淫蕩的行為，以致真理之道因他們的緣故被毀謗。他們因貪婪，要用捏造的言語在你們身上取得利益。他們的懲罰，自古以來並不遲延。」（彼後二 1～3）面對假教師，你需要如何裝備自己？

8.2.5. 耶利米與宗教領袖的第三次角力（二十九 1～32）

二十六至二十九章合共敍述耶利米與宗教領袖之間的三次角力，上文已討論第一和第二次角力（二十六～二十八章），下文討論第三次角力（二十九章）。在第三次角力發生在耶和米與示瑪雅之間；耶利米在耶路撒冷，示瑪雅在巴比倫，兩地相隔約一千公里，所以學者指第三次角力是遠距離的對決，而第一和第二次角力是近距離的對決。[18] 耶利米書的編者將三次角力編輯在一起，並列對比，令讀者可細味對比的含義。

第一次角力：在約雅敬元年，耶利米在耶路撒冷與宗教領袖**近距離角力**（二十六章）
第二次角力：在西底家一至四年，耶利米在耶路撒冷與哈拿尼雅**近距離角力**（二十七～二十八章）
第三次角力：在西底家四年後，在耶路撒冷的耶利米和在巴比倫的示瑪雅**遠距離角力**（二十九章）

二十九章 1～14 節　被擄七十年的預言並不是在二十九章首次提出，而是在二十五章 11 節已經提出。二十五章的時代背景是在約雅敬第四年（二十五 1），二十九章的時代背景是在西底家年代（二十九 3）。換言之，二十五章比二十九章的年代至少早七年。為甚麼耶利米要在二十九章重複被擄七十年的預言？原因是：哈拿尼雅在西底家第四年預言約雅斤等人被擄兩年內回歸（二十八 3～4），所以耶利米需要作出澄清，被擄七十年後才可回歸，並且勸告被擄的猶大人在巴比倫安居樂業（二十九 5～14）。另一方面，被擄的猶大人稱他們當中已經有先知興起（二十九 15），其實這些所謂先知只是冒神的名傳講假神諭（二十九 8～9、21、23、31），所以耶利米預言他們必被神懲罰（二十九 21～22、30～32）。

即使耶利米宣告七十年後回歸的預言，被擄的猶大人可能仍然埋怨神為何使他們遭遇被擄的厄運，所以耶利米需要作出進一步的安撫。11 節「意念」出現三次，在原文也是出現三次，並且強調「我」，下文《新譯本》的翻譯（見劃線字詞）反映這種強調。

《和修版》：我知道我向你們所懷的**意念**是賜平安的**意念**，不是降災禍的**意念**，要叫你們末後有指望。這是耶和華說的。

《新譯本》：因我自己知道我為你們所定的**計劃**，是使你們得平安，而不是遭受災禍的**計劃**；要賜給你們美好的前程和盼望。這是耶和華的宣告。

11 節「意念」的原文可譯作「計劃」，[19] 被擄七十年後回歸的預言並不單是一個意念，而且是一個「計劃」，詳情如下：

神判猶大人被擄七十年是類似法官判犯案者坐牢七十年，短暫的目的是懲教，終極的目的是令到坐牢者靜思己過，期望他們出獄之後重新做人。若出獄者再次犯案，他會再次入獄。無論出獄者是否再次犯案，社會人士都會期望大團圓的結局，就是出獄者重新做人，奉公守法，社會得到安寧。神的計劃也是期望大團圓的結局，就是猶大人不再敬拜偶像，而且遵守神的誡命，回歸國土後重建家園。11 節「要叫你們末後有指望」的原文可譯作「要叫你們對結局有指望」（參 BBE）。神的計劃是要大團圓結局。

簡而言之，10 節是有關被擄七十年後回歸的預言，11 節是進一步的安撫，神的計劃是大團圓的結局，被擄的猶大人不需要因為遭遇被擄的厄運而埋怨神，反要思想回歸的大團圓結局。

哈拿尼雅所提出的兩年內回歸只是一個虛假的希望（false hope）去欺哄人（參《新譯本》8 節）。人可能出於主觀的願望而相信這虛假的希望（8 節），但被擄七十年已成定局，問題是將來有何結局，正如入獄已成定局，問題是將來出獄後如何。

真正的盼望在於神的應許，也在於人是否真誠地認罪悔改。人靠自己的力量是不能認罪悔改的，只能倚靠神。12 至 13 節提供向前邁進的應許：「你們呼求我，向我禱告，我就應允你們。你們尋求我，若專心尋求我，就必尋見。」被巴比倫人奴役的日子並不容易過，他們需要倚靠上述的應許去渡過這七十年的歲月。

二十九章 15～23 節　這段經文有兩個人的名字出現兩次，就是亞哈和西底家（21、22 節）。當然，這裏的亞哈並不是列王紀上那一位亞哈王，這裏的西底家並不是猶大末代的那一位王。這裏的亞哈和西底家都是冒神的名傳講假預言（21、23 節），神藉耶利米預言他們將會被巴比倫王尼布甲尼撒用火燒死（22 節）。23 節指二人曾在以色列中做了醜事，與鄰舍的妻行淫。經文沒有交代耶利米是如何知道這事，可能這兩個人臭名遠播，又可能是神啟示給耶利米知道。

二十九章 24～32 節　這段的主角是示瑪雅，經文沒有明言他的身分，31 節指他向猶大人說預言，使他們倚靠謊言，而神並沒有差遣他，所以他是說假神諭的先知。他也像上文的亞哈和西底家那樣被神懲罰，他的子孫必無一人存留，也不能享受被擄後回歸的福樂（32 節）。

	耶利米和示瑪雅兩封信的共同點	**經文**
耶利米寄信給住在巴比倫的猶大人，表達神對他們作出右列的神諭	a. 要建造房屋，住在其中；要開墾田園，吃園中所出產的	二十九 5
	b. 為巴比倫所定的七十年滿了以後，神使你們歸回此地	二十九 10
在巴比倫的示瑪雅攻擊耶利米，指責他散播錯誤的神諭	a. 要建造房屋，住在其中；要開墾田園，吃園中所出產的	二十九 28
	b. 被擄的事必長久	二十九 28

圖 8.8：耶利米和示瑪雅兩封信的共同點

1 至 3 節敍述耶利米託兩名猶大王西底家的使節將信件帶給巴比倫的猶大人，24 至 29 節敍述在巴比倫的示瑪雅回信給耶路撒冷的祭司總管西番雅。圖 8.8 對比這兩封信的共同點，反映示瑪雅引述耶利米的信件內容（a），示瑪雅又指責耶利米預言被擄的事必長久（b），令猶大人早日回歸的希望幻滅。

思想問題

1. 不少基督徒家庭的夫妻關係不好，父母與子女的關係不好，原因是雙方的性格都有缺點。神為甚麼將你的家人放在同一屋簷下？11 節可供反思：「我知道我向你們所懷的計劃是賜平安的計劃，不是降災禍的計劃，要叫你們對結局有指望。」（重譯）
2. 二十九章 12 至 13 節提供向前邁進的應許：「你們呼求我，向我禱告，我就應允你們。你們尋求我，若專心〔或譯『全心』〕尋求我，就必尋見。」根據這兩節經文，你會向神作甚麼祈求？

8.3. 小結

章數	主題	時代	公元前
二十四	有關民族命運的預言：被擄者蒙神保佑，無被擄的猶大人將遭禍	西底家元年	五九七年
二十五	有關列國命運的預言：列國要被巴比倫所亡，人民被勞役七十年	約雅敬四年	六〇五年
二十六	耶利米和宗教領袖對有關國家和民族預言的第一次角力	約雅敬元年	六〇九年
二十七～二十八	耶利米和宗教領袖對有關國家和民族預言的第二次角力	西底家一至四年	五九七至五九三年
二十九	耶利米和宗教領袖對有關國家和民族預言的第三次角力	西底家四年後	五九三年後

圖 8.9：二十四至二十九章的主題

在二十四和二十九章這段經文中，在二十四和二十五章主要是記載耶利米的預言，然後在二十六至二十九章記載宗教領袖反對耶利米的預言，雙方有三次角力。

下圖 8.10 二十四章的劃線和和粗體字跟二十九章的相同，這形成首尾呼應的效果，將二十四章和二十九章聯繫起來（參本書附錄 C）。圖 8.10 展示這幾章中的三個首尾呼應，令到二十四至二十九章連結成一體，而且在邏輯上呈現因果的關係：首先是哈拿尼雅在二十八章回應耶利米在二十四和二十七章的神諭，其次是因為在被擄的猶大人當中有先知傳講假神諭（二十九 8～9、21、23、31），所以耶利米需要以正視聽，在二十九章重複二十四至二十五章的神諭，又明確地指出猶大人回歸的年期是七十年，而不是哈拿尼雅所指的兩年內回歸。

二十四章	像那極壞、壞得不能吃的無花果。**我必使刀劍、饑荒、瘟疫臨到他們**（8、10 節）		
二十五章		這些國家要服事巴比倫王七十年。七十年滿了以後，我必懲罰巴比倫王和那國（11～12 節）	
二十七章			你們要把頸項放在巴比倫王的軛下，服事他和他的百姓（12 節）
二十八章			我已將鐵軛加在這些國的頸項上，使他們服事巴比倫王（14 節）
二十九章	**我必使刀劍、饑荒、瘟疫臨到他們**，使他們像極壞的無花果，壞得不能吃（17 節）	為巴比倫所定的七十年滿了以後，我要眷顧你們，使你們歸回此地（10 節）	

圖 8.10：宗教領袖與耶利米的三次角力

哈拿尼雅所提出的兩年內回歸（二十九 3）只是一個虛假的希望（false hope）欺哄人，而百姓可能出於主觀的願望相信這虛假的希望，但真正的盼望在於神的應許，也在於人是否真誠地認罪悔改。人靠自己的力量是不能認罪悔改的，只能倚靠神。二十九章 12 至 13 節提供向前邁進的應許：「你們呼求我，向我禱告，我就應允你們。你們尋求我，若專心尋求我，就必尋見。」被巴比倫人奴役的日子並不容易過，他們需要倚靠神的應許去渡過這七十年的歲月。

註譯

1. T. T. Chan, "A Rhetorical Study of Compositional Structure of Jeremiah," *Theology & Life* 33 (2010): 262。這表的中文版本曾刊登在下述期刊。陳大同：〈耶利米書的結構〉，《每日讀經釋義》第三季（2011 年），頁 117。
2. "נָכַר (*nāḵar*)," *BDB*, 647—"regard"；另參箴二十八 21「看（נָכַר）人情面是不好的；卻有人因一塊餅而犯法」。
3. 福克爾曼：《聖經敍述文體導讀》，胡玉藩、伍美詩、陳寶嬋譯（香港：天道書樓，2003），頁 44。
4. "שָׁכַם (*šāḵam*)," *HALOT*, 1492—"earnestly, or persistently."
5. 原文可譯作為「小孩」，參"עוֹלָל (*ʿôlāl*)," *BDB*, 760—"child."
6. W. L. Holladay, *Jeremiah 1: A Commentary On the Book of the Prophet Jeremiah*, Hermeneia (Philadelphia: Fortress Press, 1986), 673.
7. J. R. Lundbom, *Jeremiah 21～36*, AB 21B (Garden City, NY: Doubleday, 2004), 267—"wordplay by turning the second łast alphabet שׁ to the first second alphabet ב, etc, so that שֵׁשַׁךְ becomes בָּבֶל"，另參耶五十一 41，「示沙克」平行「巴比倫」。
8. "רִיב (*rîḇ*)," *HALOT*, 1226—"lawsuit."
9. 修訂自 K. M. O'Connor, "Do not Trim a Word : The Contributions of Chapter 26 to the Book of Jeremiah," *CBQ* 51 (1989): 619。
10. 但以理書所述的約雅敬第三年是根據巴比倫曆法的計算方式，即是每年的秋天（十月）作為一年的開始。猶大曆法的計算是每年的春天（四月）作為一年的開始。在四至十月這半年內，猶大的計算方式比較巴比倫早一年。
11. Lundbom, *Jeremiah 21～36*, 309.
12. G. A. Van Alstine, "Yoke, Yoke-Bar," *ISBE 4* (1988): 1164。在網上搜索時，可輸入「Yoke-Bar Encyclopedia」，就可找到這種軛的浮雕。
13. 耶二十七 5「合適」原文是"יָשַׁר (*yāšar*)," *BDB*, 448—"in ethical sense, upright"。
14. "נוּחַ (*nûḥa*)," *HALOT*, 679—"cause to rest, pacify."
15. L. Stulman, *Jeremiah*, Abingdon Old Testament Commentaries (Nashville: Abingdon Press, 2005), 245.
16. J. M. Miller and J. H. Hayes, *A History of Ancient Israel and Judah* (Philadelphia: Westminster, 1986), 410.
17. "נָבִיא (*nāḇîʾ*)," *BDB*, 611—"spokesman."
18. 參何傑：《國殤情懷・先知風範：耶利米書二十六至四十五章表述先知的敍事

策略與修辭手法》（香港：漢語聖經協會，2010）。

19. “מַחֲשָׁבָה (*maḥ*[a]*šāḇâ*),” *BDB*, 364—“plan.”

第九章

有關回歸故土和新約的安慰之書（三十～三十三章）

9.1. 三十至三十三章的結構

本書第四章已討論耶利米書全卷書的結構，下列結構是該章 4.1.5 所表列的主體部分。猶大亡國故事的編排次序是按下列主題而不是按事件發生的先後次序，其中的粗體字標示經文的時代背景。由於約雅敬年代的事件只屬回顧（參本書第四章 4.2.1），所以這結構沒有交代約雅敬的年代。本書第八章已討論這結構的 A 部分，本章討論下列結構的 B 部分。

A 耶利米與宗教領袖角力（**西底家一至四年**）（二十四～二十九章）

B 耶利米對猶大人的勉勵：
有關回歸故土和新約的安慰之書(**西底家十年**)(三十～三十三章)

B’ 耶利米對猶大人的譴責：

猶大人必因背約而被神懲罰（**約在西底家十年**）（三十四章）

利甲族人因信實而蒙神祝福（三十五章）

A' 耶利米與政治領袖角力（**西底家九至十一年+亡國後的年代**）

約雅敬不聽耶利米的警告，令猶大走上亡國之路（三十六章）

西底家不聽耶利米的警告，結果是國破家亡（三十七～三十八章）

亡國後的領袖不聽勸告，結果是更多人死亡（三十九～四十四章）

學者將耶利米書三十至三十三章稱為「安慰之書」（Book of Consolation），[1] 原因是這段經文有許多安慰的信息，也包括了一件事，就是耶利米在西底家第十年時購買一塊地（三十二 1～15），這塊地是在耶利米的家鄉亞拿突。當時猶大即將亡國，以常理來說，耶利米的購地行動是浪費金錢之舉，但因為這是神的吩咐，象徵猶大人被擄七十年後，可回歸故土重建家園（三十三 10～11）。

三十至三十三章有兩種回歸：第一種是回歸故土；第二種是回歸到神那裏。下列結構將這兩種回歸表達出來：P 和 P'是有關回歸故土，重建家園；Q 和 Q' 是有關回歸到神那裏，重建人與神的關係，這種重建關係指向新約、新王、新子民。第二循環（P'Q'）是第一循環（PQ）的延續和進展（progression）。下文 9.2.1 至 9.2.4 分別討論下列結構的 P、Q、P'和 Q'。

P　有關回歸故土的五個神諭（三十 1～三十一 22）

　Q　有關回歸到神的神諭，指向新約（三十一 23～40）

P'　耶利米購地的行動象徵回歸者重建家園（三十二章）

　Q'　有關新約、新王、新子民的神諭（三十三章）

9.2. 三十至三十三章的評註

9.2.1. 有關回歸故土的五個神論（三十 1～三十一 22）

三十章 1～4 節　2 節的「書」不是現代印刷書的模樣，而是古代抄寫的羊皮卷。三十至三十三章被稱為「安慰之書」，就是指這些經文被抄寫在羊皮卷之上。

3 節提及以色列人和猶大人都可以回歸故土，這是受惠於波斯王居魯士下詔所有被擄的民族都可以回歸故土居住的政策（代下三十六 22）。北國亡國時，亞述將被擄的以色列人散居在不同地區（王下十七 6），又將其他種族移居到撒瑪利亞（王下十七 24）。以色列人從不同的地區回歸故土，即使他們回到撒瑪利亞，當地已有許多外邦人居住。相對來說，巴比倫並沒有將其他種族移居到耶路撒冷，而且將被擄的猶大人聚居在巴比倫城附近的地方，[2] 所以猶大人能夠集體地回歸故土。

4 節也同時提及以色列和猶大，當被擄之民回歸到耶路撒冷時，他們不再區分哪一位是來自北國的以色列人或是南國的猶大人。三十一章 1 節「以色列各家」是指以色列十二支派，而不是猶大一個支派。

下文詳細討論三十章的神諭之前，筆者首先要指出神諭分段的方式。先知書內的神諭有既定的格式，本書的附錄 A 提供詳細的討論。這裏只精簡地指出神諭的格式通常以「耶和華如此說」為開始，「這是耶和華說的」為結束，正如中國古代的聖旨以「奉天承運，皇帝詔曰」為開始，「欽此」為結束。神諭的格式和聖旨的格式也有不同之處，「欽此」只在聖旨的結束出現，但「這是耶和華說的」不單在神諭的結束出現，也在神諭的中段出現。

根據上述神諭的格式，三十章的第一個神諭是在 2 至 4 節，主要內容是在 3 節：「看哪，日子將到，我要使我的百姓以色列和猶大被擄的人歸回……我要使他們回到我所賜給他們祖先之地，他們就得這地為業。」

另一方面，2 節「你要將我對你說過的一切話都寫在書上」和 4 節「以下是耶和華論到以色列和猶大所說的話」，這兩句令人感到 2 至 4 節是下列神諭的引言，而且「回歸故土」這重點在三十至三十三章的每一章都有出現，所以 2 至 4 節不單是下列神諭的引言，而且是三十至三十三章這卷「安慰之書」的引言。

	經文	主題
神諭的引言	三十 2～4	被擄者回歸
第一個神諭	三十 5～11	懲罰與拯救
第二個神諭	三十 12～17	創傷與醫治
第三個神諭	三十 18～三十一 1	重建的元素
第四個神諭	三十一 2～14	回歸的喜樂
第五個神諭	三十一 15～22	由哀哭到指望

圖 9.1：三十至三十一章的五個神諭及其主題

筆者認為 2 至 4 節既是引言，也是神諭。有時經文長篇大論，令到讀者不知哪一句才是重點，所以耶利米書的編者先用一兩句說話作為引言去精簡地指出重點，然後以五個不同的角度詳述（三十 5～三十一 22）。上圖五個神諭的體裁是詩歌，而引言和下文（三十 23～40）的體裁是散文。有關詩歌和散文在體裁上的分別，可參考本書有關十一章 14 至 17 節的評註，當中已圖文並茂表達出來。

9.2.1.1. 第一個神諭：懲罰與拯救（三十 5～11）

這段經文的內容可分為下列兩個部分，[3] 這兩部分各自帶出的神學意義是：當人經歷罪所帶來的災難時（A），人才體會神的拯救是何等寶貴（B）；正如人在火場之中經歷惶恐，當消防員拯救他時，他就會感到死裏逃生是何等寶貴。

A　詳述神的懲罰所帶來的災難（三十 5～7a）
B　詳述神的拯救（三十 7b～11a）
結語：簡述神的懲罰是人罪有應得（三十 11b）

結語（三十 11b）十分簡短，與 A 首尾呼應，目的是要令人長期提醒自己：神的懲罰是人罪有應得，神的拯救是法外開恩，人不能夠忘恩負義，要向神感恩和報恩。

三十章 5～11 節　6 節「人人」的原文是「壯漢」（參《新譯本》），這節經文提及「男人」和「壯漢」經歷劇痛，好像婦女生產嬰孩時一樣。5 至 7 節只是短短三節，但負面的字詞出現七次之多，如「顫抖」、「懼怕」、「沒有平安」、「哀哉」、「臉都發白」、「遭難」，和「患難」。這裏很可能是指巴比倫攻陷耶路撒冷時大開殺戒，火燒焚城的日子實在令猶大的壯漢忙於應付，十分疲累。

7 節「但他必從患難中得拯救」並沒有明言甚麼患難，這患難可能就是 8 節「仇敵的軛」。這裏的意思是指，列國要把頸項放在巴比倫王的軛下服事他（二十七 1～12），即是被巴比倫王和巴比倫人奴役。「折斷仇敵的軛」，就是神的百姓能夠從奴役中得到釋放。

7 節和 8 節都出現「那日」，前者指亡國被擄的災難日子，後者指神拯救的日子，兩者不是在同一時段發生。由約雅敬第四年第一批猶大人被擄開始計算，到他們回歸故土的年代，歷時七十年。兩者的分別不單在於被擄和回歸的分別，也在於服事巴比倫王（二十七 12）和事奉神（三十 9）的分別。「服事」（二十七 12）和「事奉」（三十 9）的原文是同一個字，分別在於服事巴比倫王的人是被他所奴役，而事奉神的人是被神所愛的。

9 節不單提及事奉神，也提及「事奉我為他們所興起的大衞王」。北國以色列和南國猶大先後亡國，即使以色列在一九四八年復國，但這國家已不是由大衞的子孫作王去統治了。因此，這裏「大衞王」是指耶穌基督（參本書第三章 3.4）。

10 節「因我從遠方拯救你」的原文可譯作「因為我必拯救你從遠方回來」（參《新譯本》）。「從」不單在「從遠方」出現，也在下一句「從被擄之地」出現。由此可見，「從被擄之地」解釋「從遠方」的意思。《新譯本》「因為我必拯救你從遠方回來」是較佳的翻譯。

11 節「從寬」的原文應譯作「按公正」（參《新譯本》和 NASB）。事實上，下一句「但絕不能不罰你」也表達「公正」的意思。雖然人被神懲罰，但 10 節強調人不需驚惶，因為神懲罰之後，人就「得享平靜安逸，無人能使他害怕」。10 節「害怕」和 5 節「顫抖」的原文是相同的。

當大衛回應先知迦得時，他說：「我很為難。我們寧願落在耶和華的手裏，因為他有豐盛的憐憫；我不願落在人的手裏。」（撒下二十四 14）落在人的手裏，人可能會落井下石，趕盡殺絕。落在神的手裏，神的審判是公義的，但最後神可能會施行憐憫。

9.2.1.2. 第二個神諭：創傷與醫治（三十 12～17）

第一個神諭「仇敵的軛」和「使他作奴隸」（8 節）所描繪的圖畫是在戰亂之後作奴隸的苦難。第二個神諭「傷痕」和「醫治」（12、13、17 節）所描繪的圖畫是重病需要醫治。重病是指亡國和擄掠所帶來的重創（16 節），追源溯始是因人犯罪（14～15 節），所以耶利米書指出這是背道的病（三 22）。下列結構的 A'回應 A，B'回應 B。

A　猶大的損傷無法醫治、無藥可救、無人探望（三十 12～14a），

　B　神因猶大罪孽甚大，曾藉仇敵傷害他（三十 14b）

　B' 猶大人要反省：為何因所受的損傷哀號呢？（三十 15）

A'　神使搶奪猶大人的成為掠物，又醫好猶大的傷痕（三十 16～17）

這段經文有很多相同的字詞，例如：14 和 15 節都出現「我因你罪孽甚大，罪惡眾多」，這兩節的意思差不多，分別之處在於 15 節比 14 節多了一個提問句：「你為何因所受的損傷哀號呢？」這提問句令人反思自己是否罪有應得？正如賭徒傾家蕩產之後，他必須反思自己是否罪有應得，而不能歸咎於賭運不好。

三十章 12～17 節　12 和 17 節「傷痕」的原文是指因重擊（נכה）而帶來創傷（מַכָּה）。[4] 12 至 14 節其中有四個字詞的原文字根，跟 17 節的相同（見下列括號內的字）。17 節回應 12 至 14 節。

12 節　你的損傷無法醫治，你的傷痕（מַכָּה）極其重大。
13 節　無人為你的傷痛辯護，也沒有可醫治（רפא）你的良藥（עלה）。
14 節　你所親愛的都忘記你，不來探望（דרשׁ）……
16 節　……擄掠你的必成為擄物，我使搶奪你的成為掠物。
17 節　我必使你痊愈（עלה），醫好（רפא）你的傷痕（מַכָּה），都因人稱你為被趕散的，這是錫安，是無人來探望（דרשׁ）的！

12 至 15 節的內容令人感到絕望，17 節的內容突然變得很正面，轉捩點在於 16 節的結尾和 17 節的開始分別出現第一身的動詞（參上文劃線的句子）：這兩節的「我」是指神，只有神能夠扭轉形勢，只有神能夠醫治猶大的創傷。17 節「因」的原文也可譯作「雖然」（參 TNK），意思是：雖然猶大人看來沒有希望，但神卻會帶來希望。

9.2.1.3. 第三個神諭：重建的元素（三十 18～三十一 1）

在亡國的戰亂時期經常聽到的，都是顫抖的聲音（5 節），但被擄七十年之後的人經常聽到的，是感謝和歡樂的聲音（19 節）。轉變的原因是基於回歸後的重建，包括重建居所（18 節）和家庭（20 節），更重要的是重建人和神的關係（21～22 節）。

三十章 18 節～三十一章 1 節　18 節「顧惜」指居所已存在，需要珍惜，但下文「城必建造在原有的廢墟上」指出回歸的猶大人要在廢墟建立居所。「顧惜」的原文可譯作「憐憫」（參《新譯本》），但《新譯本》「也必憐憫他的居所」令人感到奇怪，因憐憫的對象應該是人或動物、植物，而不是居所等死物。這句的「居所」在原文是眾數，指回歸的猶大人要面對居所的問題；沒有居所，日曬雨淋，處境堪憐。另一方面，「憐憫」在這裏是動詞，譯作「施行憐憫」比較合適。全句可譯作「有關他的居所，神也必施行憐憫」（參 CSB）。

18 節「宮殿」令人發出疑問：回歸時期並沒有君王，何來宮殿？這字的原文可指「城堡」（參 NRSV）。在古代，沒有城牆作為保護的居民要面對盜賊的搶掠，景況堪憐（尼一 3）。尼希米的使命就是重建城牆，又差派人作防守的工作（尼四 16～22）。

21 節「君王」令人發出疑問：回歸時期何來君王？「王」的原文[5] 指貴族（耶十四 3）或領導者（耶二十五 34～36）。本章有關三十三章 14 至 26 節的評註部分，會提供有關這字的補充討論。下文顯示這裏的領袖不是在政治上，而是在宗教上，就如以斯拉那樣能夠親近神，又帶領人民去親近神（尼九章）。

21 節「我要使他接近我，他也要親近我；不然，誰敢放膽親近我呢？」這裏的「他」是指上文的領袖，「誰」是指人民。領袖需要先親近神作為榜樣，然後帶領人民親近神。不論領袖和人民，上述經文都有些弔詭：一方面，神的慈愛吸引人去親近祂，另一方面，神的公義令人懼怕神的審判，以致人不敢親近神。其實神的公義並不是不容許人犯錯，只要親近神的人經常認罪悔改，神絕對是人可親近的。

三十章 22 節至三十一章 1 節呈現下述的文學結構：A 和 A'對稱，B 和 B'對稱。原文的初期版本是沒有章節的，章節是由後世的人加添，所以這裏的分段不一定以三十章 24 節為結束，也可能以三十一章 1 節為結束。

A　你們要作我的子民，我要作你們的神（三十 22）

　　B　耶和華的憤怒是掃滅的暴風，必轉到惡人的頭上（三十 23）

　　B'　耶和華的烈怒必不轉消、直到他心中所定的成就（三十 24）

A'　那時，我必作以色列各家的上帝，他們必作我的子民（三十一 1）

思想問題

1. 雅各書四章 8 節明言「要親近神，神就必親近你們。」這經文顯示，新約貫徹神在舊約時期的旨意，「我們只管坦然無懼地來到施恩的寶座前，為要得憐憫，蒙恩惠，作及時的幫助。」（來四 16）你來到神面前有甚麼感覺？你是否經常禱告讀經親近神？
2. 宋尚節博士在中國和東南亞各地復興教會。據說他有一個習慣，就是在復興會和佈道會開始前，要教會領袖參加悔改和立志會。今天，我們卻看到有些基督徒對教會作出嚴厲的批評，自己卻沒有深切地痛悔。尼希米記一章 4 至 11 節給你甚麼榜樣？尼希米重建城牆時經常祈禱（尼四 4，六 9、14），你有沒有經常為教會代禱呢？

9.2.1.4. 第四個神諭：回歸的喜樂（三十一 2～14）

上文只有三十章 19 節出現「歡樂」，但本段經文詳述歡樂的景象（三十一 4～5），但歡樂並不是建基於物質的豐裕，而是建基於神向人所施予的慈愛和恩惠。

三十一章 2～6 節　2 節「在曠野蒙恩」的原文直譯是「在曠野找到恩惠」，可指在曠野找到安歇之處，也可指在刀劍的戰禍中得以保存生命，也可指從被擄之地回歸故土（三十 10）。3 節「耶和華從遠方向我顯現」可指三十章 10 節「我從遠方拯救你」，即是由被擄之地回歸故土。上述的恩惠並不是錦上添花，而是雪中送炭，只有後者能令人感動。3 節「吸引」的原文可譯作「牽動」，[6] 可能指受惠者感激時的情緒牽動。

3 節強調「永遠的愛」與三十章 14 節「你所親愛的都忘記你」成為對比，只有神的愛是永恆不變。「愛」（אהב）在 3 節出現兩次，加上此節「慈愛」（חֶסֶד）和 2 節「恩惠」（חֵן），這些相似的字詞在短短兩節出現四次。雪中送炭的動機是愛，令人感動的是愛，而不是炭（恩惠）。只愛恩惠而不愛神便等同自我中心，貪圖利益的人生方向會令人走入歧途。

6節「守望的人」指守望台的哨兵，當他們發現敵軍前來時，要向守軍發出警報。在北國以色列尚未亡國之時，以色列經常和南國猶大對峙或打仗。若南國北上攻打北國，北國最南部的以法蓮山上的哨兵必定向守軍發出警報。然而，6節指哨兵要發出的不是警報，而是呼籲，呼籲以法蓮山上的人「起來吧！我們要上錫安，到耶和華——我們的神那裏去。」

北國的第一位君王耶羅波安在國家的南北兩端設立金牛犢，目的是令人民不要去南國的耶路撒冷聖殿敬拜真神。6 節的「以法蓮山」是指在巴勒斯坦北面居住的以色列人，包括在撒瑪利亞山上的外邦人和血統不純正的撒瑪利亞人（參王下十七 24～41），他們被呼籲上錫安去敬拜真神。在耶穌基督釘十架和復活之後，福音逐漸遍傳各地，萬國都來敬拜真神（賽二 2～4）。6節「上錫安」等同「到耶和華我們的神那裏去」，重點不在於敬拜的地點，而在於敬拜的對象是真神。

這段經文所描述的歡樂景象不是停留在歌舞（4 節）和葡萄園（5節），而是以敬拜真神為歡樂的高潮，這種歡樂才會持久（6節）。人際關係的復和是建基於人與神的復和關係，也建基於人不再以人為中心，而是轉為以神為中心，才能令歡樂持久。

三十一章 7～14 節　7節「萬國中為首」這翻譯可能令人感到奇怪，以色列這小國為何被稱為萬國之首。其實這片語的原文可譯作「萬國中的先驅」（參 NIV），即是雅各率先獲得神的子民這身分。為甚麼不是亞伯拉罕或以撒呢？原因可能是：只有雅各的所有子孫才可獲得神的子民這身分，也可能是編者選擇用雅各作為代表。

9節「因為我是以色列的父，以法蓮是我的長子」是平行句，上半句「以色列」與下半句「以法蓮」平行，都是指以色列這個民族。另一方面，9 節「長子」的原文意思可指以色列這個民族是在列國中首生的，正如神差派摩西對法老說：以色列是神的兒子，神的長子（出四 22）。另一根據是，這段經文的7節指雅各是萬國中為首，即是以色列這民族率先獲得神的子民這身分（參 7 節的註譯）。

不論是來自北國的以色列人，抑或是來自南國的猶大人，他們可能隨著時間的消逝而被人遺忘，沒有人會記念他們有回歸的需要。9 節的含義是強調神沒有遺忘這些人，而其引伸的意義就是神看顧每一個屬祂的子民，這是體貼入微的看顧，像牧羊人看顧羣羊（10 節）那樣，屬神的子民都必定歡樂（參 13～14 節）。

11 節「救贖」需要下文的解釋。古代的奴隸就好像商品，人付出金錢去購買奴隸（參創三十七 28，三十九 1），奴隸被購買之後，就要終身服事主人。若奴隸要重獲自由，他或他的親友要付出贖價才可使他得到自由的身分（利二十五 44～49）。11 節在《和修版》出現兩次「救贖」，在《新譯本》分別譯作「買贖」和「救贖」，其實它們的原文是 פָּדָה [7] 和 גָּאַל [8]，兩者都是「買贖」的意思（參 NRSV）。這段經文並沒有交代神付出甚麼贖價，但多次提及喜樂（12～14 節），重點不在於贖價，而在於喜樂。

12 節「宏恩」和 14 節的「恩惠」在原文都是指「美好」或「美物」等意思，[9]《新譯本》在這兩節都譯作「美物」，12 節的原文並沒有「宏」的意思。12 節提及的美物是「五穀、新酒和新的油，並羔羊和牛犢」。為美物而喜樂是人的自然反應，問題是人可能只聚焦在神的祝福，而不是施予祝福的神，也不是聚焦在遵行神的誡命。簡而言之，這是本末倒置的問題，當他們再次面對困苦時，他們可能再次離棄神。筆者並非指這段經文有問題，而是指經文並不是停留在美物和喜樂，而是還有下文。

9.2.1.5. 第五個神諭：由哀哭到指望（三十一 15～22）

三十一章 15～22 節　15 節「拉結」代表亡國時期為兒女死亡而痛哭的母親們，正如 7 節「雅各」代表以色列整個民族。16 節指母親們的眼淚是不會白流的，被擄的人民必從仇敵之地歸回。18 節「我聽見以法蓮為自己悲嘆……」的意思是，不單母親流淚，而且兒女要為自己悲歎和悔改。19 節詳述每一個人回轉的心路歷程，就是「懊悔，受教以後就捶胸；我因擔當年輕時的凌辱就抱愧蒙羞。」

20 節只提及以法蓮是神的愛子，為何不提及其他支派的人也是神的愛子？其實以法蓮可泛指所有以色列人。20 節「以法蓮」與 21 節的「以色列」平行，正如 9 節「因為我是以色列的父」的「以色列」與下一句「以法蓮」平行。可見以法蓮可泛指所有以色列人。

本書有關三十章 4 節的評註已指出，被擄之民回歸到耶路撒冷時，不再分來自北國的以色列人或南國的猶大人。三十一章 1 節「以色列各家」指以色列十二支派，而不是猶大一個支派。

21 節是神教導以色列人如何回歸自己的城鎮，就是設立路標和指路牌。這些方法是好的，但更重要的是人要有堅定的悔改心志。22 節指責以色列人的悔改反覆不定的，換言之，他們在 19 節所表現的懊悔，在 22 節已被神指責並不恆久，或是指他們悔而不改；正如賭徒賭輸時很懊悔，但他們的懊悔不恆久，或只是悔而不改。基於人的懊悔不可靠，所以神要創造一件新事，就是女子護衞男子。這句說話的意思並不明顯，但「造了一件新事」的「新」在下文 31 節「新的約」出現。下文評註指舊約的盡頭是新約的開始；同樣，男子筋疲力竭的時候，就是女子開始承擔任務的時刻，這情況在戰爭時屢見不鮮。[10]

9.2.2. 有關回歸到神的神諭（三十一 23～40）

本章 9.1 已討論下列結構，而 9.2.1 亦已討論其中的 P，下文將會討論下列結構的 Q。

P　有關回歸故土的五個神諭（三十 1～三十一 22）

　　Q　有關回歸到神的神諭，指向新約（三十一 23～40）

P’　耶利米購地的行動象徵回歸者重建家園（三十二章）

　　Q’　有關新約、新王、新子民的神諭（三十三章）

不論被擄者是來自北國以色列，還是來自南國猶大，如果他們回歸故土後再次敬拜偶像，神必定再懲罰他們。由此可見，單單回歸故土是不足夠的，還要回歸到神那裏去重建人和神的關係。重建人和神的關係並不是單靠人的悔改，還需要神作工。在耶利米書，神主動提出新的約（三十一 31）。

根據原文，三十章 5 節至三十一章 22 節的絕大部分內容都是採用詩歌體裁，但三十一章 23 至 40 節的絕大部分內容都採用散文書寫。有關詩歌和散文在體裁上的分別，可參本書附錄 D 的 1.1。學者認為三十一章 23 至 40 節有下列結構：[11]

A　神建立聖城（三十一 23～26）

　B　神播下以色列家和猶大家的種（三十一 27～30）

　　C　神與以色列家和猶大家另立新的約（三十一 31～34）

　B’　神保存以色列（包括猶大）的種（三十一 35～37）

A’　神建立聖城（三十一 38～40）

上文提及體裁的分別，其實三十章 5 節至三十一章 22 節和三十一章 23 至 40 節還有其他的分別；前者四次提及「以法蓮」（三十一 6、9、18、20），後者並沒有提及「以法蓮」，而且將以色列家和猶大家並列（三十一 27、31）。由此可見，後者的範疇不是局限在以法蓮支派，而是擴展至以色列家和猶大家。

上列結構 B 和 B’的「種」（זֶרַע [12]）是指神的子民，這個字在 27 節譯作「後代」，在 36 和 37 節譯作「後裔」。上列結構中 B 和 B’採用「種」這翻譯，下文 27 節的評註提供原因。

神的子民並不等同猶大亡國後的餘生者（שְׁאֵרִית）。本書第三章 3.3 對這點有詳細的解釋，筆者在這裏要指出若餘生者只在乎保存肉體的生命，而不是將自己分別為聖，他就不是屬神的子民。三十三章進一步指出神的子民要被重新定義，亞伯拉罕的子孫不是指按著肉體而生的以色列民族，而是指憑著應許而生的基督徒（參三十三 14～26 的評註）。

三十一章 23～30 節　23 節「公義的居所啊，聖山哪」與撒迦利亞書八章 3 節「耶路撒冷必稱為忠實的城，萬軍之耶和華的山必稱為聖山」相似。後者令人理解聖山是耶路撒冷，它被稱為公義或忠實，不是因為住在其中的人是公義或忠實，而是因為耶和華在其中。

25 節「愁煩」對比 26 節「睡得香甜」。在戰亂時人可能因愁煩而失眠，只有神能夠令愁煩的人睡得香甜。26 節「睡」的原文是完成時態（perfect tense），即是睡醒後發現自己睡得香甜。

27 節「我要使人的後代和牲畜的種，在以色列家和猶大家繁衍」未能反映「種」的原文 זֶ֫רַע 在這一節出現三次，《和合本》提供較貼近原文的翻譯「我要把人的種（זֶ֫רַע）、和牲畜的種（זֶ֫רַע），播種（זָרַע）在以色列家和猶大家。」神所播下的種和人所播下的種是有分別的，前者指神的子民，而後者是指人的後代。至於神播下牲畜的種，意思是牲畜的生養眾多乃在乎神的祝福，而不是在乎人的努力。

29 節「父親吃了酸葡萄，兒子牙齒就酸倒」暗示下一代承受上一代犯罪的結果，可指北國和南國的人民因犯罪而被神懲罰，自己和下一代都要面對家破人亡或被擄的遭遇。29 節「當那些日子，人不再說」指神所指定的新世代來臨時，各人不需要承受上一代的罪債，而只是因自己的罪而死亡或承受罪的苦果（30 節）。

三十一章 31～40 節　31 節是舊約之中最清楚表達另立新約的經文。本書第三章 3.2.2 提供詳細討論。這裏只精簡地指出即使神給耶利米的神諭提及新的約，耶利米沒有可能知道這新的約是指耶穌用自己的血所設立的新約（太二十六 28）。

希伯來書八章 8 至 12 節和耶利米書三十一章 31 至 34 節的用字差不多完全相同，可見前者引述後者的經文。希伯來書當然超越耶利米書對新約的理解。另一方面，學者蔡爾茲（Brevard Childs）認為末世的框架可幫助讀者超越先知所能看見的場景。[13]

另一方面，耶利米三十一章 31 節「日子將到」的意思是指在新約臨到的時代。舊約的律法是寫在石版上（出三十四 1），但新約的律法是寫在心版上（耶三十一 33），意思是神的子民從最小的到最大的都必從心裏認識神（耶三十一 34），他們對神的說話不單聽在耳中，也聽進心裏。當然，他們有時會犯罪，若他們願意認罪悔改，神必赦免他們的罪孽，不再記得他們的罪惡（耶三十一 34）。

相同的字詞（根據原文）	23～30 節	31～40 節
建立	28 節	31 節
聖	23 節	40 節
以色列家和猶大家	27 節	31 節
後裔／後代／種／繁衍（應譯「播種」）	27 節	36、37 節
拔出	28 節	40 節
傾覆	28 節	40 節
罪	30 節	34 節
日子	27、29 節	31、33、38 節

圖 9.2：三十一章 23 至 30 與 31 至 40 節的相同字詞

圖 9.2 顯示，這兩段經文有很多相同的字詞。23 至 30 節的描述比較簡潔和圖像化，而 31 至 40 節則比較詳細，三十三章提供更加詳細的內容，本章在評註三十三章時才作出詳細的解釋。

思想問題

1. 孩童在父母懷裏睡得香甜（三十一 26），即使大難臨頭，都有父母撐住。我們在神眼中都是孩童，你有甚麼感覺？
2. 在頁 268～269 結構之中，哪一段經文令你最為感動？

9.2.3. 耶利米購地的行動象徵回歸者重建家園（三十二章）

上文已先後討論下列結構的 P 和 Q，下文將會討論 P’部分。

P　有關回歸故土的五個神諭（三十 1～三十一 22）

　Q　有關回歸到神的神諭，指向新約（三十一 23～40）

P'　耶利米購地的行動象徵回歸者重建家園（三十二章）

　Q'　有關新約、新王、新子民的神諭（三十三章）

由西底家第九年十月開始，猶大首都耶路撒冷被巴比倫軍圍困，直至西底家十一年四月初九日亡國（三十九 1～2）。三十二章 1 節交代的時代背景是在西底家第十年，當時的猶大人正憂慮是否會發生國破家亡的事，在這人心惶惶之際，神吩咐耶利米購地，這行動象徵被擄者回歸時必定再次購地。

三十二章 1～5 節　2 節交代當時的大場景和小場景。大場景是巴比倫圍困耶路撒冷城，巴比倫由北面南下，已攻取猶大的大部分地區，只剩下拉吉和亞西加這兩座堅固的城（三十四 7）。小場景是耶利米被西底家囚禁在王宮中護衛兵的院內。

學者指出 3 至 5 節的預言是來自三十四章 2 至 3 節；[14] 而西底家對這預言的反應記載在三十二章 2 至 3 節，就是將耶利米囚在護衛兵的院內。編者並不是按歷史事件發生的次序去編排先後的次序，而是在前發生的事被記載在三十四章，在後發生的事被記載在三十二章。讀者可能感到混亂，但 2 至 5 節已清楚交代當時的大場景和小場景。根據本章 12 節，見證人不單有巴錄一人，而且包括坐在護衛兵院內所有猶大人，可見耶利米可能只是被軟禁。

三十二章 6～15 節　6 節的起首重複 1 節，都是指耶和華的話臨到耶利米。讀者可能感到累贅，其實 2 至 5 節只是插敍，6 節引導讀者回到神的吩咐。購地這件事的起始點是神對耶利米的吩咐。根據利未記二十五章 25 節，近親有優先權去購買家族的土地，目的是要將土地擁有權保存在同一家族之內。在猶大將亡之際，耶利米的親戚希望將地賣出，因為此時的猶大人都是要錢不要地。由於這是神的吩咐，所以耶利米答應親戚的要求購買他的土地。

這段經文的問題是：耶路撒冷被巴比倫圍困，耶利米的親友哈拿篾如何能夠進入耶路撒冷呢？答案是，巴比倫軍在圍城的十八個月內，曾有一段短時間撤了軍，當時，巴比倫軍聽聞埃及軍前來援助耶路撒冷城，便暫時從耶路撒冷中撤軍（三十七 5），目的是要迎戰埃及軍。後來巴比倫發現埃及軍沒有前來，所以巴比倫軍再次攻打耶路撒冷。

11 和 14 節清楚指出地契是一式兩份的：一份地契是敞開的，方便查閱；另一份是封緘的。兩者都放在瓦器裏，但後者以樹脂密封瓦器，為要令保存文件的時期更長。[15] 封緘的地契像現代的時間囊（time capsule），經歷一段時期之後，密封的器皿就會被解封，所保存的文件得以重見天日。被擄的猶大人回歸故土之時，就是瓦器內的地契重見天日之時，以證明神早已預言被擄的猶大人必然回歸故土，而且購買土地。15 節明言購地的行動是象徵將來必有猶大人再購買土地，重建家園。

三十二章 16～25 節 這段經文是耶利米購地之後的禱文，17 節的第一個字「唉」，原文有時譯作：「哀哉」（參書七 7；士十一 35；王下三 10）。這字顯示耶利米為一些事愁煩，甚至悲哀。這事在 24 節表達出來:「看哪，敵人已經來到，用土堆攻取這城……你所說的話都應驗了。」耶利米所愁煩和悲哀的，是人如何面對神的審判。巴比倫軍已圍城，同胞如何面對國破家亡，屍骸遍野的局面呢？

這段禱文的開始是「唉」，結語是「其實這城已交在迦勒底人的手中了。」兩者都好像表達耶利米對神沒有信心。然而，17 節指神曾用大能和伸出來的膀臂創造天和地，21 節指神用大能的手和伸出來的膀臂領以色列人出了埃及，這兩節顯示耶利米對神有信心。基於上文的論據，筆者估計耶利米的心態，是同時有信心和憂心，即是回望神在過去的神蹟奇事，人應該對神有信心，但展望將來的難關時，人的自然反應是有很多的憂慮。

耶利米的禱告出現了三次「看哪」，下圖 9.3 顯示神也用三次「看哪」去回應耶利米。

	耶利米的禱告	神的回應
第一次「看哪」	在你沒有難成的事（三十二 17）	在我豈有難成的事嗎？（三十二 27）
第二次「看哪」	這城因刀劍、饑荒、瘟疫被交在攻城的人手中（三十二 24）	我必對不忠的猶大人施行審判（三十二 28～35）
第三次「看哪」	明知這城已交在迦勒底人的手中了，依然要買那塊地（三十二 24～25）	我必使我的子民得到福樂，我要跟他們立永遠的約（三十二 37～44）

圖 9.3：耶利米於三十二章 17 至 25 節的禱告及神的回應

「看哪」在 24 節出現兩次，分別是「看哪，敵人已經來到，用土堆攻取這城……你所說的話都應驗了」和「看哪，你也看見了！」聖經的原文起初是沒有章節的，章節是後世的編者附加在經文之內，所以讀者不用將上述兩次「看哪」都歸入 24 節之內容裏，而是分開為上圖耶利米的第二和第三次「看哪」的內容中。

另一方面，在希伯來文，「看哪」的其中一個功能是帶出新的段落或觀點。[16] 換言之，24 節的兩次「看哪」分別帶出兩點。24 節的結尾「看哪，你也看見了！」這片語意猶未盡，讀者需要閱讀 25 節，才能明白第三次「看哪」所要表達的意思。在原文，25 節的開始強調「你」（參 NRSV），意思是即使神看見國家將亡的局面，但祂仍吩咐耶利米購地。雖然購地的行動象徵被擄的猶大人必定會回歸和購買土地，但這是遙遠將來才發生的事，而耶利米所關心的是在風暴前夕，神有提供撤離人民的方案嗎？

上文表達一個進退兩難的困局，一方面神按公義去懲罰人；另一方面，在國破家亡時必然屍骸遍野，耶利米問神於心何忍？換言之，神有能力創造天地（17 節），但神有能力在上述進退兩難的困局中為人創造一條出路嗎？[17] 神有撤離人民的方案，就是吩咐人民出城，向巴比倫軍投降（耶二十一 9）。在這裏，神有以下的回應。

三十二章 26～44 節　在這段經文，神說的第一次「看哪」是在

27 節：「看哪，我是耶和華，是凡有血肉之軀者的神，在我豈有難成的事嗎？」這節回應耶利米在 17 節「在你沒有難成的事」。

第二次「看哪」是在 28 節：「看哪，我必將這城交給迦勒底人的手和巴比倫王尼布甲尼撒的手，他必攻取這城。」28 至 35 節這段經文，一方面指神像公義的法官那樣對猶大人發出審判，另一方面指神對不忠的猶大人發出怒氣。28 至 35 節之中，「怒」這字詞多次出現（29、30、31、32 節），而「巴力」出現兩次（29、35 節）。當猶大敬拜巴力時，就是對神不忠，神感到憤怒和受傷，就像伴侶有婚外情時，另一半會感到憤怒和受傷。

第三次「看哪」在 37 節出現，指以色列人可重歸故土，安然居住。神將會與祂的子民建立永遠的約（40 節）。雖然三十二章沒有像三十一章明言有新的約，但這兩章都提及圖 9.4 類似的字詞，所以前者「永遠的約」（三十二 40）與後者「新的約」（三十一 31）指相同的事。

三十一章	三十二章
我要將我的律法放在他們裏面，寫在他們心上（33 節）	又要把敬畏我的心放在他們心裏，不離棄我（40 節）
我要作他們的神，他們要作我的子民（33 節）	他們要作我的子民，我要作他們的神（38 節）
永遠（36、40 節）	永遠（39、40 節）

圖 9.4：三十一章與三十二章的相似經文

「福樂」的原文在 39、40、41、42 節都出現。這字在 40 和 41 節以動詞出現，《和修版》譯作「施恩」，《新譯本》譯作「使……得到福樂」。作為結束的 42 節明言神怎樣使大災禍臨到這百姓，也要照樣使神所應許的福樂都臨到他們。

神的第二次「看哪」帶出神憤怒地向猶大人施行公義的審判，第三次「看哪」帶出神基於歡喜的心態去使他們得到福樂（41 節）。為甚麼神由憤怒轉變為歡喜呢？神絕對不是喜怒無常，而是被審判的人受了許多的苦，神憐憫他們（耶十二 15，三十 18，三十一 20，三十三 26，四十二 12）。正如詩篇七十八篇 38 節所言：「但他有憐憫，赦免他們的罪孽，沒有滅絕他們，而且屢次撤銷他的怒氣，不發盡他的憤怒。」換言之，審判是基於神的公義，拯救是基於神的憐憫。審判令人認罪悔改，也令人懇求神的憐憫。

學者魯斌（Jack Lundbom）指出安慰之書（三十～三十三章）的結語（三十三 26）是：神必憐憫被擄的人，帶領他們歸回故土。[18] 神對耶路撒冷的最後舉動並不是審判，而是拯救、回歸和重建。

44 節指在耶路撒冷四圍的各處，就是指猶大山區的城鎮，北面的便雅憫地、南面尼革夫（《新譯本》意譯為「南地」）的城鎮、西面謝非拉（《新譯本》意譯為「高地」）的城鎮。這節的重點是指以色列人回歸之後，必用銀子買田地，在契上簽字，將契封緘，找人作證，因為神必使被擄的人歸回。根據上述的地理位置，重建的範圍是環繞耶路撒冷。根據文學的分析，這節與 1 至 15 節是首尾呼應的，兩者都提及買地的契約和見證人。

思想問題

1. 當你的心態是信心和憂心兩者參半之時，你如何令自己的信心增加，憂心減少？
2. 神不單在耶利米書三十二章 27 節宣稱自己沒有難成的事，祂在創世記十八章 14 節也宣稱自己沒有難成的事，結果是亞伯拉罕和撒拉能夠老來得子。神不單有能力，而且祂對子民的愛沒有改變。請重複閱讀本章 39 至 42 節，細思上帝的恩典。

9.2.4. 有關新約、新王、新子民的神諭（三十三章）

本章 9.1 已討論下列結構，上文已討論下列結構的 P、Q 和 P’，下文將會討論下列結構的 Q’。

P　有關回歸故土的五個神諭（三十 1～三十一 22）

　Q　有關回歸到神的神諭，指向新約（三十一 23～40）

P'　耶利米購地的行動象徵回歸者重建家園（三十二章）

　Q'　有關新約、新王、新子民的神諭（三十三章）

A. 新約

三十至三十一章的重點在於以色列民族的回歸，他們不單要回歸故土，而且要回歸到神那裏去重建人和神的關係。重建關係並不是單靠人的悔改，還需要神的工作。在耶利米書神主動設立新的約（三十一 31），但這新的約並沒有在以色列民族中實現出來，大部分的猶大人在亡國後雖然停止拜偶像，但他們只是嘴唇尊敬神，心卻遠離神（參太十五 8）。三十一章 33 節預言神將律法寫在人的心裏，這應許並沒有在以色列人中普遍地出現，要到新約時期，這應許才在基督徒中較為普遍地實現。

三十一章	三十三章
耶和華使太陽白晝發光，按定例使月亮和星辰照耀黑夜（35 節）	你們若能廢棄我所立白日黑夜的約，使白日黑夜不按時輪轉（20 節、25 節相似）
這些定例若能在我面前廢掉，以色列的後裔才會在我面前斷絕（36 節）	就能廢棄我與我僕人大衛所立的約，使他沒有後裔在他的寶座上作王，並能廢棄我與事奉我的利未家的祭司所立的約（21 節、26 節相似）
定例（35、36 節）	定例（25 節）

圖 9.5：三十一章與三十三章的相似經文

三十一和三十三章都提及上圖 9.5 所列類似的字詞，所以這兩章有莫大的關係。三十一章的重點是神設立新約，而三十三章不單提及新約，也提及新王（三十三 15～17、21 等）和新子民（三十三 18、21～22 等）。

B. 新王

猶大亡國前，猶大王是指大衛家所世襲的王。猶大亡國後，大衛的子孫並沒有人作王，但耶利米書三十三章預言大衛的苗裔將來要作王（15～17 節）。雖然耶利米書沒有明言新王是誰，有些學者指出將來作王的那位大衛的子孫是指向彌賽亞（參 14 至 26 節的評註）。根據新約，耶穌是猶大人的王（太二 2；約十二 15 等）。筆者認為這裏所指的新王是耶穌。所謂「新」，是指耶穌有別於大衛家世襲的王，祂是永遠作王，而且是萬國的王（啟十五 3）。

C. 新子民

新子民有別於以色列民族，前者是神播下的種（參三十一 27 的評註），後者是男女交配所播下的種。舊約的律法是寫在石版上（出三十四 1），但新約的律法是寫在心版上（耶三十一 33），即是新子民從心裏認識神（耶三十一 34），而且恆常地敬畏神（參 NIV 三十二 39）。

三十三章 14 至 26 節的評註會詳述新子民（請參本章後頁），這裏只精簡地指出新子民是相信耶穌和真正悔改的人，他們不是按著肉體而生的，而是憑著應許而生的（參加四 22～28）。「後裔」[19] 和「苗裔」[20] 的原文是不同的，前者指新子民，後者指新王（參下表）。

《和修版》的翻譯	章節	意思
大衛的苗裔（צֶמַח 音譯 *ṣęmaḥ*）	二十三 5，三十三 15	指新王
大衛的後裔（זֶרַע 音譯 *zęra‘*）	三十三 22、26	指新子民

圖 9.6：「苗裔」和「後裔」原文的意思

三十三章 1～13 節　1 節上半部分「耶利米還囚在護衛兵的院內」延續了三十二章 2 節的場景，就是護衛兵的院內，下半部分「耶和華的話第二次臨到他」交代了在護衛兵的院內，神的話先後共兩次臨到耶利米。這裏的重點是 3 節的提示：神要將耶利米所不知道的啟示指示他，暗示下文有新的、有別於之前的啟示。3 節「又大又隱密」的原文通常指又大又堅固的城（民十三 28；申一 28；書十四 12），《新譯本》意譯為「偉大奧祕的事」，但原文並沒有「事」，而且原文不一定指深奧難明的觀念，也可能指又宏大又深邃[21] 的景象。由於上下文描述遠景，所以筆者譯作「又宏大又深邃的景象」。

4 至 5 節描述亡國的場景，6 節的「看哪」指向另一個重點，就是神要使這城得以痊愈，9 節更描繪一幅萬國對神肅然起敬的景象，然而，以色列民族在回歸故土後並沒有出現 9 節所描繪的景象，所以 9 節可能是指世界各地的人敬拜主的景象。

9 節「這城……以喜樂得名」在《新譯本》的翻譯是「這城……使我得喜樂的名聲」，前者是這城以喜樂得名，後者是神得喜樂的名聲，後者更貼近原文的意思。

三十三章 14～26 節 14 節「看哪」指向另一個重點，就是 15 至 17 節指大衛公義的苗裔將來要作王。在原文，名詞 צֶ֫מַח[22]（苗芽）和動詞 צָמַח （萌芽）屬同一字根，它們同時在耶利米書三十三章 15 節出現，《和修版》及《新譯本》都將這動詞 צָמַח（萌芽）譯為「長起來」，又將這名詞 צֶ֫מַח（苗芽）譯為「苗裔」，意思是指大衛的子孫，因此，這片語可指彌賽亞（本書第三章 3.4.2 提供詳細的討論）。耶利米書的作者或編者不可能如新約作者那樣有彌賽亞的觀念，讀者需要根據耶穌所設立的新約，才能明白三十三章 14 至 26 節這段經文。

17 節「必永遠不斷」的原文只有兩個字，第一個的意思是「不」，第二個是 כָּרַת，意思「斷絕」，上述希伯來動詞所使用的字幹是 Niphal，這字幹的意思不一定用來描述被動式（passive），也可用來描述景況（stative）。[23] 因此，17 節的意思是大衛家必有人坐在以色列的王位上，這景況永不斷絕。

上文已討論新王就是彌賽亞，下文將會討論新子民就是相信耶穌和認真悔改的人。21 節提及兩種永約（NJB 的表達較清楚）：第一是有關神和大衞家（新王）的永約，第二是有關神和利未家（新子民）的永約。雖然以色列和猶大先後亡國，但上述兩個永約表達神應許新王和新子民所組成的國度是永遠不亡的。

有關神和大衞家的永約，是源自撒母耳記下七章13節。有關神和利未家的永約，是源自民數記二十五章11至13節。那裏的經文指出非尼哈手裏拿著槍，將行淫的一個以色列人和一個摩押女子刺穿肚腹後，他被神讚賞以神的妒忌作為他的妒忌，使神不在妒忌中毀滅以色列人。因此，神將平安的約賜給他。他和他的後裔永遠當祭司職任的約，源於他為了神而大發熱心（上述「妒忌」的原文可譯為「熱心」）。[24] 他為以色列人贖罪。當亞倫的家族被神命定為世襲的祭司之時，神並沒有和他立約（出四十15），亞倫的子孫中，神只和非尼哈立約。

另一方面，以利祭司的兩名兒子因犯罪（撒上二12～25）而死於非命（撒上四17）。撒母耳只是利未人（參代上六33～38）而不是亞倫子孫，他卻因忠心而獲得祭司的職分（撒上二35）。根據非尼哈和撒母耳、以利祭司的兩名兒子這些例子，神所重視的並不是世襲的祭司身分，而是事奉者對神的熱心（民二十五13）和忠心（撒上二35）。

18至22節所指的事奉者不單包括祭司和利未人，而且擴展到所有新子民。詳述如下：

1. 18節「利未家的祭司」的原文可譯作「祭司、利未人」（參YLT），21節「利未家的祭司」的原文可譯作「利未人、祭司」（參YLT）。換言之，祭司和利未人在上述兩節的次序是調轉的。根據原文的文法，上述「利未人」和「祭司」這兩個連串的名詞可劃上等號，[25] 即是「利未人」等同「祭司」。在舊約時代，利未人不等同祭司，但在新約時代，基督徒被稱為君尊的祭司（彼前二9），所以利未人和祭司兩者並沒有分別。
2. 利未人像天上的萬象不能數算、海邊的塵沙不能斗量（22節）。

這節令人想起神應許亞伯拉罕的子孫如同天上的星、海邊的沙，多至不能數算（創二十二 17）。這些類同的字句，令人估計這裏的利未人是指基督國度之內的新子民，他們是亞伯拉罕的真子孫。他們不是按著肉體而生的，而是憑著應許而生的（加四 22～28）。

3. 「獻祭」只在 18 節出現，但「事奉」卻在 21 和 22 節出現。基督徒以生命去事奉神，就是作為「活祭」獻給神（羅十二 1～2），他們被稱為君尊的祭司（彼前二 9）。
4. 22 節「我僕人大衛的後裔」和「事奉我的利未人」兩者都是指新子民，都是指同一羣體，只是稱呼不同。

上文已討論新王和新子民，下文指出新國度也有領袖。歷代志下二十三章 20 節描繪猶大王登基的圖畫：「他（祭司耶何耶大）又率領百夫長和貴族（אַדִּיר），與民間的官長（מֹשֵׁל），以及國中的眾百姓，請王從耶和華的殿下來，由上門正中進入王宮，使王坐在國度的王位上。」這幅圖畫不單有王這主角，也有人民和各領袖。

上文的兩個希伯來字也在耶利米書三十章 21 節出現：「他們的君王（אַדִּיר）是他們自己的人，掌權的（מֹשֵׁל）必出自他們，我要使他接近我，他也要親近我；不然，誰敢放膽親近我呢？」下文將會討論這兩個希伯來字。

第一個希伯來字是 מֹשֵׁל，[26] 在耶利米書三十三章 26 節以分詞（participle）出現，《和修版》譯作「治理」。這字在耶利米書三十章 21 節也以分詞出現，《和修版》譯作「掌權的」。上文 9.2.1.3 已經指出這節「掌權的」要像以斯拉等人在宗教上作領袖。神藉著這些領袖向眾人示範神是可親近的。

第二個希伯來字 אַדִּיר，三十章 21 節譯作「君王」，但這希伯來字應譯作「領袖」，[27] 這字在二十五章 34 至 36 節出現，那裏重複地指他們是羊羣的領導者，而且連續三節都是與「牧人」平行。

上述兩個希伯來字可指下圖 9.7 中間那層的領袖，領袖也是新子民的其中一分子。

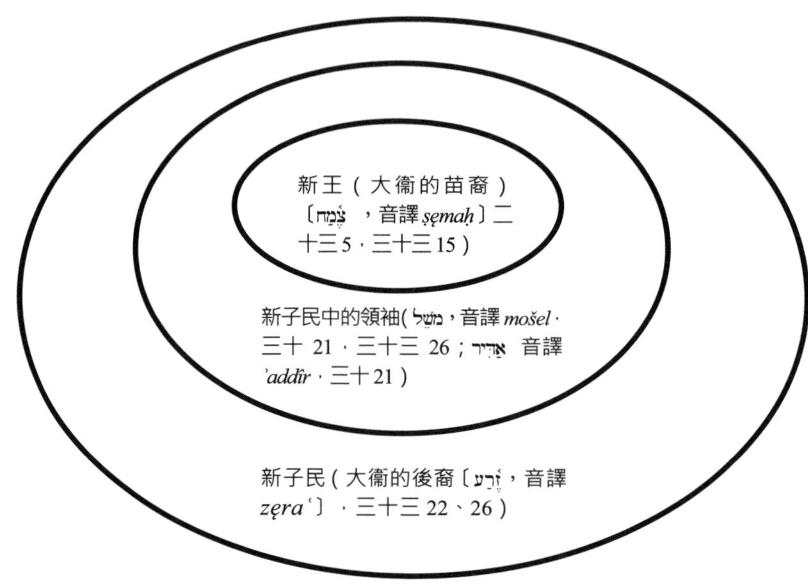

圖 9.7：三個階層的新子民

上文的解釋，令人容易理解耶利米書三十三章 26 節所提及的大衛的後裔要治理（מֹשֵׁל）亞伯拉罕、以撒、雅各的後裔。從政治的角度，這節的意思是大衛家族的朝廷（包括王及文武百官）治理以色列這個民族。從宗教的角度，這節的意思是基督、傳道人、長執治理神國的子民。猶大亡國後，大衛的子孫之中只有基督才能作王，所以讀者只能從宗教的角度去理解 26 節。

總而言之，三十三章指出三件事：第一是將來彌賽亞（新王）的國度是永遠的，不會像猶大亡國。第二是這新國度的新子民數不勝數，不像猶大亡國時的餘民那麼稀少。第三是新國度不單有新王和新子民，也有無數的牧人治理羣羊（參耶三十三 26）。

思想問題

1. 基督教的改革先鋒馬丁路德其中一個倡議是信徒皆祭司，正如三十三章提及利未人的獻祭和事奉（18、21、22 節）。請問教會應如何推行人人皆事奉這個重要的理念？
2. 「我以神的慈悲勸你們，將身體獻上當作活祭，是聖潔的，是神所喜悅的，你們如此事奉乃是理所當然的。不要效法這個世界，只要心意更新而變化，叫你們察驗何為神的善良、純全、可喜悅的旨意。」（羅十二 1～2）根據這段經文，事奉是包括生命的事奉，那麼你如何以自己的生命去事奉神？

9.3. 小結

學者將耶利米書三十至三十三章稱為「安慰之書」（Book of Consolation），[28] 原因是這段經文有許多安慰的信息，也包括了一件事，就是耶利米在西底家第十年時購買一塊地（三十二 1～15），象徵猶大人被擄七十年後，可回歸故土重建家園（三十三 10～11）。「被擄者回歸」這主題在下圖 9.8 的經文多次出現。

章數	「被擄者回歸」主題出現	「盟約的關係」主題出現
三十	3、10、18 節	22 節
三十一	8、16、17、21、23 節	1、31、32、33 節
三十二	37、44 節	38、40 節
三十三	7、11、26 節	20、21、25 節

圖 9.8：三十至三十三章的兩個主題

猶大人不單回歸故土，而且要重建人和神的盟約關係（參上圖 9.8）。單靠人的悔改是不足夠的，還要神做工夫。三十一章 31 至 34 節明言：神主動另立新的約。舊約的律法是寫在石版上（出三十四 1），但新約的律法是寫在心版上（耶三十一 33），意思是神的子民從最小的到最大的都必從心裏認識神（耶三十四 34），而且永遠敬畏神（耶三十二 39）。

下列結構的「種」（זֶ֫רַע）是指屬神的子民，三十一章 27 節（參《和合本》）指出神要把人的種（זֶ֫רַע）、和牲畜的種（זֶ֫רַע），播種（זָרַע）在以色列家和猶大家，暗示神的子民是基於神所播下的種，而不是男女交配所播下的種。而新子民所指的是新約時期的基督徒。

A　神建立聖城（三十一 23～26）
　B　神播下以色列家和猶大家的種（三十一 27～30）
　　C　神與以色列家和猶大家另立新的約(三十一 31～34)
　B'　神保存以色列（包括猶大）的種（三十一 35～37）
A'　神建立聖城（三十一 38～40）

三十至三十三章不單預言以色列民族回歸故土重建家園，而且描繪回歸的遠景：新約、新王、新子民。新王有別於過去的大衛家族所世襲的王，這新王是來自大衛家，而且他永遠坐在王位上（三十三 17），這王就是耶穌基督（參本書第三章 3.4.2）。

註釋

1. L. Stulman, *Jeremiah*, Abingdon Old Testament Commentaries (Nashville: Abingdon Press, 2005), 258.
2. 耶利米委託以利亞薩和基瑪利送信給被擄的猶大人（耶二十九 3），這兩個人是被西底家差派去首都巴比倫城覲見尼布甲尼散王的。估計這兩個人將耶利米的信件交給聚居在巴比倫城附近的猶大人。耶二十九 7「那城」是單數，這裏很可能指他們所聚居的城市。以西結書指被擄的猶大人聚居在迦勒底人的地方（結一 1～3，三 11～15，十一 24），就是在幼發拉底河下游的地方，其中一處就是在迦巴魯河附近的提勒・亞畢（三 15），這地名與現今的以色列城市特拉維夫（Tel-aviv）在原文是完全相同（תֵּל אָבִיב），它們是同名不同地。第一個希伯來字 תֵּל 是指廢墟或小丘。
3. B. A. Bozak, *Life 'Anew': A Literary-Theological Study of Jeremiah 30～31*, Analecta Biblica 122 (Roma: Editprice Pontificio Istituto Biblico, 1991), 21。筆者根據這頁的結構作出修訂。.
4. "מַכָּה (*makkâ*)," *BDB*, 646—"wound."
5. "אַדִּיר (*'addîr*)," *BDB*, 12—"majestic one, of nobles, chieftains, etc." 「君王」的原文是"מֶ֫לֶךְ (*mẹlẹḵ*),"，而不是" אַדִּיר (*'addîr*)"。

6. "מָשַׁךְ (māšak̲)," *BDB*, 604—"draw, pull."
7. "פָּדָה (pādâ)," *BDB*, 804—"ransom."
8. "גָּאַל (gāʾal)," *BDB*, 145—"redeem."
9. "טוּב (ṭûb)," *BDB* , 375—"good things, goods, goodness."
10. J. R. Lundbom, *Jeremiah 21～36*, AB 21B (Garden City, NY: Doubleday, 2004), 451～452.
11. Lundbom, *Jeremiah 21～36*, 455.
12. "זֶרַע (zęraʿ)," *BDB*, 282—"sowing, seed, offspring."
13. B. S. Childs, "The Canonical Shape of the Prophetic Literature," in *The Place is Too Small for Us: The Israelite Prophets in Recent Scholarship*, ed. R. P. Gordon (Winona Lake: Eisenbrauns, 1995), 516.
14. Lundbom, *Jeremiah 21～36*, 499。
15. 哈理遜：《耶利米書‧耶利米哀歌》，李蕙英譯，丁道爾舊約聖經註釋（台北：校園書房，2001），頁 148。
16. " הִנֵּה (hinnę̄)," *BDB*, 243—"introducing clauses …it points generally to some truth either newly asserted, or newly recognized."
17. Stulman, *Jeremiah*, 278.
18. Lundbom, *Jeremiah 21～36*, 545.
19. "זֶרַע (zęraʿ)," *BDB*, 282—"sowing, seed, offspring."
20. "צֶמַח (ṣęmaḥ)," *BDB*, 855—"sprout, growth."
21. 「隱密」的原文 בְּצוּר 在亞十一 2 譯作「茂盛」，但 CEB 譯作 deep，NASB、NET 和 NJB 譯作 impenetrable。另參 "בָּצוּר (bāṣûr)," *BDB*, 130—"mysteries (= unattainable things)"，這字譯作「深邃、深不可測」。
22. "צֶמַח(ṣęmaḥ)," *BDB*, 855—"sprout, growth."
23. B. T. Arnold and J. H. Choi, *A Guide to Biblical Hebrew Syntax* (Cambridge: Cambridge University Press, 2003), 41.
24. "קַנָּא (qannāʾ)," *BDB*, 888—"jealous, zealous."
25. B. K. Waltke and M. O'Connor, *An Introduction to Biblical Hebrew Syntax* (Winona Lake: Eisenbrauns, 1990), 230—"apposition."
26. "מָשַׁל (māšal)," *BDB*, 605—"rule." 這字的分詞 מֹשֵׁל（*mošel*）在耶五十一 46 譯作「官長」。
27. "אַדִּיר (ʾaddîr)," *BDB*, 12—"majestic one, of nobles, chieftains, etc." 「君王」的原文是"מֶלֶךְ（*męlęk̲*）,"，而不是"אַדִּיר（*ʾaddîr*）"。
28. Stulman, *Jeremiah*, 258.

第十章

猶大人因違約得禍，利甲族人因信實得福（三十四～三十五章）

10.1. 三十四至三十五章的結構

耶利米書三十四章的猶大人背約事件是在末代王西底家時代發生的，而三十五章有關利甲族人因為遵守先祖遺訓而不喝酒的事件是在前朝猶大王約雅敬時代發生。在上述兩章經文，敍述的先後次序並不是按歷史事件發生的次序，好像有些混亂，其實編者使用一種文學技巧：並列對比（juxtaposition）。[1] 這技巧就是編者刻意地將兩段文字並列（side by side），編者不用表明其評論，但讀者可以輕易地將兩段文字作出對比，就能自行作出評論。

上述技巧也應用在現代的新聞報導，例如：先報導現時某國總統宣佈未來一年增加銷售稅，然後報導這總統在競選時承諾不會增加銷售稅。記者不用加插任何評論，觀眾就能因應新聞報導的編排，對事件自行作出評論。在三十四至三十五章經文，利甲族人遵守先祖遺訓是較早期發生的事，編者藉著回顧這件事以對比猶大人的違約事件（參三十五 12～19）。學者將這兩章分為下列各段，[2] 每一分段都將猶大人和利甲族人對比。

三十四章	三十五章
猶大人違約（8～11 節）	利甲族人遵守先祖遺訓（1～11 節）
神譴責猶大人 （12～16 節）	神讚賞利甲族人和譴責猶大人 （12～16 節）
神對猶大人作出裁決 （17～22 節）	神對利甲族人和猶大人作出裁決 （17～19 節）

圖 10.1：三十四和三十五章的內容大綱

10.2. 三十四至三十五章的評註

10.2.1. 猶大人因違約的行徑得禍（三十四章）

三十四章 1～7 節　在猶大西底家時代，巴比倫是超級強國（參本書第二章）。當時的巴比倫王尼布甲尼撒率領巴比倫全軍和附庸國的軍隊前來攻打猶大（1 節）。[3] 猶大這小國的軍隊只是螳臂當車，結果是大部分的城鎮都被巴比倫軍所攻陷，只剩下拉吉和亞西加這兩座堅固城（7 節）。

當巴比倫軍攻打耶路撒冷時，即使耶利米不發出預言，按常理推測，耶路撒冷遲早都會淪陷。這段經文的重要性，在於 4 至 5 節預言西底家必不死於刀下，他必平安地終老，而且人民為他舉哀。在原文的句子結構，4 節「聽」是在句子的起首位置，而且「聽」之前有一個字 אַךְ 強調「即使……也要」，[4] 這裏強調「即使耶路撒冷將要淪陷，你也要聽……」（參 NJB）。上述的神諭並沒有指明西底家要向巴比倫投降，只是很概括地強調：即使國家走向亡國，西底家都要聽從神的誡命和指示。神並沒有指示西底家做下文所提及的事件，但他竟然主動去做（見下文）。他可能認為，藉著一個敬虔的行動去討好神，這樣神就會拯救他們脫離巴比倫軍的圍困。

三十四章 8～11 節　西底家發起一個集體的行動，就是叫百姓各人釋放自己家裏的奴僕，使他們得自由。他們首先舉行集體的立約儀式。這立約儀式是在聖殿向神表達猶大整個民族都願意悔改（15 節），表示他們從前沒有按摩西五經的律法釋放自己家裏的奴僕，現今他們立約遵守神的誡命，釋放奴僕。估計西底家發起這行動的目的，是期望神能夠保佑耶路撒冷，不致被巴比倫軍所攻陷。[5] 另一方面，百姓都支持這行動而參與立約的儀式，可能是耶路撒冷被圍困而缺乏食物，釋放奴僕可減少每個家庭糧食短缺的問題。

10 節的「順從」出現兩次，強調百姓是基於個人的意願去參與上述的集體行動和儀式。11 節指他們後來反悔，叫被釋放得自由的人回來，強迫他們仍要作僕婢。這節經文不是指個別人士的反悔，而是指集體的反悔（16 節）。估計是巴比倫軍從耶路撒冷城短暫撤離（三十七 5），百姓因而沒有糧食短缺的問題，就集體地反悔。雖然上述的集體行動和儀式是由西底家發起，但百姓是基於個人的意願去參與立約，然後違背所立的約。由此可見，西底家和百姓都要被譴責和懲罰。

三十四章 12～16 節　正如圖 10.1 的第二項，這段經文的目的是譴責猶大人。譴責之前，13 節指出大前提：出埃及之前，以色列人是作奴隸，他們蒙神的拯救，所以他們應該恩待奴僕。若奴僕是猶大人，他們更應該恩待，但他們並沒有恩待作為奴僕的同胞。

第一個譴責是在 14 節：若猶大人用錢購買同胞作奴僕，六年之後，主人就要將這奴僕釋放，讓他或她重獲自由。這條例是在摩西五經中立約的其中一則條例（出二十一 2；申十五 12），14 節指歷代以來的猶大人都沒有遵守。第二個譴責是在 16 節，譴責之前，15 節[6] 指出另一個大前提：猶大人在聖殿向神立約。這大前提令猶大人多了另一個罪名，就是褻瀆神的名（參下文）。

16 節的重點是：譴責猶大人違約，猶大人立約要釋放奴僕，但立約之後反悔。除了上述罪名之外，16 節加多一項罪名，就是褻瀆神的名，意思是：他們在聖殿向神立約時並沒有真心誠意，他們只是利用神去解決巴比倫軍所帶給自己的困擾，這種利用神的心態令他們妄稱神的名發誓立約，這是褻瀆神的名。

三十四章 17～22 節　正如圖 10.1 的第三項，這段經文的目的是神對猶大人作出裁決。17 節「我要向你們宣告自由，把你們自由地交給刀劍、饑荒、瘟疫」，這裏的自由是指神任由巴比倫軍的刀劍劈開猶大人，又任由饑荒和瘟疫在猶大人中肆虐，結果是屍骸遍野。

有些人認為神很殘暴，其實神只是執行違約的條例而已。這是古代中東的習俗，而且早在亞伯蘭的時代已採取這種立約的儀式。根據創世記十五章 9 至 21 節的記載，神吩咐亞伯蘭取一頭三歲的母牛犢，一隻三歲的母山羊，一隻三歲的公綿羊，一隻斑鳩和一隻雛鴿。亞伯蘭就把這些都取來，每樣都從中間劈成兩半，一半對著另一半排列。有冒煙的爐和燒著的火把從那些肉塊中經過，象徵神從那些肉塊中經過。若神違約，神也將會被劈成兩半。我們不知神如何被劈成兩半，只知道神很認真地進行立約儀式，又認真地守約。

人若遵行立約的條款，就不需懼怕違約的懲罰。西底家所帶領的人民，只是虛情假意地進行立約儀式，但沒有認真遵守，結果是他們因違約而被神懲罰，就是被巴比倫軍的刀劈開而死（18 節）。

思想問題

1. 雅各離家出走時，他向神許願：「神若與我同在，在我所行的路上保佑我，給我食物吃，衣服穿，使我平平安安回到我父親的家，我就必以耶和華為我的神。我所立為柱子的這塊石頭必作神的殿；凡你所賜給我的，我必將十分之一獻給你。」（創二十八 20～22）當他經歷神的帶領之後，他一生都認定這位神，直到年老時，他仍在牀上敬拜神（創四十七 31）。你曾否在大難臨頭時向神許願？當神幫助你渡過難關之後，你有沒有向神還願？
2. 回想當你接受浸禮時，你在神在人面前作見證，自己願意相信耶穌，又願意認罪悔改，立志從此要舊我死、新我生。現今的你有沒有認真去做一個好基督徒？

10.2.2. 利甲族人因信實的行徑得福（三十五章）

上圖 10.1 已顯示了三十四章的猶大人與三十五章的利甲族人的三組對比。

三十五章 1～11 節 這段經文和歷代志上二章 55 節都有出現利甲族人，後者指他們的祖先是基尼人其中一個家族（另參王下十15），而摩西的岳父就是基尼人（士一 16）。基尼人並不是以色列人，他們可能因摩西的關係而住在以色列人當中，他們在亞拉得以南的猶大曠野居住（參士一 16 及下圖 [7]）。

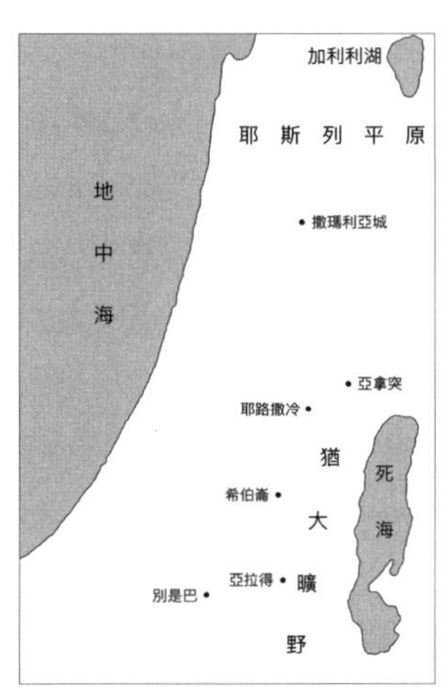

圖 10.2：基尼人在亞拉得以南的猶大曠野居住

當神吩咐掃羅王消滅亞瑪力人時，掃羅記念基尼人曾在以色列人出埃及時曾經幫助以色列人，所以掃羅敦促基尼人離開亞瑪力人，以免他在攻擊亞瑪力人時將他們一併消滅（撒上十五 6）。上述事件顯示以色列人對基尼人有所認識。

6 節提及利甲族人的祖先是約拿達，他是耶戶時代的人。耶戶在耶斯列平原謀殺當時的北國王約蘭，又下令殺死王后耶洗別（王下九 17～37）。然後，他南下撒瑪利亞（參上圖），目的是要謀朝篡位和屠殺巴力先知。在這個關鍵的時候，約拿達主動迎接耶戶，以致獲得耶戶的邀請，參與屠殺巴力先知的行動（王下十 15～28）。估計約拿達這位基尼人是社會上有權有勢的名人，所以耶戶邀請他參與上述的重大行動。

耶斯列是以色列最大的平原，農田隨處可見。撒瑪利亞是北國的首都。約拿達在耶斯列和撒瑪利亞之間的地區生活（參上文），認識這兩個地區的花花世界，更曾參與耶戶消滅巴力先知的行動。他對後代作出這樣的吩咐：「你們與你們的子孫永不可喝酒，不可蓋房子，不可撒種，也不可栽葡萄園，連擁有都不可；但一生的年日要住帳棚，使你們的日子在寄居的地面上得以長久。」（6～7 節）

約拿達明言他的目的，是使後代在寄居的地上得以長久。經文沒有交代原因，可能是約拿達希望後人要決絕地避免當地社會的文化和飲酒宴樂所帶來的腐化。耶戶是公元前九世紀北國的王，而約雅敬是在公元前六世紀南國的王。換言之，約拿達的子孫已經遵守上述的吩咐大約三百年之久。基尼人在士師時代已經在支搭的帳棚中生活（士四 11、17），但約拿達加上一項要求，就是滴酒不沾。

利甲族人應邀去到達官貴人的地方出席盛宴（參 4～5 節），又被先知耶利米敦請飲酒，但他們斷然拒絕，原因就是要遵守先祖約拿達的遺訓。筆者平常也是滴酒不沾的，但若筆者被達官貴人邀請出席飲宴，主人家敬酒，筆者也可能會基於禮貌而飲少許酒。因此，這段經文明顯地反映利甲族人嚴守祖先的遺訓。

三十五章 12～16 節　這兩章經文多次出現一個字 **שמע**，有時譯作「聽」或「聽從」，有時譯作「順從」或「遵守」（三十四 4、10、14、17，三十五 8、10、13、14、15、16、17、18），大多是指利甲族人聽從或遵守先祖的遺訓；或加上「不」，指猶大人不聽從和不遵守神的誡命。約拿達的吩咐好像很迂腐，但他的子孫避免了任何腐化的機會。這段經文的重點並不是鼓吹迂腐的傳統條例，而是鼓吹遵命的質素。若某國家的軍兵缺乏遵命的質素，他們就會潰不成軍。同樣，猶大人若缺乏遵命的質素，他們也不配作神的子民。諷刺的是，猶大人並沒有遵命的質素，反而外族的利甲族人有遵命的質素。

三十五章 17～19 節 在 12 至 16 節，神宣佈了猶大人的罪名，就是他們不肯聽從神的命令；在 17 至 19 節，神宣佈祂對他們的懲罰，就是他們必被神降災。在 12 至 16 節，神讚賞約拿達子孫的遵命；在 17 至 19 節，神宣佈祂對他們的賞賜，就是他們必永遠不斷有人侍立在神的面前。上文提及約拿達協助耶戶消滅巴力的先知（王下十 15～28），讀者不能確定約拿達的動機是否出於政治或宗教的考慮，也不知道約拿達的子孫是否敬拜真神。無論如何，神宣佈祂對他們的賞賜，就是他們必永遠不斷有人侍立在神的面前。19 節「侍立在我面前」這片語不單指敬拜真神，而且指事奉神（參代下二十九 11；結四十四 15）。這節的「永遠」，也承諾他們的子孫不單在猶大亡國時能夠保存生命，而且每一代都不會因任何原因而沒有子孫。

思想問題

1. 約拿達的遺言可能是基於他過往的經歷而發出的。每一個人都有自己的故事，問題是自己能否學習當中的功課。假如你的人生可以重新開始，你會定下甚麼重要的人生方針？
2. 有些基督徒從世界的標準看可能不夠「聰明」，甚至被人認為是迂腐的，恪守著宗教和道德規條，不過，以約拿達的子孫為例，雖然他們「迂腐地」遵守著先祖遺訓，卻得到神的賜福。這事令你有何感想？你是否在善上聰明，在惡上愚拙？（羅十六 19）

10.3. 小結

三十四和三十五這兩章經文多次出現一個字 שׁמע，有時譯作「聽」或「聽從」，有時譯作「順從」或「遵守」，大多是指利甲族人遵守先祖的遺訓，或指猶大人不遵守神的誡命。這兩章分別出現的三個分段（參圖 10.1），將三十四章的猶大人與三十五章的利甲族人作出對比。結論是：猶大人因違約而被神降禍，利甲族人因信實而蒙神賜福。

註釋

1. J. R. Lundbom, "Scribal Contributions to Old Testament Theology," in *To Hear and Obey: Essays in Honor of Frederick Carlson Holmgren*, eds. Bradley Bergfalk and Paul E. Koptak (Chicago: Covenant, 1997), 44.
2. L. Stulman, *Jeremiah*, Abingdon Old Testament Commentaries (Nashville: Abingdon Press, 2005), 286.
3. J. R. Lundbom, *Jeremiah 21～36*, AB 21B (Garden City: Doubleday, 2004), 549.
4. "אַךְ (*'aḵ*)," *BDB*, 36—"emphasizing what follows, in contrast to what precedes."
5. Stulman, *Jeremiah*, 289.
6. 15 節「如今」在 NIV 譯作 Recently，即是「近期」。在 NIV，16 節的開始譯作 But now，即是「但現在」。NIV 在這兩節的翻譯比較貼近原文，令讀者較容易掌握時序。
7. 詳可參看約翰・斯特蘭奇，《實用聖經地圖集》，黃錫木編（香港：基道出版社，2003），頁 41。

第十一章

約雅敬和西底家不聽警告，結果是國破家亡（三十六～三十八章）

11.1. 三十六至三十八章的結構

本書第四章 4.1.5 已詳述下列結構，筆者在本書第八、九、十章已分別對下列結構的 A、B 和 B'作出分析。本章的重點是在於下文 A' 的三十六至三十八章。由於約雅敬年代的事件只屬回顧（參本書第四章 4.2.1），所以下列的結構並沒有交代約雅敬的年代。

亡國故事的主體（main body）

A 耶利米與宗教領袖角力（**西底家一至四年**）（二十四～二十九章）

B 耶利米對猶大人的勉勵：
有關回歸故土和新約的安慰之書（**西底家十年**）（三十～三十三章）

B' 耶利米對猶大人的譴責：
猶大人必因背約而被神懲罰（**約在西底家十年**）（三十四章）
利甲族人因信實而蒙神祝福（三十五章）

A’耶利米與政治領袖角力（**西底家九至十一年+亡國後的年代**）
約雅敬不聽耶利米的警告，令猶大走上亡國之路（三十六章）
西底家不聽耶利米的警告，結果是國破家亡（三十七～三十八章）
亡國後的領袖不聽勸告，結果是更多人死亡（三十九～四十四章）

三十六至三十八章記載下列兩個循環，就是有關猶大最後的兩個王，他們都拒絕耶利米的警告或勸告，結果是令到自己全家遭害，國家走向滅亡。這兩個循環相隔至少十五年，但被編者刻意安排為相連的經文，這兩個循環有平行對稱的事件。[1]

第一循環（三十六章）	第二循環（三十七～三十八章）
第一次宣讀神諭（三十六 1～10）	西底家第一次求問（三十七 1～10）
第二次宣讀神諭（三十六 11～19）	西底家第二次求問（三十七 11～21）
第三次宣讀神諭（三十六 20～26）	西底家第三次求問（三十八 1～20）
約雅敬王不聽神諭，神宣告他將會家破人亡，猶大走向亡國之路（三十六 27～31）	西底家王不聽神諭，神宣告他將會全家遭害，首都將會被焚毀（三十八 21～23）
神的說話不會因第一書卷被焚而消失，神吩咐耶利米撰寫第二書卷，神的說話得以保存（三十六 32）	耶利米的生命得以保存（三十八 24～28），繼續以先知的角色宣告神諭（四十二～四十四章）

圖 11.1：三十六至三十八章的兩次循環

在第一循環，三次宣讀的神諭都是令人聽到神的警告或勸告；在第二循環，西底家的三次求問都是希望得到神的警告或勸告。西底家沒有吸取約雅敬不聽從神說話而滅亡的教訓，結果他好像約雅敬一樣，都是全家遭害（三十六 30，三十九 6～7）。這一連串相似的事件可被稱為循環（cycle）。循環不單是重複，而且可能有進展性（progression）或每況愈下，例如：西底家比約雅敬所受的災禍更悽慘；約雅敬至少有一名兒子存留，但西底家的所有兒子都死亡。

11.2. 三十六至三十八章的評註

11.2.1. 約雅敬不聽耶利米的警告，令猶大走上亡國之路（三十六章）

列王紀下形容約雅敬行耶和華眼中看為惡的事，效法他祖先一切所行的（王下二十三 37）。約雅敬的父親約西亞進行宗教改革時，已經將欣嫩子谷的陀斐特摧毀了，不許人在那裏使兒女經火獻給摩洛（王下二十三 10）。當約雅敬執政時，耶路撒冷的人民立即重修欣嫩子谷的陀斐特，在那裏使兒女經火獻給偶像（耶七 31，十九 5～6）。

在約雅敬作王第一年，耶利米在聖殿向人民發出警告：如果人民悔改，神就不會降災給猶大（耶二十六 3）。在約雅敬作王第五年，耶利米的警告神諭由巴錄和官員輾轉傳到約雅敬（耶三十六 10～21）：如果猶大王室願意帶領人民悔改，神就不會降災給猶大（耶三十六 3）。上述兩節經文（二十六 3，三十六 3）的用字極為相似。

上述兩次警告的結果，都是耶利米被抓拿或通緝，但神藉著官員去保護和匿藏耶利米，令他不致被殺死（二十六 8～24，三十六 26）。二十五章 1 至 14 節記載耶利米在約雅敬第四年向猶大眾百姓和耶路撒冷所有的居民發出警告。後來他可能被官員軟禁，不能進入聖殿（參三十六 5 的評註），所以耶利米需要委託巴錄代他宣讀神諭（三十六 5～8）。

三十六章 1～3 節　1 節「約雅敬第四年」在耶利米書出現四次（耶二十五 1，三十六 1，四十五 1，四十六 2），這是耶利米書其中一個重要的時間標記。在這一年（公元前六〇五年），巴比倫王儲尼布甲尼撒擊潰埃及北上駐紮在迦基米施的軍隊（耶四十六 2），並且南下追擊到埃及本土的邊界。正在此時，尼布甲尼撒的父親去世，尼布甲尼撒需要回到巴比倫首都去繼承王位（耶二十五 1）。雖然他不能乘勝追擊，但猶大等巴勒斯坦的國家都在巴比倫的勢力範圍之下。這些國家原本將巨額的貢款上繳給埃及（王下二十三 35），現在改為上繳給巴比倫（王下二十四 1）。在尼布甲尼撒登基的那一年，耶利米預言列國將會服事巴比倫七十年（耶二十五 1、11）。

三十六章 4～10 節 5 節「禁止」的原文 עצר應譯作「軟禁」，[2] 這希伯來字也被用來指耶利米被軟禁在護衛兵的院內（三十三 1，三十九 15）。官員不單匿藏耶利米，甚至軟禁他，目的是令他不能進入聖殿，以免他會遭害。所以，耶利米需要委託巴錄宣讀神諭（三十六 5～8）。

巴錄宣讀神諭前，先要將耶利米口中的話抄寫在書卷上（三十六 6）。抄寫的年份在約雅敬第四年，巴錄宣讀神諭的時期在約雅敬第五年的九月（三十六 9～10）。由開始抄寫至宣讀的時期相隔至少九個月之久，原因可能是抄寫需時，也有可能是要等待適合的時機。根據巴比倫編年史的記載，公元前六〇四年巴比倫進攻巴勒斯坦沿海平原，將亞實基倫城摧毀成廢堆。[3] 亞實基倫距離耶路撒冷不到一百公里。當時的猶大人可能回想耶利米在約雅敬登基時所發出的警告神諭：這殿必如示羅，這城必荒廢無人居住（二十六 9）。猶大人的危機意識可能因而大大提高，學者指這是朝野禁食背後的原因（三十六 9）。[4]

宣讀神諭	宣讀者	聽眾	宣讀地點
第一次宣讀（1～10 節）	巴錄	羣眾	聖殿（8 節）和文士的房間（10 節）
第二次宣讀（11～19 節）	巴錄	官員	書記的房間
第三次宣讀（20～26 節）及其結果（27～31 節）	猶底	約雅敬	王過冬的房屋

圖 11.2：三十六章的三次神諭

三十六章 11～19 節 三十六章有一個主題字詞經常出現，這字 קָרָא 在三十六章五次被譯為「念」（6、14、15、21、23 節），三次被譯為「宣讀」（8、10、13 節），《新譯本》將上述經文大多譯為「宣讀」。上圖 11.2 按「宣讀」這主題字詞去作出分段。有人宣讀，也需要有人聆聽。另一主題的主詞就是「聽」（3、11、13、16、24、25，31 節）。官長們採取行動，他們將神的說話誦讀給約雅敬王聽。諷刺的是，官長們都將神的說話聽進耳中，只有王聽不入耳。

三十六章 20～26 節　三十六章記敍三次宣講的文學技巧好像田徑的三級跳（參本書第一章 1.2.3.2），第一和第二跳的步幅較短，最後一跳達致最後的結果。圖 11.2 顯示第三次宣讀的對象是最高的政治領袖，這是決定性的關鍵時刻。當官員宣讀耶利米的警告神諭時，只讀了三、四段，王就用文士的刀把書卷割破，丟在火盆裏，直到全卷在火中燒盡了（23 節）。

24 和 31 節的臣僕不聽神說話，「臣僕」的原文 עֶ֫בֶד[5] 指「奴隸」，這字也用來形容王的所有官員（耶二十一 7，二十五 19 等）。「官長」（12、14、19 和 21 節）的原文 שַׂר [6] 指領袖（參《新譯本》）。這裏指多數臣僕都附和約雅敬的意思，只有三位官長求王不要燒毀書卷（25 節）。

三十六章 27～32 節　神吩咐耶利米再取一書卷，將猶大王約雅敬所燒毀的前一卷書上原有的一切話再寫一遍，另外又添了許多相仿的話。例如：二十二章 19 節只是預言約雅敬的屍體必被拋棄在城外，但三十六章 30 節指他的後裔中必沒有人坐在大衛的寶座上。雖然約雅敬的兒子約雅斤只能作王三個月，但他作王的功能並不是統治百姓，而是用來計算被擄的時期（參結一 2；王下二十五 27；耶五十二 31），可見他的王位是名存實亡的。

雖然約雅敬焚燒了書卷，但王權之上有神權。雖然耶利米被軟禁，但神的說話仍發揮其果效審判惡人。神的說話超越了王的權力和先知被軟禁的場地，[7] 而且超越了所有時間和空間的限制；意思是約雅敬和耶利米都已離世，但神的說話存留至今，不單對昔日的猶大人說話，也對歷代的人說話。約雅敬只是一個例子，推而廣之的原則是，追逐別神的人必遭遇很多愁苦（詩十六 4）。

緊隨三十六章之後的三十七至四十四章，就是西底家末年和亡國後的故事。學者指出這是編者刻意的安排，約雅敬火燒書卷的行動不單令他的王朝註定傾覆，而且在他作王第五年時猶大已註定亡國（31 節），[8] 但人民仍可選擇投降而保存生命（二十一 9）。

思想問題

1. 約雅敬和耶利米都已經離世，但神的說話存留至今，不單對昔日的猶大人說話，也對歷代的所有人說話。你每天有沒有讀經？神的說話是否你心思意念和行事為人的準則？
2. 約雅敬焚燒書卷的事令他的王朝和國家走向滅亡，這件事令人想起詩篇第一篇：「惟喜愛耶和華的律法，晝夜思想祂的律法；這人便為有福……惡人並不是這樣，卻像糠秕被風吹散」（詩一 1～4）。你相信遵守神的話是生死攸關，禍福所依嗎？

11.2.2. 西底家面對巴比倫的兩次圍城（三十七章）

耶利米書三十九章 1 至 2 節明言猶大王西底家第九年十月，巴比倫王尼布甲尼撒率領全軍前來圍困耶路撒冷。西底家十一年四月初九日，城被攻破。在這十八個月期間，巴比倫軍因為聽聞埃及軍前來援助耶路撒冷而暫時撤離。7 節提及那出來幫助猶大人的法老軍隊必回埃及，又提及巴比倫軍再次圍城。三十七章所記載的事件的先後時序，可參下圖 11.4。

三十七章 1～5 節　3 節指西底家差派兩位代表請求耶利米為他們祈求神，但沒有交代祈求神甚麼事情。在另一次巴比倫軍圍困耶路撒冷城時，經文明言他們祈求神照祂一切奇妙的作為待他們，使巴比倫王離開他們而去（耶二十一 2）。另一方面，7 至 10 節令讀者猜測，西底家的求問是有關巴比倫軍圍困耶路撒冷城這事。編者敍述耶利米求問神的結果之前，先交代了兩個背景：第一是當時耶利米尚未囚在監牢裏（參三十七 15），所以此時耶利米仍可在百姓中進出（三十七 4）。4 節的「監」是指 15 節的監牢，而不是指三十三章 1 節的護衞兵的院內。

第二：在原文 5 節的第一個字有一個連接詞 וְ（*waw*），這連接詞可譯作「然後」（參 NKJV），即是西底家差派兩位代表去見耶利米之後，巴比倫軍因為聽聞埃及軍前來援助耶路撒冷而暫時撤離。若巴比倫軍已撤軍，西底家、官員，以及人民根本就沒有需要聆聽耶利米求問神的結果。由此可見，西底家差派兩位代表去見耶利米之時，巴比倫軍正圍困耶路撒冷。

三十七章 6～10 節　6 節沒有交代神是否即時回應耶利米的求問，根據四十二章 7 節，神並不一定即時回覆先知的求問，有時需要等候一段時間，神的話才臨到耶利米。在等候的時間發生了兩件事：第一是埃及軍前來援助猶大人，第二是巴比倫暫時從耶路撒冷撤軍。

編者敍述上述兩個背景後，就開始敍述耶利米求問神的結果。7 節預言法老軍隊必回埃及去，8 節預言巴比倫軍必再來攻打耶路撒冷，並要攻下，用火焚燒。9 節勸告猶大人不要自欺欺人地認為巴比倫軍不會回來攻打耶路撒冷。10 節「擊敗」的原文意思是重創，[9] 這裏的意思是：即使耶路撒冷的守軍能重創巴比倫軍，但餘下受傷的巴比倫軍兵也足以用火焚燒耶路撒冷城，正如一名壯男，即使他被捆綁單手和雙腳，他坐在椅子也能夠擊倒一名兒童。

三十七章 11～16 節　11 節在《新譯本》出現「懼怕」這詞，但原文並沒有「懼怕」這字，原文只是指巴比倫軍因為法老軍隊前來而撤軍（參 NIV）。《和修版》譯作「躲避」，但原文也沒有「躲避」這字。巴比倫從耶路撒冷撤軍的原因，可能是為了迎戰埃及軍隊，而不是因為懼怕或躲避法老軍隊。列王紀下二十四章 6 至 12 節提供當時的國際形勢，巴比倫軍不單擄走約雅斤，而且將埃及王所管之地奪去，即是猶大等巴勒斯坦的國家原是埃及的附庸國，現改為巴比倫的附庸國。在這段時期，巴比倫完全凌駕埃及，巴比倫不會怕埃及。

經文的重點並不是交代巴比倫撤軍的原因，而是指巴軍短暫撤離時，耶利米離開耶路撒冷，往便雅憫地亞拿突城去得「自己的地產」（12 節，另參一 1）。當他到了便雅憫門，守門官逮捕耶利米，原因是指控他出城去投降迦勒底人。這指控是完全沒有理據，若巴比倫軍要迎戰埃及軍，他們會由耶路撒冷走向西面（參下圖 11.3[10]）。由於耶路撒冷和撒瑪利亞之間有山巒的阻隔，若巴軍要回巴比倫，只會走向西面的沿海平原。若耶利米要向巴軍投降，他不會經耶路撒冷東北面的便雅憫門，但守門官完全不聽耶利米的話。

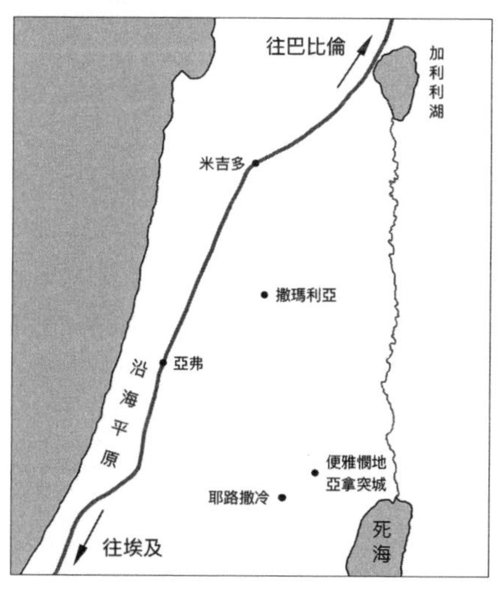

圖 11.3：巴比倫軍迎戰埃及軍，以及回巴比倫之路線圖

15 節指官長們惱怒耶利米，但沒有交代原因，可能當時的主流思想是要致力保家衞國（參三十八 4），但耶利米在 7 至 10 節發出的神諭，指迦勒底人必攻陷耶路撒冷城，這種言論實在令人反感。

15 節「監牢」這名詞十分普通，16 節進一步描繪這監牢是地牢。「地牢」的原文可譯作「深坑」（撒上十三 6；詩七 15），可能有淤泥（詩四十 2；耶三十八 6），淤泥是潮濕的，甚至有蟲。被投進深坑的人會餓死或因皮膚腐爛而死。20 節指囚在這些地方的人會死亡。

三十七章 17～21 節　這段經文沒有明言巴比倫軍已再度圍城，但巴比倫軍有可能已回來圍困耶路撒冷，[11] 這件事令西底家再次向耶利米祈求神的指示（17 節），也令說假神諭的先知因自己的預言不能應驗而銷聲匿迹（19 節）。耶利米的一連串回應可被分析為下列結構：

A　你必被交在巴比倫王手中。（17 節）

　B　我在甚麼事上得罪你，或你的臣僕，或這百姓，你們竟將我囚在監裏呢？（18 節）

A'　對你們預言「巴比倫王必不來攻擊你們和這地」的先知在哪裏呢？（19 節）

　B'　主我的王啊，現在求你垂聽，允准我在你面前的懇求：不要把我送回約拿單文士的房屋中，免得我死在那裏。（20 節）

上列 A 和 A'都是有關巴比倫軍圍城的事，耶利米預言西底家必被交在巴比倫王手中，又指出那些預言「巴比倫王必不來攻擊你們和這地」的先知已銷聲匿迹。耶利米身在不見天日的監牢，他如何得知上述先知銷聲匿迹？可能是神告訴他，也可能是西底家或押解他的兵丁告訴他。重點不在於上述問題的答案，而在於上述先知的預言已被證實是錯的，西底家可諮詢的先知只有一個，就是耶利米。

上列 B 和 B'都是有關耶利米本人被囚禁的事，B'令人感到被丟在監（深坑）裏的人面臨死亡的威脅。先知豈不是倚靠神嗎？為何耶利米要向西底家發出祈求？從人性的角度，耶利米在 B 和 B'的說話都是出於自然的情緒反應，也反映出那監牢是致命的。他積極地爭取減輕患難，而不是消極地等待神的拯救。從敘事評鑑法的角度，編者的角色好像電影的編導，他要突顯出耶利米和西底家二人此時是相依為命，令讀者不單看見文字，而且感受到兩位主角的內心世界。從神學的角度，先知並不是高高在上，他本人也是面對生死的難關，他與患難者共渡時艱，明白患難者的感受。

思想問題

1. 不少領袖的自尊心是很強的，他們不容易像耶利米那樣分享自己的軟弱和恐懼。只是人若不正視問題，問題就不能解決。同樣，若領袖不正視自己軟弱和恐懼的問題，這些問題能解決嗎？
2. 三十七章沒有提及耶利米信靠神，這方面需要其他經文補充。保羅在這方面有很好的教導：「我們有這寶貝放在瓦器裏，為要顯明這莫大的能力是出於神，不是出於我們。我們處處受困，卻不被捆住；內心困擾，卻沒有絕望；遭受迫害，卻不被撇棄；擊倒在地，卻不致滅亡。」（林後四 7～9）從這段經文你有甚麼學習？

11.2.3. 西底家面對即將國破家亡的時刻（三十八章）

三十八章 2 節是官長們引述耶利米在二十一章 9 節的說話。[12]《和修版》採用不同的字詞，但下文括號內的希伯來文顯示其字根是相同的。在《新譯本》及《和合本》，下列兩節的大部分字詞都是相同的。

二十一 9 住（ישׁב）在這城裏的必遭刀劍、饑荒、瘟疫而死；但出去（יצא）投降圍困你們之迦勒底人的必得存活（היה），保全（שׁלל）自己的性命（נפשׁ）。

三十八 2 留（ישׁב）在這城裏的必遭刀劍、饑荒、瘟疫而死，但歸向（יצא）迦勒底人的必得存活；至少（原文沒有「至少」）能保全（שׁלל）自己的性命（נפשׁ），得以存活（היה）。

官長們引述耶利米在二十一章 9 節的說話，就是要控告他向城裏剩下的士兵和眾人說這樣的話，使他們的手發軟。官長們的目的，就是要請求西底家把他處死（三十八 4）。

其實，由三十七章轉到三十八章時，氣氛突然轉變為緊張；不單官長們突然控告耶利米（三十八 2），耶利米亦多次勸告西底家出城外投降，否則巴比倫軍必用火焚城（三十八 17～23）。

若將二十一章 1 至 10 節的事件放置在三十七章和三十八章之間（參下圖 11.4），讀者就能夠明白上述的突然轉變。二十一章 4 節明言神要使猶大人手中的兵器，就是他們與城外的巴比倫軍打仗所用的兵器轉回來，把它們聚集在耶路撒冷城中，表示戰事將要結束，猶大人將會被打敗。他們要在戰敗前投降，否則巴比倫軍將會屠城（二十一 8～10）。

圖 11.4 顯示兩個循環，第一個循環是三十七章，第二個循環是二十章 1 至 10 節加上三十八章。兩個循環所發生的事都是相同的。第一事件是西底家差使者請耶利米祈求神（三十七 3，二十一 1～2），尾二的事件是西底家私下請耶利米向神祈求（三十七 17～20，三十八 14～26）。合共四次祈求，可見西底家面對很大壓力。耶利米也面對兩次被丟在監牢內，都是面臨死亡的邊緣（三十七 20，三十八 9）。

	三十七章		**二十一章 1～10 節**
西底家差使者請耶利米祈求神	3 節	←	二十一 1～2
耶利米的回應是耶路撒冷將會淪陷，猶大亡國	8、10 節	←	二十一 3～7
耶利米向眾人作出公開勸降	9 節	←	二十一 8～10
		三十八章	
耶利米因公開勸降而被拘捕	11～14 節	1～5 節	
耶利米被囚入監，監獄的環境惡劣，足以致命	15～16 節（三十七 20）	6 節（三十八 9）	
耶利米由致命的監獄被提出來	17 節	7～13 節	
西底家私下請耶利米向神祈求	17～20 節	14～26 節	
耶利米在護衛兵的院被軟禁	21 節	28 節	

圖 11.4：三十七章及三十八章與二十一章 1 至 10 節的兩次循環

筆者將會在此交代耶利米為何向眾人作出公開勸降（二十一9）。三十二章 2 節指出耶利米被囚在護衛兵的院內，當他進行購買土地的手續時，有眾人作為見證人（三十二 12），可見耶利米可能只是被軟禁，而耶利米也在此時向護衛兵的院內的眾人勸降（二十一9），這勸降的信息傳到官員的耳中，所以官員控告他（三十八 1～5）。

二十一章 1 至 10 節屬亡國故事的後期發展，但被編者放置在亡國故事的序幕，作為預述（prolepsis），令讀者懷著沉重的心情閱讀亡國的長篇故事（二十一～四十五章）。二十一章 1 至 10 節的功能不單是預述（prolepsis），而且是轉接位（hinge），目的是要串連下列兩大部分的經文。由於本章的目的是註釋經文，所以這裏只列出圖 11.5。本書第四章 4.1 詳細討論有關預述和轉接位這兩項功能。

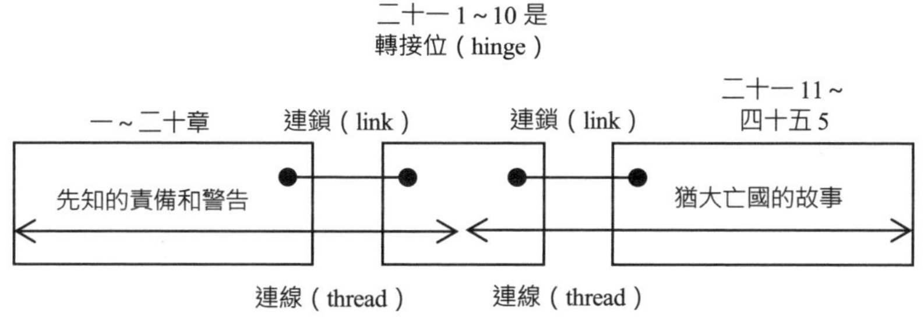

圖 11.5：耶利米書一至四十五章的文學結構圖

三十八章 1～6 節　上文已指出 2 節的引述，是來自二十一章 9 節：二十一章 1 至 7 節表達神的審判，而 8 至 10 節表達神的憐憫。縱然猶大人罪大惡極，而且屢勸不聽，但神仍然給他們死裏逃生的機會，就是凡出城（參 NIV）投降的人必得存活（二十一 9，三十八 2）。

耶利米的原意是要減少死亡數字，但他公開的勸降卻令人感到他顛覆國家。當時耶路撒冷正抵抗巴比倫的攻擊，耶利米公開的勸降，會令剩下的士兵和眾人的「手發軟」（4 節）而不能守衛城池。按這勸降的言論來說，四位官長的控告是合理和有根據的，但他們並沒有揣摩到耶利米勸降的原意是要拯救人民，而不是顛覆國家。

西底家的立場要到三十八章 19 節才顯露出來，但在此章 1 至 4

節的形勢下，他不能作甚麼去偏幫耶利米，他只能依照主流的意見作出回應。在 5 節的最後一句可譯作：「王沒有能力反對你們」（參 NRSV），意思是他即使有王的身分，也沒有能力反對官員的指控。他甚至讓官員自行裁決耶利米的判刑（5 節）。

6 至 7 節的「井」與三十七章 16 節的「地牢」的原文是相同的，可譯作「深坑」（撒上十三 6；詩七 15）。這深坑有淤泥，淤泥是潮濕的，甚至有蟲。被投進深坑的人可能會餓死或會因皮膚腐爛而死。

三十八章 7～13 節　在朝廷裏，沒有官員為耶利米發言。在朝廷外，有一位太監為耶利米發言。更諷刺的是沒有一位猶大人為他發言，只有一位古實人為他發言。7 節指王坐在便雅憫門，這是處理人民直接向王伸冤的地方。[13] 可能上述的四位官員剛巧沒有在場，所以太監直接指責他們把耶利米丟在井裏，要令他餓死（9 節）。

究竟 9 節結尾的一句話「因為城裏不再有糧食了」與上文有何邏輯關係？以伯・米勒無必要說這句話。其實原文並沒有標點符號，上述的這句話可能並不是以伯・米勒說的（參 TNK），而是由編者加上的補充資料，指當時城裏已開始缺糧。[14] 換言之，耶利米即使從監獄被提出來，他也會餓死。雖然如此，西底家仍決定營救耶利米（參 10 節），這可能是他需要請求耶利米向神祈求神的指示（參 14 節）。

7 至 9 節聚焦在耶利米會因為缺乏食物而死，10 至 12 節聚焦在營救他時要留意他的皮膚可能會腐爛。當太監營救他時，需要用碎布和破衣服墊在他的腋下，然後拉他出深坑（12 節）。10 至 12 節十分細緻地描述太監到庫房取碎布和破衣服。細緻的描述反映這太監對耶利米細心的照顧，也反映當時環境的惡劣和險峻。

三十八章 14～16 節　14 節「殿的第三個門」的地點不詳，但 16 節「私下」指出這地點不是公眾的地方。在 15 節，耶利米採取以退為進的方式規勸西底家：他原意是要勸西底家，但卻指西底家一定會把他處死，以致他不會說任何神諭。這種以退為進的方式令西底家需要更加進取地表達他的意願，他在 16 節的起誓，表達他不會將耶利米置諸死地，而且他很重視神指示他的前路。

三十八章 17～19 節　這段經文敍述耶利米在這次會面中的第一次

勸告和警告，他採取一種修辭技巧，就是「映襯」（antithesis）。這技巧把相反的觀念並列起來作為比較（參下列劃線字詞），使其意義明顯。

> 17 節 你若歸順巴比倫王的官長，你的命就必存活，這城也不致被火焚燒，你和你的全家都必存活。
>
> 18 節 你若不歸順巴比倫王的官長，這城必交在迦勒底人手中。他們必用火焚燒，你也不得脫離他們的手。

上列兩節「歸順」的原文是一個字，意思是出去，[15] 這裏的意思是，勸告西底家好像約雅斤那樣帶領眾官員出城外向巴比倫軍投降（王下二十四 12）。西底家在 19 節的用字需要下述解釋：

1. 「投降」這動詞的原文是已完成時態（perfect tense），可指已發生的事，《新譯本》譯作「已投降」是較準確的翻譯。這些已投降的猶大人可能是來自已淪陷的城市，也可能是有些猶大人在黑夜時從城牆被人縋下城外去（參書二 15；撒上十九 12；徒九 25），然後向巴比倫軍投降。
2. 「戲弄」的原文是指虐待或折磨，[15] 《新譯本》譯作「凌辱」。為甚麼已投降的猶大人對西底家憎恨到一個地步要凌辱他呢？若西底家願意打開城門投降，便會減少傷亡。若他拒絕投降，巴比倫軍在攻陷耶路撒冷後，便會焚城和屠城。已投降的猶大人憎恨西底家不投降而帶來更多的傷亡。[17]
3. 在希伯來文，「我怕」可用一個字去同時表達主詞「我」和動詞「怕」，但這節經文分別用了兩個希伯來字來表達主詞「我」和分詞「不斷地怕」（參 YLT）。換言之，西底家只是不斷顧慮自己的安危，而不是顧及國民的安危。不單「我怕」這兩個字，以全句來說，西底家完全沒有考慮人民的生命，他實在愧為一國之君。

三十八章 20～23 節 這段經文敘述耶利米在這次會面中的第二次勸告和警告，內容和第一次相似，但多了下列的兩個預言：第一是耶利米作出保證，迦勒底人必不把西底家交給已投降的猶大人

（20 節）。第二是耶利米預言西底家若不投降的話，他必被妻妾們譏笑。22 節「婦女」和 23 節「后妃」的原文是同一個字，而且是眾數的，可一致地翻譯為「妻妾們」。上述的譏笑採取下列詩歌的體裁。由枕邊人唱譏笑的歌，令西底家產生羞恥的感覺，目的是催逼他投降。

> 你知己(應譯作「只可共平安的」)的朋友引誘你，他們勝過你；
> 你的腳陷入淤泥，他們卻離棄你。

22 節「知己」的原文是平安，[18] 這裏的意思，是指那些只可共平安的朋友。[19] 當西底家面對患難時，這些朋友就離棄他（見上文引第二句）。這些朋友可能是指說假神諭的先知已銷聲匿迹（三十七 19），也可能是指西底家不能勝過的官員（三十八 5）。

三十八章 24～28 節　三十八章的結尾和三十七章的結尾都很相似，都是描述耶利米和西底家在死亡的邊緣，並且描述耶利米身處在護衛兵的院中。27 節「洩漏」的原文意思是「被聽見」，「事情」的原文可譯為「說話」，[20]《新譯本》把 27 節最後的一句譯為：「因為王和他說話的內容沒有被人聽見」。

思想問題

1. 西底家只怕人（三十八 19），不怕神，結果他雙眼被剜（三十九 6～7），這正好諷刺他有眼無珠，有眼不識神的至尊地位。你平時的行事為人，是否反映出你如西底家那樣怕人不怕神？還是像創世記的約瑟那樣堅決地拒絕主母的誘惑，不願行大惡得罪神呢？（創三十九 9）
2. 在三十七和三十八章，每段事迹結束時都會交代耶利米的所在地（三十七 16、21，三十八 13、28）。縱然耶利米經常徘徊死亡的邊緣，但神都保守他安然渡過。這件事對你有何啟發？

11.3. 小結

上文圖 11.1 指出三十六至三十八章所記載的兩個循環，就是有關猶大最後的兩個王，他們都拒絕耶利米的警告或勸告，結果令到國家走向滅亡，家人和自己遭害。這兩個循環相隔至少十五年，但被編者安排為相連的經文，這兩個循環有平行對稱的事件。

上文圖 11.4 的兩個循環是有關猶大王西底家面對巴比倫軍圍城所帶來的亡國危機。圖中的第一事件，是西底家差使者請求耶利米祈求神（三十七 3，二十一 1～2），尾二的事件是西底家請求耶利米祈求神（三十七 17～20，三十八 14～26）。合共四次祈求，可見西底家面對很大壓力。耶利米也面對兩次被丟在監牢內，都是面臨死亡的邊緣（三十七 20，三十八 9），但他因為順從神的吩咐而存活，但西底家不順從神的吩咐而引致死亡（參三十九章）。

註釋

1. 參何傑：《國殤情懷・先知風範：耶利米書二十六至四十五章表述先知的敍事策略與修辭手法》（香港：漢語聖經協會，2010），頁 212。筆者作出些少修訂。
2. "עָצַר (ʿāṣar)," *BDB*, 783—"restrain."
3. D. J. Wiseman, *Chronicles of Chaldaean Kings (626～556 B.C.) in the British Museum* (London: British Museum, 1956), 28.
4. J. M. Miller and J. H. Hayes, *A History of Ancient Israel and Judah* (Philadelphia: Westminster, 1986), 406.
5. "עֶבֶד (ʿeḇeḏ)," *BDB*, 713—"slave."
6. "שַׂר (śar)," *BDB*, 978—"chief, ruler, official, captain."
7. L. Stulman, *Jeremiah*, Abingdon Old Testament Commentaries (Nashville: Abingdon Press, 2005), 301.
8. Stulman, *Jeremiah*, 301.
9. "נָכָה (nāḵâ)," *BDB*, 645—"Smite fatally."
10. 詳可參看約翰・斯特蘭奇：《實用聖經地圖集》，黃錫木編（香港：基道出版社，2003），頁 43。
11. J. R. Lundbom, *Jeremiah 37～52*, AB 21C (Garden City: Doubleday, 2004）, 62.
12. J. A. Thompson, *The Book of Jeremiah*, NICOT (Grand Rapids: Eerdmans, 1980）, 637.
13. Lundbom, *Jeremiah 37～52*, 71.
14. 在耶三十八 9，TNK 最後的一句話"For there was no more bread in the city" 的原文可譯作"By that time there was no more bread in the city"，「因為」的原文 כִּי （*kî*）可譯作「當時」，參 JM, § 166 l。
15. "יָצָא (yāṣāʾ)," *BDB*, 422—"go out."
16. "עָלַל (ʿālal)," *BDB*, 759—"abuse." 另參 NET："…they will torture me." 另參

士十九 25；撒上三十一 4。

17. W. Brueggemann, *A Commentary on Jeremiah: Exile and Homecoming* (Grand Rapids: Eerdmans, 1998), 367.
18. "שָׁלוֹם (*šālôm*)," *BDB*, 1022—"peace."
19. L. C. Allen, *Jeremiah*, OTL (Louisville: Westminster John Knox Press, 2008), 415—"fair-weather friends."
20. "דָּבָר (*dāḇār*)," *BDB*, 182—"speech, discourse, saying, word."

第十二章

亡國後的領袖不聽勸告，結果是更多人死亡（三十九～四十四章）

12.1 三十九至四十四章的結構

12.2 三十九至四十四章的評註

12.2.1 政局轉變：政治領袖由西底家轉為基大利（三十九 1～四十 12）

12.2.2 局勢惡化：米斯巴發生兩次大屠殺（四十 13～四十一 18）

12.2.3 求問前路：神藉耶利米發出神諭以回應求問（四十二章）

12.2.4 逃到埃及：約哈難和部分猶大人逃到埃及（四十三章）

12.2.5 最後警告：耶利米在埃及地警告猶大人（四十四章）

12.3 小結

12.1. 三十九至四十四章的結構

本書第四章 4.1.5 已詳述下列結構，本章的重點在於當中 A' 的三十九至四十四章，亦即 A' 的第三點「亡國後的領袖不聽勸告，結果是更多人死亡」。這裏所指的領袖是猶大省長基大利和軍人領袖約哈難。由於約雅敬年代的事件只屬回顧（參本書第四章 4.2.1），所以下列結構沒有交代約雅敬的年代。

亡國故事的主體（main body）

A 耶利米與宗教領袖角力（**西底家一至四年**）（二十四～二十九章）

B 耶利米對猶大人的勉勵：

有關回歸故土和新約的安慰之書(**西底家十年**)(三十～三十三章)

B' 耶利米對猶大人的譴責：

猶大人必因背約而被神懲罰（**約在西底家十年**）（三十四章）

利甲族人因信實而蒙神祝福（三十五章）

A' 耶利米與政治領袖角力（**西底家九至十一年+亡國後的年代**）

約雅敬不聽耶利米的警告，令猶大走上亡國之路（三十六章）

西底家不聽耶利米的警告,結果是國破家亡(三十七～三十八章)

亡國後的領袖不聽勸告,結果是更多人死亡(三十九～四十四章)

三十九至四十四章這段經文可分為以下五個重點：

1. 政局轉變：政治領袖由西底家轉為基大利（三十九 1～四十 12）
2. 局勢惡化：米斯巴發生兩次大屠殺（四十 13～四十一 18）
3. 求問前路：神藉耶利米發出神諭以回應求問（四十二章）
4. 逃到埃及：約哈難和部分猶大人逃到埃及（四十三章）
5. 最後警告：耶利米在埃及地警告猶大人（四十四章）

下文 12.2 將會按上述五點詳細解釋經文，這裏需要指出地點的分佈。三十九章首先敍述西底家在猶大亡國時，是由耶路撒冷逃到東面大約二十公里以外的耶利哥平原（參下圖 12.1[1]）。西底家被巴比倫軍兵捕捉之後，被押解到耶路撒冷以北三百五十公里以外的利比拉（參圖 12.2）去見巴比倫王（三十九 4～5）。他的兒女在那裏被殺，他的雙眼被挖，然後被帶到巴比倫去（三十九 6～7）。

巴比倫委任基大利作為猶大省長，行政總部由耶路撒冷轉到北面大約十三公里的米斯巴，原因可能是耶路撒冷城的房屋被焚，城牆被拆，不能作為行政總部。在米斯巴發生兩次政變，基大利被猶大軍人以實瑪利所殺，當中也有巴比倫軍兵被殺。另一次政變是軍人領袖約哈難帶兵追擊以實瑪利，以實瑪利逃亡到亞捫。

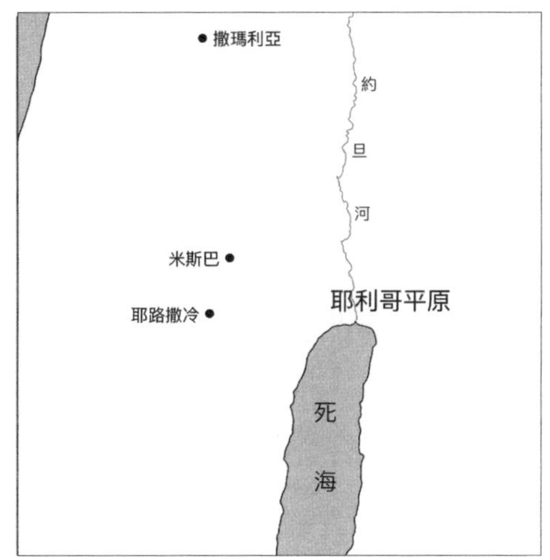

圖 12.1：耶利哥平原位於耶路撒冷的東面

約哈難帶領猶大人，一起懇請耶利米求問神的指引，耶利米宣告神吩咐他們要留在巴勒斯坦。巴比倫派軍隊前來奪回政權時，可能難以區分哪些猶大人是無辜的，哪些猶大人是發起政變的，所以他們有可能把所有有關連的猶大人一律殺死。[2] 約哈難可能因為上述原因而不願聽從神的指示，他挾持耶利米和巴錄逃往埃及，有部分猶大人跟從他，但有部分猶大人仍留在巴勒斯坦居住（見下文）。根據五十二章的記載，猶大亡國後還有七百四十五名猶大人被擄（30節），所以沒有跟從約哈難去埃及的猶大人至少有七百多人。

12.2. 三十九至四十四章的評註

12.2.1. 政局轉變：政治領袖由西底家轉為基大利（三十九 1～四十 12）

這段經文有三點令人感到奇怪：第一點是，巴比倫軍摧毀西底家的王朝後，另立基大利為省長去取代他對猶大人的管治；政局轉變這件事分為兩段經文去作出敍述（三十九 1～10，四十 7～12）。

第二點是，耶利米從護衛兵的院中被釋放出來的這件事也分為兩段敍述（三十九 11～14，四十 1～6）。第三點是編者在四段經文（三十九 1～10、11～14，四十 1～6、7～12）之中加插神對以伯・米勒的應許（三十九 15～18）。這件事是在耶利米還被囚於護衛兵的院中時發生的（三十九 15），但被編者延遲敍述，令讀者感到時序上有些錯亂。另一問題是這件事加插在上述四段經文之後，人物轉來轉去，令人混亂。

面對上述的問題，讀者不用糾纏於時序上錯亂的問題，因為經文的次序不一定按時序，也可能依循編寫時的文學結構。這段經文可編成下列的文學結構：A 對比 A'的經文，B 對稱 B'的經文，中心點是神對以伯・米勒的應許，這應許可引伸至任何人信靠神，就得以保存自己的性命（參本書大三十九章 15～18 的評註）。下文的評註將依照下列結構而作出分段。

A 有關政權：巴比倫消滅西底家的王朝（三十九 1～10）
　B 巴比倫王指派官員要讓耶利米自決前路（三十九 11～14）
　　C 神對以伯・米勒的應許（三十九 15～18）
　B' 巴比倫官員把耶利米釋放出來，讓他自決前路（四十 1～6）
A' 有關政權：巴比倫立基大利為省長管治巴勒斯坦（四十 7～12）

三十九章 1～10 節　1 至 2 節交代耶路撒冷在何時開始被巴比倫軍圍城，圍城的日子大約是十八個月。在原文，3 節的第一個字是「進入」，《和修版》將這字譯為「來」，《新譯本》將這字譯作「進城」。經文並沒有描述這些官長如何凱旋進城，但指出他們進城之後，就坐在中門，估計他們將這地方當作臨時的指揮中心，他們要處理數件事：第一是捉拿西底家及其家人（5 節）；第二是火燒王宮和百姓的房屋（8 節）；第三是拆毀城牆（8 節）；第四是運送被擄的人到巴比倫去（9 節）；第五是將葡萄園和田地分給窮人（10 節）。

上述的官員可能籌備第二至第五件事，等待巴比倫的護衞長尼布撒拉旦來到耶路撒冷作出指揮（參五十二 12～27）。這裏只詳述第一件事。西底家和其家人，以及貴族在兵丁的護送下逃離耶路撒冷城，他們逃到大約二十公里以外的耶利哥平原（參圖 12.1）才被巴比倫軍兵捕捉。5 節指西底家和家人等被押解到耶路撒冷以北三百五十公里以外的利比拉，接受巴比倫王宣判（5 節），然後行刑。（參圖 12.2 [3]）

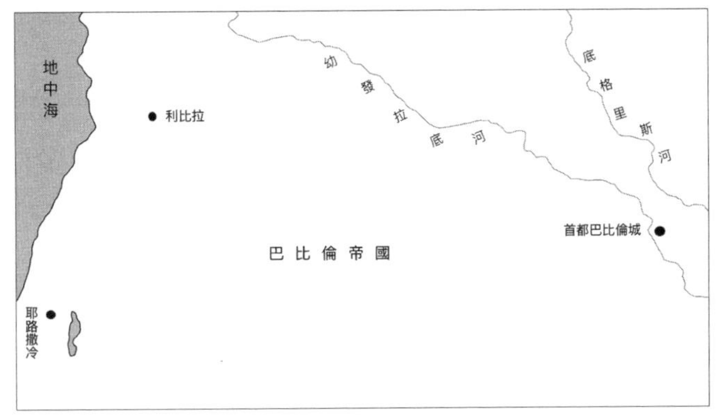

圖 12.2：利比拉位於耶路撒冷以北三百五十公里

這段經文的行刑方式跟下述的行刑方式相似。考古學家在敍利亞的阿勒頗（Aleppo）城附近發現銘文，這銘文是有關在公元前約七五〇年的國際條約，當中訂明若藩屬國背叛宗主國，藩屬國王的子女將會被殺；所有貴族也要被殺，藩屬國王的雙眼被挖。[4] 這刑罰的目的是徹底消滅藩屬國王的王朝，永不能東山再起。另一方面，這種殘忍的行刑方式有威嚇作用，令到其他藩屬國不敢背叛宗主國。

三十九章 11～14 節 尼布甲尼撒王除了懲處西底家和他的子女之外，他也吩咐官員要善待耶利米。

尼甲・沙利薛原本身在耶路撒冷（3 節），但 13 節指他已離開耶路撒冷去到尼布甲尼撒王面前。他和護衞長尼布撒拉旦當時身在利比拉，只能飛鴿或驛馬傳書，並且命令身在耶路撒冷的下屬去執行尼布甲尼撒在 12 節所發出的命令。14 節只是交代官員發出命令，耶利米尚未被釋放，直到四十章 1 至 6 節才交代實際執行的情況及細節。CEB 將 14 節「於是耶利米住在百姓中間」的原文譯作「目的是讓耶利米住在百姓中間」。[5]

三十九章 15～18 節　18 節「卻要保存自己的性命，因你倚靠我」這片語令人產生疑問。根據三十八章 7 至 13 節，以伯・米勒可能是基於憐憫，並加上勇氣去營救耶利米。但這段經文卻沒有敍述他倚靠神的事迹。要解開這片語的疑問，可將之重譯為：「當[6] 你信靠我時，你就可保存自己的性命」。換言之，以伯・米勒得以保存性命，並不是基於他營救耶利米，而是基於他信靠神。

18 節「保存自己的性命」其原文的直譯是：「以自己的命為掠物」。這片語在耶利米書只出現四次（二十一 9，三十八 2，三十九 18，四十五 5），其中兩次是有關耶利米勸百姓向巴比倫軍投降，他們就能以自己的命為掠物（二十一 9，三十八 2）。換言之，無論何人信靠這應許，他就以自己的命為掠物。由此可見，神並不是只善待以伯・米勒一人，當人信靠神的應許時，他就以自己的命為掠物，即是保存自己的性命。

四十章 1～6 節　經文的章節是後世的編者加上去的，原文起初並沒有章節，所以這段經文不一定與三十九章分開處理。本章 12.2.1 已提供一個拱形結構，當中的 B'就是本段經文，與 B 的經文（三十九 11～14）對稱。B 的重點是尼布甲尼撒王親自下令官員要善待耶利米，委派官員去執行三十九章 12 節所列出的命令，而 B'的經文（四十 1～6）則交代官長和其下屬在耶路撒冷實際執行命令時的景情況及細節。

根據三十九章 13 至 14 節，數位巴比倫官長派人把耶利米**從耶路撒冷護衛兵的院中提出來**。根據四十章 1 節，耶利米被鏈子鎖在耶路撒冷和猶大被擄的人羣之中，尼布撒拉旦護衛長把他**從拉瑪提出來**。兩者出現差異的原因是：5 節指西底家和家人等被押解到耶路撒冷以北三百五十公里以外的利比拉之時（參本書有關三十九 5 的評註），而在同一時間，耶利米被鏈子鎖在耶路撒冷和猶大被擄的人羣之中（參四十 1，另本章有關三十九 1～10 的第一段評註）。

即使數位巴比倫官長在利比拉能夠飛鴿或驛馬傳書，但下屬在執行計劃時，才發現耶利米已被巴比倫兵用鏈子鎖在被擄的猶大人羣之中。這裏只是以三言兩語作出解釋，估計尼布撒拉旦和其下屬需要花很多時間和人手才能把耶利米尋找出來。當時耶利米已在耶路撒冷以北十公里之外的拉瑪（參四十 1，另參圖 12.1）。

尼布撒拉旦把耶利米釋放，並且親自對耶利米說話。令人奇怪的是，他並沒有轉述尼布甲尼撒王的吩咐（三十九 12），而是好像先知那樣轉述神的吩咐（四十 2～3）。其實神不一定直接對耶利米說話，也可藉巴比倫的官員對他說話。從這角度，讀者就明白 1 節「耶和華的話臨到耶利米」可能是指神藉巴比倫的官員對耶利米說話。[7]

5 節「耶利米尚未回去」這片語令人感到不明其意，《和修版》附註另一翻譯：「耶利米尚未回答」。《新譯本》譯作：「耶利米還沒有回答」。「回去」是直譯，「回答」是意譯，或者可理解為「回應」。[8] 這節是指耶利米對尼布撒拉旦的說話尚未作出回應。

5 節「不然，你看哪裏合宜就可以去」這句說話反映尼布撒拉旦讓耶利米自由地作出決定。耶利米明知神使被擄的猶大人得福樂，又使遺留下來的猶大人被咒詛（24 章），6 節指出他仍決定留下來，與百姓在猶大地共渡患難。

四十章 7～12 節　基大利這名字在三十九章 14 節已經出現了，四十章 5 節提及他被巴比倫立為猶大省長。他的行政地點是米斯巴（參圖 12.1），而不是耶路撒冷，原因可能是耶路撒冷已被火燒焚城，不能作為行政總部。基大利的工作至少有兩方面：一方面他要治理百姓，另一方面要侍候那些在米斯巴的迦勒底人（10 節）。

西底家的軍隊已被巴比倫軍打敗，剩餘的猶大兵丁可能匿藏在田野。7 節「鄉間」的原文可譯作「田野」。[9] 7 節「軍官」指猶大兵丁的領袖，8 節列明五位兵丁領袖的名字和以斐的眾子，他們來到米斯巴去見基大利。經文沒有交代他們見基大利的目的，但 9 節明言基大利勸他們不要怕服事迦勒底人，只管住在那地，服事巴比倫王，就可以得福。9 節「得福」的原文並不是指神的祝福，而是指他們得好處（參 NASB），《新譯本》在這裏意譯為「平安無事」。

這段經文並沒有交代這些兵丁領袖的回應，但他們看見百姓對基大利的支持（參四十 15）。11 至 12 節明言所有的猶大人就從各處回來，到基大利那裏。12 節「積蓄了許多的酒，並夏天的果子」與 10 節基大利向兵丁領袖呼籲「當積蓄酒、油和夏天的果子」十分相似，估計他早已向百姓發出相同的呼籲。12 節的「許多」反映了百姓很積極地回應基大利的呼籲。另一方面，這節也反映：在猶大亡國後，神祝福猶大人有許多農業的收成，令他們在戰後復原。

思想問題

1. 在巴比倫軍隊圍困耶路撒冷城之時，西底家能夠逃出城外，估計他花了不少心思和拼了命。可惜，即使他能夠逃跑到二十公里之外的耶利哥，他也未能逃離巴比倫軍的捉拿。耶利米表面上很無助地任人擺佈，但他被尼布撒拉旦花很多時間和人手去營救出來。（參上文四十章 1～6 的評註）這兩件事令你學習到甚麼屬靈的功課？
2. 若你是耶利米，你會選擇去巴比倫，還是留在耶路撒冷呢？

12.2.2. 局勢惡化：米斯巴發生兩次大屠殺（四十 13～四十一 18）

四十章 1 至 12 節所描繪的圖畫好像猶大亡國後，局勢開始穩定下來，人民的生活也開始露出生機，但下文顯示政局再次出現動盪，基大利被殺，而且米斯巴連續兩日發生兩次大屠殺，人心惶惶。

四十章 13 節～四十一章 3 節　這段經文是米斯巴的第一次大屠殺。四十章 13 節提及的數位兵丁領袖再次來到基大利那裏，告知他亞捫人的王巴利斯派以實瑪利來謀害他，以實瑪利就是四十章 8 節所提及的其中一位猶大兵丁領袖。經文沒有交代為何亞捫王要殺死基大利，也沒有交代以實瑪利為甚麼要聽從亞捫王的指使。當以實瑪利第二次屠殺時（四十一 4～10），他為了利益而不殺八十人的其中十人，可見他惟利是圖。估計亞捫王用錢收買他去殺基大利。

這段經文的重點不是要探討以實瑪利的殺人動機，而是要探討這主題：在局勢開始穩定下來之時，為甚麼神容許惡人殺害基大利？其實神已藉約哈難警告基大利，只是他不聽警告而已。約哈難主動提出先發制人，就是他先行殺死以實瑪利，目的是不讓以實瑪利殺害基大利，使聚集到基大利那裏的猶大人都分散，以致猶大剩餘的人都滅亡（15 節）。然而，基大利不相信他的說話而拒絕他的好意（16 節）。

猶大在西底家第十一年四月九日亡國（三十九 2），基大利的政權只維持大約三個月，他在七月中就被殺害（四十一 1）。以實瑪利不單殺死基大利，而且殺死現場的所有人士，當中包括迦勒底人和士兵，以免他殺害省長的行動被告發。以實瑪利只帶來十個人，他們竟然能擊殺迦勒底士兵，可能因為他們採取突襲的方式。另一方面，巴比倫人已放手給基大利去管治猶大人，所以巴比倫軍大部分已撤離，只有少許迦勒底士兵駐守巴勒斯坦。

四十一章 4～10 節　這段經文是米斯巴的第二次大屠殺。米斯巴的原文可譯作「瞭望塔」，[10] 以實瑪利需要在較高位置（如瞭望塔），才可看見八十個人由北面的示劍、示羅和撒瑪利亞前來（參圖 12.1），手拿素祭和乳香，要奉到耶路撒冷聖殿。雖然聖殿已被巴比倫軍所焚毀，但他們只是獻素祭和乳香，這些都不需要祭壇和祭司。[11]

5 節「身體劃破」是違背利未記十九章 28 節的禁令「不可為死人割劃自己的身體」，可能這八十個人是受了迦南的風俗所影響（參耶十六 6）。無論如何，這八十個人只是為了哀悼那些在巴比倫軍攻打耶路撒冷時被殺的猶大人。另一方面，他們只是途經米斯巴，並沒有帶來甚麼威脅給以實瑪利等人。他們遭受攻擊是十分無辜的，這件事反映以實瑪利等人的凶殘。

這段經文可能令人感到天理何在？神在哪裏？神若太快做任何事去扭轉局勢，就會令猶大人的痛苦時期太短而不能認罪悔改。[12]

在亡國的時期，猶大人需要痛定思痛，積聚悲情的力量去認罪悔改。根據四福音，猶大人再沒有敬拜偶像，估計在亡國後，被擄到巴比倫和留在巴勒斯坦的猶大人痛定思痛而停止敬拜偶像，但逃去埃及的猶大人並沒有停止敬拜偶像。

9 節提及猶大王亞撒因怕以色列王巴沙而挖坑，舊約其他地方沒有詳細提及這件事，只提及亞撒因怕巴沙的軍事攻擊而修築迦巴和米斯巴（代下十六 6），這裏的坑可能是亞撒修築米斯巴這瞭望塔時所挖的戰壕。這戰壕原本是為了對付來攻打猶大的敵軍而設的，但現今它被七十個屍體所填滿，這七十人因為去耶路撒冷哀哭而被殺。這幅圖畫實在是一個很大的諷刺，也激發讀者心裏產生悲情。

四十一章 11～18 節　15 節的「以實瑪利和八個人」跟 1 節「以實瑪利帶著十個人」作對比，兩者之所以有差異，可能是他們在 3 節擊殺迦勒底士兵時死去兩個人，或在 15 節有兩個人不能逃離約哈難的手。

16 節「士兵」這翻譯實在有商榷之處，第一是在耶路撒冷城破之時，猶大士兵可能會被殺或被俘擄到巴比倫。若沒有被殺或被擄，他們必定會逃走，好像約哈難和以實瑪利等軍官（參四十 7～8）。第二是「士兵」的原文可譯作「可打仗的壯男」（參書五 4、6，六 2），他們可能是西底家的奴隸。即使有這些可打仗的壯男，他們並沒有兵器。以實瑪利等人即使人數不多，但他們有刀在身，所以這節所提及的士兵或壯男，都不會反抗以實瑪利等人。

17 節指約哈難等人由基遍往南走到靠近伯利恆的地方（參圖 12.1），目的是去西南方的埃及。18 節明言他們懼怕迦勒底人，因為以實瑪利殺了巴比倫王所立管理那地的基大利。巴比倫派軍隊前來奪回政權時，可能難以區分哪些猶大人是無辜的，哪些猶大人是發起政變的，所以他們有可能把所有關連的猶大人一律殺死。

四十章 6 節指出耶利米來到米斯巴，與基大利同住。耶利米親眼目擊上述的事情（四十二 2），但在上文（四十 7～四十一 18）他並沒有發言，直到四十二章他才開始發言。

思想問題

1. 當你面對人間悲劇，會否質問神為何祂容許這些事情發生？而你又有沒有化悲憤為力量？
2. 即使基大利做領袖的動機是好的，但他因不聽約哈斯的勸告，結果遭害。這件事對你現時的事奉有甚麼提醒？

12.2.3. 求問前路：神藉耶利米發出神諭以回應求問（四十二章）

這段經文分為兩部分：第一（1～6節）是約哈難帶領百姓向耶利米求問神。第二　（9～22節）是神的回應，就是下列三個神諭。

第一個神諭：神應許留在巴勒斯坦居住者必蒙拯救（9～12節）
第二個神諭：神預言定意逃去埃及者必死無疑（15～17節）
第三個神諭：猶大人要認知到違命的嚴重性（18～22節）

15和18節都出現「萬軍之耶和華——以色列的神如此說」這個神諭的起首語（參本書附錄A），這起首語也在9節出現，但《和修版》的翻譯將它分為兩部分「耶和華以色列的神……如此說」。這兩部分在原文並沒有分開，而是串連在一起（參NRSV）。上述三段經文分別出現這個神諭的起首語，所以9至22節分為三個神諭。

上述三個神諭的重點分別是：居住、定意、認知（見上文劃線字詞）。這些字詞分別在10、15、19、22節的原文重複出現，顯示是重點所在。這種重複的方式有點像以「平平安安」強調「平安」，下文評註上述章節時會再次交代這種重複的方式。

四十二章1～6節　猶大亡國前，只有西底家王請耶利米求神指引前路；亡國後，眾軍官和百姓也來到耶利米面前求神指引前路。這段經文描述百姓的其中一句話是「從最小的到最大的」（1節），這片語在8節再次出現。這片語反映每一個人都親自聆聽神藉耶利米所發出的回應（8 節），然後每一個人自行抉擇是否聽從神的吩咐。

5 節「我們若不照耶和華你神差遣你說的一切話去做，願耶和華在我們中間作真實可靠的見證」，《新譯本》的翻譯跟《和修版》很相似，但《新譯本》還有「指控我們」作結尾。這結尾是根據 5 節的原文 בָּנוּ，大多數的英譯本都將這字翻譯為 against us（參 NRSV）。5 節的意思是：這些猶大人誓必要聽從神的指示，有神作見證，如有食言，神可指控他們。

6 節「得福」的原文意思是「得好處」（參 NRSV），即是為了利益而聽從神的吩咐。若這些猶大人認為神的吩咐對他們不利，或不合乎他們的想法，他們就不會聽從（參四十三 2）。令人奇怪的是，為甚麼他們要起誓（5 節）？其實他們只是表達求問的誠意，而不是表達遵守諾言的決心。[13] 20 節指他們行詭詐、罪加一等。

四十二章 7～12 節　10 節「留」的原文意思是「居住」，[14] 這字的原文在 10 節出現兩次，一次是以定詞動詞（finite verb）出現，另一次是以不定詞動詞（infinite verb）出現，目的就是要強調「居住」的意思。有些英譯本（NASB、NAB、CSB）將這種強調表達出來，《新譯本》也將這種強調表達出來：「決意住」。基於上述的強調，這個神諭的重點，很明顯是吩咐猶大人一定要居住在巴勒斯坦，神就必定建立他們，必不拆毀。

根據二十四章「好壞無花果」的比喻，上述建立不拆毀的應許只是給那些被擄到巴比倫的猶大人，為甚麼這應許也給那些選擇留在巴勒斯坦居住的人呢？10 節的結尾提供了答案：「因我為所降與你們的災禍感到遺憾」，這節的意思是：在亡國的大災難之後，神動了憐憫之心，不再憤怒地懲罰（參 NIV），而且要拯救留在巴勒斯坦居住的人（11 節），所以約哈難和跟隨他的猶大人不用怕巴比倫會因省長基大利被殺而向他們作出報復的行動。

10 節「感到遺憾」的原文，在《和合本》譯作「後悔」（repent），後者令人感到神降災之前是否考慮不周。原文的意思可指「遺憾」（regret）或「發慈悲減刑」（relent），[15] 即是神對人的苦況動了慈心，不再憤怒地繼續降災，而不是神降災前考慮不周。

12 節「使你們歸回本地」這句在翻譯上是有些問題的，約哈難和跟隨他的猶大人現時正在巴勒斯坦，而且這段經文吩咐他們不要離開巴勒斯坦，所以 12 節不應譯作「使你們歸回本地」。這片語的動詞在原文可指「復原」，[16] 這片語的介詞可譯作「在」，[17] 這片語可重新譯作「使你們在此地上復原」。換言之，在神的帶領下，巴比倫不會向約哈難和跟隨他的猶大人作出報復的行動，而且會幫助他們在巴勒斯坦復原。四十章 12 節已指出，在猶大亡國後，神祝福猶大人有許多農業的收成，令他們戰後復原。

四十二章 13～17 節　「定意」的原文字詞在 15 節出現兩次，一次是以定詞動詞（finite verb）出現，另一次是以不定詞動詞（infinite verb）出現，目的就是要強調「定意」的意思。[18] 有些英譯本將這種強調表達出來（參四十四 12 的註譯）。上文四十一章 17 節已明言，他們由基遍往南走到靠近伯利恆的地方（參圖 12.1），這節也明言他們要到西南方的埃及去，所以他們早已立定心意要逃去埃及。根據他們對耶利米的即時回應（四十三 2～4），他們求問神之前，他們早已立定心意要逃去埃及。

16 節明言刀劍在埃及地必追上猶大人，這是暗示巴比倫將會攻打埃及；饑荒在埃及要緊緊跟隨他們，他們必死在那裏。17 節進一步指出凡逃到埃及者，必死無疑。「死」在 16 和 17 節都出現，逃到埃及的猶大人並不是逃生，而是尋死。

四十二章 18～22 節　18 節再次警告猶大人，他們已親眼看見神發怒的威力，就是很多人在猶大亡國時被殺死，或被燒死。若他們堅持逃到埃及，神的怒火將會再次傾倒在他們身上。

「知道」的原文在 19 節出現兩次，一次以定詞動詞（finite verb）出現，另一次以不定詞動詞（infinite verb）出現，目的是強調「知道」的意思。[19]《和修版》在這裏翻譯為「確實」，便能將這種的強調表達出來。「知道」的原文在 22 節也是出現兩次以作強調，而《和修版》也譯作「確實知道」。19 和 22 節先後兩次強調「知道」，反映約哈難和跟隨他的猶大人沒有認知到違命的嚴重性。他們並不敬畏神，又不認真地遵守神的吩咐，他們只是任意而行。

思想問題

1. 這段經文反映約哈難和跟隨他的猶大人認知不到違命的嚴重性，就好像亞當夏娃當初違背神的吩咐那樣。你是否也如此？
2. 11 節上半節「不要怕你們所懼怕的巴比倫王。不要怕他！」下半節「因為我與你們同在，要拯救你們脫離他的手。這是耶和華說的。」上半節和下半節的因果關係，就像當父母與幼兒同在，幼兒就不用害怕了。如何令自己像幼兒倚仗父母般依靠神而不用害怕呢？

12.2.4. 逃到埃及：約哈難和部分猶大人逃到埃及（四十三章）

當約哈難和亞撒利雅聽見神藉耶利米所發出的指示(四十二章)之後，他們並不認同，而且指責耶利米（1～4 節），甚至強行將他和巴錄帶去埃及地（5～7 節）。

四十三章 1～4 節 2 節「狂傲」的原文也在詩篇八十六篇 14 節和一百一十九篇 21 及 85 節出現；用來形容有些人目中無神，不守神的誡命。這裏指當時有部分猶大人目中無神，不守神的誡命。他們不會將神藉耶利米所發出的指示聽入耳中，反倒指責耶利米並沒有得到神的差遣和指示，而是被巴錄所挑唆，令他們將要被殺害。其實巴錄只是耶利米的書記，他只會聽從耶利米的話，而不是耶利米聽從他的話。在耶利米書四十五章，只有耶利米勸導巴錄，而不是巴錄勸導耶利米。由此可見，這些狂傲的猶大人只是隨便作個理由去指責耶利米所發出的指示並不是來自神，[20] 其實他們根本就不願意聽從耶利米所發出的指示（4、7 節）。

四十三章 5～7 節 約哈難等軍官帶領猶大人逃去埃及，而且挾持耶利米和巴錄同去。由 7 節開始，地點轉到埃及東北的答比匿。[21]

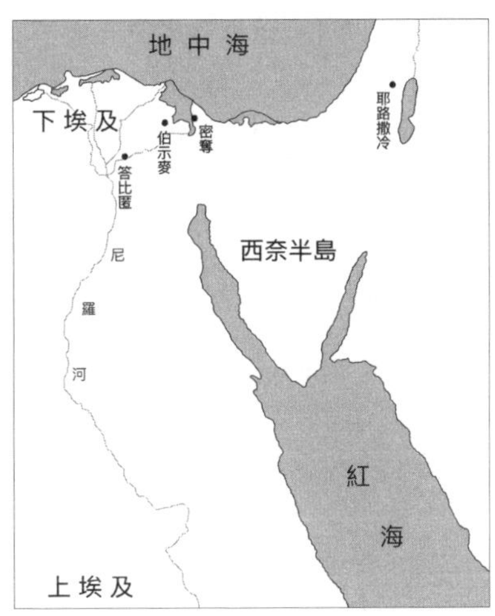

圖 12.3：約哈難挾持耶利米和巴錄往埃及，並轉到埃及東北的答比匿

5 至 7 節指來自各方的猶大人都要跟隨約哈難去埃及，其實有些猶大人仍然留在巴勒斯坦居住（見下文）。根據耶利米書五十二章 30 節，在尼布甲尼撒第二十三年（猶大亡國後第五年），七百四十五名猶大人被擄。至少這七百多名被擄的猶大人並沒有跟隨約哈難和亞撒利雅下埃及。當然，有些猶大人既沒有下埃及，也沒有被擄，他們逗留在巴勒斯坦居住。

圖 12.4：筆者攝於埃及尼羅河畔的法老村

四十三章 8～13 節 當耶利米被帶到埃及的答比匿時，神吩咐他在當地的法老王宮門前做一個象徵性行動，就是用手拿幾塊大石頭，藏在法老的宮門砌磚的石墩上（9 節）。這節「石墩」在英譯本的翻譯是「行人通道」（參 NRSV）。上圖 12.4 是筆者攝於埃及尼羅河畔法老村的照片，這照片顯示宮門前兩排石獅之間有一道行人通道。

9 節明言，神吩咐耶利米要刻意地讓猶大人看見他所做的象徵性行動。這行動很奇怪，不單引人注目，而且令人向耶利米查問原因。10 至 11 節提供這行動的解釋，就是神必召巴比倫王尼布甲尼撒前來攻打埃及，安置他的寶座在這些石頭上。換言之，巴比倫軍的刀劍在埃及地必追上猶大人。即使他們逃去埃及，他們必不能逃生。

12 節「他要圍住（עָטָה）埃及地，好像牧人披上（עָטָה）外衣」這句的「圍住」和「披上」的原文是同一個字，這句可譯作：「他要披上埃及地，好像牧人披上外衣」。古語有云：「黃袍加身」即是登基為王。尼布甲尼撒所披上的不是黃袍，而是埃及的土地，[22] 意思是他在埃及攻城掠地，結果是埃及在他的掌管之下，他就是埃及的王，正如 10 節指他安置他的寶座在法老的宮門之前。在古代中東，「牧人」可指政治領袖（參三 15 的評註），這裏的牧人是指尼布甲尼撒。

12 節「擄去神像」的原文在《新譯本》譯作「並且擄掠」，這片語的原文只有「擄去」而沒有「神像」。埃及有許多神像都是巨石的雕像，經濟價值不大。另一方面，巴比倫人只會供奉自己的國家神祇，而不會供奉埃及的神像。12 節「擄去」的物品應指神廟內的香油錢、金器和銀器等。若廟內的神像是金或銀所鑄造，當然它們也會被掠去。當時有一種做法，就是將戰敗國的神像擄去戰勝國，目的不是要敬拜它，而是作為炫耀。這是有可能的，但不會掠去大量偶像，原因是許多神像都是巨石，難以搬遷。

13 節「伯・示麥」是原文的音譯，意譯是太陽神廟。這地點在答比匿附近（參圖 12.3），這地是太陽神廟的所在地。[23]「伯・示麥」這裏是語帶雙關，一方面指地點，另一方面指太陽神廟。13 節的「柱像」在埃及是有宗教性的（出二十三 24，三十四 17），通常有兩個柱像豎立在神廟塔門前的兩旁。[24] 13 節「他必打碎埃及地伯・示麥的柱像」的意思，就是指巴比倫軍會打碎太陽神廟內的柱像。

思想問題

1. 有些基督徒像約哈難等人，在求問神之前其實已立定心意了。你會不會也是如此？
2. 當約哈難等人不聽神的指示而逃去埃及，神仍然藉著耶利米給予他們警告，就像對叛逆的人不離不棄。另一方面，逃去埃及的猶大人必有刀劍和饑荒追隨他們，這明顯是神的懲罰。若你是逃去埃及的一分子，你如何面對上述的警告和懲罰？

12.2.5. 最後警告：耶利米在埃及地警告猶大人（四十四章）

對後世而言，耶利米的最後任務就是將耶利米書編輯成書。對當時身在埃及的猶大人來說，耶利米所能夠做的就是發出最後的警告：警告猶大人不要繼續敬拜偶像，否則他們必定被神懲罰。當完成上述任務之後，耶利米和巴錄消聲匿迹，可能死在埃及地。四十四章可分為下列三小段。

A. 耶利米在埃及地警告猶大人必因繼續敬拜偶像而亡（四十四 1～14）
B. 猶大人說因約西亞禁止敬拜偶像，災禍就臨到他們（四十四 15～19）
結論：預言應驗時，人就知道 A 的因果說法是正確的（四十四 20～30）

四十四章 1 節　當猶大人逃去埃及的邊境答比匿之後，他們逐漸各散東西，分別去了密奪、巴特羅（或稱巴忒羅）、孟斐斯（或稱挪弗），亦有些人仍然逗留在答比匿（四十四 1）（參圖 12.3）。

四十四章 2～6 節　第一個神諭的起首語是在 2 節「萬軍之耶

和華——以色列的神如此說」，此起首語令人感到神的說話軍令如山，如果猶大人不聽神的命令，神必降災給他們。2 節「你們都看見了」這句話的原文強調「你們」（參 NRSV），即是這些猶大人親眼看見神降災予耶路撒冷和猶大各城。2 節「看見」和「看哪」都是強調上述城鎮的荒涼是有目共睹的景況。

3 節指出上述城鎮荒涼的原因，是因為猶大人燒香事奉別神，惹神發怒。4 節指出燒香事奉別神這件事是可憎的，令神厭惡。5 節指出猶大人不聽眾先知的警告，所以神的怒氣傾倒出來，令上述的城鎮被火焚燒（6 節）。

四十四章 7～10 節　第二個神諭的起首語是在 7 節「耶和華——萬軍之神、以色列的神如此說」，此起首語與 2 節相似，目的是令人感到神的說話軍令如山，如果猶大人不聽從，神必降災給他們。第一個神諭（2～6 節）指出前車可鑑，第二個神諭（7～10 節）質問猶大人為何仍然重蹈覆轍？這質問的語氣在 7 節「你們為何做這大惡自害己命」和 9 節「你們都忘了嗎」都表達出來。這情況就像兒子親眼看見父親因吸毒而死，兒子還決定要吸毒嗎？

10 節「懊悔」和「懼怕」都是逃難到埃及的猶大人應有的反應，這節也是帶有質問的語氣，神藉耶利米質問那些猶大人：「到如今你們還不懊悔，不懼怕，不肯遵行我在你們和你們祖先面前所設立的法度律例嗎？」

四十四章 11～14 節　第三個神諭的起首語是在 11 節「萬軍之耶和華——以色列的神如此說」，此起首語與 2 節相同，目的是令人感到神的說話是軍令如山，如果人不聽從，神必降災給猶大人。

11 節「我必向你們變臉」這片語是直譯（參 ESV），而 12 節「那定意進入埃及地」是意譯。上述 12 節的片語的原文直譯是「那些面向著埃及地去」（參 ESV），正如耶穌面向著耶路撒冷去（路九 51、53）。上述 11 節的原文有兩個字（שִׂים 和 פָּנֶה）在 12 節也有出現（參英譯本 ESV：set 和 face），這兩個字組合的意思就是「決意」（參《新譯本》的翻譯）。既然猶大人決意逃去埃及，神就決意要懲罰他們。

12 節將神的懲罰具體地描述出來，就是他們從最小的到最大的都必遭刀劍、饑荒而死，甚至受辱罵、驚駭、詛咒、羞辱。13 節指的懲罰就像神對耶路撒冷的懲罰，正是他們親眼看見的懲罰。

14 節「歸回」出現三次，這裏強調猶大人在埃及受苦時就渴望歸回巴勒斯坦，但大多數的人都不能逃回巴勒斯坦。

四十四章 15～19 節 耶利米如何向散居埃及各地的猶大人發出本章的神諭呢？根據 15 節，估計各地的猶大人聚集在一起，可能是在巴特羅的墟市趁墟時，他們異口同聲地拒絕聽從神藉耶利米向他們所發出的勸喻和警告（16 節），而且定意向天后燒香（17 節）。

「天后」在這段經文出現三次。在猶大人尚未逃去埃及之前已有敬拜天后這陋習。早在約雅敬時期，猶大人已有此作風，耶利米書七章 18 節譴責他們這方面的罪行：「孩子撿柴，父親燒火，婦女揉麵做餅，獻給天后⋯⋯」。上述經文顯示夫妻和子女都參與敬拜天后的行動。舊約多次提及巴力和亞舍拉（士三 7；王上十八 19 等），巴力是男性的天神，亞舍拉是女性的天神，兩者結合而生下子女。不論巴比倫、巴勒斯坦、埃及，各地的天后名稱並不相同，但各地的人民都有敬拜天后的風俗。[25] 17 節暗示猶大人敬拜天后的目的是得以吃飽、享福樂，不遇見災禍。

18 節反映他們的想法是：自從他們停止向天后燒香，他們就不能吃飽，又因刀劍、饑荒滅絕。他們可能認為約西亞的宗教改革令他們不能向天后燒香，以致在約雅敬時期，他們開始面對戰禍和饑荒等事。這節經文的重點是：他們對因果關係的想法與耶利米的想法是剛好相反，究竟誰的想法才是正確呢？下文將會作出回應。

四十四章 20～23 節 當耶利米聽見猶大人錯誤的因果關係之後，他自然的反應就是要作出矯正。下文採納《和修版》的翻譯，加上筆者所作出的些少調動和重譯，目的是要更清楚地表達 22 節與 23 節的重複字詞（可參以下粗體字詞）。下列兩節都是耶利米將正確的因果關係表達出來。

22 節 **因為**你們所行的惡、所做可憎的事，耶和華不能再容忍，
所以你們的地變成荒涼……，**正如今日一樣**。

23 節 **因為**你們燒香，得罪耶和華，不聽耶和華的話……
所以你們遭遇這災禍，**正如今日一樣**。

四十四章 24～30 節 上述的說話，可能會令讀者感到耶利米和猶大人各自表達其對因果關係的看法，所以下列兩個「看哪」指向兩個有關未來的預言，當這兩個預言應驗的時候，讀者就知道誰是誰非。

27～28 節 **看哪**，我看守他們，為要降禍不降福；在埃及地的猶大人必因刀劍、饑荒而滅亡，直到滅絕……那進入埃及地、在那裏寄居的，就是倖存的猶大人，必知道是誰的話站得住，是我的話呢，還是他們的話。

30 節 **看哪**，我必將埃及王合弗拉法老交在他仇敵和尋索其命的人手中，像我將猶大王西底家交在他仇敵和尋索其命的巴比倫王尼布甲尼撒手中一樣。

27 節「看守」的原文（שָׁקַד[26]）與一章 11 節「杏樹」的原文（שָׁקֵד）十分相似。杏樹是春天最早發芽的植物，好像時刻覺察氣候的變化。這字也用來形容豹窺伺獵物那種虎視眈眈（五 6）。《新譯本》在 27 節譯作「留意」，這翻譯比《和修版》的「看守」更佳。公元前五六八年，即是猶大亡國後十八年，埃及被巴比倫侵略。[27]

從事後孔明的角度，埃及並不是逃避戰禍的地方，而是再面臨另一場戰禍的地方。正如耶利米在四十二章 16 節的警告：「你們所懼怕的刀劍在埃及地必追上你們……你們必死在那裏。」上述的兩個預言（27～28 節和 30 節）應驗的時候，讀者就知道下列 A 的因果說法才是正確的。除了上述戰禍的角度，埃及是一個遍地偶像的地方，猶大人逃亡去埃及，只會令他們被誘惑敬拜偶像。

A. 耶利米在埃及地警告猶大人必因繼續敬拜偶像而亡(四十四 1～14)
B. 猶大人說因約西亞禁止敬拜偶像，災禍就臨到他們（四十四 15～19）
結論：預言應驗時，人就知道 A 的因果說法是正確的（四十四 20～30）

思想問題

1. 當埃及被巴比倫所敗之前，在埃及地的猶大人大約有十八年時間考慮去留的問題，並且要停止敬拜偶像，改為敬拜真神。請估計在上述的十八年內，會否有些猶大人在埃及受襲前已逃回巴勒斯坦？並且停止敬拜偶像，轉向真神？
2. 第一個神諭（2～6 節）指出前車可鑑，第二個神諭（7～10 節）質問猶大人為何仍然重蹈覆轍？當你見到壞人遭報，你有沒有想到前車可鑑，提醒自己要避免重蹈覆轍？

12.3. 小結

讀者閱讀三十九至四十四章時，會感受到亡國後的故事不是在三十九章就停止，而且每況愈下，續有死傷。在這段經文中，基大利被軍人領袖以實瑪利所殺，另有七十個猶大人也被以實瑪利所殺。約哈難不聽耶利米的勸告，帶領猶大人逃到埃及，他們會再次面對戰禍（四十三 10～11），而且大部分的人都不能回到巴勒斯坦（四十四 14）。三十九至四十四章這段經文可分為以下五個重點：

1. 政局轉變：政治領袖由西底家轉為基大利（三十九 1～四十 12）
2. 局勢惡化：米斯巴發生兩次大屠殺（四十 13～四十一 18）
3. 求問前路：神藉耶利米發出神諭以回應求問（四十二章）
4. 逃到埃及：約哈難和部分猶大人逃到埃及（四十三章）
5. 最後警告：耶利米在埃及地警告猶大人（四十四章）

上列第 1 點可編成下列的文學結構：A 對比 A'的經文，B 對稱 B'的經文，中心點是神對以伯・米勒的應許。18 節「保存自己的性命」的原文直譯是「以自己的命為掠物」，這片語在耶利米書出現四次（二十一 9，三十八 2，三十九 18，四十五 5），其中兩次是有關耶利米勸百姓向巴比倫軍投降，就能以自己的命為掠物（二十一 9，三十八 2）。由此可見，神並不是善待以伯・米勒一個人，無論何人信靠神，他就以自己的命為掠物，即是保存自己的性命。

A　有關政權：巴比倫消滅西底家的王朝（三十九 1～10）
　B　巴比倫王指派官員要讓耶利米自決前路（三十九 11～14）
　　C　神對以伯・米勒的應許（三十九 15～18）
　B' 巴比倫官員把耶利米釋放出來，讓他自決前路（四十 1～6）
A' 有關政權：巴比倫立基大利為省長管治巴勒斯坦（四十 7～12）

上列結構 C 有關神對以伯・米勒的應許（三十九 15～18）與上列第 3（四十二章）和 5 點（四十四章）可作為對比。有關神對以伯・米勒的應許（三十九 15～18）鼓勵每一個人要聽從神的吩咐，就能保存自己的生命。有關耶利米向猶大人發出的神諭（四十二、四十四章）警告他們不要去埃及，若他們不聽從神的吩咐，他們就會失去生命。本章 12.2.3 已指出四十二章可分為下列三個神諭，12.2.5 已指出四十四章 1 至 14 節是神藉耶利米向猶大人發出最後的警告。

第一個神諭：神應許留在巴勒斯坦居住者必蒙拯救（四十二 9～12）
第二個神諭：神預言定意逃去埃及者必死無疑（四十二 15～17）
第三個神諭：猶大人要認知到違命的嚴重性（四十二 18～22）
最後的警告：猶大人在埃及地必因繼續敬拜偶像而亡（四十四 1～14）

註釋

1. 詳可參看約翰・斯特蘭奇：《實用聖經地圖集》，黃錫木編（香港：基道出版社，2003），頁 43。

2. J. R. Lundbom, *Jeremiah 37～52*, AB 21C (Garden City: Doubleday, 2004), 133.
3. 詳可參看約翰・斯特蘭奇：《實用聖經地圖集》，頁 23。
4. *ANET* [3], 659～661.
5. 原文的 *waw* consecutive imperfect 在這裏可譯為 so that，即是帶出目的。參 B. T. Arnold and J. H. Choi, *A Guide to Biblical Hebrew Syntax* (Cambridge: Cambridge University Press, 2003), 85。
6. 這連接詞的原文可譯作「當」，參"כִּי (*kî*)," *BDB*, 471—"when"。
7. Lundbom, *Jeremiah 37～52*, 100.
8. Lundbom, *Jeremiah 37～52*, 102—"return (an answer）."
9. "שָׂדֶה (*śāḏẹ̄*)," *BDB*, 961—"field."
10. "מִצְפָּה (*miṣepâ*)," *BDB*, 859—"watch-tower."
11. Lundbom, *Jeremiah 37～52*, 118.
12. K. M. O'Connor, *Lamentation and the Tears of the World* (Maryknoll: Orbis, 2002), 86.
13. Lundbom, *Jeremiah 37～52*, 131.
14. "יָשַׁב (*yāšaḇ*)," *BDB*, 442—"dwell."
15. "נִחַם (*niḥām*)," *HALOT*, 688—"regret." M. Butterworth, "נִחַם (*niḥām*)," *NIDOTTE* 3:82—"In many cases the Lord's 'changing' of his mind is a gracious response to human factors."
16. "שׁוּב (*šûḇ*)," *BDB*, 996—"restore." 另參 NIV、NRSV 等。
17. "אֶל (*'ẹl*)," *HALOT*, 50—"in." 另參 ESV："in your own land"。
18. 參 Arnold et al., *A Guide to Biblical Hebrew Syntax*, 74。
19. 參 Arnold et al., *A Guide to Biblical Hebrew Syntax*, 74。
20. L. Stulman, *Jeremiah*, Abingdon Old Testament Commentaries (Nashville: Abingdon Press, 2005), 337.
21. 詳可參看約翰・斯特蘭奇：《實用聖經地圖集》，頁 44。
22. "עָטָה (*'āṭâ*)," *BDB*, 741—"he will wrap himself in the land of Egypt (use it as a robe, figuratively, of Nebuchadnezzar; so completely will it be in his power)"；另參賽五十九 17：「披戴熱心為外袍」。
23. 唐佑之：《耶利米書（卷下）》，天道聖經註釋（香港：天道書樓，1994），頁 280。
24. Lundbom, *Jeremiah 37～52*, 149.
25. Lundbom, *Jeremiah 37～52*, 163.
26. "שָׁקַד (*šāqaḏ*)," *BDB*, 1052—"keep watch of, be wakeful over."
27. 卜魯斯：《以色列與列國史》，張永佳譯（香港：種籽出版社，1983），頁 125。

第十三章

亡國故事的跋（四十五章）

13.1. 航拍四十五章在全卷書和歷史上的位置

以十分粗略的角度，耶利米書可分為下表的三個部分。四十五章與四十四章不按時序排列，四十五章的時代背景是在猶大亡國前十八年的事，但四十四章是亡國後的神諭。本章的重點回應上述的時序問題，也回應為甚麼四十五章被編者放置在下表第一部分的結尾。

耶利米書	經文內容
一～四十五章	有關猶大亡國的故事和神諭
四十六～五十一章	有關列國的神諭
五十二章	歷史補篇

圖 13.1：耶利米書的大綱

四十五章的時代背景是在約雅敬第四年，這年的獨特之處是尼布甲尼撒登基為巴比倫王，並且開始南征北伐，最終很多國家都先後被他所滅，猶大就是其中之一。本書第四章指出一至四十五章可分為上下兩部分，上半部是一至二十章，重點是責備和警告的神諭；

下半部是二十一至四十五章，這部分可分為下列的結構。

亡國故事的序言（prologue）（二十一～二十三章）

亡國故事的主體（main body）

A 耶利米與宗教領袖角力（二十四～二十九章）

B 耶利米對猶大人的勉勵（三十～三十三章）

B' 耶利米對猶大人的譴責（三十四～三十五章）

A' 耶利米與政治領袖角力（三十六～四十四章）

亡國故事的跋（epilogue）（四十五章）

13.2. 四十五章的評註

四十五章 1 節 古代只有小部分人有機會讀書識字，文士不單識字，而且勝任作文書的工作。巴錄是一位文士（三十六 32），他的工作是將耶利米先知口中所說的話寫在書上，巴錄可能是受聘於耶利米。耶利米有足夠的金錢去購買土地（三十二 9），估計他也有足夠的金錢聘請巴錄為私人書記。問題是耶利米這位先知被人逼迫時，巴錄可能會擔心工作的前途和個人的安危（參 3 節的評註）。

四十五章 2～3 節 2 節指出神要對巴錄說話，這句好像神只對巴錄一個人作出的忠告。不過，由於四十五章作為猶大亡國故事的跋，所以四十五章也可能是神對當時每一個猶大人所作出的忠告。下文有關 4 和 5 節的評註對這方面會加上補充。

3 節「哀哉」的原文可譯作「我有禍了」（參《新譯本》）。在原文，3 節多次出現「我」。除了「我有禍了」，還有「使我」、「我因呻吟」等（參 NASB）。這些「我」反映巴錄擔憂自己的安危、或工作前途。

3 節「愁上加愁」的兩個「愁」在原文是兩個不同的字詞，《新譯本》譯作「痛苦上加添憂愁」。這片語再加上「呻吟而困乏，不得安歇」，這兩個片語都強調巴錄十分憂愁。下文是神的回應。

四十五章 4 節 這節「我所建立的，我必拆毀；我所栽植的，我必拔出」這句話有兩個「必」，「必」在原文的表達方式是分詞

（participle），可譯作「即將」（參 NASB）。[1] 這節是指尼布甲尼撒在約雅敬第四年登基為巴比倫王，並且開始南征北伐，很多國家都將被他所滅，猶大就是其中一個國家。在這大環境下，耶利米告訴巴錄為自己所圖謀的大事是不可能付諸實行（5 節）。

在戰亂期間，有很多人的家庭都被拆毀。猶大亡國之後很多人都需要重建家庭。「拆毀」和「建立」都是民族的大事，所以巴錄要圖謀的不應該是自己的大事，而是民族的大事。耶利米書這卷書是在猶大亡國之後才成書的，所以這卷書要鼓勵它的讀者反思為甚麼神要拆毀猶大這個國家，又要反思如何重建猶大人這個民族。神時刻留意時局的發展，目的就是要按時成就祂的預言。拆毀的預言已經按時成就，重建的預言也必定按時成就（參三十一 28）。

「拆毀」和「建立」、「拔出」和「栽植」不單在四十五章 4 節出現，也在一章 10 節出現。這四個字詞在一至四十五章的首尾出現，上述的四個字詞也在 A 的二十四章 6 節、A'的四十二章 10 節出現，這是另一次首（A）尾（A'）呼應，令讀者留意編者所強調的重點。

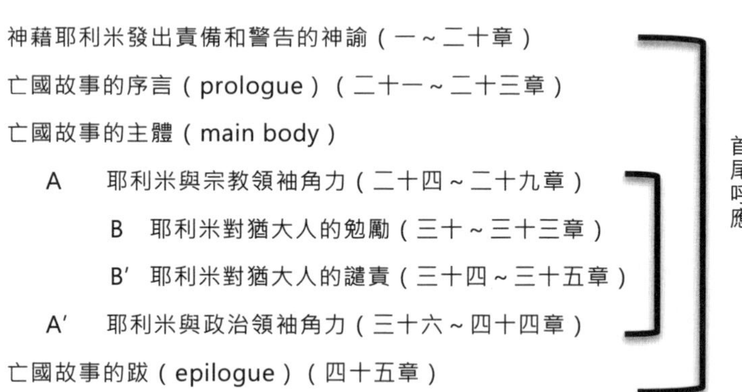

圖 13.2：耶利米書的首尾呼應結構

上述的四個字詞也在三十一章 28 節出現，這次是在上列結構的 B 出現，本書的第三和第九章詳細討論 B 段的經文（三十～三十三章）。

筆者在這裏引用耶利米書其中一節金句：「我知道我向你們所懷的意念是賜平安的意念，不是降災禍的意念，要叫你們末後有指望。」（二十九 11）由此可見，拆毀只是神的方法，重點是建立，正如一幢破損的大廈需要先拆毀，然後重建一樣。

「拆毀」和「建立」、「拔出」和「栽植」不單在四十五章 4 節出現，也在其他四處經文出現，這四次的次序都是先拆毀後建立，這四次的「建立」是指重建。四十五章 4 節的次序是先建立後拆毀，這可能指神所建立的以色列民族可被拆毀。無論甚麼次序，拆毀只是神的方法，重點是重建。

四十五章 5 節　這節「我要保存你的性命」的原文直譯是「我必使你以自己的命為掠物」。根據以賽亞書三十三章 23 節，「掠物」指戰爭帶來破壞之後的剩餘物品，搶奪掠物的人不一定是士兵，也可能是瘸腿者，遠離人羣的痲瘋病人也有機會取得掠物（參王下七 3～8）。

根據撒母耳記上三十章 22 至 24 節，大衞王負責分配掠物。同樣，神作為王去分配掠物。上述的句子「我必使你以自己的命為掠物」的意思，就是在戰亂中巴錄獲得神分配給他的掠物，這掠物就是他自己的生命。在戰亂中，生命如草芥。5 節是一個很寶貴的應許：無論巴錄往哪裏去，神要保存他的性命，前題是他不要為自己圖謀大事（5 節），反要忠心地將神給耶利米的說話記錄下來（1 節）。由此可見，神吩咐巴錄不要自我中心，反要以神為中心。

在整本舊約中，只有耶利米書出現「以自己的命為掠物」（按原文直譯）這片語，而且出現四次（二十一 9，三十八 2，三十九 18，四十五 5）。其中兩次是有關耶利米勸百姓向巴比倫軍投降，就能以自己的命為掠物（二十一 9，三十八 2），另外兩次是勸巴錄和以伯・米勒這兩個人。

上述的四次是互相補充，對眾人說的那兩次（二十一 9，三十八 2）強調，無論何人聽從神的吩咐，他就以自己的命為掠物。對個人說的那兩次則先後列出兩個條件：第一是人要信靠[2] 神（三十九

18）；第二是不要為自己圖謀大事（四十五 5），意思就是不要自我中心，要以神為中心。

思想問題

1. 當猶大走向亡國時，神吩咐巴錄不要為自己圖謀大事。同樣，當世界陷於敗壞紛亂時，你是否為自己圖謀大事？還是先求神的國和神的義呢？巴錄就將神的說話記錄下來，你又有甚麼具體的行動呢？
2. 為神大發熱心之前，人首先要對付自己生命的軟弱，以免自己好像以利亞大發熱心之後隨即就軟弱下來（王上十九章）。你的生命之中，有甚麼地方需要神的拆毀和重建？

13.3. 小結

四十五章是猶大亡國故事的跋。正如電影最後一幕長留在觀眾的心裏，四十五章這跋也長留在讀者的心裏。「拆毀」、「建立」、「拔出」、「栽植」和「以自己的命為掠物」（按原文直譯）這片語在耶利米書出現數次。上述字詞和片語都在四十五章出現，它們不單對巴錄有意義，而且對每一個猶大人和基督徒都有以下的意義：建立、拆毀、重建是一個過程。在這過程中，不要被苦難所嚇怕，反要信靠神，又要先求神的國和神的義，這樣的人必蒙神拯救和建立。重點不是拆毀，而是重建。

註釋

1. B. T. Arnold and J. H. Choi, *A Guide to Biblical Hebrew Syntax* (Cambridge: Cambridge University Press, 2003）, 81.
2. 三十九 18「倚靠」的原文可譯作「信靠」，參“בָּטַח (*bāṭaḥ*),” *BDB*, 105—“trust”。

丙部

有關列國的神諭

第十四章

有關列國的神諭（四十六～五十一章）

14.1. 四十六至五十一章的結構

上文已提過耶利米書可分為五部分（參圖 1.2），第四部分（四十六～五十一章）是有關列國的神諭。有關列國的神諭並不是耶利米書所獨有的，在其他先知書也有出現（賽十三～二十三章；結二十五～三十二章等）。這些經文大部分的內容都是有關敵對列國的神諭，學者簡稱為 OAN（Oracles Against the Nations）。這些經文的重點是：神對列國施行公義的審判，審判的罪行包括這些國家對神發出狂妄自大的說話（耶四十八 29），或在猶大亡國時落井下石（俄一 10～14）等。

有一部分有關列國神諭的經文是指列國也得到神的恩典，這恩典的原則是：神降雨給義人，也給不義的人（太五 45）。例如：當波斯王下旨所有被擄的民族可以回歸故土時，不單猶大人可以回歸，其他民族也可以回到自己的家園（耶四十八 47，四十九 6、39）。另一方面，「回歸」的原文意思也可指「悔改」，[1] 指猶大人悔改歸向神，或指其他民族有機會歸向耶和華，成為祂的子民（賽十九 19～25）。有關回歸和神的子民這些神學主題，本書第三章 3.2 和 3.3 提供詳細的討論，在此不贅。

有關列國神諭的重要性就是黑暗勢力雖然猖狂，神仍然掌權。所以神的子民不要憂傷，只要倚靠神去面對患難，黑暗的日子必然會過去，神必定將光明和平安賜給倚靠神和遵從神誡命的人。

耶利米書有關列國的神諭可分為上下兩半（見下圖 14.1）。上半部分是神藉著巴比倫去向列國施行審判，下半部分是神攻擊巴比倫，神諭的內容是：只有審判，沒有救恩，巴比倫城將會永遠荒涼。這並不是指巴比倫人沒有神所賜的普遍恩典（common grace），而是指巴比倫所象徵邪惡的國度，將會永遠消失，神與它之間的戰爭是正邪之戰。[2]

	經文	**有關列國的神諭**
上半部	四十六～四十九章 （共 121 節）	埃及、非利士、摩押、亞捫、以東、 亞蘭、基達和夏瑣、以攔
下半部	五十～五十一章 （共 110 節）	巴比倫

圖 14.1：列國的神諭可分兩個部分

14.2. 四十六至五十一的評註

14.2.1. 有關埃及的神諭（四十六章）

四十六章絕大部分都是有關埃及的神諭，可分為下列三段：

1～12 節：在公元前六〇五年，地點在幼發拉底河邊的迦基米施
13～26 節：在公元前五六八年之前（參 13 節），有關埃及本土
27～28 節：有關猶大的神諭，對比上述有關埃及的神諭

四十六章 1～12 節 尼布甲尼撒的父親尼布卜拉撒在公元前六一六年建立新巴比倫王國。本書第二章敍述當時的亞述積弱，古亞述城和尼尼微城分別在公元前六一四年和六一二年被攻陷。亞述王向西面逃亡到哈蘭，但哈蘭也在公元前六一〇年被攻陷。公元前六〇九年埃及王尼哥帶領軍隊由沿海的路（下圖 14.2 [3] 左下角）北上去幫助亞述王抵抗巴比倫的追擊。約西亞不希望亞述這個世仇國家生存，所以他帶領軍隊在米吉多阻止埃及軍北上，但他在戰場上重傷而死（代下三十五 20～24）。埃及軍隊繼續北上去到幼發拉底河上游的迦基米施援助亞述軍。

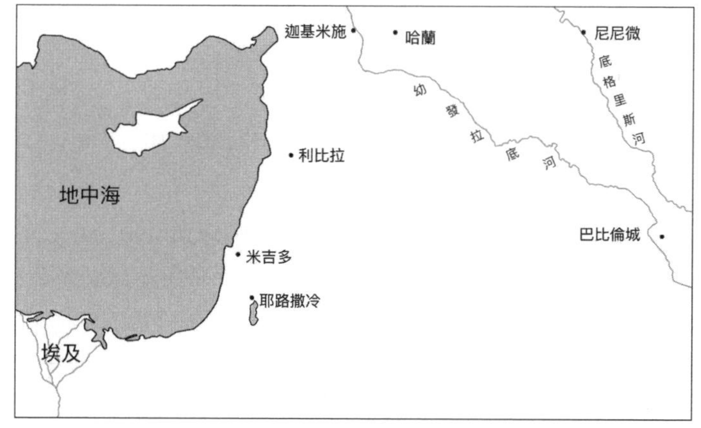

圖 14.2：埃及王尼哥帶領軍隊由沿海的路北上去幫助亞述王抵抗巴比倫的追擊

2 節指猶大王約雅敬第四年（公元前六〇五年），埃及軍被巴比倫王儲尼布甲尼撒所打敗。尼布甲尼撒南下追擊到埃及的邊界。5 節可能描述當時埃及軍急忙逃跑的情況。

9 節「古實、弗、路德」很可能是埃及的僱傭兵（參 21 節）。

他們跟隨埃及軍北上到幼發拉底河上游的迦基米施。古實和弗分別是現代的埃塞俄比亞和利比亞。[4] 路德是指哪一地區呢？學者難以確定。[5] 埃及僱傭兵不單來自上述三種人，也來自其他種族（結三十 5）。這裏的重點不在於古實人和弗人拿盾、路德族人拿弓，乃在於他們一起配搭去打仗。

2 節指埃及戰敗，估計 10 節「血」是指埃及聯軍所流的血。問題是「耶和華報仇」有何用意？報仇可能是為了猶大王約西亞在米吉多被埃及軍射殺（代下三十五 20～24）。

3 至 4 節跟 9 節對稱，都是軍隊準備征戰；5 至 6 節跟 10 節對稱，都是提及在幼發拉底河的戰爭，2 節指戰敗的一方是埃及聯軍。下文將會解釋 7 至 8 節與 11 至 12 節的對比（參下圖 14.3 的 c 列）。

	四十六 3 ~ 8	**四十六 9 ~ 12**
a. 法老號召埃及的聯軍北上幼發拉底河	3 ~ 4 節	9 節
b. 埃及的聯軍在幼發拉底河上游戰敗	5 ~ 6 節	10 節
c. 埃及打仗前後的心境作為對比	7 ~ 8 節	11 ~ 12 節

圖 14.3：四十六章 3 至 8 節與 9 至 12 節的對比

上文已提及亞述在公元前七世紀末積弱，巴比倫在亞述的東南面不斷擴張，埃及則在亞述的西南面擴張。在迦基米施戰役之前，巴比倫和埃及兩雄競逐為列國之首。8 節明言埃及像尼羅河漲溢，要遮蓋全地；埃及的野心是要毀滅全地的城鎮和其中的居民。由此可見，7 節「這是誰？」的「這」是指埃及。[6]

11 至 12 節指迦基米施戰役之後，大量傷兵逃回埃及，埃及人需要上基列去取乳香作為藥物。雖然埃及傷兵得到藥物，但卻是徒然，不得治好。原因可能是埃及有許多傷兵，傷勢也十分嚴重，難以痊愈。

四十六章 13～26 節　這段經文的背景是在公元前五六八年埃及被巴比倫攻擊。尼布甲尼撒領軍攻打埃及的邊界城市密奪和答比匿（下圖 14.4[7]），再南下攻擊埃及重鎮挪弗（Memphis）而令她變成廢墟（19 節）。

14 節「要擺好陣勢」這片語的陣勢是指防守，因為這節同時提及「刀劍在你四圍施行吞滅」。

15 節「壯士」的原文可譯作公牛或壯牛（詩五十 13；賽三十四 7），這字的原文是眾數，但其動詞「掃除」的原文是單數。15 節「他們」的原文是單數。上述眾數和單數在表達上出現不一致的問題，這問題的解決方法如下：在原文，眾數名詞是可以用來表達對神祇的尊重，[8] 正如「神」的原文 אֱלֹהִים（音譯：*ʾᵉlohîm*）是眾數，用意是表達對神的尊重，而不是表達多神，所以英文聖經對上述 אֱלֹהִים 的翻譯是 God，而不是 gods。換言之，15 節「壯士」可指牛神，牛神的名字是 Apis（參 NRSV）。

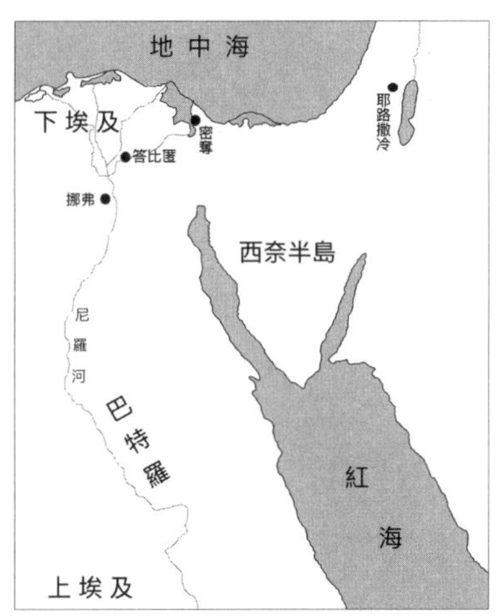

圖 14.4：尼布甲尼撒領軍來攻打埃及的邊界城市密奪和答比匿

15 節動詞「掃除」的原文可譯作「傾覆」，[9] 全節的意思是：真神將埃及的牛神傾覆於地，正如神將非利士的神像傾覆於地（撒上五 3）。[10] 25 節也明言神要懲罰埃及和它的神明。英譯本對 25 節「神明」的原文譯作 gods，即是眾神祇。古埃及是多神的國家，25 節「亞們」是埃及眾神祇其中一個而已。

16 節「讓我們回到自己的同胞、回到自己的出生地去，好躲避欺壓的刀劍」可能指僱傭兵（21 節）希望回到古實、弗、路德（參 9 節）；也可能指在埃及地的猶大人希望回到巴勒斯坦地，但四十四章 14 節已預言，只有為數很少的猶大人能夠回到巴勒斯坦地。

17 節「良機」的原文[11] 不一定指時間，也可指「所定的地方」。「錯失」的原文是「逾越」，[12] 這裏的意思可指法老誇大其詞，逾越了自己應有的位置。這句可重譯為「他們在那裏稱埃及王法老為『誇大其詞的喧嘩者』」（參 CEB）。

18 節「他泊」和「迦密」山巒並不是高山，兩者的高度只是約五百五十米，但已足以令人在山頂俯視山下的耶斯列平原。這裏可能暗示尼布甲尼撒雖不如真神的偉大，但他已有足夠力量以君臨天下的姿態來到埃及。

20 節「牛虻」的原文在《新譯本》譯作「牛蝨」，這字將尼布甲尼撒比喻作牛蝨，被神差派來螫刺埃及的肥牛，正如神召「埃及江河源頭的蒼蠅和亞述地的蜂」飛來攻擊猶大（賽七 17～18）。[13]

四十六章 27～28 節　除了這兩節是有關猶大，四十六至五十一章的內容全都是有關猶大以外的國家。這兩節與上文（四十六 1～26）有何聯繫呢？學者提供以下答案：正如名著《雙城記》（*A Tale of Two Cities*）是有關兩個城市，1 至 26 節及 27 至 28 節也是有關埃及和猶大的「雙國記」（A Tale of Two Countries）。[14]

埃及和猶大有相同的遭遇，這兩國都被巴比倫所擄掠。不同之處就是埃及所得到的安慰信息只是在 26 節的一句說話：「但埃及日後必再有人居住，與從前一樣。」猶大所得到的安慰信息至少有兩節（27～28 節）。這兩節的內容不單與三十章 10 至 11 節差不多完全相同，而且這兩節是安慰之書（三十～三十三章）的起首語。三十章 1 至 9 節只是引言，10 節才正式開始述說安慰的信息。讀者可將安慰之書內的信息引入這裏。換言之，猶大所得到的安慰信息不單止兩節（四十六 27～28），而且是三十至三十三章這四章的經文。

思想問題

27 至 28 節提及神的安慰和懲治，神對你有甚麼安慰和懲治？

14.2.2. 有關非利士的神諭（四十七章）

非利士是指死海西部和地中海東南沿岸的平原，包括五座城市：迦薩、亞實基倫、亞實突、以革倫、迦特（參下圖 14.5）。[15] 非利士地大約是現代的加沙地帶，現時的居民是巴勒斯坦人。迦特在公元前八世紀早已被亞述所摧毀，亞實突在公元前七世紀中葉時也被摧毀。當耶利米在公元前六二七年蒙召作先知時，非利士只餘下迦薩、亞實基倫、以革倫這三座城尚未被摧毀。

耶利米書二十七章指出那些到猶大的使節是來自以東、摩押、亞捫、推羅、西頓，非利士並不在名單之內，因為在西底家登基時（公元前五九七年），非利士的五座城已經先後淪陷。

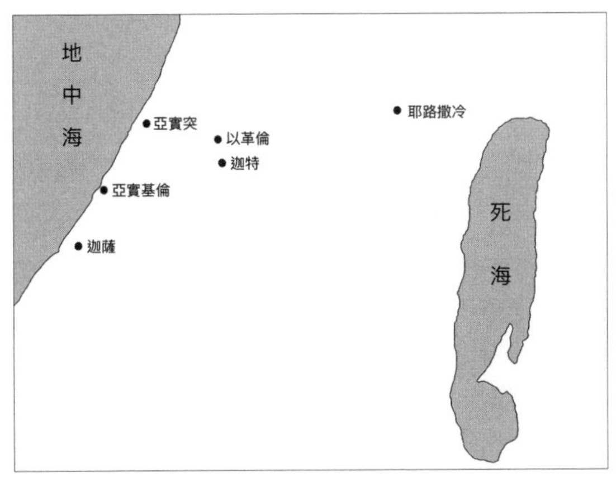

圖 14.5：非利士的五個城市：迦薩、亞實基倫、亞實突、以革倫、迦特

四十七章 1～3 節　1 節「法老攻擊迦薩」的時代背景是大約在公元前六〇〇年。[16] 2 節「有水從北方漲起」是指從北方來的巴比倫軍。根據巴比倫編年史的記載，在公元前六〇四年巴比倫進攻非利士地，將亞實基倫城摧毀成廢堆。[17] 以革倫也在同年被巴比倫所摧毀。[18] 2 節下「呼喊」和「哀號」是來自非利士人，3 節上「壯馬蹄踏的響聲、戰車隆隆、車輪轟轟」是來自敵軍。這裏沒有指出敵軍是來自北方的巴比倫或南方的埃及，其實重點不在於敵軍來自哪個國家，而是在於非利士將會被摧毀。

3 節「一聽見」在原文並沒有出現，這節的開始是一個介詞，《和修版》沒有將之直譯出來，這介詞可譯作「在」。[19] 這節的意思是：在戰場上各種嘈吵聲音的場景之下，出現了一幕無聲的畫面，就是父親不能回頭看顧兒女，原因並不是他只顧自己逃命，而是他的手發軟，可能是受了重傷而不能再看顧兒女。若將 2 節下和 3 節拍攝成電影的片段，最震撼的就是 3 節下那一幕無聲的畫面。

四十七章 4～5 節　非利士人來自迦斐託海島（代上一 12）。根據申命記二章 23 節，亞衛人住在鄉村直到迦薩；從迦斐託出來的人將亞衛人除滅，迦斐託人在那裏居住，他們被稱為「非利士人」，意思指外來的人。[20] 「迦斐託」這地點可能指克里特（Crete），或塞浦路斯（Cyprus）。[21] 這裏所強調的是，迦斐託海島剩餘的人都要被毀滅（4 節）。猶大人的餘民蒙神拯救（三十一 7），並且回歸故土居住，生養眾多（二十三 3）。相對來說，非利士的五座城不單被毀滅，而且餘民都被神所毀滅。

4 節「推羅」、「西頓」，和非利士都是地中海的沿岸城市。推羅和西頓分別在亞實突北面約二百公里以外的城市。約珥書三章 4 至 8 節將上述兩個城市的腓尼基人和非利士人並列，指責他們將耶路撒冷聖殿的寶物帶入他們的廟宇，又將猶大人賣給希臘人，使他們遠離自己的疆界。在猶大亡國之後一年，巴比倫開始攻打推羅和西頓。他們先攻陷西頓，但攻打推羅卻歷時十三年之久，最後攻下舊城，但仍未能攻克建在外島上的新城。在公元前三三二年，希臘亞歷山大大帝從陸上築堤進攻才攻陷新城。

5 節「你割劃自己，要到幾時呢？」這句的意思是：在戰亂和流亡的時候，非利士人割劃自己的身體，求他們的神祇巴力幫助他們，正如以利亞和巴力先知鬥法時，巴力先知割劃自己的身體以懇求巴力（王上十八 28～20）。

四十七章 6～7 節　這兩節的主角是「耶和華的刀劍」，6 節向它提出一條問題：「你要到幾時才止息呢？要入鞘，安靜不動。」7 節的回應是，神吩咐它要攻擊亞實基倫和海邊之地，它怎能靜止不動。

1 至 7 節的重點有兩個，第一：非利士所剩餘的城市都會被毀滅。第二：在戰敗後，非利士所剩餘的人可能逃到老家迦斐託，也可能逃到推羅和西頓，但他們都會被斬草除根，全部被消滅（4 節）。

> **思想問題**
>
> 1. 為甚麼神要對非利士人盡行滅絕，像神要對亞瑪力人盡行滅絕那樣？（參撒上十五 2～3；珥三 4～8）
> 2. 你待人處事是否像這兩個民族？

14.2.3. 有關摩押的神諭（四十八章）

摩押人是羅得與其大女兒的後裔。當摩押的國勢衰弱時，摩押人在死海東南的山地居住（見下圖 14.6）[22]。當摩押強盛時，他們北上侵略平原的土地。[23] 摩押地是現代約旦其中一部分的國土。

四十八章 1～20 節　這段落的主題是摩押將會被摧毀，編者以三個不同的字去表達這主題。第一是 חָתַת，[24] 1 和 20 節譯作「毀壞」。第二是 שָׁדַד，[25] 1、15、20 節譯作「變為廢墟」或「已成廢墟」，8 和 18 節譯作「行毀滅的」或「毀滅」。第三是動詞 שָׁבַר [26] 和名詞 שֶׁבֶר，[27] 在 3、4、5 節譯作「毀滅」，17 節譯作「折斷」。上述三個意義相似的字在 1 至 20 節共出現十一次，可見 1 至 20 節的主題是摩押將被摧毀。「毀壞」、「廢墟」和「蒙羞」在 1 和 20 節都有出現，形成首尾呼應的格局。

除了 12 至 13 節之外，1 至 20 節全都是以詩歌體裁撰寫。有關詩歌和散文在體裁上的分別，可參本書附錄 D 的 1.1。12 至 13 節這兩節散文被周圍的詩詞所包圍，所以這兩節是十分觸目的。正如一個人敍述故事之時，突然朗讀一首詩，此舉會引人留意。筆者在下文將會對這兩節作出解釋。

在 1 和 20 節，「蒙羞」以首尾呼應的形式出現，13 節指出因果關係：摩押必因基抹羞愧，像以色列家因倚靠伯特利的偶像而不再成為國家（2、42 節）。雖然這節沒有明言伯特利的金牛犢，但「伯特利」在這節跟偶像「基抹」平行，而且「伯特利」的意譯就是神廟。[28] 摩押的國家神祇是基抹，「基抹」在 7、13、46 節出現。7 節指基抹和屬它的祭司、官長也要一同被擄去；46 節指屬基抹的百姓滅亡了！

12 節指神必差倒酒的到它那裏去，將它倒出來；他們要倒空器皿，打碎罈子。這節經文的背景，是摩押其中一個城市西比瑪以葡萄園和葡萄酒聞名（30～33 節）。[29] 摩押自高自大（29 節），而且向神誇大（26、42 節），摩押因此亡國。摩押人所矜誇的葡萄園和葡萄酒都會被摧毀（11～12、30～33 節）。

當讀者掌握上文所解釋的主題和文學體裁，1 至 20 節這段經文並不難理解。惟一難解的經文是 10 節：「懶惰不肯為耶和華做事的，必受詛咒；禁止刀劍不見血的，必受詛咒。」在四十八章「刀劍」只在 2 和 10 節出現，2 節「刀劍必追趕你」的「你」是指摩押，10 節「刀劍」攻擊的對象應該是摩押人。10 節的意思是攻擊者為耶和華做事，他們不能懶惰，他們的刀劍必定要見血，否則他們必受詛咒。換言之，神定意要毀滅摩押。在公元前五八二年，即是猶大亡國之後約四至五年，摩押就被巴比倫所滅。[30]

四十八章 21～27 節 死海的東南方是高山，這山地是摩押的大本營。下圖中央亞嫩河北面是矮山和平原。21 節提及「雅雜」（圖 14.7），這城在約書亞時期已交給呂便支派（書二十一 36）。亞嫩河以北還有兩座城：一是 19 節「亞羅珥」，二是 22 節「底本」。這兩座城都是迦得支派所興建的（民三十二 34）。這些地點原是北國以色列的領土，北國被亞述所滅，上述兩座城落在亞述的手中。

後來亞述亡國時，摩押侵吞了上述城鎮。[31]

21 至 24 節列出一連串的摩押地點作為起首語；總括一句，這些地點是「摩押地遠近所有的城鎮」。有關這些地點的信息由 25 節開始表達。

25 節「角」和「膀臂」可指軍事力量（參王上二十二 11；結三十 22）。摩押的角被砍斷了，膀臂被折斷了，意思是它打敗仗。26 節「沉醉」和「所吐」的原文在二十五章 27 節也出現，分別譯作「喝醉」和「嘔吐」。在二十五章，神吩咐耶利米從祂手中拿一杯憤怒的酒，給各國的百姓喝，他們喝了就要東倒西歪，並要發狂，因神使刀劍臨到他們中間（二十五 15～16、27）。這裏則借用醉酒時東倒西歪的動作來形容摩押人被刀劍襲擊時紛紛倒下。

26 節「誇大」的原文並不是指誇大其詞，而是《新譯本》的翻譯「妄自尊大」。[32] 26 節「嗤笑」和 27 節「笑柄」的原文都是同一個字，這兩節指摩押侵吞北國以色列的城鎮時，向耶和華妄自尊大，結果是摩押也將會被人侵吞土地，受人嗤笑（39 節）。

四十八章 28～33 節 由於外敵將會進行攻擊，28 節呼籲摩押人離開他們所霸佔的城鎮，他們要回到自己的大本營，就是摩押的山區居住。29 節採用不同的字詞強調摩押人自高自大。30 節「憤怒」的原文可譯作「狂傲」。[33]《新譯本》對這節提供較佳的翻譯：「它的狂傲毫無根據，它的誇耀不能成事」。摩押人誇耀他們所掠奪的城鎮，正如強盜誇耀他們所掠奪的財物，神當然會重罰。

31 至 33 節表達神的懲罰，32 節「那行毀滅的」臨到摩押時，他們的歡樂將會被奪去（33 節）。32 節「你的枝子蔓延過海，直伸到雅謝海」的意思需要多些解釋。雅謝那地並沒有海（參圖 14.8），其實「海」的原文[34] 可譯作湖或蓄水池。雅謝附近都有溪水流向約旦河，溪水被引到大型的蓄水池。

葡萄需要溫暖、陽光充足且乾燥的環境，又需要灌溉及排水良好的土地。葡萄是攀緣植物，一年新枝的生長量可達十公尺。32 節指西比瑪的枝子蔓延，直伸到雅謝的蓄水池，意思是它的葡萄園面積很大，曾伸展到雅謝（賽十六 8）。西比瑪的地理位置不詳，估計它接近雅謝。

當雅謝被外敵攻擊時，雅謝人為了葡萄園被摧毀而哀哭。同樣，西比瑪被外敵攻擊時，當地人都會為了葡萄園被摧毀而哀哭（參賽十六 9）。

其實四十八章 21 至 33 節及 34 至 47 節是兩次相對照的循環。上文已討論了第一次循環，下文將會討論第二次循環。

	第一次循環	第二次循環
起首語是一連串摩押的地點	21～27 節（散文）	34～39 節（散文）
摩押的罪和神的懲罰	28～33 節（詩歌）	40～47 節（詩歌）

圖 14.6：四十八章 21 至 47 節的兩次循環

四十八章 34～39 節 34 節也是以一連串摩押城市作為起首語，雖然許多城市的地理位置不詳，但學者指出哭聲遍佈的範圍十分遼闊。[35] 這些地點北至死海北部的希實本（參圖 14.7 頂部），東至雅雜（參圖 14.7 右面），南至死海南部的瑣珥（參圖 14.7[36]）。北面希實本的哭聲遍傳到東面的雅雜，南面瑣珥的哭聲遍傳到何羅念（參圖 14.7）。

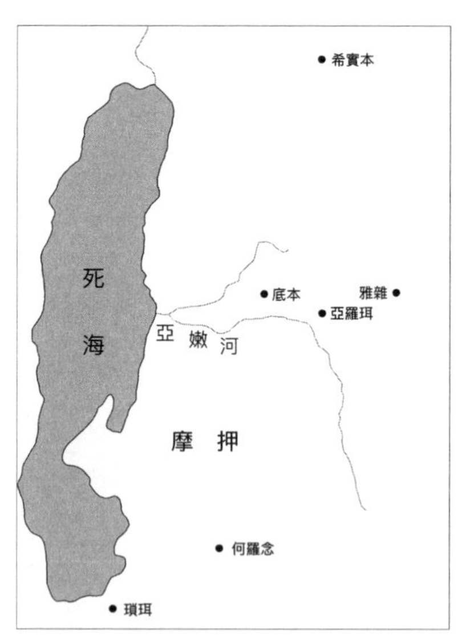

圖 14.7：摩押人在死海東南的山地居住

36 節「吉珥・哈列設」是摩押的首都。37 節「各人頭上光禿，鬍鬚剪短，手有劃傷，腰束麻布」類似四十一章 5 節的敍述：鬍鬚剃去，衣服撕裂，身體劃破。在猶大亡國後，有八十人使用上述方式表達哀傷，摩押亡國後也有人使用此等方式表達哀傷。

四十八章 40～47 節 42 節精簡地指出「摩押必被毀滅，不再成國，因它向耶和華誇大。」上文 26 節的評註已指出，「誇大」的原文意思是《新譯本》的翻譯「妄自尊大」，並對這罪名作出解釋，在此不贅。

43 節「驚嚇、陷阱、羅網」這三個字詞在 44 節有漸進式的演譯：「躲過驚嚇的必墜入陷阱，逃離陷阱的又被羅網纏住」。換言之，摩押人民不能逃脫神的懲罰。

46 節「因你的兒子都被擄去，你的女兒也被擄去。」這句說話好像沒有盼望，但 47 節「到末後，我卻要使摩押被擄的人歸回。」這句說話卻帶來盼望。

思想問題

1. 「追逐別神的，他們的愁苦必增加」（詩十六 4）這節可應用在敬拜基抹的摩押人，也可應用在基督徒的身上。耶穌說：「一個僕人不能服事兩個主；他不是恨這個愛那個，就是重這個輕那個。你們不能又服事神，又服事瑪門（即是財利）。」（路十六 13）你是否重視或追逐金錢，或其他的偶像？
2. 神不單憎惡人敬拜偶像（13 節），而且憎惡人驕傲（26 節）。除了耶利米書，舊約其他書卷也出現類似驕兵必敗的教導（參箴十六 18）。你如何提醒自己不驕傲呢？

14.2.4. 有關亞捫的神論（四十九 1～6）

亞捫人是羅得與其小女兒的後裔。當他們的國勢衰弱時，他們在死海東北部的曠野居住，那裏缺乏水源（見下圖 14.8 [37]）。當他們強盛時，會侵略迦得支派有水源的雅謝和希實本等城鎮。[38] 亞捫地是現代約旦國土的其中一部分。

四十九章 1～2 節　1 節「米勒公」是亞捫的國家神祇，有時譯為「摩洛」（參王上十一 5、7）。「米勒公」的原文意思是「他們的王」，「摩洛」的原文意思是「王」。「拉巴」的原文意思是「大」或「著名」。[39] 這城市是亞捫的首都，[40] 即是現今約旦的首都安曼。安曼（Amman）和亞捫（Ammon）在原文的讀音很接近。

1 節「米勒公為何承受迦得為業呢？」應譯作「米勒公為何霸佔迦得支派的地呢？」下文將會解釋這片語。迦得支派在以色列人過約旦河之前向摩西要求在約旦河東分地，摩西應允了他們（民三十二 31～36）。雖然北國以色列亡國時已經有很多以色列人被擄，但當地仍有些剩餘的以色列人居住。當亞捫人霸佔迦得支派的土地時，神將會令他們的首都拉巴成為廢墟，即是亞捫將要亡國。在公元前五八二年，即是猶大亡國之後約五年，亞捫就被巴比倫所滅。[41] 2 節（參《新譯本》）預言以色列人將來會奪回亞捫霸佔的土地。

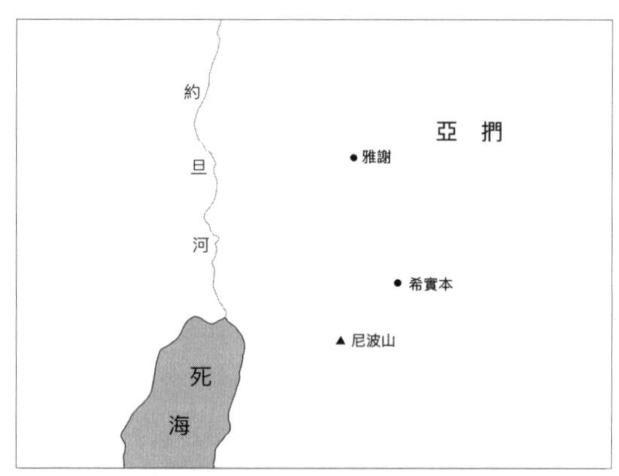

圖 14.8：亞捫人在死海東北部的曠野居住

四十九章 3～4 節　3 節的「希實本」在四十八章也曾出現，那處的經文是有關摩押的神諭，這處的經文是有關亞捫的神諭。這城市有時被摩押所佔領，有時被亞捫所佔領，所以希實本先後在這兩章出現。

3 節「愛地」在《新譯本》譯為「艾城」。約書亞記的「艾城」是在約旦河西，接近伯特利的城市（書七 2），但這裏在約旦河東，接近希實本的城市。

4 節「背道」令人以為是宗教上的背叛，但原文可指政治上的背叛（參 NET），這裏可能是指亞捫背叛巴比倫這宗主國。亞捫王差派以實瑪利謀害巴比倫所委任的猶大省長基大利（耶四十 14）。[42]

4 節「因有水流的山谷誇耀」這片語，應是指有山谷和溪水的雅謝和希實本等城鎮。上述的地點原是北國以色列的領土，北國被亞述所滅。亞述亡國時，亞捫人侵吞這些城鎮，並以這些土地誇口，正如強盜誇耀他們所掠奪的財物，神當然會重罰。

四十九章 5～6 節　在《新譯本》，5 節下的翻譯比較接近原文：「你們必被趕逐（נָדַח [43]），各自逃命，沒有人把四散奔逃的人聚集（קָבַץ [44]）起來。」上述的兩個希伯來字也同時出現在以賽亞書十三章 14 節：「人如被追趕（נָדַח）的羚羊，像無人聚集（קָבַץ）的羊羣。」這兩段經文的情境很相似。雖然上述以賽亞書的經文是有關巴比倫的神諭，但這節有助讀者明白耶利米書四十九章 5 節的情境，就是亞捫人要被敵軍追殺時四散，各自逃命，正如羚羊被獅子追殺時四散，各自逃命。5 節令人感到沒有盼望，但 6 節「但後來，我卻要使被擄的亞捫人歸回」令人感到有盼望。

14.2.5. 有關以東的神論（四十九 7～22）

以東人是雅各的兄弟以掃的後裔（創三十六 8），於摩押的下方居住（參圖 14.9 的下半部分）[45]。以東的首都「波斯拉」位於死海的東南偏南，它亦在 13 和 22 節出現。

四十九章 7～8 節　7 節「提幔」是以掃子孫中的其中一個家族（創三十六 15），提幔族人其中一個人戶珊曾作以東王（代上一 45）。他們可能是國家之中的領導層，所以 7 節一連三條問題都是向提幔族人發出提問：他是否用盡智慧去帶領以東人面對災殃（8 節）。這裏的提幔族人可代表全體以東人，正如白宮代表美國。這是一種修辭法，學者稱之為提喻法（synechoche），[46] 即是以部分代表全部。

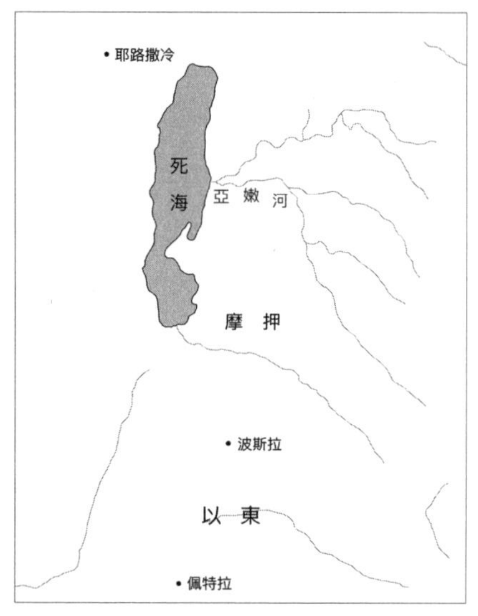

圖 14.9：以東人在摩押下方居住

上文指出提幔只是族名，但以西結書二十五章 13 節將提幔作為地名，可能是指提幔人所聚居的地方，正如創世記三十六章 34 節和歷代志上一章 45 節所提及的「提幔人之地」。

8 節「底但」是接近紅海的城市（參下圖 14.10 的底部 [47]），它是一個通商的城市（結二十七 15）。除了經海路通商之外，也有駱駝商隊由底但經過阿拉伯沙漠來回各地（賽二十一 13）。[48] 沒有證據顯示底但是以東的城市，以西結書二十五章 13 節「使以東從提幔起，直到底但，地變荒涼」，這句在《新譯本》譯作「使以東荒涼，從提幔直到底但」。上述以西結書的經文和耶利米書四十九章 7 和 8 節都提及提幔和底但，可指以東的勢力範圍是北至提幔，南至底但。[49]

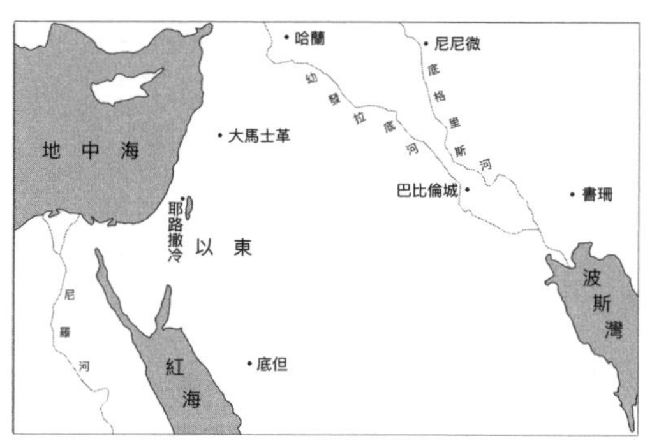

圖 14.10：「底但」是接近紅海的城市

四十九章 9～11 節　按摩西的律法，收割時不可割盡所有農作物，讓貧窮的人可拾取剩餘的農作物（申二十四 19～21；另參得二 2～7）。葡萄樹枝上滿佈葡萄，9 節上半節就是指摘葡萄的人難以摘盡所有葡萄。

另一方面，每個家庭都有很多物品，9 節下半節指晚上的盜賊不能偷竊家庭所有物品（參 NRSV）。然而，神所差派的敵軍將會把以東人所有的財產搶掠一空（10 節，原因見下文）。縱然如此，神仍然看顧孤兒寡婦，所以他們需要倚靠神（11 節）。

四十九章 12～22 節　12 節令人聯想到耶利米書二十五章 27 至 29 節，那裏指神吩咐耶利米從祂手中拿一杯憤怒的酒，給各國的百姓喝，他們喝了就要東倒西歪，並要發狂，因神使刀劍臨到他們中間。

12 節「原不該喝那杯的，尚且一定要喝」這片語是指猶大人尚且要受罰，何況其他民族呢？這裏的意思並不是指猶大人沒有犯罪，而是指作為神的子民尚且要受罰，何況其他民族呢？（參二十五 29）根據俄巴底亞書 10 至 14 節，在猶大亡國時，以東人因此幸災樂禍，而且進他們的城門，伸手搶他們的財物。又站在岔路口，剪除他們中間逃脫的人。此段經文令人明白為何神要令以東被搶奪至一無所有（耶四十九 9～10；俄一 5）；為何神要令以東在列國中成為最小，並在世人中被藐視（耶四十九 15；俄一 2）；為何神要將住在山穴中據守山頂的以東人拉下來（耶四十九 15；俄一 3）。

在公元前三世紀中葉，以東被阿拉伯強國那巴天（Nabatean Kingdom）所攻佔。[50] 那巴天人的勢力範圍包括底但和西奈曠野，以東人只能逃到死海以西希伯崙等地區。殺死伯利恆城兩歲以下男孩的那位大希律就是擁有以東人的血統，而且皈依猶太教。[51]

以東被那巴天攻佔後，以東古城佩特拉（Petra）的地位愈來愈重要（佩特拉在上圖 14.9 的底部），而這城是在岩石上雕刻而成，周圍懸崖絕壁環繞，這是現時世界七大奇景之一。三世紀時，由於海上貿易的興盛，作為陸路交通要塞的佩特拉漸漸衰落，加上公元七世紀時一次毀滅性大地震的摧殘，維生的水資源系統被破壞，這城就無人居住。在公元十一世紀，波斯拉城也因為一次毀滅性大地震而被摧毀。[52]

十九世紀佩特拉被人發現，逐漸發展成一個熱門的旅遊地點，下圖 14.11 是其中一景。另一方面，這發現也證實 18 節「它要像所多瑪、蛾摩拉和鄰近的城鎮一樣傾覆，必無人住在那裏」這預言已應驗。

圖 14.11：位於約旦的佩特拉遺址

14.2.6. 有關亞蘭的神諭（四十九 23～27）

23 節所提及的大馬士革和哈馬，就是在下圖 14.12 中央以上的位置。大馬士革是亞蘭（現今的敍利亞）的首都。在公元前八世紀亞蘭已被亞述所亡。阿摩司早在耶羅波安二世（公元前八世紀）時已預言便・哈達的宮殿將會被燒毀（摩一 4）。耶利米是公元前七世紀末和六世紀初的先知，他在這裏提及便・哈達的宮殿被燒毀（27 節）並不是預言將來，而是重提舊事。沒有文獻指出巴比倫曾經攻擊大馬士革、哈馬和亞珥拔。[53] 耶利米在這裏重提舊事的原因，可能是基於下述的地理因素。

23 節所提及的亞珥拔是在下圖 14.12 [54] 巴比倫帝國的的**北部**，34 節「以攔」在圖 14.12 的**東部**，8 節「底但」是在圖 14.12 的**南部**，即是紅海附近。四十六章「埃及」在圖 14.12 的**西部**。

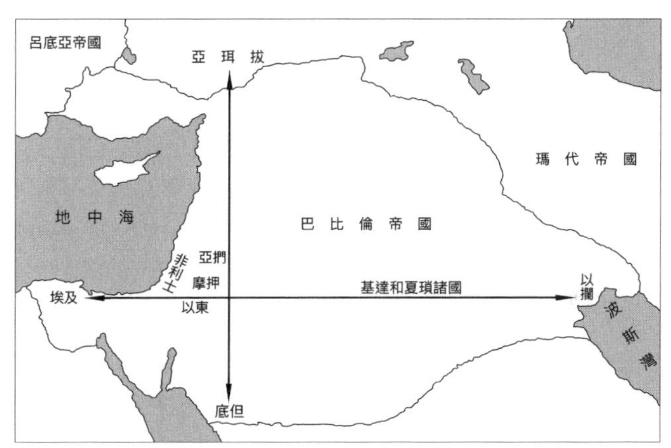

圖 14.12：巴比倫帝國版圖

根據這四個地方的標示，筆者的結論是：四十六至四十九章是有關大約十個國家的神論，但暗地裏卻標誌了巴比倫帝國的版圖——東至以攔、西至埃及、南至以東以南的底但、北至亞蘭以北的亞珥拔，以及上圖 14.12 直線和橫線交錯的附近地區，就是摩押、亞捫、以東、非利士、基達和夏瑣諸國。這些經文只是伏筆，當經文轉到五十至五十一章時，就指出巴比倫帝國將會永遠消失。

上文從歷史的因素指出在公元前八世紀亞蘭已被亞述所亡，又從地理的因素指出四十六至四十九章標誌了巴比倫帝國版圖東西南北的地區，以及圖 14.12 直線和橫線交錯的附近地區。

25 節「城」指 24 節的大馬士革，這地盛產酒和羊（參結二十七 18）。25 節下半節「怎能」的原文不一定表達疑問，也可表達感慨，[55]《新譯本》譯作「怎麼竟被撇棄呢！」這節的意思指大馬士革的土地雖肥沃，但因戰亂而被撇棄。

25 節是哀歌，26 至 27 節是審判。25 節沒有明言誰唱哀歌，26 節明言是神說的話。筆者的見解是：25 節的「我」可指大馬士革的居民，而 27 節的「我」是指神。

14.2.7. 有關基達和夏瑣的神諭（四十九 28～33）

下圖 14.13 [56] 中央的下半部分是阿拉伯沙漠，當時的人需要駱駝作為交通工具。巴比倫城是巴比倫帝國的首都，這城接近波斯灣（圖 14.13 的右面），而耶路撒冷接近地中海（圖 14.13 的左面）。

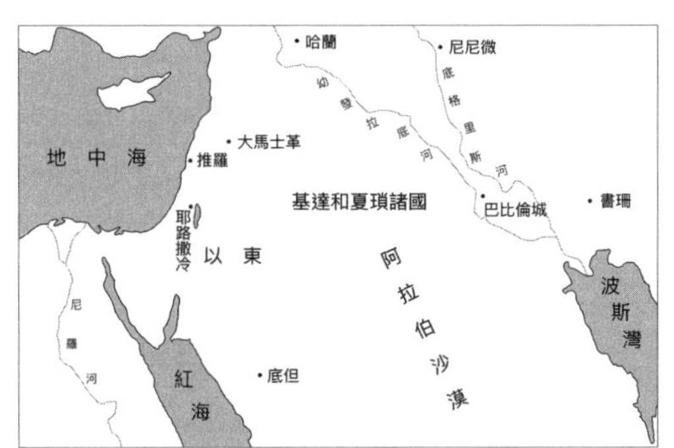

圖 14.13：巴比倫帝國的主要城市

四十九章 28～29 節　28 節「論……基達和夏瑣諸國」的原文應譯作「論到基達和論到夏瑣諸國……」（參 KJV）。換言之，「諸國」是指夏瑣而不包括基達。這些國家的人口可能很少。就如當年亞伯拉罕帶領家丁三百一十八人，就可打敗基大老瑪等四個王所帶領的兵丁（創十四 1～16），可想而知基大老瑪等四個王所統治的人只是很少。

基達是以實瑪利的兒子（創二十五 13；代上一 29），他的子孫是遊牧民族，他們擁有許多羊羣（賽六十 7），羊需要吃草和喝水，所以基達族人逐水草而居。在古代，河流附近有農田是常見的現象，農田附近的小草坪可放牧。基達是以色列東北面的阿拉伯遊牧地區，28 節稱呼基達為東方人，又吩咐尼布甲尼撒起來攻打基達。

基達人是畜牧民族，在他們當中有弓箭手（賽二十一 17），可能是指打獵或打仗，甚至搶掠別人的牲畜和財物，正如亞瑪力人在猶大南地搶掠別人的牲畜和財物（參撒上三十 1～19）。學者也指出他們有許多牲畜都是搶掠而得的，這段經文指出他們的報應就是被別人搶掠。[57] 學者指出，古代文獻顯示亞述和巴比倫多次往阿拉伯沙漠擄掠遊牧民族，例如：亞述提革拉毘列色三世（或稱普勒）記載他在阿拉伯沙漠的掠物：駱駝共三萬、羊共兩萬。[58]

四十九章 30～33 節 這裏的夏瑣並不是約書亞所攻打的夏瑣（書十一 10），原因是約書亞記的夏瑣是一座城（書十一 11），而且有馬車（書十一 1～5）；而這裏的夏瑣無門無閂，夏瑣人單獨居住（31 節），又無提及馬車。舊約和其他古代的文獻都沒有關於夏瑣人的資料。32 節指他們的駱駝和眾多的牲畜必成為掠物，估計他們都是遊牧民族。他們與基達人在 28 節並列，估計他們都是居住在阿拉伯沙漠。

14.2.8. 有關以攔的神諭（四十九 34～39）

波斯帝國的發源地是安尚（參下圖 14.14 右下角）。[59] 在公元前四千至一千年，安尚的波斯人被書珊（參下圖 14.14 中間）的以攔人所統治，安尚是以攔東南面其中一個省。後來以攔在公元前六四五年被亞述所滅，以攔人被擄到撒瑪利亞（拉四 9～10）。以攔亡國時，安尚的波斯人乘機獨立而成為國家。當亞述走向衰亡時，波斯人又乘機侵略以攔人原先居住的土地。[60] 在公元前五一五年，波斯王定都在波斯波立（Perse-polis，意思是「波斯城」），安尚的重要性就大不如前。當波斯吞拼以攔後，它的版圖增加了約一倍，但相對瑪代（圖 14.14「米底亞」）和巴比倫，當時的波斯只是小國。

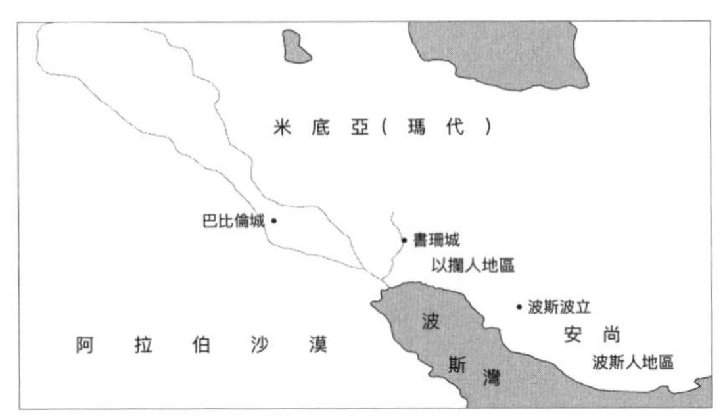

圖 14.14：波斯帝國的發源地安尚

在耶利米時代，波斯還是寂寂無名，所以經文採用「以攔」代表波斯。在有關列國的神諭（四十六～五十一章）之中，「我要在以攔設立我的寶座，在那裏除滅君王和官長」這類句子只在有關以攔的神諭中出現（四十九 38），而沒有在其他列國的神諭中出現。它的意思很可能是：神在以攔的國土中興起居魯士作波斯王，然後他對各國攻城掠地。

只有神能扶助波斯這小國，使它能夠在大約十年時間先後吞併瑪代國和巴比倫帝國，又將巴比倫的遷徙政策改變為懷柔政策，以致被擄的猶大人能夠回歸故土。34 節明言在西底家登基時代，即是在公元前五九七年已預言以攔人回歸故土（39 節）。

思想問題

1. 四十六至五十一章有關列國的神諭之中，只有摩押、亞捫和以攔人得神的應許，就是被擄的人能夠回歸故土（四十八 47，四十九 6、39）。你認為其他的民族是否能夠回歸故土？（參本章 14.1）
2. 對於埃及人來說，神作出的應許是埃及日後必再有人居住，與從前一樣（四十六 26）。對於以東人來說，神作出的應許是看顧他們的孤兒寡婦，條件是他們需要倚靠神（四十九 11）。對於亞蘭人和基達、夏瑣人來說，神卻沒有作出任何應許。你認為神是否沒有一視同仁？

14.2.9. 有關巴比倫的神論（五十～五十一章）

下文的地點在上圖 14.12 可找到。這段經文兩次提及瑪代（五十一 11、28）。瑪代帝國（Median Kingdom）在巴比倫帝國之北。領軍攻擊巴比倫的人不是瑪代王，而是波斯王居魯士。他在公元前五五九年繼任為王，[61] 在五五〇年征服瑪代，[62] 又在五四六年吞併呂底亞帝國（圖 14.12 的左上）。[63] 他差派瑪代人所組成的軍隊南下攻打巴比倫，在五三九年巴比倫亡國。[64]

居魯士所執掌的波斯版圖起初只是一個小國。沒有人會估計到這波斯小國會在二十年間奪取瑪代、呂底亞和巴比倫三個帝國的版圖，影響千萬人口，又影響後世的歷史發展。

將這兩章分段，可以令人較為容易理解這段經文的重點。有些學者以敍事來分段，使人能夠鳥瞰一大段經文。[65] 有些學者則採用文學的分析。[66] 筆者採納前者，並大幅修訂為下列的分段。

	經文	每一幕的主題
第一幕	五十 1 ~ 20	宣告巴比倫國將會亡國
第二幕	五十 21 ~ 34	神打開軍械庫和招集士兵
第三幕	五十 35 ~ 五十一 10	攻打巴比倫國的首都巴比倫城
第四幕	五十一 11 ~ 40	巴比倫國亡國，永遠滅亡
第五幕	五十一 41 ~ 64	巴比倫城永遠荒涼

圖 14.15：五十至五十一章的分段及其主題

五十章 1～20 節 這一幕的主題是「宣告巴比倫國將會亡國」。在 2 節出現「傳揚」和「宣告」等字眼；宣告的內容有三方面：

第一是迦勒底人所聚居的首都巴比倫城將會淪陷（1～2 節），土地荒涼，無人居住（3 節）。首都淪陷，即是巴比倫會亡國。

第二是 2 節「彼勒」和「米羅達」等巴比倫的神祇會「蒙羞」和「驚惶」。這裏採用了擬人法的表達方式，意思是指這些偶像在戰爭中將會被毀壞，它們不會再被人尊貴地供奉。另一方面，這是指靈界的爭戰，真神打敗巴比倫的神祇。

第三是神的子民要逃離巴比倫（8 節），回到錫安，並要尋求耶和華他們的神，再次和神立約，與神聯合（5 節）。

5 節「又面向那裏，說：『來吧，他們要在永不被遺忘的約中與耶和華聯合。』」這句原文的直譯是：「看哪！他們面向那裏！他們要去與耶和華在永遠的約之中聯合，這約是不會被遺忘的」（參 NIV）。在原文，「遺忘」這動詞的主詞是指「約」，而且「永遠」和「約」的原文是已被串連成為一個組合（construct chain），譯作「永遠的約」，「永遠」是不能分拆出來去形容「遺忘」。[67] 另一方面，在原文並沒有出現「說」這字，這是《和修版》譯者加上的，但這中文翻譯令隨後的「他們」似乎是用錯了詞，《新譯本》將「他們」修改為「我們」，《和合本》將「他們」修改為「你們」。其實，原文確實是「他們」，不用修改。

1 至 20 節可分為圖 14.16 的三段。11 至 16 節採用了詩歌體裁，為要表達：在耶利米宣告上述好消息（1～10 節）之後，百姓有何種的情緒反應；17 至 20 節的文學體裁是散文，有別於 11 至 16 節的詩歌體裁。有關詩歌和散文在體裁上的分別，可參本書附錄 D 的 1.1。

	體裁	內容
1 ~ 10 節	散文	宣告好消息：巴比倫將亡，被擄者可回歸
11 ~ 16 節	詩歌	宣泄報仇雪恨的情緒
17 ~ 20 節	散文	回顧與前瞻（參上文）

圖 14.16：五十章 1 至 20 節的分段、體裁及內容

17 至 20 節的回顧，講述北國以色列首先被亞述所滅，然後是南國猶大被巴比倫所亡。前瞻之處是：不論來自北國和南國，所有被擄的以色列人都可回到應許之地，吃得飽足之餘，又向神認罪悔改，蒙神赦罪。當然，11 至 20 節是尚未發生的事情。

五十章 21～34 節 這段經文是第二幕（參圖 14.15），主題是「神打開軍械庫和招集士兵」，經文根據是 25 節「耶和華已經打開軍械庫，拿出祂惱恨的兵器」和 29 節「你們要招集一切弓箭手來攻擊巴比倫」。

29 節「在巴比倫四圍安營」的意思可能是指由瑪代人所組成的軍隊從北面攻擊巴比倫，由波斯人所組成的軍隊從以攔那面（參圖 14.12 的右邊）攻擊巴比倫的東面和南面。上述的估計是基於地理因素，也基於 21 節「米拉大翁」是在首都巴比倫城的南面，[68] 而「比割」就在巴比倫城的東面。[69]

學者指出「米拉大翁」和「比割」這兩個字是語帶相關的，不單是指地方，而且也有其附帶的意義。[70]「米拉大翁」此字帶有雙重反叛的意思，[71] 意思是巴比倫敵對真神，這是參考 24 節「對抗」的原文 [72] 可譯為挑啟爭端（箴十五 18）或挑起戰爭（申二 24）。筆者將 24 節「對抗」的原文譯為「敵對」。第一個敵對的行動是巴比倫軍攻陷耶路撒冷城時燒毀聖殿，所以 28 節明言：「我們的神要報仇，為祂的聖殿報仇」，報仇的行動就是摧毀巴比倫的偶像（2 節）。

「比割」此字帶有審判和懲罰的意思。[73] 29 節「要照著它所做的報應它；它怎樣待人，你們也要怎樣待它」也表達審判的意思。巴比倫軍令耶路撒冷荒涼，神也要令巴比倫城荒涼（23 節）。

第二個敵對的行動是巴比倫向神狂傲（29、31、32 節）。以賽亞書十章 15 節明言：「斧豈可向用斧砍伐的自誇呢？」巴比倫只是神審判列國的工具，她怎能向神狂傲呢？亞述王西拿基立向神說狂傲的話，甚至辱罵神，他的十八萬五千兵丁就被神的使者擊殺（王下十九 35）。但以理書記載尼布甲尼撒如何向神狂傲，他被神懲罰而變成野獸一般生活，經過七期才恢復人性，回到人羣當中（但四 28～37）。

由第一次被擄開始計算，七十年後猶大人才可回歸故土。不單猶大人長期受苦，神在這段時間也要久候，然後才向巴比倫人執行懲罰。神不單施行公義的審判，而且為受欺壓的人伸冤（34 節）。

五十章 35 節～五十一章 10 節　這段經文是第三幕（參圖 14.15），主題是「攻打巴比倫國首都巴比倫城」，而這主題乃根據以下的討論而立的：「刀劍」這字在 35 至 37 節連續出現五次，而且刀劍會臨到社會各階層。41 至 46 節與耶利米書其他經文相似（見下圖 14.17），目的可能是指巴比倫國將會像猶大那樣亡國，又將會像以東那樣亡國後世世代代無人居住。

相似的經文	經文的目的
五十 41～43 和六 22～24	巴比倫國將會像猶大亡國
五十 44～46 和四十九 19～21	巴比倫國將會像以東亡國，無人居住

圖 14.17：耶利米書五十章 41 至 46 節與其他相似的經文

猶大和巴比倫在亡國前的景況相似，都是不能被醫治（參八 22，五十一 8～9）。亡國後，巴比倫像所多瑪、蛾摩拉一樣被神傾覆（五十 40），但猶大卻沒有被神遺棄（五十一 5）。其實猶大人的惡也像所多瑪、蛾摩拉的人一樣罪大惡極（二十三 14），但神的憐憫臨到猶大人的身上，他們可以歸回故土。猶大人被神恩待的原因並不是他們比其他民族公義，而是神要在他們身上生發公義（五十一 10），[74] 他們要在錫安傳揚神的作為（五十一 10）。正如人相信耶穌後，認罪悔改，又傳揚神在自己身上施行奇妙的作為，就是將人由惡轉為義。

五十一章 1 節的「立加米」只是音譯，直譯是「建立核心」，這裏的「核心」可指巴比倫帝國的心臟地帶，[75] 建立核心的人就是住在首都巴比倫城和附近地區的迦勒底人，所以「立加米」暗指迦勒底人。[76] 另一方面，「巴比倫」和「迦勒底」在耶利米書同時出現共二十四次，在五十至五十一章也出現八次（五十 1、8、35、45，五十一 4、24、35、54）。《七十士譯本》在這裏將「立加米」的原文譯作「迦勒底」，學者也認為「立加米」是指迦勒底人。[77] 這節的重點是指神要敵對迦勒底人。

底格里斯河的上游是亞述尚未亡國前的首都所在地，巴比倫國的首都是在幼發拉底河的下游地區（參圖 14.13 右方）。上述兩大河流的下游是迦勒底。總而言之，亞述尚未亡國前的心臟地帶是在兩河流域的上游，居民主要是亞述人。巴比倫的心臟地帶是在兩河流域的下游，居民主要是迦勒底人。

迦勒底的土地肥沃，又有兩大河流，所以是魚米之鄉，而且商業十分發達。後世的人當然不知道這著名的地方，但這地在古代是舉世知名的（賽十三 19）。所多瑪、蛾摩拉被神傾覆的原因，是這些城市的居民罪惡甚重（創十八 20），同樣，巴比倫城的居民也是罪惡甚重。下文提供當時的風俗，[78] 指出此地的人荒淫無道。

巴比倫城的人認為所有婦女，不論已婚或未婚、富有或貧窮，一生必定要有一次到神廟內，在那裏和一個不相識的男子發生性關係，這是她們向神表示奉獻誠心的行動之一。她們坐在神廟裏指定的區域內，只要前來神廟的男士將一塊銀幣拋向他所揀選的女士，並向她說：「我以米利塔（Mylitta）女神的名祝福妳。」她就要跟他進行性行為。許多男士因上述的風俗而來到神廟選擇性伴侶。這些男士和女士正正就如五十章 38 節所言：「人因偶像顛狂」。「顛狂」的原文意思是言行舉止像精神錯亂者，[79] 這字也在二十五章 16 節出現，那處譯作「發狂」，指人像飲醉酒後東倒西歪。

五十一章 11～40 節　這段經文是第四幕（參圖 14.15），主題是「巴比倫國亡國，永遠滅亡」，經文根據是 13 節「你的結局已到」和 30 至 33 節「巴比倫的勇士停止爭戰……報告巴比倫王，城的四方都被攻下了」。筆者觀察到「瑪代」在這段經文（五十一 11～40）只出現兩次（11、28 節），這兩次「瑪代」分別在 11 至 26 節和 27 至 40 節這兩段經文的前列位置。這兩段經文可分為下列兩次循環（參下圖 14.18）。

筆者解釋下文 a 至 c 之前，先要指出這段經文並沒有提及波斯，但本章 14.2.9 的第一段已指出瑪代被波斯吞併，本書有關五十章 21 至 34 節的評註指出：由瑪代人所組成的軍隊從北面攻擊巴比倫，由波斯人所組成的軍隊從以攔那面攻擊巴比倫的東面和南面。所以下表 a 指出瑪代人和波斯人攻打巴比倫。

	第一次循環	第二次循環
a.瑪代人和波斯人攻打巴比倫	11～14 節	27～33 節
b.以色列人對巴比倫亡國的回應	15～19 節	34～35 節
c.神親自對巴比倫作出懲罰	20～26 節	36～40 節

圖 14.18：五十一章 11 至 40 節的兩次循環

a. 11 至 14 節和 27 至 33 節這兩段經文有許多相似的片語，如「豎立大旗」（12、27 節）、「蝗蟲」（14、27 節）等等。這兩段經文也互相補充。13 節只是簡潔地指巴比倫的結局已到，30 至 33 節較詳細指出巴比倫被攻陷的情境。33 節的意思是巴比倫人將會被踐踏，正如他們以前踐踏其他民族一樣。27 節「亞拉臘、米尼、亞實基拿」是在亞拉臘山以南的地區，這些地區是在瑪代的版圖以內，這些民族跟隨瑪代人攻打巴比倫。

b. 15 至 19 節和 34 至 35 節這兩段經文互相補充，15 至 19 節指以色列人是神的產業（19 節），神既然以能力創造大地（15 節），就有能力保護祂的產業。34 至 35 節並不是以色列人提出迦勒底人的罪行，而是向神申訴他們所受的痛苦。[80] 換言之，以色列人並不是以原告的身分向神控訴被告的罪行，而是以子民的身分（參 19 節 [81]）向神申訴自己的痛苦（參 34 至 35 節）。由此可見，34 至 35 節的用意是以色列人求神拯救他們脫離痛苦。

c. 20 至 26 節是回應 15 至 19 節，下文將 20 至 23 節按原文重譯，「我要用你打碎」出現了九次，強調神有力地保護祂的產業。

20 節 你是我爭戰的斧子和打仗的兵器。
我要用你打碎列邦，
我要用你毀滅列國；
21 節 我要用你打碎馬和騎馬的，
我要用你打碎戰車和坐在其上的；
22 節 我要用你打碎男人和女人，
我要用你打碎老人和少年，
我要用你打碎壯丁和少女；
23 節 我要用你打碎牧人和他的羊羣，
我要用你打碎農夫和他的一對耕牛，
我要用你打碎省長和官員。

36 節以「所以」作為起首，由此可見，36 至 40 節是神回應以色列人在 34 至 35 節的訴苦。神不單要打碎巴比倫（見上列經文），而且要拯救祂的子民，即是神要帶領被擄的猶大人從巴比倫出來。當然，神也帶領北國的以色列人從其他的被擄之地出來。

五十一章 41～64 節 這段經文是第五幕（參 14.2.9），主題是「巴比倫城永遠荒涼」，經文不單重複地出現「荒涼」（41、62 節）、「廢墟」（43、55 節），而且明言巴比倫城的城牆坍塌（44 節）、夷為平地（58 節）。其實巴比倫城淪陷時，城牆並沒有坍塌。下文將會交代原因。

亞述攻打某國時會使用各種威嚇凌辱的手段，例如：指該國的神祇不能從亞述軍中拯救該國（參王下十八 19～25）。波斯王居魯士採取相反的方式，每當他征服某一國家時，他就會擁護該國的主神。根據波斯的文獻，居魯士宣稱巴比倫的主神瑪爾杜克（Marduk）因他的敬虔而賜予他勝利，他不用打仗就可進入巴比倫城。[82] 當波斯大軍橫掃巴比倫的國土時，每一座城都打開城門向他投降，[83] 可能是基於居魯士的宗教政策而贏得支持。

根據學者的研究，[84] 幼發拉底河貫穿巴比倫城的北面和南面，波斯聯軍用壕溝把幼發拉底河水疏導至河岸附近一大片的沼澤區，形成巨大的人工湖。幼發拉底河的河水因此便消退到及膝的水位，聯軍得以涉水和沿水溝進城。當時在巴比倫城掌權的伯沙撒王和大臣飲筵，他們以為巴比倫城有護城河保護，估不到敵軍用上述方法偷襲，伯沙撒在毫無防備下就被殺害（但五 30）。

根據學者的研究，[85] 公元前三一二年，由希臘帝國分裂出來的西流基王朝的首任君王尼加鐸（Nicator）定都在底格里斯河西的西流基（Seleucia），此地距離巴比倫城不到五十公里。他將巴比倫城拆卸，用來建築新的首都。從此巴比倫城不再是一座城，喪失了其重要性。現今巴比倫城的遺址是廢墟，正如這段經文不單重複地出現「荒涼」（41、62 節）、「廢墟」（43、55 節），而且明言巴比倫的城牆坍塌（44 節），夷為平地（58 節）。

41 節「示沙克」的原文可轉換為「巴比倫」，[86] 而且此字在這節與巴比倫平行，所以示沙克即是巴比倫。44 節「彼勒」是巴比倫代表性的偶像。34 節指尼布甲尼撒（即是巴比倫）如大魚將猶大人吞下，44 節神要使彼勒（即是巴比倫）吐出所吞之物。換言之，巴比倫要將被擄的猶大人釋放出來。

50 節上半節「你們躲避刀劍的要快走，不要站住！」的意思，很明顯就是離開巴比倫城這戰爭的地方；下半節「要在遠方懷念耶和華，心中追想耶路撒冷」的意思是，猶大人不單要逃離巴比倫城，而且要渴望錫安。[87] 若賭徒被賭債所困，家人代他還債，但他仍念念不忘賭博，家人還債也於事無補。以此對照，猶大人不單要離開巴比倫城，而且心靈也要渴望錫安，才能徹底改變。

50 節「要在遠方懷念耶和華」的意思，就是指被擄者由遠方的巴比倫城走向耶路撒冷時，要在遠方懷念耶和華，隨走隨哭，尋求耶和華，與神建立盟約的關係（五十 4～5）。只有神的拯救而沒有人的悔改和渴慕神，就會像羅得的妻子一樣失去救恩。

59 至 64 節記載大臣西萊雅與猶大王西底家同去巴比倫城時，要宣讀一卷有關巴比倫帝國的未來災禍。這書卷可能是指五十章 1 節至五十一章 58 節的內容；宣讀後要將這書卷和石頭一併投入幼發拉底河中，象徵巴比倫帝國必像書卷和石頭般一沉不起。

思想問題

啟示錄和耶利米書都提及巴比倫，兩者有相同之處（參下圖 14.19）。啟示錄十七章 5 節指巴比倫是世上的淫婦和一切可憎之物的母。耶利米書沒有明言巴比倫的淫亂，但上文有關五十章 38 節「人因偶像顛狂」的評註，就指出巴比倫神廟內充滿淫亂。讀者可以想一想：為甚麼神的子民要從巴比倫城出來？（參啟十八 4；耶五十一 6）

	耶利米書	**啟示錄**
巴比倫城是偶像之地，且發生淫亂等問題	五十 38	十八 2
巴比倫城物質豐富，可能有物慾貪慾問題	五十一 13	十八 12
巴比倫城將會坍塌	五十一 44	十八 2
神的子民要從巴比倫城出來	五十一 6、45	十八 4

圖 14.19：耶利米書與啟示錄在巴比倫的敘述上的相同之處

14.3. 小結

四十六至五十一章都是有關列國的神諭，其中有一半篇幅是有關巴比倫的（參本章 14.1），所以重點應放在巴比倫。

有關列國神諭的上半部分表面上是有關八個國家的，但暗地裏卻標誌了巴比倫帝國的版圖是東至以攔、西至埃及、南至以東以南的底但、北至亞蘭北部的亞珥拔、中部附近的地區是摩押、亞捫、以東、非利士（見圖 14.12）。這裏只是重複 14.2.6 的結論，就是上述有關巴比倫帝國東南西北和中部地區的經文只是伏筆，當經文轉到下半部分（五十～五十一章），就指出巴比倫國將會永遠消失，好像石頭和書卷沉在河裏（五十一 63～64），一沉不起。

本章 14.2.9（參圖 14.15），並且在隨後的評註指出有關巴比倫的神諭可以分為五幕。筆者只在此作出小結：有關巴比倫的神諭是在五十至五十一章，共一百一十節，其中下半部的經文（五十一 11～64）是有關巴比倫國在歷史的舞台上永遠消失（第四幕），以及巴比倫城永遠荒涼（第五幕）。

第一和第二幕只是預備第三幕，就是攻打首都巴比倫城，結果是在第四幕：首都巴比倫城淪陷，巴比倫國從此滅亡。在公元前五三九年，當瑪代和波斯聯軍攻陷巴比倫城時便應驗了第四幕。

第五幕是巴比倫城永遠荒涼，這幕要到公元前三一二年才應驗，當時西流基王朝定都在西流基（Seleucia），將巴比倫城拆卸，用來建築新的首都。從此巴比倫城沒落，成為荒涼。

註釋

1. "שׁוּב (*šûb*)," *HALOT*, 1427～1434 —"used in a theological sense: turn to God …convert from evil."
2. L. Stulman, *Jeremiah,* Abingdon Old Testament Commentaries (Nashville: Abingdon Press, 2005), 352～353。另參啟十七～十八章。
3. 詳可參 Y. Aharoni et al., eds. *The Macmillan Bible Atlas* (New York: Macmillan Publishers, 1993), 16。
4. J. R. Lundbom, *Jeremiah 37～52,* AB 21C (Garden City: Doubleday, 2004), 200.
5. Lundbom, *Jeremiah 37～52,* 201.
6. Stulman, *Jeremiah,* 354.
7. 詳可參 Y. Aharoni et al., *The Macmillan Bible Atlas*, 139 以及約翰・斯特蘭奇：《實用聖經地圖集》，黃錫木編（香港：基道出版社，2003），頁 44。
8. Lundbom, *Jeremiah 37～52,* 210—"majestic plural."
9. "סָחַף (*sāḥap̄*)," *HALOT*, 749 —"throw down."
10. Stulman, *Jeremiah,* 356.
11. "מוֹעֵד (*mô ʿēḏ*)," *BDB*, 417—"appointed time, place, meeting."
12. "עָבַר (*ʿāḇar*)," *BDB*, 716—"pass over."
13. Lundbom, *Jeremiah 37～52,* 218.
14. Stulman, *Jeremiah*, 357.
15. 詳可參看約翰・斯特蘭奇：《實用聖經地圖集》，頁 13。
16. Lundbom, *Jeremiah 37～52,* 234.
17. J. M. Miller and J. H. Hayes, *A History of Ancient Israel and Judah* (Philadelphia: Westminster, 1986), 381～382.
18. J. R. Lundbom, *Jeremiah 21～36,* AB 21B (Garden City, NY: Doubleday, 2004), 261.
19. "מִן (*min*)," *BDB*, 577—"at"；參英譯本 NIV："**At** the sound of the hooves of galloping steeds, at the noise of enemy chariots and the rumble of their wheels, parents will not turn to help their children; their hands will hang limp"。
20. 希臘文《七十士譯本》將「非利士人」的原文譯作「外來的人」，另參 Lundbom, *Jeremi*ah *37～52*, 233。
21. W. S. Lasor, "Philistines," *ISBE 4* (Grand Rapids: Eerdmans, 1986), 844.

22. 詳可參 B. J. Beitzel, *The Moody Atlas of Bible Lands* (Chicago: Moody Press, 1985), 94。
23. Lundbom, *Jeremiah 37～52,* 245.
24. "חָתַת (*ḥāṯaṯ*)," *BDB*, 369—"be shattered, dismayed."
25. "שָׁדַד (*šāḏaḏ*)," *BDB*, 994—"devastate, ruin."
26. "שָׁבַר (*šāḇar*)," *BDB*, 990—"break in pieces."
27. שָׁבַר和 שֶׁבֶר都是來自同一字根 שבר，前者是動詞，後者是名詞。
28. "בֵּית־אֵל (*bêṯ ʾēl*)," *BDB*, 110—"house of god"。音譯是「伯特利」(Bethel)。
29. Lundbom, *Jeremiah 37～52,* 292.
30. Lundbom, *Jeremiah 37～52,* 245.
31. Lundbom, *Jeremiah 37～52,* 245.
32. "גָּדַל (*gāḏal*)," *HALOT*, 179 —"boast."
33. "עֶבְרָה (*ʿeḇrâ*)," *BDB*, 720—"arrogance."
34. "יָם(*yām*)," *HALOT*, 413～414—"lake, reservoir."
35. Stulman, *Jeremiah*, 365.
36. 詳可參 Beitzel, *The Moody Atlas of Bible Lands*, 58。
37. 詳可參看約翰・斯特蘭奇：《實用聖經地圖集》，頁 37。
38. Lundbom, *Jeremiah 37～52,* 245.
39. "רַבָּה (*rabbâ*)," *BDB*, 913—"great or populous."
40. Lundbom, *Jeremiah 37～52,* 320.
41. Lundbom, *Jeremiah 37～52,* 324.
42. Lundbom, *Jeremiah 37～52,* 322.
43. "נָדַח (*nāḏaḥ*)," *BDB*, 623—"banish."
44. "קָבַץ (*qāḇaṣ*)," *BDB*, 867—"gather, collect."
45. 詳可參 Beitzel, *The Moody Atlas of Bible Lands*, 120。
46. M. H. Abrams, *A Glossary of Literary Terms* (New York: Rinehart, 1957), 36.
47. 詳可參 Beitzel, *The Moody Atlas of Bible Lands*, 150。
48. Lundbom, *Jeremiah 37～52,* 329.
49. Lundbom, *Jeremiah 37～52,* 328—"the two locations denote the north and south of Edom's sphere of influence."
50. Hayes et al., *A History of Ancient Israel and Judah*, 49.
51. 卜魯斯：《以色列與列國史》，張永佳譯（香港：種籽出版社，1983），頁 258。
52. F. Weddle, "Bozrah," *ISBE* 1 (Grand Rapids: Eerdmans, 1979), 538.
53. Lundbom, *Jeremiah 37～52,* 351.
54. 詳可參 Beitzel, *The Moody Atlas of Bible Lands*, 145。
55. "אֵיךְ (*ʾêḵ*)," *BDB*, 32—"as an exclamation."
56. 詳可參 Beitzel, *The Moody Atlas of Bible Lands*, 144。
57. Lundbom, *Jeremiah 37～52,* 354.
58. *ANET* [3], 284, cited in Lundbom, *Jeremiah 37～52,* 355.
59. 詳可參看約翰・斯特蘭奇：《實用聖經地圖集》，頁 24。
60. 卜魯斯：《以色列與列國史》，頁 126。
61. 卜魯斯：《以色列與列國史》，頁 126。
62. 卜魯斯：《以色列與列國史》，頁 127。
63. 卜魯斯：《以色列與列國史》，頁 132。
64. 卜魯斯：《以色列與列國史》，頁 134。
65. Stulman, *Jeremiah*, 372～383.
66. Lundbom, *Jeremiah 37～52,* 364～510.
67. 這片語在五十章5節和二十章11節的結構十分相似，後者在《新譯本》譯作：「這永遠的恥辱是人不能忘記的。」

68. "מְרָתַיִם (m^e rāṯayim)," *HALOT*, 639—"large bay in Southern Babylonia."
69. "פְּקוֹד (p^e qôḏ)," *HALOT*, 959—"Aramaean tribe in eastern Babylonia."
70. Stulman, *Jeremiah*, 374.
71. "מְרָתַיִם (m^e rāṯayim)," *BDB*, 601—"double rebellion."
72. "גָּרָה (gārâ)," *HALOT*, 202—"get involved in strife, battle."
73. "פָּקַד (pāqaḏ)," *BDB*, 823—"judge, punish"。這希伯來字在 31 節譯作「懲罰」。
74. 《和修版》的翻譯是「彰顯出我們的義」，但原文是「生發我們的義」。參"יָצָא (yāṣā')," *HALOT*, 426—"produce." 參 KJV："The LORD has brought forth our righteousness ..."。
75. "לֵב (leḇ)," *HALOT*, 515—"metaphorically inside, middle, e.g. in the midst of the sea (Ps 15:8) , in the midst of the heavens (Deu 4:11)"；另參 KJV："against them that dwell in the midst of them that rise up against me"。
76. Lundbom, *Jeremiah 37～52,* 432.
77. Lundbom, *Jeremiah 37～52,* 432.
78. 莊新泉：《美索不達米亞與聖經》（台北：橄欖基金會，2001），頁 115～116。
79. "הָלַל (hālal)," *HALOT*, 249—"when it is used in hithpolel stem, it means 'to act like a madman.'"
80. Stulman, *Jeremiah*, 381.
81. 19 節的英譯本 NASB 翻譯："The portion of Jacob is not like these; For the Maker of all is He, And of the tribe of His inheritance..." 這節強調神和祂的子民之間彼此相屬相親的關係，正如父母和子女是彼此相屬的，子女有權向父母訴苦，父母也有責任保護子女。19 節在《和合本》譯作「雅各的分」是指神，參 Stulman, *Jeremiah*, 379，另參詩十六 5（《新譯本》）。
82. *ANET* ^{3}, 315～316—"Without any battle, he (Marduk) made him (Cyrus) enter his town Babylon, sparing Babylon any calamity".
83. 卜魯斯：《以色列與列國史》，頁 134。
84. A. W. Fortune, "Babylon," *ISBE 1* (Grand Rapids: Eerdmans, 1979), 389.
85. W. A. Lasor, "Selucid," *ISBE 4* (Grand Rapids: Eerdmans, 1988), 385.
86. J. R. Lundbom, *Jeremiah 21～36,* AB 21B (Garden City: Doubleday, 2004), 267—"wordplay by turning the second last alphabet ש to the first second alphabet ב, etc, so that שֵׁשַׁךְ becomes בָּבֶל."
87. Stulman, *Jeremiah*, 381.

丁部

補篇及總結

第十五章

猶大亡國歷史的補篇（五十二章）及耶利米書全卷書的總結

15.1 五十二章的結構
15.2 五十二章的評註
15.2.1 猶大王朝的末代王西底家面對國破家亡（五十二 1～11）
15.2.2 巴比倫護衛長指揮猶大亡國後的各項工作（五十二 12～27）
15.2.3 猶大人數次被擄的統計數字（五十二 28～30）
15.2.4 被擄的約雅斤王蒙恩出獄（五十二 31～34）
15.3 耶利米書全卷書的總結
15.3.1 四十五章作為有關猶大亡國故事的總結（參本書第十三章）
15.3.2 五十一章作為有關列國的神諭的總結（參本書第十四章）
15.3.3 五十二章作為展望將來的總結

耶利米書可分為五部分（見下圖 15.1），五十二章是有關猶大亡國歷史的補篇（addendum）。學者指出五十一章的結束已明言：「耶利米的話到此為止」（五十一 64），[1] 五十二章是由其他人補充有關亡國的歷史資料；證據如下：第一，31 至 34 節是約雅斤在被擄後三十七年出獄，這是猶大亡國後二十六年的事，耶利米可能已離世。即使他仍生存，他已八十多歲了，[2] 不大可能敍述有關約雅斤直至他死亡的事情（五十二 34）。[3] 由此可見，五十二章 31 至 34 節是後世的編者附加有關約雅斤的歷史資料。

耶利米書	經文內容
I. 一～十章	神差派耶利米向猶大人宣告警告的神諭
II. 十一～二十章	耶利米的三次行程，在不同地點宣告警告
III. 二十一～四十五章	敘述猶大亡國的故事
IV. 四十六～五十一章	有關列國的神諭
V. 五十二章	歷史補篇

圖 15.1：耶利米書的大綱

第二個證據是有關末代王西底家逃離耶路撒冷的事迹，耶利米書三十九章 4 至 7 節已敘述這事，而五十二章 7 至 11 節重複此事，並補充多一點資料（見下文有關這些經文的評註）。

第三個證據是有關巴比倫軍攻陷耶路撒冷時焚城拆牆的事迹，三十九章 8 節已敘述這事，五十二章 13 至 14 節亦重複此事，並補充多一點資料（見下文有關這些經文的評註）。

第四個證據是五十二章 28 至 30 節指出猶大人其中三次被擄的人數，這些數字是耶利米書其他經文沒有的，而且最後一次被擄是在尼布甲尼撒二十三年發生，即是猶大亡國之後五年，當時耶利米和巴錄已被帶到埃及（參耶四十三 6～7），他們不大可能得到最後一次被擄的資料。

15.1. 五十二章的結構

這章的結構可用利比拉這地點和巴比倫護衛長這人物來區分。利比拉（下圖 15.2 的左面）[4] 在五十二章出現四次（9、10、26、27 節），它位於耶路撒冷以北三百五十公里以外，是西底家全家及朝臣受刑的地點（9～11 節），也是其他沒有投降的猶大人受刑的地點（24～27 節）。當時尼布甲尼撒並不是在首都巴比倫城，而是在利比拉，可能這地方是軍事指揮中心。上述人等先後被押解到巴比倫王面前，由他作出判刑。

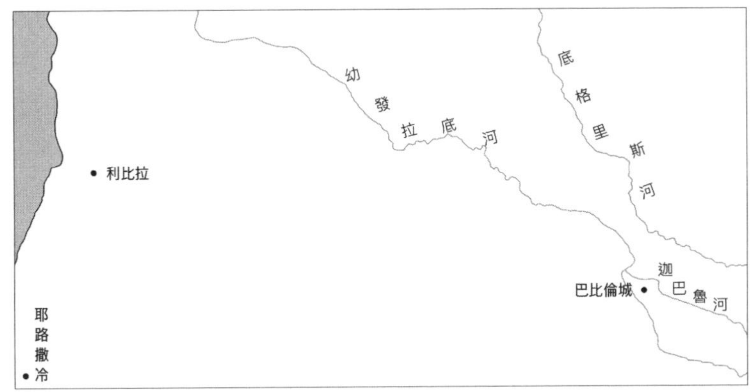

圖 15.2：巴比倫帝國版圖

「護衛長」在五十二章出現八次（12、14、15、16、19、24、26、30 節），他的名字叫尼布撒拉旦。12 節指他侍立在尼布甲尼撒王面前，即是在利比拉。12 節指他由利比拉去到三百五十公里以外的耶路撒冷，代表巴比倫王在耶路撒冷指揮有關猶大亡國後的行動（見下圖 15.3 粗體部分）。這點在下文 15.2.2 作出詳細解釋。

五十二章	各段經文的主題	發生的地點或時間
1 ~ 11 節	a.末代王西底家逃亡和被捕	耶路撒冷和耶利哥平原
	b.西底家全家及朝臣受刑	利比拉
12 ~ 14 節	**・耶路撒冷的建築物被焚或拆毀**	**猶大亡國後第一年 利比拉→耶路撒冷**
15 ~ 16 節	**a.猶大人被擄**	**耶路撒冷**
	b.將葡萄園和田地分配給窮人	**耶路撒冷**
17 ~ 23 節	**・聖殿的器皿被運到巴比倫**	**耶路撒冷→巴比倫**
24 ~ 27 節	**・沒有投降的猶大人被殺**	**耶路撒冷→利比拉**
28 ~ 30 節	・猶大人數次被擄的統計數字	最後一次被擄在亡國後 第五年發生
31 ~ 34 節	・被擄的約雅斤王蒙恩出獄	亡國後第二十六年

圖 15.3：五十二章的分段

15.2. 五十二章的評註

15.2.1. 猶大王朝的末代王西底家面對國破家亡（五十二 1～11）

五十二章 1～3 節 這段經文敍述西底家行耶和華眼中看為惡的事，因此，神向耶路撒冷和猶大發怒，把他們從自己面前趕出巴勒斯坦地。這段經文乃是從審判的角度，指出國家滅亡、人民被殺或被擄是罪有應得的。雖然這段經文沒有指出人民的罪，但耶利米書其他經文指出耶利米從約西亞王十三年開始直到猶大亡國，他已長期責備人民犯罪，必須認罪悔改（二十五 3～4，三十四 14～22 等）。由此可見，雖然五十二章 1 至 3 節只是指責西底家一人而已，但國家滅亡、人民被殺或被擄並不是因為西底家一人的罪行，而是因為整個民族都犯罪。

五十二章 4～11 節 這段經文與三十九章 1 至 7 節作出對比後，便發現多了以下資料：第一，巴比倫軍攻擊耶路撒冷的日期是在初十日（4 節）。第二，巴比倫軍對著城安營，四圍築堡壘攻城。第三，城裏的饑荒非常嚴重，當地的百姓都沒有糧食。這些細緻的敍述將亡國的現場描繪得栩栩如生，令讀者有更強烈的感受。第四，西底家的全軍都離開他和潰散了。第五，西底家被囚在監裏，直到他死的日子。

15.2.2. 巴比倫護衛長指揮猶大亡國後的各項工作（五十二 12～27）

五十二章 12～14 節 上文 15.1 已經指出尼布撒拉旦是一位很重要的人物，12 節指他是侍立在巴比倫王尼布甲尼撒面前的護衛長，巴比倫王委派他去耶路撒冷指揮各項工作。

根據 12 節，尼布撒拉旦在巴比倫王尼布甲尼撒十九年五月初十進入耶路撒冷。根據列王紀下二十五章 8 節，尼布撒拉旦在十九年五月初七進入耶路撒冷。兩者相差三天，沒有學者提供上述差別的原因。筆者估計當時兵荒馬亂，列王紀的編者與耶利米書的編者不是同一班人，因此兩者的記錄有些差異，雖然如此，但這對詮釋經文影響不大。

這裏的重點是尼布撒拉旦進城後，他指揮巴比倫軍焚燒聖殿、王宮和耶路撒冷的房屋，並用火焚燒所有大戶人家的房屋，還拆毀了耶路撒冷四圍的城牆。換言之，耶路撒冷的主要建築物都被燒毀或拆毀，猶大不可能復國。

五十二章 15～16 節　15 節的「大眾」（《和合本》）已被修訂為「工匠」（《和修版》）。猶大亡國前十一年，有一千個木匠和鐵匠被擄（王下二十四 16），不過，那時可能有些工匠尚未被擄。所以在猶大亡國時，剩下的和新受訓的工匠都被擄（15 節）。

15 和 16 節交代護衛長尼布撒拉旦如何對待仍保存生命的猶大人，已投降的猶大人將會被擄到巴比倫（參三十九 9，五十二 29）。至於一無所有的窮人（參三十九 10），護衛長將葡萄園和田地分給他們（16 節），或許，護衛長認為有需要留下一部分猶大人在猶大地，以免巴比倫所侵略而得的土地變成荒地。

五十二章 17～23 節　這段經文對將來回歸的猶大人很重要。聖殿的器皿被抬到巴比倫，而且保存在那裏，直到猶大人由巴比倫回歸耶路撒冷。估計這段經文很可能是根據巴比倫的官方史記所撰寫的。當波斯王居魯士下旨讓所有被擄的人回歸時，有關的官員需要根據巴比倫的史記核對這些器皿，然後交給猶大人運回耶路撒冷。當猶大人在耶路撒冷重建聖殿時，這些器皿就重新發揮其角色和功能。另一方面，這段經文反映神重視這些器皿；這些器皿得到保存，並一代一代地流傳至新約時期。

五十二章 24～27 節　這段經文先列出一些在聖殿有職位的人，如大祭司、副祭司和守衛等，然後列出一些官員，最後列出六十位百姓。他們的共同點，就是都被巴比倫軍人捉住。換言之，他們並沒有投降。護衛長尼布撒拉旦將他們押解到利比拉，由巴比倫王作出判刑。其實有些猶大士兵、軍官如以實瑪利和約哈難（四十 7～8）等人躲藏在田野間，他們並沒有被巴比倫兵丁捉拿。這段經文所指出的被捉者的數目只是少數，筆者估計那些巴比倫兵丁並沒有作大規模的搜捕，在他們的視線之內的猶大人就會被捉拿，至於那些躲藏的猶大人就沒有被搜捕。

15.2.3. 猶大人數次被擄的統計數字（五十二 28～30）

五十二章 28～30 節　本書第二章 2.2.4.1 已列出下圖，但以理等人是第一次被擄的猶大人，耶利米書並沒有記載這次被擄。

猶大末期年份

	約雅敬第四年	約雅敬第十一年	西底家第十一年	
公元前：	605 年	597 年	586 年	581 年
尼布甲尼撒：	第一年	第七年	第十八年	第二十三年
猶大人被擄：	但以理等人	3023 人包括約雅斤、領袖和工匠．另加七千勇士	832 人包括西底家	745 人

圖 15.4：尼布甲尼撒在位期間數次擄去猶大人的情況

在第二次猶大人被擄，列王紀下二十四章 10 至 16 節記載有一萬人被擄，其中有七千勇士。這些勇士卻可能因被召入軍隊或苦工等行列而不計算在被擄人數之中。因此，一萬減去七千，尚餘大約三千人，準確的數字是三千零二十三人（耶五十二 28）。耶利米書五十二章的內容，跟列王紀下二十四章 18 節至二十五章 30 節的內容很相似。有學者指出列王紀下所記載的一萬人是離開耶路撒冷的被擄人數，而耶利米書所記載的三千多人是抵達巴比倫的被擄人數。[5]

五十二章 30 節指巴比倫護衞長尼布撒拉旦擄去猶大人共七百四十五人，是在尼布甲尼撒二十三年發生的，即是猶大亡國之後五年，這次的被擄，可能是因為巴比倫所設立的省長基大利和駐守猶大地的巴比倫兵丁被殺害（耶四十一 2～3）而作出的報復。[6]

下文要處理的是計算年份的問題。巴比倫的曆法是每年的秋天（十月）作為一年的開始。猶大的曆法是每年的春天（四月）作為一年的開始。計算王的統治年期時，猶大比巴比倫早了半年；在這半年內，猶大的計算方式比巴比倫早踏入另一年。[7]

因此，29 節所指的亡國被擄，應是尼布甲尼撒作王第十八年；但 12 節所指的亡國被擄，是在尼布甲尼撒作王第十九年。29 節可能是根據巴比倫的官方史記而選用了巴比倫的曆法，而 12 節是根據猶大人的民間說法而選用了猶大的曆法，所以兩者有可能相差一年。

相差一年的另一例子是：根據耶利米書二十五章 1 節，尼布甲尼撒元年是約雅敬第四年；根據但以理書一章 1 節，尼布甲尼撒在約雅敬第三年已繼位為王。上述有關約雅敬的年期也相差一年。[8]

15.2.4. 被擄的約雅斤王蒙恩出獄（五十二 31～34）

五十二章 31～34 節　根據列王紀下二十四章 8 至 20 節的記載，西底家在作王之前，約雅斤已經被擄。猶大在西底家作王十一年亡國。約雅斤被擄後三十七年出獄，即是猶大亡國後二十六年約雅斤出獄。為甚麼約雅斤可以出獄呢？原因是：尼布甲尼撒離世後，他的兒子以未・米羅達繼位，他登基時可能頒佈大赦，不單約雅斤可出獄，而且和他一起在巴比倫坐牢的眾王都可以出獄（32 節）。32 節「眾王」可能是指被巴比倫所滅的諸國的君王。

巴比倫王以未・米羅達在位兩年後，在一次宮庭叛變中被殺，然後，由尼布甲尼撒的女婿尼甲沙尼薛作巴比倫王。尼甲沙尼薛於四年後死，他的朝代也被人謀朝篡位。[9] 不論巴比倫是由誰掌權，這裏的經文指巴比倫王每天賜給約雅斤食物，直到他逝世。由於 34 節指約雅斤的膳食是由王供應的，所以 33 節「使他終身常在巴比倫王面前吃飯」這片語的意思，可能是指約雅斤在巴比倫王派人監控下吃飯而已。[10]

這段經文的重點是 31 節的「抬起頭來」，這片語的意思，就是指可以抬起頭來做人（參士八 28；伯十 15；詩三 3，二十四 7）。約雅斤不用在監獄內垂頭喪氣，出獄後可以抬起頭來做人。31 節「抬」和 17「運」的原文是同一個字，[11] 即是聖殿的器皿被巴比倫人抬往巴比倫。總而言之，人和器皿都被抬舉。

28 至 34 節是全卷書的結束，意義是神審判後仍向祂的子民施行恩典，正如二十九章 11 節明言：「我知道我向你們所懷的意念是賜平安的意念，不是降災禍的意念，要叫你們末後有指望。」

思想問題

1. 有關西底家王的經文，是以「將他囚在監裏，直到他死的日子」為結束（11 節）；有關約雅斤王的經文，是以「巴比倫王賜給他日常需用的食物，日日一份，終身都是這樣，直到他死的日子」為結束（34 節）。五十二章將這兩位王作出對比，有何意義？
2. 根據耶利米書的預言，被擄的猶大人被比喻為無花果，蒙神眷顧（二十四 6）。而且在猶大人第一次被擄時，神已應許他們被擄的期限是七十年（二十五 11～14）。他們在巴比倫可安居樂業，生養眾多（二十九 4～7），然後他們可回歸故土（二十九 10）。假如你是被擄的其中一人，你會感到羞辱和失敗嗎？還是感到生活有指望？

15.3. 耶利米書全卷書的總結

本書第四章 4.3 已指出下列的三個視野（perspective）以分析耶利米書全卷書的整體組合。筆者藉著下圖 15.6 表達耶利米書的整體結構是由耶利米個人擴闊到猶大國，再由猶大國擴闊到列國。

另一方面，耶利米書也可分為下列三部分（參下圖 15.5），每一部分的結束都是編者刻意的安排，並有其特別的意義。

耶利米書	經文內容
一～四十五章	有關猶大亡國的神諭和故事
四十六～五十一章	有關列國的神諭
五十二章	猶大亡國的歷史補篇

圖 15.5：耶利米書的三大部分

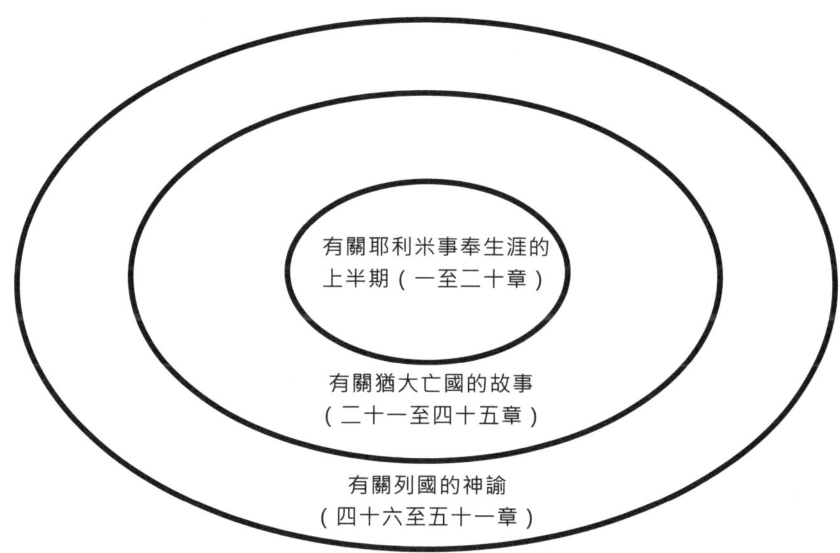

圖 15.6：耶利米書一至五十一章的結構的三個視野

15.3.1. 四十五章作為有關猶大亡國故事的總結（參本書第十三章）

在戰亂期間，很多人的家庭和工作都被摧毀；在猶大亡國之後，很多人需要重建自己的家庭和工作。耶利米書反思為甚麼神要拆毀猶大這個國家，又要反思如何重建猶大這個民族。

「拆毀」和「建立」、「拔出」和「栽植」不單在四十五章 4 節出現，也在一章 10 節出現。換言之，這四個字詞在一至四十五章的首尾出現，令讀者留意這是編者所強調的重點。另一次首尾呼應在二十四章 6 節、四十二章 10 節出現。

除了上述的四個字詞，有另一句片語也是四十五章的重點，就是「我要保存你的性命」（5 節）。這片語的原文直譯是：「我必使你以自己的命為掠物」（參《和合本》）。這片語在耶利米書一共出現四次（二十一 9，三十八 2，三十九 18，四十五 5）。這四次是互相補充的。對眾人說的那兩次（二十一 9，三十八 2）要強調的是：

無論何人聽從神的吩咐，他就以自己的命為掠物。對個人說的那兩次先後列出兩個條件：第一是人要信靠神（三十九 18），第二是不要為自己圖謀大事（四十五 5）；它們的意思是：不要自我中心，要以神為中心。

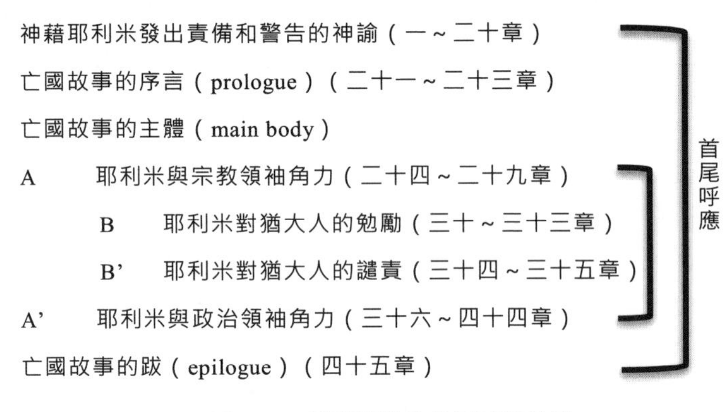

圖 15.7：耶利米書的首尾呼應結構

上圖 15.7 顯示，四十五章是猶大亡國故事的跋，它會長留在讀者的心裏，正如電影最後一幕長留在觀眾的心裏。「拆毀」、「建立」、「拔出」、「栽植」，以及「保存你的性命」都在四十五章出現，它們不單對巴錄有意義，而且對每一個讀者都有意義：拆毀、重建只是一個過程，信靠神和以神為中心的人必蒙神拯救。

15.3.2. 五十一章作為有關列國的神諭的總結（參本書第十四章）

有關列國神諭的上半部分，表面上是有關八個國家的神諭，但暗地裏卻標誌了巴比倫帝國的版圖之廣：東至以攔、西至埃及、南至以東以南的底但、北至亞蘭北部的亞珥拔（見本書第十四章 14.2.6 圖 14.12）。當經文轉到下半部分（五十～五十一章），就指出巴比倫城將會淪陷，好像石頭和書卷沉在河裏那樣（五十一 63～64），一沉不起，巴比倫帝國在歷史的舞台上將會永遠消失。本書第十四章 14.2.9 已列出下表，隨後的評註指出有關巴比倫的神諭可以分為下列五幕。

	經文	每一幕的主題
第一幕	五十 1～20	宣告巴比倫國將會亡國
第二幕	五十 21～34	神打開軍械庫和招集士兵
第三幕	五十 35～五十一 10	攻打巴比倫國的首都巴比倫城
第四幕	五十一 11～40	巴比倫國亡國，永遠滅亡
第五幕	五十一 41～64	巴比倫城永遠荒涼

圖 15.8：五十至五十一章的分段及其主題

第一和第二幕只是預備第三幕，即是攻打巴比倫的戰爭；結果是在第四幕，即是巴比倫亡國，這一幕在公元前五三九年瑪代和波斯聯軍攻陷巴比倫城時應驗。第五幕是巴比倫城永遠荒涼，這一幕要到公元前三一二年才應驗，當時西流基王朝建都在西流基，將巴比倫城牆拆卸下來作為新京城的建築物料，巴比倫城因而沒落和荒涼（參有關五十一 41～64 的評註）。巴比倫也可象徵邪惡的王國，神與它的戰爭是正邪之戰（參啟十七～十八章）。

15.3.3. 五十二章作為展望將來的總結

耶利米書的結束是五十二章 28 至 34 節，其意義是神審判之後，仍向祂的子民施行恩典。這裏記載了被擡走的聖殿器皿清單，以及被擄百姓的數目。這乍看是羞辱和失敗，但他們和被擄的器皿都要被抬舉（參上文有關五十二 31 的評註），他們將來也會和被擄的器皿一同回歸耶路撒冷。

註釋

1. J. R. Lundbom, *Jeremiah 37～52,* AB 21C (Garden City: Doubleday, 2004), 512.
2. 在約西亞王時期，耶利米作先知達十八年之久；在約雅敬和西底家時期，耶利米分別作先知十一年。上述兩段時期合共四十年。耶利米在少年時期蒙召作先知，在猶大亡國時他已接近六十歲。
3. 約雅斤的父親約雅敬登基時二十五歲(王下二十三 36），當時的猶大王十多歲就生孩子，耶利米比約雅斤年長至少二十年。
4. 詳可參 Y. Aharoni et al., eds. *The Macmillan Bible Atlas* (New York: Macmillan Publishers, 1993), 125。

5. Lundbom, *Jeremiah 37～52,* 532.
6. Lundbom, *Jeremiah 37～52,* 533.
7 J. M. Miller and J. H. Hayes, *A History of Ancient Israel and Judah* (Philadelphia: Westminster, 1986), 379～381.
8. 尼布甲尼撒的父親尼布卜拉撒在亞筆月（四月）去世，參 D. J. Wiseman, *Chronicles of Chaldaean Kings* (London: British Museum, 1956), 69。尼布甲尼撒繼位的年份，應是猶大王約雅敬第四年（按猶大的年曆），但從巴比倫年曆的角度，當時仍是約雅敬第三年。
9. 卜魯斯：《以色列與列國史》，張永佳譯（香港：種籽出版社，1983），頁 125。
10. Lundbom, *Jeremiah 37～52,* 536.
11. "נָשָׂא (*nāśāʾ*)," *BDB*, 669—"lift, carry, take."

附錄

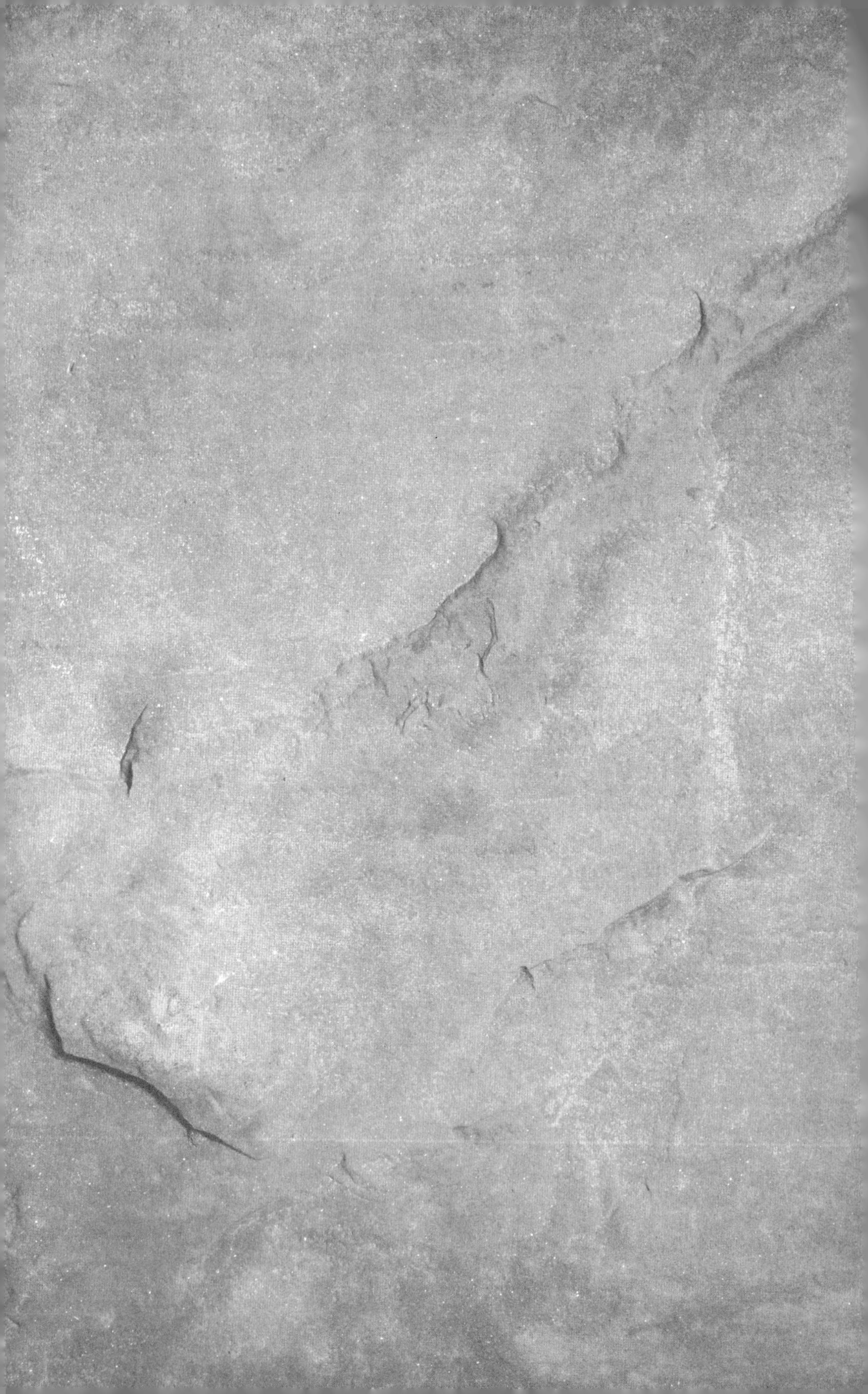

附錄 A

神諭的格式和功能

1. 常見的神諭格式

有關先知書中的神諭，學者史威尼（Marvin Sweeney）在其著作的附錄中詳列神諭的各種公式（formulas）。[1] 這附錄十分詳細，但沒有指出那些公式是常用的。韋斯特曼（Claus Westermann）引述懷伯格（Hans Wildberger）的理論，[2] 簡潔地指出神諭有下列的元素：

1.1 啟示的公式：[3] 表示神的說話臨到先知。
如：「耶和華的話臨到耶利米」（耶七 1，二十一 1）

1.2 差派的公式：[4] 表明先知是被差派、要向誰說、在何處說等。
如：「你要對這百姓說」（耶二十一 8）
「你當站在耶和華殿的門口，在那裏宣講這話說」（耶七 2）

1.3 使者的公式：[5] 被差派者會以下列的說話作為起首語。
如：「耶和華……如此說」（耶二十一 4、8）。
「萬軍之耶和華——以色列的神如此說」（耶七 3）

1.4 呼喚的公式：[6] 神諭會以下列的說話作為呼喚的公式。
如：「天哪，要聽！地啊，側耳而聽！」（賽一 2）
「所有從這些門進來敬拜耶和華的猶大人哪，當聽耶和華的話。」（耶七 2）

1.5 中間或結束的公式：[7] 神諭會以下列的說話作為中間語或結束語。
如：「這是耶和華說的」（耶七 11、13、32，二十一 7、10）

2. 神諭格式的作用

上述的分類看似十分簡單，作用不大，其實它能夠幫助人輕易地將耶利米書二十一章頭十節的經文分為下列兩段。[8] 這兩小段是有起首語和結束語的。

耶利米書二十一章 1～7 節
起首語：耶和華——以色列的神如此說（4 節）
結束語：這是耶和華說的（7 節）

耶利米書二十一章 8～10 節
起首語：耶和華如此說（8 節）
結束語：這是耶和華說的 （10 節）

二十一章 1 至 7 節是對西底家說的神諭，而 8 至 10 節是對人民說的神諭。兩者都是以「這是耶和華說的」作為結束語。前者是神拒絕西底家的請求，耶路撒冷必定被巴比倫軍攻陷。後者是神呼籲人民求生，而求生的方法就是投降，否則他們會死亡。

一段神諭通常以「耶和華如此說」（כֹּה אָמַר יְהוָה）作為起首語，而中間語或結束語是「這是耶和華說的」（נְאֻם־יְהוָה）。神諭通常會將上述的兩個希伯來片語組成一對，令讀者可作出分段。若用這種方式去分段，那麼耶利米書的聖殿神諭（七 1～15）並不是一個神諭，而是三個神諭（1～7、8～11、12～15）的合併版本。[9]

另一個例子就是耶利米書十九章 3 至 13 節，這段經文可以分為下列兩段。由於「打碎」這個動詞將 10 和 11 節串連，所以 10 節應被歸入為第二段。

耶利米書十九章 3～9 節

起首語：萬軍之耶和華——以色列的神如此說（3 節）
結束語：這是耶和華說的（6 節）

耶利米書十九章 10～13 節

起首語：萬軍之耶和華如此說（11 節）
結束語：這是耶和華說的（12 節）

上述第一段經文（3～9 節）敍述神將要降甚麼災，以及降災的原因，就是因為猶大人離棄真神，敬拜偶像，而且用火焚燒自己的兒女，作燔祭獻給偶像。

第二段經文（10～13 節）是有關打碎瓦器作為象徵性的行動，目的是要令第一個神諭以一個活靈活現的方式表達出來，[10] 瓦器被打碎之後，就不能被修補。[11] 同樣，神打碎猶大人和耶路撒冷城之後，他們都不能使其完整（11 節）。這裏的意思是：耶路撒冷城即使後來被重建，但已不復舊觀。

文學是一門藝術，不像數學那麼精準，它猶如裁縫設計衣服。舉例來說，衫領的上半部分可高至頸部或肩部，下半部分可低至胸部或腰部。位置的高低是根據裁縫師傅的設計。同樣，上文提及的神諭的第一個片語「耶和華如此說」（כֹּה אָמַר יְהוָה）不一定在分段的第一句，它只要在分段的起首部分就可以了。

至於第二個片語「這是耶和華說的」（נְאֻם־יְהוָה）的位置更具彈性，它可以在分段的中部或結束位置。讀者不能規定編者如何編排經文，只能按已編排妥當的經文去作出合理的解讀；正如出席時裝表演的觀眾不能規定裁縫師傅的設計，只能解讀他的設計。

3. 真假神諭的界定

有些學者使用上述的格式去界定哪些經文是來自神的說話，然而有些所謂的先知也可用這種格式去發出假的神諭，所以這種格式不可以用來界定哪些經文是來自神的說話。下列經文是一個例子，這段神諭出自哈拿尼雅的口。

> 萬軍之耶和華——以色列的神如此說（כֹּה אָמַר יְהוָה）：我已經折斷巴比倫王的軛。二年之內，我要將巴比倫王尼布甲尼撒從這地擄掠到巴比倫的器皿，就是耶和華殿中的一切器皿，都帶回此地。我又要將約雅敬的兒子猶大王耶哥尼雅和被擄到巴比倫所有的猶大人帶回此地，因為我要折斷巴比倫王的軛。這是耶和華說的（נְאֻם־יְהוָה）。（耶二十八 2～4）

在上述經文的下文，耶利米指責哈拿尼雅的說話並不是來自神，結果後者在同年的七月死了（耶二十八 17）。如何判斷神諭是否來自神呢？當然不是靠上述的格式，而是靠這神諭是否應驗（參申十八 20～22）。耶利米也有類似的回應：

> 從古以來，在你我以前的眾先知，向多國和大邦說預言，論到戰爭、災禍、瘟疫的事。至於那預言平安的先知，到先知的話應驗的時候，人就知道他真是耶和華所差來的。（耶二十八 8～9）

當耶利米所發出的亡國預言應驗時，猶大人就知道他的預言是來自神的，他們就會重視這些預言和有關耶利米的事情。換言之，耶利米書就是在這種情況下流傳後世。

註釋

1. M. A. Sweeney, "Formulas," in *Isaiah 1～39 with an Introduction to Prophetic Literature,* FOTL 16, ed. R. P. Knierim and G. M. Tucker (Grand Rapids: Eerdmans, 1996), 544～547.
2. H. Wildberger, *Jahwewort und prophetische Rede bei Jeremia* (Zürich : Zwingli-Verlag, 1942), 48ff, cited in C. Westermann, *Basic Forms of Prophetic Speech*, trans. H. C. White (London: Lutterworth, 1967; reprint, Louisville: Westminster/JKP, 1991), 51.
3. 懷伯格（Hans Wildberger）使用的名稱是 Revelation formula，而史威尼（Marvin Sweeney）使用的名稱是 Prophetic Word Formula。
4. 懷伯格使用的名稱是 Prophetic commission，而史威尼使用的名稱是 Commissioning Formula。
5. 懷伯格和史威尼都使用 Messenger formula 這名稱。
6. 懷伯格使用的名稱是 Summons，而史威尼使用的名稱是 Call to attention Formula。
7. 懷伯格使用的名稱是 Middle or concluding formula，而史威尼使用的名稱是 Oracula Formula。
8. T. T. Chan, "Jeremiah and the Fall of Jerusalem: A Rhetorical Study of Jeremiah 37～38 and 21:1～10," (Th.D. diss., Lutheran Theological Seminary, 2010), 155～156.
9. J. R. Lundbom, *Jeremiah 1～20,* AB 21A (Garden City: Doubleday, 1999), 453～503.
10. Lundbom, *Jeremiah 1～20,* 842.
11. 十九 11「使其完整」的原文在《新譯本》譯作「被修補」。另參 "רָפָא (*rāpā'*)," *HALOT*, 1273—"to be repaired, made whole"。

附錄 B

從跋的理論解釋為何耶利米書的希伯來文《馬索拉文本》（MT）和希臘文《七十士譯本》（LXX）會有結構性的差別

1. 耶利米書的 MT 版本和 LXX 版本是不相同的
2. 古代中東有關跋的理論
3. 耶利米書在 MT 版本的跋
4. 耶利米書在 LXX 版本的跋
5. 魯斌用跋的理論解釋耶利米書的兩個版本為何不同
6. 耶利米書的 MT 和 LXX 版本來自不同的地區性版本

猶大亡於巴比倫，巴比倫亡於波斯，波斯亡於希臘。希臘的亞歷山大大帝南征北伐，將希臘文普及化為世界語言。當時的猶大人將舊約翻譯成希臘文，令不懂希伯來文的猶大人能夠閱讀舊約的經文。流傳至今的希臘文譯本是《七十士譯本》(Septuagint, LXX)。舊約的原文是希伯來文，流傳至今的希伯來舊約是《馬索拉文本》(Masoretic Text；簡稱 MT)。MT 和 LXX 的內容通常都是差不多，只是有些翻譯上的差異。然而，耶利米書的 MT 版本跟其 LXX 版本不單有翻譯上的差異，也有編排上的差異。這附錄指出耶利米書的 MT 版本跟其 LXX 版本有何不同，並且解釋為何會有不同。

1. 耶利米書的 MT 版本和 LXX 版本是不相同的

在下圖附 B.1 的第一和第四部分，MT 和 LXX 裏的耶利米書大致上每節都是相同的，[1] 但第二和第三部分的次序調轉了。

耶利米書的中文版本根據 MT 的編排	經文內容
一 1 ~ 二十五 13（=LXX 1:1 ~ 25:13）	有關猶大
二十五 14 ~ 四十五 5（=LXX 32 ~ 51）	有關猶大
四十六 ~ 五十一章（=LXX 26 ~ 31）	有關列國
五十二章（=LXX52）	歷史補篇

圖附 B.1：耶利米書的 MT 版本與 LXX 版本的敘事次序

為甚麼兩者不相同呢？畢生研究耶利米書的學者魯斌（Jack Lundbom）引用跋（colophon）的理論作出下列的解釋。[2]

2. 古代中東有關跋的理論

「跋」的意思是作者或編者刻意地在他的作品結尾部分留下一些資料，讓讀者知道這作品是由他負責編輯。學者黎迪（Eric Leichty）審視由古巴比倫（公元前二千年）到西流基時期（公元前三一二～六十三年）有關跋的文獻，他歸納了下列十三個特徵。上述時期的跋會有下列一項或多於一項的特徵。[3]

(1) 標題（catchline）
(2) 系列的名稱（name of the series）
(3) 手抄板的編號（number of the tablet）
(4) 手抄板有多少行字（number of lines on the tablet）
(5) 抄本的來源（source of the copy）
(6) 擁有手抄板的物主名字（name of the owner of the tablet）
(7) 負責編寫的文士名字（name of the scribe making the copy）
(8) 有時包括他的職銜（title）和家譜（genealogy）
(9) 編寫的原因（reason for making the copy）
(10) 咒詛或祝福（curse or blessing）
(11) 抄本的日期（date of copy）
(12) 放置抄本的位置（disposition of the copy）
(13) 通常放置在聖殿的檔案庫（the temple archive）

黎迪審視由古巴比倫到西流基時期有關跋的文獻。在早期的年代，跋的內容很簡單，只有文士的名字和編寫日期。在後期，有較多的資料放在跋裏面，例如：若有人偷竊這些跋，他就要被咒詛。考古學家發現以下的跋，它的日期被鑑定為公元前一千二百年，內容有作者的名字，又有祝福和咒詛。

> 這故事的結局是大團圓的，願長壽、福祿、健康歸給法老的司庫，就是夸迦布文士，又歸給曼霖奧拔文士。本文的撰稿者是文部大臣艾連那文士。若有人不同意上述的內容、神祗吐特（Thoth）就會與他敵對。[4]

3. 耶利米書在 MT 版本的跋

本附錄第 1 點指出，耶利米書的 MT 和 LXX 版本的最後一章（即五十二章）絕大部分的內容都是相同的，學者們都將這一章當作歷史補篇（參本書第十五章 15.1 的解釋）。若撇除這一章，MT 版本的結尾就是有關耶利米對文士西萊雅的吩咐。魯斌（Jack Lundbom）指出，這段經文（五十一 59～64）有下列六個跋的元素。[5] 下面乃是採用上文黎迪所提出的有關跋的特徵：

(5) 抄本的來源：抄本的內容是來自耶利米（59 節）

(7)及(8)負責編寫的文士名字、職銜和家譜：負責編寫的文士名字是西萊雅，他的職銜是王宮的大臣，也列明他父親和祖父的名字（59 節）

(9) 編寫的原因：向巴比倫公開誦讀（61 節）

(10) 咒詛或祝福：巴比倫被神咒詛，將永遠沉淪，像石沉大海（64 節）

(11) 抄本的日期：西底家王第四年（59 節）

(12) 放置抄本的位置：在幼發拉底河牀，作為見證（63 節）

4. 耶利米書在 LXX 版本的跋

LXX 版本的結尾是有關耶利米和巴錄的對話，這段經文（= MT 四十五章）有下列五個跋的元素。[6]

(5) 抄本的來源：抄本的內容是來自耶利米（1 節）

(7) 負責編寫的文士名字：負責編寫的文士名字是巴錄（1 節）

(9) 編寫的原因：向全地宣告神所建立的，神必拆毀；神所栽植的，神必拔出（4 節）

(10) 咒詛或祝福：神必使災禍臨到凡有血肉之軀的。但巴錄無論往哪裏去，神要保存巴錄的性命（5 節）

(11) 抄本的日期：約雅敬王第四年（1 節）

5. 魯斌用跋的理論解釋耶利米書的兩個版本為何不同

魯斌所指的兩個跋，分別出現在耶利米書的 MT 和 LXX 版本的結尾（如下文圖附 B.2 和圖附 B.3 所顯示），這兩件事絕對不能用巧合作為解釋，而是 MT 版本的編者和 LXX 版本的編者刻意安排的。原因有二：第一，這刻意的安排在圖附 B.2 和 B.3 可顯示出來，而且 MT 的五十一章加了一句話：「耶利米的話到此為止。」這句話在 LXX 並沒有出現。

第二，在有關列國的神諭中（參下文第 6 點），巴比倫的神諭在 LXX 的版本是在列國神諭的中間（LXX 的二十五～三十一章的中間——二十八章），但在 MT 的版本，巴比倫的神諭是放置在結尾（MT 的四十六～五十一章的結尾——五十～五十一章），以致西萊雅的跋就在 MT 版本的結尾出現。

耶利米書的 MT 版本	附註
MT 一 1～二十五 13（有關猶大）	
MT 二十五 14～四十五 5（有關猶大）	
MT 四十六～五十一章（有關列國）	西萊雅的跋在 MT 的五十一章（=LXX 28）出現，而且加了一句話：「耶利米的話到此為止。」這句話在 LXX 並沒有出現。
MT 五十二章（歷史補篇）	

圖附 B.2：耶利米書的 MT 版本及其大綱

耶利米書的 LXX 版本	附註
LXX 1:1～25:13（有關猶大）	
LXX 25:14～31:43（有關列國）	
LXX 32～51（有關猶大）	巴錄的跋在 LXX 的五十一章（=MT 45）出現
LXX 52（歷史補篇）	

圖附 B.3：耶利米書的 LXX 版本及其大綱

另一方面，MT 的版本記載了猶大亡國後的事件（耶三十九～四十四章），所以耶利米書的 MT 版本的成書日期必定在亡國後，而不是上述第 3 點（11）項所提及的西底家王第四年。基於同樣的原因，LXX 版本的成書日期也必定在亡國後，而不是上述第 4 點（11）項所提及的約雅敬王第四年。

耶利米書（不論是 MT 或 LXX 的版本）多次不按時序敍述事件和神諭，可見編者的重點不在於時序，而是按當時跋的格式留下誰是編者的資訊。對現代讀者來說，我們不需要理會誰是編者，反而要理會的是，為何 MT 或 LXX 版本的結構和結尾會有不相同？

莫榮高（Sigmund Mowinckel）認為巴錄和耶利米的對話被編者放置在 LXX 版本的結尾（LXX 51 =MT 45），是有兩個功能：第一要表達巴錄是 LXX 耶利米書的編者。[7] 第二是要成為全卷 LXX 耶利米書的結論：「你為自己圖謀大事嗎？不要圖謀！看哪，我必使災禍臨到凡有血肉之軀的。但你無論往哪裏去，我要保全你的性命。這是耶和華說的。」（LXX 五十一 35=MT 四十五 5）

MT 的版本也可帶出上述的第二個功能，有關猶大的事件和神諭是記載在一至四十五章，這部分的結尾仍是耶利米對巴錄的勸喻。不論 MT 或 LXX 的版本，耶利米對巴錄的勸喻都可作為猶大亡國故事的跋，本書第十三章已詳細討論這跋的意義。

在 MT 的版本，四十六至五十一章都是有關列國的神諭，這段經文可分為下列兩部分，兩部分的篇幅相若。四十六至五十一章其中有一半篇幅是有關巴比倫的神諭，所以經文的重點應在於巴比倫。

	經文	有關列國的神諭
上半部分	四十六～四十九章 （共 121 節）	埃及、非利士、摩押、亞捫、以東、亞蘭、基達和夏瑣、以攔
下半部分	五十～五十一章 （共 110 節）	巴比倫

圖附 B.4：耶利米書 MT 版本四十六至五十一章可分兩部分

在 MT 的版本，四十六至五十一章的下半部分的結論是：巴比倫必然亡國，而且一沉不起（MT 五十一 64）。LXX 的版本也提及巴比倫必然亡國和一沉不起，但在 LXX 的版本，巴比倫並不是在列國神諭的結尾，讀者難以理解編者在列國神諭中想要表達甚麼結論。

6. 耶利米書的 MT 和 LXX 版本來自不同的地區性版本

學者認為希臘文 LXX 是基於希伯來文版本翻譯，而這希伯來文版本是在埃及流傳的地區性版本（localized text）；另一方面，MT 這希伯來文版本是在巴比倫流傳的地區性版本。下文解釋地區性版本的意思。

學者提出三個地區性版本的理論。[8] 在亡國的時候，猶大民族分為三個羣體，第一個羣體在巴比倫居住，第二個羣體在埃及居住，第三個羣體在巴勒斯坦地居住。猶大亡國後，有些猶大人被擄到巴比倫，有些逃到埃及，有些留在巴勒斯坦。耶利米和巴錄很可能認為，當時至少需要有三個抄本：一份抄本交給被擄到巴比倫的西萊雅，另一份抄本由耶利米和巴錄帶去埃及，最後一份留在巴勒斯坦。當然，需要保存的書卷不單是耶利米書，還有摩西五經和其他舊約書卷。

魯斌認為巴錄所編寫的耶利米書是第一個版本，LXX 根據這希伯來文版本翻譯。當西萊雅將巴錄所編寫的第一個版本帶去巴比倫後，他既是西底家政府的大臣，又是文士，而且是巴錄的親兄弟（耶四十五 1，五十一 59），他既有權力，又有能力將巴錄的版本作出修訂而成為另一個版本。[9] 他作出兩方面的修訂：

(1) 將有關列國的經文由中間的位置調動到後面，以致第二版本的一至四十五章是有關猶大這個國家，然後四十六至五十一章是有關其他國家。
(2) 將有關巴比倫的經文調動到最後的位置，以致西萊雅的跋出現在第二版本的結尾（五十 59～64）。[10]

MT 的次序	LXX 的次序
埃及	以攔
非利士	埃及
摩押	巴比倫
亞捫	非利士
以東	以東
亞蘭	亞捫
基達和夏瑣	基達和夏瑣
以攔	亞蘭
巴比倫	摩押

圖附 B.5：有關列國的經文於 MT 與 LXX 的次序

在西底家登基之時，被擄的人都是國家的精英（王下二十四 14～16）。在亡國時，那些主動投降的人被擄到巴比倫，留在巴勒斯坦的猶大人則是老弱婦孺（耶四十 7），後來逃往埃及的猶大人也是來自這羣老弱婦孺。在上述三個地區性版本之中，估計巴比倫地區性版本的質素最高。下文提供證據。

流傳到後世的版本，不單要考慮編者的因素，也要考慮抄寫的質素。學者魯斌根據文本評鑑法（textual criticism）指出，耶利米書的 LXX 版本有三百三十個因重複字或字母而抄漏（haplography）的情況出現，但 MT 的耶利米書版本只有三十九個。[11]

另一方面，耶利米書五十二章 28 至 30 節乃是按巴比倫尼布甲尼撒的年份列出猶大人被擄的人數，這數節經文只在 MT 的耶利米書版本出現，但沒有在 LXX 的耶利米書版本出現。這些被擄的人數很可能由西萊雅在巴比倫搜集得來的資料，而且是按巴比倫尼布甲尼撒的年份排列。在猶大亡國後，耶利米和巴錄被帶到埃及（四十三 6～7），他們在埃及難以搜集上述的資料。

上文討論了耶利米書的結構、抄寫的質素、內容的完整性，[12] 當中得出的結論是，耶利米書的 MT 版本比 LXX 優勝。公元四世紀的拉丁《武加大譯本》（Vulgate）的舊約是根據 MT 翻譯出來的，十六世紀更正教所採用的舊約也是根據 MT 翻譯的。換言之，現時天主教和更正教所採用的舊約都是根據 MT。本書大致上都是根據耶利米書的 MT 版本，LXX 版本只是作為參考。

註釋

1. 除了因翻譯的緣故而有少許差異，MT 和 LXX 在這兩部分大致上每節都是相同的，MT 有些章節是 LXX 沒有的，例如：五十二 28～30。
2. J. R. Lundbom, "Baruch, Seraiah, and Expanded Colophons in the Book of Jeremiah," *JSOT* 36 (1986): 89～114.
3. E. Leichty, "The Colophon," in *Studies Presented to A. Leo Oppenheim* (Chicago: Oriental Institute of the University of Chicago, 1964), 147～154, cited in Lundbom, "Baruch, Seraiah, and Expanded Colophons in the Book of Jeremiah," 90.
4. *ANET* ^{3}, 25.
5. Lundbom, "Baruch, Seraiah, and Expanded Colophons in the Book of Jeremiah," 102～104.
6. Lundbom, "Baruch, Seraiah, and Expanded Colophons in the Book of Jeremiah,"

100～101.

7. S. Mowinckel, *Prophecy and Tradition* (Oslo: Jacob Dybwad, 1946), 61～62, cited in Lundbom, "Baruch, Seraiah, and Expanded Colophons in the Book of Jeremiah," 100.
8. B. K. Waltke, "The Textual Criticism of the Old Testament," in *Biblical Criticism: Historical, Literary and Textual* , ed. R. K. Harrison (Grand Rapids: Zondervan, 1978), 48～78.
9. Lundbom, "Baruch, Seraiah, and Expanded Colophons in the Book of Jeremiah," 108～109.
10. 修訂自 J. R. Lundbom, *Jeremiah 1～20,* AB 21A (Garden City: Doubleday, 1999), 60。
11. J. R. Lundbom, *Jeremiah 37～52,* AB 21C (Garden City: Doubleday, 2004), 563.
12. 內容的完整性是指 MT 五十二 28～30，按巴比倫尼布甲尼撒的年份列出猶大人被擄的人數，這數節經文只在耶利米書的 MT 版本出現，但沒有在 LXX 版本出現。

附錄 C

耶利米書是否以二十五章為上下集的分界？

1. LXX 耶利米書二十五章作為分水嶺的論據
2. MT 耶利米書二十五章作為分水嶺的論據
    2.1 一和二十五章都出現首尾呼應的字詞
    2.2 二十五章、四十六至五十一章都是有關列國的神諭
3. MT 耶利米書二十四至二十九章是一個整體，二十五章並不能分割這個整體
    3.1 重複的字詞或片語作為首尾呼應的聯繫
    3.2 時間上和意義上的聯繫
4. 小結

學者對耶利米書的結構（structure）尚未有一致的看法，但對大綱（outline）有一些粗略的概念。[1] 大多數學者指出耶利米書可以以二十章或二十五章作為上下集的分水嶺。[2] 由於本書第四章已詳細討論耶利米書是以二十章作為分水嶺，本附錄只需要討論耶利米書二十五章在 LXX 和 MT 是否作為分水嶺。

1. LXX 耶利米書二十五章作為分水嶺的論據

本書附錄 B 指出，耶利米書於希臘文譯本 LXX 的排列次序（下圖附 C.1），跟其於希伯來文舊約 MT 有所不同（下圖附 C.2）。現時天主教和更正教所採用的舊約都是以 MT 為根據的。

耶利米書的 LXX 版本	附註
LXX 1:1 ~ 25:13（有關猶大）	LXX 25:13 = MT 25:13 上半部分
LXX 25:14 ~ 31:44（有關列國）	LXX 25:14 ~ 19 = MT 49:34 ~ 39 （有關以攔的神諭） LXX 31:1 ~ 44 = MT 48:1 ~ 44 （有關摩押的神諭）
LXX 32 ~ 51（有關猶大）	
LXX 52（歷史補篇）	

圖附 C.1：耶利米書的 LXX 版本及其大綱

MT 的耶利米版本	附註
MT 一 1 ~ 二十五 13（有關猶大）	
MT 二十五 14 ~ 四十五 5（有關猶大）	MT 25:14 沒有在 LXX 出現 MT 25:15 = LXX32:15
MT 四十六 ~ 五十一（有關列國）	
MT 五十二（歷史補篇）	

圖附 C.2：耶利米書的 MT 版本及其大綱

根據耶利米書的 LXX 版本（參圖附 C.1），有關列國的神諭的確將有關猶大的經文分為上下兩半，但分水嶺是由二十五章 14 節至三十一章這七章，而不是單在二十五章。

2. MT 耶利米書二十五章作為分水嶺的論據

有些學者如史督文（Louis Stulman）認為二十五章將 MT 耶利米書分為兩半，他們所提出的理據主要是基於下述兩點：

2.1. 一和二十五章都出現首尾呼應的字詞

一和二十五章都出現「亞們的兒子猶大王約西亞十三年」（一 2，二十五 3），和「耶和華的話常臨到耶利米」（一 3，二十五 3）。

有些字詞也在這兩章重複出現：「手」（一 9，二十五 17）；「差遣」（一 7，二十五 4、15）；「北」（一 13、14、15，二十五 9、26）。上述重複的字詞造成首尾呼應的效果。[3]

另一方面，史督文從時間的角度去理解二十五章 3 節：「從亞們的兒子猶大王約西亞十三年直到今日，在這二十三年中，常有耶和華的話臨到我；我也一再對你們傳講，只是你們不聽從。」史督文認為，耶利米在這節**回顧**過去二十三年所宣告的神諭，結果是猶大人沒有聽從他所宣告的。[4] 他又認為二十五章 1 至 14 節**總結**了耶利米由約西亞十三年到約雅敬第四年的先知工作。[5]

筆者要指出上文的粗體字詞：「**回顧**」和「**總結**」的範圍是由約西亞十三年直到約雅敬第四年，而不是由一至二十四章。事實上，二十一章和二十四章都是下一任猶大王西底家時代，而二十五章是上一任猶大王約雅敬時代，所以二十一章和二十四章不屬於耶利米在二十五章 3 節所回顧和總結的時期。

另一方面，一章提及的時代由約西亞十三年開始至西底家末年，而二十五章涉及的是由約西亞十三年至約雅敬四年，兩者皆沒有任何意義上的聯繫。

2.2. 二十五章、四十六至五十一章都是有關列國的神諭

二十五章 12 至 38 節是有關列國的神諭，四十六至五十一章也是有關列國的神諭。然而，它們只是以類似的文字作為聯繫，但沒有任何意義的聯繫。筆者要指出，二十五章的重要性是在於約雅敬第四年有下列數件重要的事情發生。

(1) 巴比倫在迦基米施打敗了埃及（耶四十六 1～2），從此雄霸一方
(2) 尼布甲尼撒登基為巴比倫王（耶二十五 1），對鄰國帶來很大威脅
(3) 耶利米宣告列國（包括猶大）將要服事巴比倫王七十年（耶二十五 11）

(4)　第一批猶大人（包括但以理）在這一年被擄到巴比倫（但一1～2）

二十五章提及兩個時間的指標：第一個是耶利米回顧過去的二十三年來，猶大人沒有聽從他所宣告的神諭（3 節）；第二個時間的指標，是指向未來的七十年，列國將要服事巴比倫王（11 節）。由約雅敬第四年至猶大亡國後的一段時間，耶利米繼續宣告神諭，由此可見，二十五章的重要性並不是耶利米回顧過去的二十三年（3 節），而是指向未來的七十年（11 節）。另一方面，二十五章的重要性也不是在於它作為耶利米書的分水嶺。

3. MT 耶利米書二十四至二十九章是一個整體，二十五章並不能分割這個整體

3.1. 重複的字詞或片語作為首尾呼應的聯繫

根據本附錄結尾的表列（參圖附 C.3），[6] 二十四章的劃線字詞與二十九章的劃線字詞相同，二十四章的斜體字詞和二十九章的斜體字詞也相同，圖中的雙箭咀將二十四章與二十九章聯繫一起。同樣道理，也將二十五章與二十九章，二十七章與二十八章聯繫起來，這種文學技巧是古代中東文獻常見的首尾呼應（inclusio [7]）。

此外，的二十九章 17 節只在 MT 的耶利米書出現，但沒有在 LXX 出現，可能是 MT 的編者刻意將這節加在 MT 的耶利米書版本之中，令到二十九章 17 節與二十四章 8 節和 10 節首尾呼應。

3.2. 時間上和意義上的聯繫

圖附 C.3 的開始是二十四章，時代背景是西底家剛被立為傀儡王，前朝的王約雅斤和官員被擄到巴比倫。神給耶利米一個異象，異象中的好無花果代表被擄的猶大人，壞無花果代表留下的猶大人，

神必使刀劍、饑荒、瘟疫臨到後者（二十四 8）。

二十四和二十七章的時代背景都是西底家在位第一年，以東、摩押、亞捫、推羅和西頓的使節來到耶路撒冷，可能是商討如何聯合對抗巴比倫的侵略。神吩咐耶利米在頸項套上軛，又將軛送給每一個使節，對他們和西底家說：要把他們的頸項放在巴比倫王的軛下去服事他（二十七 3～15）。

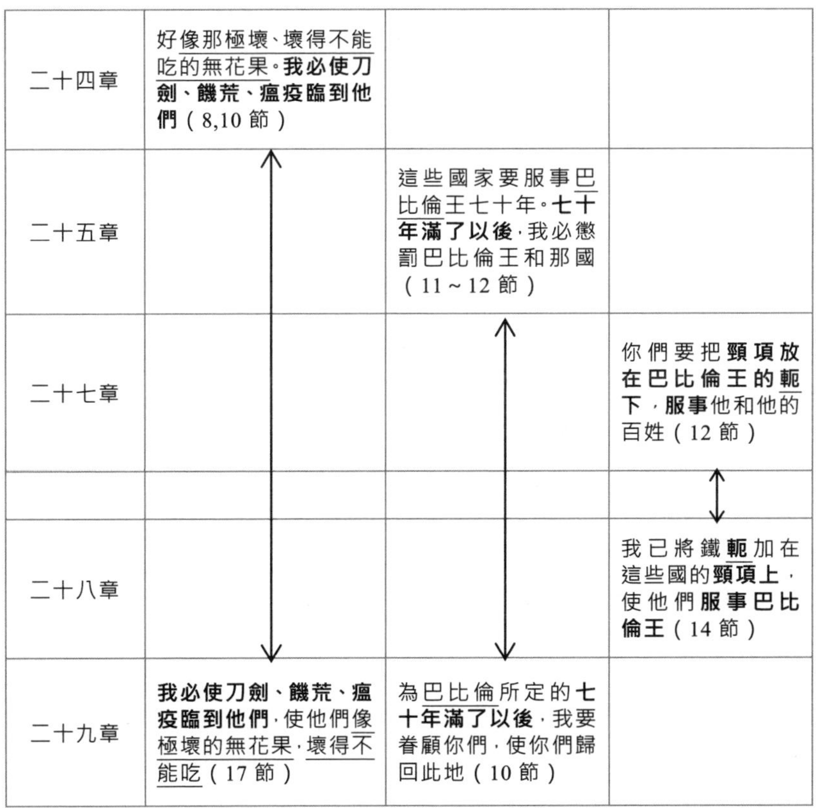

二十四章	好像那極壞、壞得不能吃的無花果。**我必使刀劍、饑荒、瘟疫臨到他們**（8,10 節）		
二十五章		這些國家要服事巴比倫王七十年。**七十年滿了以後**，我必懲罰巴比倫王和那國（11～12 節）	
二十七章			你們要把**頸項放在巴比倫王的軛下**，**服事**他和他的百姓（12 節）
二十八章			我已將鐵**軛**加在這些國的**頸項上**，使他們**服事巴比倫王**（14 節）
二十九章	**我必使刀劍、饑荒、瘟疫臨到他們**，使他們像極壞的無花果，壞得不能吃（17 節）	為巴比倫所定的**七十年滿了以後**，我要眷顧你們，使你們歸回此地（10 節）	

圖附 C.3：二十四至二十九章的三個首尾呼應

哈拿尼雅把耶利米頸上的木軛折斷，又宣告兩年之內神必從列國的頸上折斷巴比倫王尼布甲尼撒的軛（二十八 11）。耶利米因此預言哈拿尼雅必因發假預言而死，他在同年七月就死亡了（二十八 15～17）。哈拿尼雅的假預言可能會混淆視聽，令到被擄的猶大人考慮逃離巴比倫（二十九 8～9），所以耶利米寄信給身在巴比倫的猶大人，吩咐他們在巴比倫安居樂業，並於七十年後神會帶領他們回歸故土（二十九 4～10）。

在二十五章，耶利米宣告列國將要服事巴比倫七十年（二十五 11）。這宣告是十分重要的，但當時是約雅敬第四年，猶大人尚未大批被擄，當時的人尚未感受到巴比倫的威脅。直到西底家剛被立為傀儡王，前朝的王約雅斤和官員等三千人被擄（五十二 28），西底家時代的人完全感受到巴比倫的威脅。哈拿尼雅發出假預言，宣告兩年之內被擄的人將會回歸。耶利米在二十九章澄清被擄的年期應是七十年。二十九章令人回憶起二十五章有關七十年的預言。

4. 小結

在 LXX 耶利米書的編排，二十五章可當作分水嶺（參第 1 點）。至於 MT 耶利米書，有些學者認為二十五章也可當作分水嶺，他們所提供的理據只是文字上的聯繫，卻沒有意義上的聯繫（參上文第 2 點）。其實二十四至二十九章是一個整體，二十五章不能分割這整體，當中的理據是：這段經文不單在文字上有聯繫，也在時間和意義上有聯繫（參上文第 3 點）。

註釋

1. M. Kessler, "The Scaffolding of the Book of Jeremiah," in *Reading the Book of Jeremiah: A Search for Coherence*, ed. M. Kessler (Winona Lake: Eisenbrauns, 2004), 58—"we are far from achieving a consensus or even a majority view on the structure of the book of Jeremiah except in very rough outlines."
2. T. E. Fretheim, *Jeremiah*. Smyth & Helwys Bible Commentary (Macon: Smyth & Helwys, 2002), 18—"most scholars agree that 25:1～14 (or the bulk of it) constitutes a summary and conclusion to the first half of the book (or perhaps chs. 2～20)."
3. L. Stulman, *Jeremiah,* Abingdon Old Testament Commentaries (Nashville:

Abingdon Press, 2005), 225.

4. Stulman, *Jeremiah,* 224.
5. Stulman, *Jeremiah,* 225.
6. T. T. Chan, “Jeremiah and the Fall of Jerusalem: A Rhetorical Study of Jeremiah 37～38 and 21:1～10,” (Th.D. diss., Lutheran Theological Seminary, 2010), 255～256.
7. J. R. Lundbom, *Jeremiah 37～52*, AB 21C (Garden City: Doubleday, 2004), 591.

附錄 D

過去一百年內的學者如何研究耶利米書

1. 歷史派進路主導過去一百年內的大部分時間
    1.1 杜姆採取形式評鑑法
    1.2 莫榮高等學者採取來源評鑑法
    1.3 第爾等學者採取編修評鑑法
    1.4 小結
2. 蔡爾茲倡議經文的最後版本，令人思想何去何從
    2.1 考究來源或前期版本？還是考究經文的最後版本？
    2.2 最後版本是耶利米書的希伯來版本（MT）？還是希臘文《七十士譯本》（LXX）的版本？
    2.3 考究編修歷史？還是考究文學的結構？
    2.4 歷史派進路？還是更正為「歷時」(diachronic)派進路？
    2.5 文學派進路？還是更正為「共時」(synchronic)派進路？
3. 結論：各取所長？還是故步自封？
    3.1 共時派需要採納歷時派的優點
    3.2 歷時派需要採納共時派的優點

有關猶大亡國的歷史事件，耶利米書比列王紀和歷代志詳細得多，但耶利米書所敍述的歷史事件次序並不是按時間的先後安排，例如：二十四章敍述猶大西底家王的事，但二十五章忽然敍述前一個君王約雅敬的事。由於耶利米書敍述的次序多次不按時序，讀者

會感到混亂。另一方面，古代的書卷並沒有目錄，所以讀者難以掌握這卷書的段落鋪排。耶利米書的中文版超過六萬字，讀者會感到自己在文字的汪洋之中，不知從何入手去理解經文。

過去一百多年內，研究耶利米書時，學者各師各法，但他們的方法大都是沿用世代流傳的研究方法。哥頓（Robert Gordon）指出，在舊約研究的學術界中，經歷了兩次的範式轉移（paradigm shift）。[1] 第一次是由一八七五年的來源評鑑法（source criticism）展開，然後加上形式評鑑法（form criticism）和編修評鑑法（redaction criticism）等。後世有些學者的起步點是來源評鑑法，有些是以形式評鑑法為起步點，有些是以編修評鑑法為主。這些方法被統稱為歷史（或稱歷時）派進路，本附錄 1.1 至 1.4 將詳述這點。

第二次典範上的轉移是由蔡爾茲（Brevard Childs）在二十世紀七十年代展開，並且走向文學（或稱共時）派進路，本附錄 2.1 至 2.5 會詳述這點。

1. 歷史派進路主導過去一百年內的大部分時間

1.1. 杜姆採取形式評鑑法

形式評鑑法經常提及兩個術語，就是 genre 和 form。學者對於這兩個字各有定義。[2] 為了避免溝通上的混亂，筆者將 genre 定義為文學體裁，如詩歌或散文（見下文）；又將 form 定義為文學格式，如本書附錄 A 有關神諭的格式。

在耶利米書的上半卷，大部分的經文都是詩歌體裁，其中一小部分是散文體裁；但下半卷書的情況剛好相反，大部分是散文，小部分是詩歌。[3] 希伯來文聖經清晰地表達詩歌和散文體裁的經文有下列明顯的分別。耶利米書十一章 14 至 15 節是其中一例。

a. 具詩歌體裁的句子比較短，每行結尾有許多空位（如 15 節）

在具詩歌體裁的經文中，一行內經常出現兩句或三句精簡的平行句。即使每行的空間尚未用盡，經文的編排也會因平行句的原故而跳去另一行，故此，在這些經文裏，會有許多空位出現。

b. 具散文體裁的句子比較長，編排也密密麻麻（如 14 節）

具散文體裁的句子較少出現平行句，句子也不及詩歌精簡。每行的空間都會用盡，所以字句的編排是密密麻麻的。

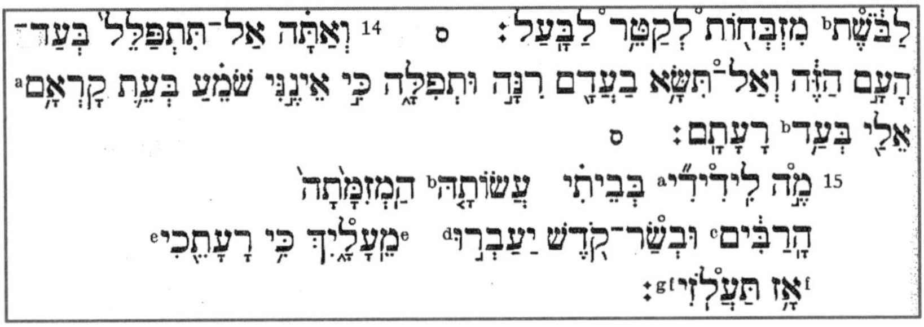

לְבֹּשֶׁת[b] מִזְבְּחוֹת לְקַטֵּר לַבָּעַל׃ ס 14 וְאַתָּה אַל־תִּתְפַּלֵּל בְּעַד־
הָעָם הַזֶּה וְאַל־תִּשָּׂא בַעֲדָם רִנָּה וּתְפִלָּה כִּי אֵינֶנִּי שֹׁמֵעַ בְּעֵת קָרְאָם[a]
אֵלַי בְּעַד[b] רָעָתָם׃ ס
15 מֶה לִידִידִי[a] בְּבֵיתִי עֲשׂוֹתָהּ[b] הַמְזִמָּתָה
הָרַבִּים[c] וּבְשַׂר־קֹדֶשׁ יַעַבְרוּ[d] מֵעָלָיִךְ[e] כִּי רָעָתֵכִי[e]
אָז[f] תַּעֲלֹזִי[g]׃

圖附 D.1：耶利米書十一章 14 至 15 節的希伯來版本

學者杜姆（Bernhard Duhm）在一九〇一年出版了一本有關耶利米書的著作。[4] 杜姆採用了學者如袞克爾（Hermann Gunkel）的形式鑒別學作為前設：先知的神諭是來自神的啟示，他們只會按照標準模式以簡短、獨立的詩句發出神諭，目的是令人容易牢記，便於流傳，後來更彙集成為篇幅較長的先知文集。[5] 換言之，他認為詩歌體裁的內容是來自耶利米先知本人，而散文體裁是編者用作敍述歷史事件或時代背景。[6]

杜姆提倡以文學體裁作為標準去衡量某段經文是否真的出自耶利米的口（*ipsissima verba*）。[7] 學者們認為經文的來源（source）是很重要的，因為他們認為出自先知耶利米的口，才可被接納為神諭，他們又認為文士巴錄所記載的事件並不是來自神的說話。卡羅（Robert Carroll）認為，上述的衡量標準缺乏理性基礎，人只能將它作為信條（dogma）去相信。[8] 杜姆的理論只是信則立，不信則廢。

二十世紀的聖經學者愈來愈意識到詩歌體裁只是反映文學的造詣，而不是作為衡量某段經文是否來自先知的口。[9] 杜姆的貢獻並不在於他衡量某段經文是否來自先知的口，而是在於他率先確認耶利米書上半卷書的大部分經文都是詩歌體裁，而下半卷書的大部分經文都是散文。

1.2. 莫榮高等學者採取來源評鑑法

莫榮高（Sigmund Mowinckel）跟隨杜姆的理論，認為具詩歌體裁的經文是來自耶利米本人（*ipsissima verba*）。下文顯示他只是根據文學或神學的類型去作出分類，但他並沒有提供古代文獻作為經文來源的證據。在十八世紀，德國的學者倡議來源評鑑法（source criticism），其中傑斯伯格（Giesbrecht）將耶利米書的來源分類為三種，類似下表的 A、B、C。莫榮高結合傑斯伯格和杜姆的理論，並且將來源分類為下表的 A、B、C、D。

學者的分類	經文的體裁或神學思想	學者的估計
A　Authentic	具詩歌體裁的神諭，如十一 15 ~ 16	來自耶利米
B　Biographic	以散文體裁敘述有關人與事，如二十六章	來自巴錄
C　Deuteronomistic	具備生死禍福的申典神學的經文，如二十一 8 ~ 10	沒有定論
D　Restorative	盼望亡國後的復興，如三十 ~ 三十一章	沒有定論

圖附 D.2：莫榮高對耶利米書中詩歌部分的分類

莫榮高認為耶利米書有四個來源：第一個來源來自先知耶利米。他從神那裏得到啟示而發出神諭（圖附 D.2 的 A），這些神諭不單責備猶大人敬拜偶像和違犯律法，還預言猶大必因這些罪而亡國。

第二個來源是來自文士巴錄。他不單記錄耶利米從神而來的神諭（圖附 D.2 的 A；另參四十五 1），也將亡國前後的事件記載下來。這些事件就是上表圖附 D.2 的 B（另參耶三十六和四十三章）。

第三個來源是來自文士們和一羣有識之士，他們在猶大亡國後，根據申命記三十章 19 至 20 節去反省為何猶大會亡國。[10] 學者稱他們為申典學派，即是他們根據申命記來對亡國的歷史作出反省，並且撰寫成文，成為耶利米書的其中一部分經文圖附 D.2 的 C。

杜姆與莫榮高的不同之處是：杜姆強調 A 來源是來自先知的口，這才是神的說話；莫榮高強調 C 來源，因為他重視亡國以後的歷史反省。莫榮高不單指出耶利米書有上述的三個主要來源，而且指出還有第四個來源（圖附 D.2 的 D），這是作者或編者盼望亡國後的復興，[11] 例如：三十至三十一章。

莫榮高和很多學者都認為，申典學派人士在亡國後對歷史作出反省及期盼將來的復興，然後編輯成文，合併在 A 和 B 這兩個來源的經文之中。上列的 A、B、C、D 是指四個不同的來源，而不是指四大段落的經文。換言之，A、B、C、D 的經文並不是段落分明，而是混雜一起。究竟某段經文是 A、B、C，還是 D 呢？各學者都有不同的意見。

上表有關 A 和 B 的爭議不大，但有關 C 和 D 的爭議較多。舉例來說：有些學者認為二十一章 8 至 10 節是具備生死禍福的申典神學的經文，這段經文的來源就是來自亡國之後的申典學派文士，即是來自 C。另一些學者認為，在三十八章 2 節，官員引述耶利米在二十一章 9 節勸人民投降的說話，而且耶利米在三十八章 17 節也勸西底家投降，所以二十一章 8 至 10 節是來自耶利米（來源 A），而不是來自申典學派文士（來源 C）。

有關 D 的爭議是：有學者認為三十至三十一章是來自耶利米（來源 A）或巴錄（來源 B）的，但有學者認為是來自亡國後的編者（來源 D）。

來源評鑑法對後世的學者有很大的影響，例如：第爾（Winfried Thiel）、麥堅（William McKane）、賽滋（Christopher Seitz）等學

者認為二十一章 1 至 10 節是來自編者的杜撰，目的是引入隨後的經文（二十一 11～二十三 8），責備末代的猶大王（參本附錄 1.3）。他們跟隨莫榮高上述的理論，又將 C 和 D 的篇幅盡量擴大。

只重視 C 和 D，結果會令人只從亡國後歷史反省的角度去閱讀耶利米書，令人忽略了二十四至三十八章對當時（亡國前）的意義。來源評鑑法令人由**聖經的歷史和神諭**轉移到**猶大文士的歷史反省**。這種轉移是本末倒置的，因為 C 和 D 是建基於 A 和 B，而不是 A 和 B 建基於 C 和 D，更不是因為 C 和 D 而杜撰 A 和 B。

有部分學者根據語言學和文學風格(literary style）作出研究，C 及 D 這些經文跟 B 散文並無明顯的分別，[12] 而且與公元前七世紀的散文相似。[13] 學者不能斷言某段經文是來自亡國後的編者（C 及 D），而不是來自亡國前的耶利米和巴錄（A 及 B）。

C 及 D 這兩部分的來源不一定是來自亡國後的編者，也有可能是先知耶利米在亡國前從神而來的神諭（A 部分）。原因是：被學者分類為 C 和 D 的經文不一定是來自**亡國後**的歷史反省和盼望復興，也可能是來自**亡國前**所發出的下列兩種預言：

(1) 預言猶大人必因離棄真神和違犯十誡而亡國。

例：七 1～八 3，二十一 1～10 可被分類為 A 或 B，而不是 C。

(2) 預言猶大人被擄七十年後，因神的眷顧而回歸故土。

例：二十九 10，三十～三十一章可被分類為 A 或 B，而不是 D。

由於上述預言應驗了，所以耶利米的神諭（A）和巴錄的述事（B）被亡國後的猶大人珍重地保存和流傳後世（參申十八 18～22）。即使申典學派人士將他們的歷史反省和盼望復興編輯成文（C 和 D 部分），但他們不一定杜撰 A 和 B。

雖然耶利米書上半卷書大部分是詩歌體裁，但具散文體裁的經文卻零散地在上半卷書出現（三 6～18，七 1～八 3，十一 1～14，十二 14～十三 14，十四 10～16，十六 1～18，十七 19～十八 12，十九 1～二十 6 等）。雖然下半卷書大部分都是散文，但具詩歌體裁的經文卻零散地在下半卷書出現（二十一 11～14，二十二 13～23，二十三 9～24，二十五 30～32，三十 5～三十一 22 等）。不同體裁的經文交錯地出現在耶利米書的各部分，所以耶利米書並不是以文學的體裁來編排。學者荷拉第（William Holladay）也提出這觀點。[14]

1.3. 第爾等學者採取編修評鑑法

編修評鑑法（redaction criticism）是指經文成書前的所有編者所作的功夫，例如：搜集和篩選資料、編排資料的先後次序、修訂、增添或刪減、組合（combine）資料和縫合聯繫（connect）的工作、建構全卷書的框架（framing）、加上插曲（interpolation）、編者的評語（editorial comment）、添加或潤色（gloss）。[15] 上述的編輯過程可能橫跨數代，甚至橫跨數百年。編輯成書的歷史過程無可能重現在後世的讀者面前，所以學者只能估計編輯成書的歷史和編者所作的功夫，這歷史被稱為編修歷史（redaction history），因為這派學者認為，編者不單編輯資料的先後次序，也作出大規模的修訂。

上述的編輯程序在古代和現代都會出現，但每位編者都有個人的編輯風格。編者如何（how）作和作了甚麼（what）功夫呢？我們都是一無所知，只能從經文去察覺編輯的功夫。[16] 下述編修評鑑法的學者們各自臆測（speculate）編者如何作編輯的功夫。大多數學者的共同立場不等於真實（reality）或事實（fact），例如：若大多數學者認為耶利米書二十一章 1 至 10 節是猶大亡國之後的編者所杜撰或捏造的，這不等於是真實或事實。事實上，由二十世紀八十年代開始，這派的立場已備受挑戰，並且被其他學派所取代。下文 2.1 至 2.5 將會作出詳細的討論。

1.3.1. 第爾的理論

第爾分別在一九七三年[17] 及一九八一年[18]，以編修評鑑法撰寫了兩本耶利米書的註釋（上下兩冊）。他將上文 1.2 的申典派學說複雜化，[19] 但本質上有以下的差別。上文 1.2 所提及的學者認為，耶利米書部分的經文是編者亡國後作出的反省；但第爾認為，亡國故事和神諭有部分是編者杜撰出來的（redactional invention），例如：第爾認為二十一章 1 至 10 節是編者所杜撰，目的是引入隨後的經文（二十一 11～二十三 8）以責備末代的猶大王。[20]

筆者對此的回應如下：在戰後仍能虎口餘生的猶大人，他們對亡國這重大的事情必歷歷在目，他們不會容許虛構的情節和神諭被收納在耶利米書之內（參申十八 18～22）。此舉只會令耶利米書淪為次經或野史，根本不會被收納在舊約這猶太教的正典之內。

1.3.2. 麥堅的理論

麥堅在一九八六年 [21] 和一九九六年 [22] 先後寫了耶利米書的釋經（上下兩冊）。他不單將第爾的理論引入英語世界，而且加入其他學者的理論。麥堅認為莫榮高的 A 部分是耶利米書的核心（kernel），編者們在這核心加添了 B，C 和 D，這過程好像雪球在雪地滾動，愈滾愈大，耶利米書因此被他稱為「滾動的文集」（rolling corpus）。[23]

麥堅的上述觀點和第爾的觀點相同，都是認為莫榮高的 A 部分只是佔耶利米書的小部分篇幅，而 C 及 D 部分佔耶利米書大部分的篇幅，即是說耶利米書的大部分內容都不是來自耶利米和巴錄，而是後期的編者所加添。麥堅和第爾的不同之處是，麥堅認為，在滾動擴大的過程中，編者們只是隨意加上資料，但沒有與上下文作出協調，結果令這卷書有不連貫的情況出現。[24]

麥堅的理論令人不禁思考一個問題：「甚麼是連貫性或協調性（coherence）呢？」筆者舉個例子：若編導按時間的先後次序去敘述電影的情節，觀眾可能感到平鋪直敘。有時編導刻意將時序調轉，例如：[25]

喪禮、出生、幼兒、父母離婚，青少年、結婚、離婚、自殺

若觀眾單看起初的兩個情節，就會看到編導將生死的次序調轉了，當中不單時序調轉，而且沒有邏輯的因果關係，這會令人感到不連貫或不協調（incoherence）。然而，若從整全（unified whole）的角度來看，所有的情節都是描述同一個人，觀眾會猜測編導的用意，就是在電影的開始已經定調（set the tone），令到觀眾的心情很沉重。即使觀眾看見幼兒可愛的笑容，觀眾的心裏仍很沉重。這就可解釋上文所提及那驟眼看來不連貫的問題。

耶利米書二十一章 1 至 10 節描述耶利米預言國家必定亡國，若要求生，人民必須投降，否則必定會死。這段經文與其上下文不連貫，所以它的出現可能令讀者感覺很突兀。若從整卷耶利米書來說，二十一章 1 至 10 節就好像上述的喪禮，作為亡國故事（二十一～四十五章）的定調。這可解釋那驟眼看來不連貫的問題。

接著，跟進的問題是：為何編者不將上述這十節經文放置在耶利米書的第一章呢？筆者在本書的第四章已詳細討論耶利米書的全卷書結構（compositional structure），使讀者可從整全（unified whole）的角度，思考學者所提出那感覺不連貫的問題，那裏已指出原因是基於編者的**刻意安排**，而不是基於編者將資料**隨意組合**。

現代有些電影是無厘頭的鬧劇，有些情節只是隨意組合。若電影處理嚴肅的主題，編導必然刻意安排情節的先後次序。耶利米書敍述大量亡國前後的故事，這是一個嚴肅的故事，最後的編者（final editor）必然刻意編排經文的次序，而不是隨意組合。

1.3.3. 賽滋的理論

另一個編修評鑑法的學者是賽滋，他的著作[26]指出耶利米書有兩個編者：第一個是負責編寫年代史（scribal chronicle），第二個是在被擄之後作出編修（exilic redaction）。分別請參看圖附 D.3）。

編者	第一個編者是 scribal chronicle，他負責按年記錄歷史事件，包括耶利米所發出的神諭	第二個編者是 exilic redaction，他負責將左列的 scribal chronicle 編修為最後的版本
目標讀者（target readers）	逗留在巴勒斯坦的猶大人	被擄到巴比倫的猶大人

圖附 D.3：賽滋的編修評鑑法之理論

賽滋將大部分的注意力放在亡國之後的兩個猶大羣體，第一個羣體就是亡國後仍然逗留在耶路撒冷的猶大人，第二個羣體就是亡國前或後被擄到巴比倫的猶大人。賽滋認為上述兩個羣體的利益和關注有所不同。第一個編者關注上述第一個羣體的利益而編輯經文，支持這見解的經文是四十二至四十三章敍述耶利米和巴錄選擇留在巴勒斯坦，和逗留此地的猶大人面對亡國後的艱辛日子。[27] 第二個編者所關注的是上述第二個羣體的利益，因此他會以這關注來編輯經文：他在二十四章指出好無花果是指被擄的猶大人，而壞無花果是指留在巴勒斯坦的猶大人。[28]

可是，賽滋上述的理論，就如某人閱讀任何一本中國宋朝新舊黨之爭的歷史書，當他看見某一段文字對新黨有利，這人就認為這段文字是由支持新黨的編者所撰寫；另一段文字對舊黨有利，這人就認為這段文字是由支持舊黨的編者所撰寫。這種理論只是來自讀者主觀的估計。

賽滋上述的理論並不可取的另一原因是，耶利米書有許多經文是對當時的受眾（immediate audience）有其緊急和重要的意義。其中一個例子就是二十一章 9 節的勸降：當耶路撒冷被巴比倫軍圍困時，耶利米勸告城內的人投降，否則死亡。這是當時的猶大人作出抉擇的關鍵時刻，然而，賽滋將這節經文當成編者表明個人立場，為要支持被擄到巴比倫的猶大羣體。[29] 很明顯地，賽滋將自己的意思讀入經文，而不是將經文的意思讀出來。

1.4. 小結

上述各種評鑑法被學者統稱為**歷史派進路**（參本章 2.4），重點在於評鑑那些經文是出自耶利米本人，而那些經文是亡國後的**歷史反省**。採取上述評鑑法的學者認為，亡國是民族的大災難，亡國後有一羣文士搜集耶利米的神諭，加上編輯的字句和編排而變成今日的耶利米書，目的是令當時的猶大人吸取亡國的教訓，從此不要敬拜偶像，要專一敬拜耶和華及遵行祂的吩咐，正如申命記三十章 15 至 20 節所強調的大方向「守約者生、違約者死」。

上述的歷史反省是十分重要的，但上文的學者加插了許多經文以外的理論，我們需要質疑這些理論是否有根據。例如：形式評鑑法只憑體裁或格式，這做法是否足以評鑑那些經文是來自耶利米本人（上圖附 D.2 的 A 部分）？來源評鑑法是否足以令人斷言耶利米書大部分的經文都是在猶大亡國後由申典學派人士所撰寫（上圖附 D.2 的 C 部分）？編修評鑑法是否足以令人知道編者如何（how）編輯和作了甚麼（what）編輯的功夫呢？甚至知道他們杜撰哪些事件和神諭（redactional invention）呢？

上文 1.2 指出莫榮高將耶利米書分拆成 A、B、C、D 四個來源，這些都是虛擬的，而且每位學者都有不同的定義，不單莫衷一是，還會沒完沒了。新一代的學者必然有推陳出新的理論，而讀者繼續質疑是有何根據？有何意義？何傑的博士論文是有關耶利米書的，他詳細討論上述的歷史派進路之後，他作出下述的結論：

> 倘若歷史派進路的評鑑法產生（在釋經上）的效果是那麼強差人意，就不禁令人懷疑問題是出於書卷本身，還是出於鑑別的工具。或許工具本身須要某種自我鑑別和改善，又或許要使用另一組工具方能協助研究書卷的性質和形成，並有助我們更加欣賞整體經文彼此協調的部分。[30]

2. 蔡爾玆倡議經文的最後版本，令人思想何去何從

何傑對歷史（或稱歷時）派進路的評論不單可應用在耶利米書，也可應用在其他的書卷。因此，正如吳仲誠指出，學者研究的方向逐漸由歷史的進路轉向為文學的進路（見下圖附 D.4）。[31] 圖附 D.4 的橫線表示以經文為本的鑽研方向，而直線則表示，鑽研的方向是經文背後的來源和編輯成書的歷史等。下圖有些難解的詞彙，2.1 至 2.5 將會作出解釋。

圖附 D.4：文學進路與歷史進路的簡介

韓國的學者 K. P. Hong 也撰文指出：自從二十世紀七十年代開始，歷史（或稱歷時）派進路的傳統共識備受挑戰，近代的學者已經發掘其他的評鑑法，令人意識到文學分析比經文的來源和編修歷史（參 1.3）重要。[32] 其實西方的學者們早已洞悉上述的轉向，著名德國學者蘭杜夫（Rolf Rendtorff）在一九九一年已指出研究舊約有下列兩個不同的進路。[33]

(1) **歷時派進路**：研究某段經文時，針對哪一時段的讀者？
（diachronic: To which target readers does certain text reach？）
例：以賽亞書五十六至六十六章是針對回歸時期的讀者。

(2) **共時派進路**：究竟經文的最後版本有甚麼意思？
（synchronic: What does the text mean in its final form？）
例：以賽亞書五十六至六十六章是針對每一代的讀者，重點不在於讀者的年代，而是在於經文的意思。

蘭杜夫指出，在二十世紀八十年代的大部分學者研究前期版本（pre-text）如何發展成最後版本，但九十年代的舊約研究開始轉到研究最後版本（final form of text）的內容。[34] 巴頓（John Barton）指出，在二十世紀八十年代，編修評鑑法已被正典評鑑法和有關結構的研究所超越，這些新興的評鑑法都是重視經文的最後版本，過於經文背後的編者和來源。[35] 尼林（Rolf Knierim）也指出有關結構的研究爆炸性地出現。[36] （本書第四章詳細討論有關耶利米書的結構。）

二十世紀末，不少學者作出回顧與前瞻。哥頓指出，在舊約的學術界經歷了兩次的範式轉移。[37] 第一次是由一八七五年來源評鑑法的展開，然後逐漸加上形式評鑑法和編修評鑑法等，大部分的學者都跟隨這些歷史（或稱歷時）派的方法去研究聖經。

第二次的典範轉移是由蔡爾茲在一九七〇年所倡議的經文最後版本開始。[38] 蔡爾茲質疑上述歷史派的進路，並倡議正典的進路，[39] 他又撰寫有關基於正典的聖經神學。[40] 他的倡議有很多跟隨者，聖經的學者從此演變為兩大派別：第一派別重視文本的來源和編修歷史；第二派別重視經文的最後版本。[41]

研經者所面對的問題並不是投向哪一派別，而是要抉擇圖附D.4 橫線或直線的鑽研方向。橫線是以經文的內文意思作為鑽研的方向，直線則是鑽研經文背後的來源和編修史等。筆者提出下列五點（2.1 至 2.5），讓研經者作出考慮和抉擇。

2.1. 考究來源或前期版本？還是考究經文的最後版本？

蔡爾茲的正典進路（canonical approach）認為經文的最後版本是正典。不過，對於來源評鑑法的學者來說，他們不會考慮正典這問題，他們的重點只在於聖經背後的來源或前期版本。可是，聖經的大部分書卷都沒有交代來源，只有列王紀多次交代來源，這書卷的編者明言下列三種的資料來源。

- 《所羅門記》（王上十一 41）
- 《猶大列王記》（王上十四 29，十五 7、23；王下十五 6、36 等）
- 《以色列諸王記》（王上十四 19，十五 31；王下十三 8、12 等）

上述書卷是當時的史官所編著，已經失傳。即使不失傳，這些書卷的編輯宗旨可能會對當時的王歌功頌德和隱惡揚善，不能扮演正典的角色傳遞神的信息。另一方面，上述書卷只是古代的文獻，只是對以色列民族有歷史性的意義，但列王紀作為聖經的經卷之一，是神對每一代每一地的人所發出的信息。

上文 1.2 指出，莫榮高將耶利米書分拆成 A、B、C、D 四個來源，其他學者可能分拆成 A'、B'、C'、D'。有些學者認為，二十一章 1 至 10 節屬於 A 和 B，但有些學者卻認為這段經文屬於 C 和 D。由此可見，來源評鑑法令人不能以同一個平台作為研究和對話，令人感到混亂和無所適從。

相反來說，蔡爾茲指出正典是經文的最後版本，它實實在在地呈現在每一代每一地的人面前，是所有讀者（包括學者）的共同平台，令人展開研究和對話。[42]

過去一百多年來，很多學者都跟隨威爾浩生（Julius Wellhausen）的來源評鑑法，認為摩西五經這五卷書是由四個來源 J、E、D、P 合併而成，但至今還沒有人提供舊約以外的文獻作為證據，去證明這四個來源的存在，大多數學者都認為這四個來源只是虛擬的。[43]

來源評鑑法對這四個虛擬的來源言之鑿鑿，但摩西五經是實實在在地呈現在每一代每一地的人面前。來源評鑑法的學者捨本取末，他們捨棄實實在在的摩西五經的書卷，而追溯 J（稱呼神為 Jehovah 的經文）、E（稱呼神為 Elohim 的經文）、D（有關申典神學的經文、P（有關祭祠的經文）這四個虛擬的來源，結果是將所有的經文與上下文分折，使到摩西五經變成支離破碎。

同樣，若將實體的耶利米書分折成虛擬的 A、B、C、D 來源，就等同將耶利米書碎片化。分折的經文與上下文脫勾，讀者可能有斷章取義的危機。舊約每一卷書都是文士精心炮製的作品，古代的文士是文學專家，他們所撰寫或編輯的書卷都是美麗的文學作品，歷史派進路的碎片化徹底破壞了美麗的文學作品。[44]

試這樣想，消費者只會購買製成品（final product），而不會購買半製成品（semi-final product）。舊約的最後版本就是由以色列這個民族流傳下來的製成品（final product），而來源或前期版本只是半製成品。若學者按來源將經文分折，這方向只是追求經文的前期版本（半製成品），而不是編輯成書的製成品。

編輯的過程包括合併資料（combining sources），[45] 和編排資料的先後次序，組合成型（shaping of text）而成為正典。正典的角色是向每一代每一地的人傳遞神的信息，但來源評鑑法的學者只追溯每卷書的來源（參本章 2.1），或聚焦在亡國後的歷史反省，結果是將經文停泊（moored）在猶大的古代歷史中，[46] 令經文只對以色列人有歷史性的意義，而不是向每一代每一地的人傳遞神的信息。

2.2. 最後版本是耶利米書的希伯來版本（MT）？還是希臘文《七十士譯本》（LXX）的版本？

流傳至今的希伯來文聖經被稱為馬索拉文本（MT；Masoretic Text），由公元九世紀的馬索拉（Masoretes）文士負責抄寫，[47] 並且加上希伯來文音標，他們採取很多措施去確保抄寫的準確性。[48]

新約由希臘文所寫成，新約所引述的經文有許多是來自《七十士譯本》（LXX），而不是來自 MT。例如：希伯來書十一章 21 節引述 LXX 的創世記四十七章 31 節：「（雅各）扶著**杖頭**敬拜神」，但這節的 MT 版本是在**牀頭**上敬拜神。大多數學者都認為 LXX 在公元前一世紀已出版，比 MT 的出版時期早大約一千年，因此重視 LXX 過於 MT；但他們沒有考慮到死海古卷的 proto-MT 比 LXX 更早出版，而且 proto-MT 與 MT 的內容相若。

MT 的前身是 proto-MT，就是指死海古卷的希伯來文聖經。在一九四七年，一些牧童在死海昆蘭洞穴無意中發現古代手抄本，後來這些古卷轉到美國耶魯大學（Yale University），由古代中東語言的學者對古卷內的希伯來字母作出鑑定，[49] 其中有一卷耶利米書的字母鑑定為公元前二二五年至一七五年。[50] 學者們將這耶利米書古卷的內容與現時的 MT 版本對比，兩者的內容差不多完全相同。

耶利米書的 MT 版本（中英文聖經的耶利米書根據此版本）
一 1 ~ 二十五 14（=LXX 1:1 ~ 25:14）——有關猶大
二十五 15 ~ 四十五 5（=LXX 32 ~ 51）——有關猶大
四十六 ~ 五十一（=LXX 26 ~ 31）——有關列國
五十二（=LXX 52）——歷史補篇

圖附 D.5：耶利米書的 MT 版本與 LXX 版本的敘事次序

對於舊約的大部分書卷來說，MT 和 LXX 的經文內容相差不大，差異最大的應是耶利米書。耶利米書的 LXX 跟 MT 版本在結構上有很大的差異。在上圖附 D.5 的第一和第四部分，MT 和 LXX 的耶利米書版本是相同的，但第二和第三部分調轉了次序。

下圖附 D.6 顯示 MT 的完整本比 LXX 晚了數個世紀才出現，但 proto-MT 比 LXX 早了一世紀出現。LXX 的耶利米書是基於早期編輯的巴錄版本，而 MT 的耶利米書是基於後期編輯的西萊雅版本（參本書附錄 B）。耶利米書的 MT 版本補充了 LXX 所翻譯的耶利米書版本，例：耶利米書五十二章 28 至 30 節列出猶大人被擄的人數，這數節經文只在 MT 出現，但沒有在 LXX 版本出現。可見耶利米書的 MT 版本補充了 LXX 版本。根據電腦的計算，後者比前者的篇幅短七分一，[51] 原因有二：一是 MT 補充 LXX，二是 LXX 在抄寫上有遺漏。[52]

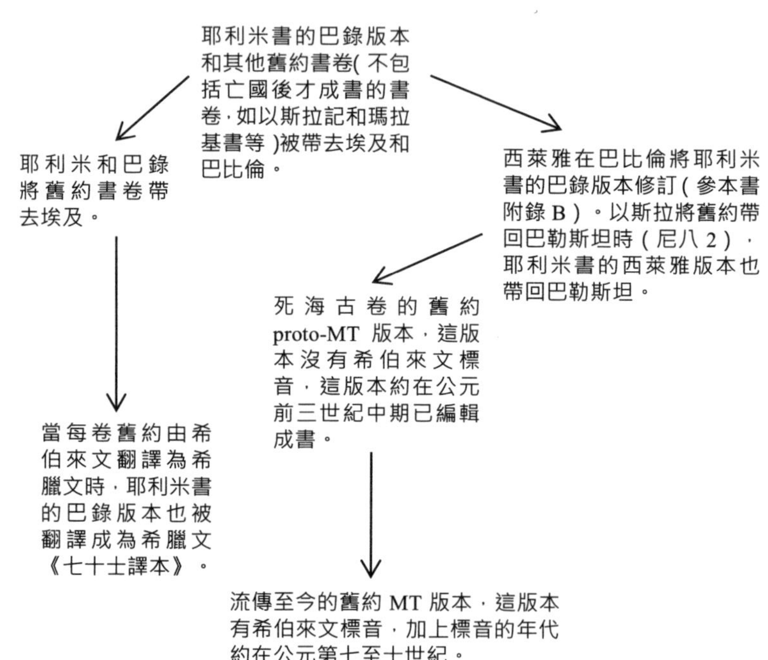

圖附 D.6：耶利米書的 MT 和 LXX 版本的演變過程

MT 的耶利米書版本不單作出補充，而且作出刪減。LXX 的耶利米書版本有時使用「假先知」，[53] 有時使用「先知」[54] 去稱呼假先知，可見 LXX 在這稱呼方面不一致。MT 的耶利米書版本將「假先知」的「假」一字全都刪去，編輯的原則是貫徹始終，目的就是由讀者自行分辨哪一先知是真，哪一是假。

學者魯斌（Jack Lundbom）引用跋（colophon）的理論（參本書附錄B）指出，LXX 的耶利米書所根據的是巴錄帶去埃及的版本，而 MT 的耶利米書是來自西萊雅的修訂版本。魯斌這理論能夠解釋為何耶利米書的 MT 跟 LXX 版本大不相同。

猶大亡國之後，猶大分成三個羣體：一是被擄到巴比倫的羣體；二是逃去埃及的羣體；三是留在巴勒斯坦的羣體。耶利米在約雅敬時代早已預言猶大必定亡國，猶大人必定被擄（耶二十五 8～11）。耶利米應早有計劃地吩咐巴錄抄寫多一個抄本。在兵荒馬亂的時期，抄本有機會失傳，所以抄本可能不止兩份，而且不會只由巴錄和西萊雅保存。

當耶利米和巴錄被猶大人帶去埃及（耶四十三 5～7）之前，估計他們將一份抄本委託人交到西萊雅的手上。西萊雅是西底家政府的官員（五十一 59），他有足夠的學識和能力去根據巴錄的版本作出修訂，他也有足夠的信譽令人接受他的修訂本。

筆者也認同耶利米書的 MT 版本是後期版本，這版本改良了 LXX 所根據的巴錄版本。下圖附 D.7 是根據巴錄帶去埃及的版本所翻譯出來的 LXX 耶利米書，有關猶大的經文被列國的神諭打岔了（參下圖附 D.7）耶利米書的 LXX 的版本和圖附 D.5 耶利米書的 MT 版本）。

耶利米書的 LXX 版本（乃是根據巴錄帶去埃及的版本）
一 1～二十五 14（=MT 1:1～25:14）——有關猶大
二十六～三十一（=MT 46～51）——有關列國
三十二～五十一（=MT 25:15～45:5）——有關猶大
五十二（=LXX 52）——歷史補篇

圖附 D.7：耶利米書的 LXX 版本與 MT 版本的敘事次序

現時天主教和更正教所採用的舊約都是根據 MT 的耶利米書版本，但有些學者認為 LXX 的成書期比 MT 早，所以可信程度較 MT 為高。筆者有下述的回應。

傳遞說話的遊戲指出，說話只會愈傳愈失真，抄寫的過程也可能愈抄愈失真。若從抄寫的角度來看，後期的抄寫比早期的抄寫有更多的錯誤，這角度指出 LXX 比 MT 較佳。然而，魯斌指出 LXX 的耶利米版本出現了三百三十次因重複字詞而抄漏（haplography）的情況，但 MT 的耶利米書版本只有三十九次因重複字詞而抄漏。[55] 上述的差距顯示，MT 的抄寫準確程度遠比 LXX 為佳。

另一方面，從編輯過程的角度來看，後期版本改良了前期版本。購書者只會購買修訂版，因為修訂版比之前的版本較完善。這角度指出 MT 的耶利米書版本比 LXX 為佳。

上文已指出 proto-MT 與 MT 的相差極為細微，所以我們不用考慮愈抄愈失真的問題，反而考慮編輯的角度，後期版本改良前期版本。因此，筆者的結論是：MT 的耶利米書是最後的版本（西萊雅版本），而 LXX 所翻譯的耶利米書只是前期版本（巴錄版本）而已。

2.3. 考究編修歷史？還是考究文學的結構？

LXX 和 MT 的耶利米書這兩個版本實實在在地出現在讀者眼前，上文 2.2 指出 MT 的耶利米書是最後版本，它改良了 LXX 所翻譯的耶利米書版本。換言之，LXX 和 MT 的耶利米書這兩個版本實實在在地呈現了編修歷史的初期版本和最後版本。這點解決了上文 1.3 所提及學者要面對編修歷史有關虛擬的問題，更重要的是上述的兩個版本提供了下述的兩個提示：

第一個提示：耶利米書的最後編者（final editor）是有組織計劃地去編修，而不是隨意合併他手上的資料。

第二個提示：最後的編者像工廠的品質控制部門（quality control），這部門不會容許有問題的或未完成的製成品出廠。正如 LXX 耶利米書所根據的巴錄版本不能一氣呵成地敍述有關猶大亡國的神諭和故事，西萊雅必然解決上述的問題。

筆者在這裏要指出，研讀耶利米書不一定從編修歷史（redaction history）的角度，也可從全卷書的文學結構（compositional structure）的角度，意思是指一個作家撰寫一份文學作品（composition）之時，他必定考慮到起承轉合，以及各部分如何配合成書。由此可見，編者不單編排經文的先後次序，而且將經文湊合成為一個有意思的結構，所以研究文學結構是十分重要的。

耶利米書內多次出現驟眼看來是不連貫或不協調的情況，但原因並不是基於編者將不同資料**隨意地合併**，而是基於編者**刻意的安排**。上文 1.3.2 已列舉耶利米書二十一章 1 至 10 節作為例子。

經文的最後版本反映編者有時刻意地強調某些事件或淡化其他事件，這些現象對釋經起了關鍵性的作用。[56] 本書的第四章已詳細討論耶利米書的全卷書結構（structure），令人可從整全（unified whole）的角度去思想學者所提出有關不連貫或不協調的問題。

2.4. 歷史派進路？還是更正為「歷時」（diachronic）派進路？

上文 1.1 至 1.3 所提及的形式評鑑法、來源評鑑法、編修評鑑法被學者統稱為歷史派進路（historical approach）。採用歷史派進路的著作花了許多篇幅去討論經文的來源和編修歷史，但用很少的篇幅去討論聖經所記載的歷史事件和當時的人物。這派的評鑑法令人轉移視線：由**聖經的歷史事件和人物**轉移到**學者所虛擬的編修歷史**。下文將上述的觀念作出分類：

兩種歷史：BH——經文所敍述的歷史（包括亡國前和亡國後）
RH——經文成書前的來源或編修（redaction）的歷史
兩種對象：J1——亡國前的猶大人
J2——被擄和回歸時期的猶大人

上文已交代耶利米書的重點在 BH，但歷史派進路的學者令人的視線由 BH 轉移到 RH，又令人的視線只局限在 J2，又忽略了 J1 和後世的基督徒讀者。筆者無意全盤否定上述歷史派進路，但「歷史派進路」這名稱實在有誤導成分。

蔡爾茲使用 diachronic reconstruction（跨時代重構）這片語，指出形式評鑑法、來源評鑑法、編修評鑑法的特色。Diachronic 的前綴（prefix）dia 是來自希臘文 διά，即是穿越的意思，chronic 指時間。

上述學派追溯經文的來源，又指出編修的歷史穿越不同年代，[57] 所以「歷史派進路」被稱為「歷時派（diachronic）進路」。[58]

另一方面，尼林指出，有些經文沒有交代歷史背景，歷時派學者虛擬一個「生活處境」（*Sitz im Leben*），但這生活處境只是基於學者的臆測，難以找到經文根據。[59] 下文 3.2.1 有關史威尼（Marvin Sweeney）處理以賽亞書十四章便是例子。這個例子顯示「歷史派進路」的「歷史」只是指學者臆測的歷史背景（historical background speculated by scholars），而不是經文所記載的歷史（history explicitly recorded in the text）。

「歷時派進路」這名稱需要花時間去解釋和理解，但「歷史派進路」這名稱誤導人，令人以為自己著重歷史，其實這學派側重了虛擬的 RH，而不是以 BH 作為共同的平台去研究和對話。

2.5. 文學派進路？還是更正為「共時」（synchronic）派進路？

共時派的學者所採取的方法論是正典評鑑法（canonical criticism）、修辭評鑑法（rhetorical criticism）、敍事評鑑法（narrative criticism）等等。修辭評鑑法和敍事評鑑法等方法常被稱為文學派進路，然而「文學派進路」這名稱令人感到這些方法只注重文學的分析，不談歷史。其實，這些方法也注重歷史，但他們所注重的歷史是指經文所記載的歷史（history recorded in the text），而不是指編修經文的歷史（redaction history of the text），或學者所臆測的歷史背景（historical background speculated by scholars，本章 3.2.1 史威尼的推斷是其中一例）。筆者採取共時派的進路，本書的第二章反映筆者著重聖經所記載的歷史。

文學進路的評鑑法被統稱為「共時派」（synchronic），這名稱是相對「歷時派」（diachronic）而言，上文對共時派尚沒有清楚的定義和定位，筆者在此詳細討論。

有些學者對「共時」的理解是根據索緒爾（Ferdinand de Saussure）的定義：每一個字詞在不同的時代可能有不同的意義（diachronic meaning），字詞的共時意義（synchronic meaning）是根據文學的處境和當時羣體的語用意義。[60] 這種定義的方式令人思考下一個問題：與哪一時期的經文共時（synchrony of which axis of text）？[61] 下文有三個不同的答案：

(1) 經文的前期版本（pre-text）
(2) 經文的最後版本（final form of text）
(3) 舊約編輯成書之後的理解（post-text understanding）

上文已討論(1)和(2)，下文討論(3)。(3)的其中一種方式是以新約經文的角度去看舊約經文。上文 2.2 指出，死海古卷的希伯來文聖經（proto-MT）與現時所使用的舊約原文（MT）差不多完全相同。死海古卷大多是殘缺不全，只有以賽亞書古卷完整無缺，這古卷所用的的字體被專家鑑定為公元前二二五年至一七五年。[62] 以賽亞書五十三章很明顯地描述耶穌釘十架的使命人生，有些學者認為，這些經文是耶穌釘十架後才補入以賽亞書之內，但以賽亞書的死海古卷版本證明耶穌降世前早已編輯成書。

以賽亞書五十三章 5 至 6 節明言：「他為我們的過犯受害，為我們的罪孽被壓傷。因他受的懲罰，我們得平安；因他受的鞭傷，我們得醫治。我們都如羊走迷，各人偏行己路；耶和華使我們眾人的罪孽都歸在他身上。」先知以賽亞無可能知道上述經文描述耶穌基督。基督成就救恩之後，相信基督的人會以新約的角度去理解上述兩節經文，這就是讀者對舊約最後版本（final form of text）的後期理解（post-text understanding）。

除了上述以賽亞書的例子，還有下述耶利米書的例子。例如：耶利米書三十一章 31 至 34 節和希伯來書八章 8 至 12 節的用字差不多完全相同，可見後者引述前者的經文。

> 看哪，日子將到，我要與以色列家和猶大家另立新的約……這約不像我拉著他們祖宗的手，領他們出埃及地的時候與他們所立的

> 約。我雖作他們的丈夫，他們卻背了我的約……那些日子以後，我與以色列家所立的約是這樣：我要將我的律法放在他們裏面，寫在他們心上。我要作他們的神，他們要作我的子民……他們各人不再教導自己的鄰舍和弟兄說：『你該認識耶和華』，因為他們從最小的到最大的都必認識我。我要赦免他們的罪孽，不再記得他們的罪惡。

耶利米書的作者或編者只知道西奈山的約，即使神給耶利米的神諭提及新的約，耶利米也沒有可能知道這新的約是耶穌用自己的血所設立的新約（太二十六 28），希伯來書當然超越耶利米書對新約的理解。當讀者使用共時派（synchronic）的角度去閱讀耶利米書的亡國的故事時，讀者可將自己置身在現場，感受當時的人物的心境，即是與下圖附 D.8 的 P 共時。

讀者也可與下圖附 D.8 的 X 共時，即是將自己置身在 X 的年代，作為猶大人去回顧耶利米書的亡國故事，從而作出歷史反省，就像申典學派的猶大人在亡國後所作出的歷史反省。共時派在這點是類似歷時派的釋經角度。

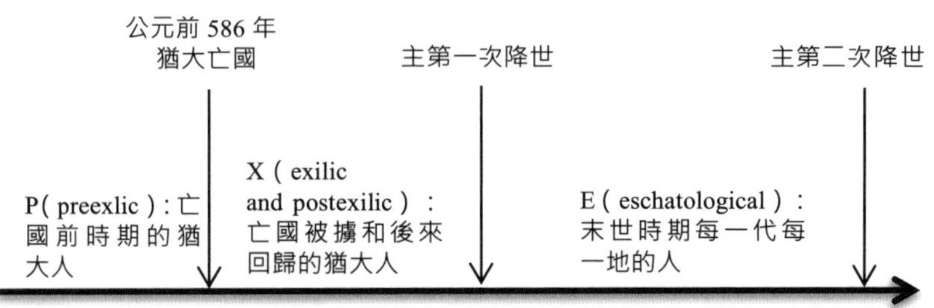

圖附 D.8：不同時期的共時性閱讀

讀者也可與圖附 D.8 的 E 共時，即是將自己置身在末世的年代，作為基督徒去閱讀耶利米書的亡國故事，從而作出末世性的神學反省。耶利米書的約雅敬是暴君的典型代表（type），而西底家是昏君的典型代表，這些代表是歷世可見，而且在末世也可見的。在此，末世（last days）的定義是由主第一次降臨（參來一 1～2；徒二 17）到主第二次降臨。

共時派進路的彈性是容許讀者與不同的時代共時，但歷時派的思維局限在編修歷史。例子是本章 1.3.3；另一個較出名的例子是以賽亞書被歷時派分為三段編修歷史：一至三十九章是公元前八世紀由以賽亞本人所撰寫；四十至五十五章是被擄時期的一位無名的先知所撰寫；五十六至六十六章是回歸時期的另一位無名的先知所撰寫。共時派學者指出，以賽亞書五十六至六十六章是神藉以賽亞本人預言末世的時代（上圖 E），但歷時派只會追溯每卷書的來源和對當時的猶大人的意義，結果是他們將經文停泊（moored）在猶大的古代歷史中，[63] 而不是向每一代每一地的人傳遞神的信息。

3. 結論：各取所長？還是故步自封？

這一點標題的答案當然是各取所長，但這答案是知易行難。歷時派和共時派這兩個陣營好像壁壘分明，每一方都不會採納對方的優點和成果。下文指出雙方都要採納對方的優點。

3.1. 共時派需要採納歷時派的優點

3.1.1. 有關文學體裁的格式和神諭的公式（formula）

歷時派的優點是：他們看重舊約的文學體裁。史威尼的著作有兩個附錄，詳列各種格式 [64] 和公式 [65]。這些附錄令人輕易地將耶利米書十一至二十章的經文界定為神與耶利米之間的對話（dialogue [66]），或耶利米向神埋怨（complaint [67]）。並且，這些附錄令人輕易地將神諭分段（參本書附錄 A）。共時派需要採納歷時派這方面的優點，但有些基要派的學者仍然忽略這方面的優點。

3.1.2. 有關編者的評語

歷時派的另一優點是：編修評鑑法指出聖經每一卷書都經過編輯的程序。這點是共時派陣營必須承認的，但不要像編修評鑑法去研究誰是編修者（redactor）和編修歷史（redaction history），而是要留意編者的評語或標語（catchword）。下文是一個例子：

編修評鑑法指出編者的評語在列王紀上下多次出現「他（指北國的王）行耶和華眼中看為惡的事」（王上十五 34，十六 7；王下十三 2，十四 24 等）。除了上述簡短的評語外，詳盡的編者評論也出現在此書卷（王下十七 7～41），這是北國亡國後的歷史反省。上述編者的評語令讀者掌握全卷書的編輯方向。

共時派陣營的敍事評鑑法所使用的「敍事者觀點」（view point of narrator），[68] 與上文「編者的評語」（editorial comment）在意義上是差不多的，[69] 可見共時派有些學者已經採納這點。

3.2. 歷時派需要採納共時派的優點

3.2.1. 有關經文的最後版本

共時派的優點是：強調經文的最後版本，而不是前期的版本。歷時派當中有不少人認為應採納經文的最後版本，但他們固有的思想和方法一代一代地流傳，成為固有的傳統，難以改變。例如：來自歷時派陣營的學者尼林指出，歷時派的釋經已不再建基於來源評鑑法。[70] 他的徒弟史威尼也明言，學者對編輯成書的歷史作出結論之前，必須先理解經文的最後版本，[71] 但他仍將經文推斷為不同的來源和編輯年代，下文是其中一例。

下圖附 D.9 顯示，「巴比倫」在以賽亞書十四章 1 至 4 節和 22 至 23 節出現，而「亞述」在 24 至 27 節出現。究竟這段經文的時代是公元前八世紀亞述如日方中的時期？還是公元前六世紀巴比倫雄霸的時期？面對上述不連貫的問題，史威尼的答案是 5 至 21 節所奚落的王並不是指尼布甲尼撒王，因他不像 18 至 19 節所說的王死於非命；也不是指其他巴比倫王，因這些王十分平庸，並不像 9 節所描述的顯赫。

以賽亞書十四章	史威尼的推斷
1～4 節提及巴比倫	由回歸時期的編者加插入經文，將經文的時代背景定為公元前五三九年後
5～21 節沒有提及巴比倫和亞述	來源是在公元前七〇五年，一位猶大文士為亞述王撒珥根戰死而作的奚落之歌
22～23 節提及巴比倫	由回歸時期的編者加插入經文
24～27 節提及亞述	由回歸時期的編者加插，將神對亞述的評價應用在巴比倫身上

圖附 D.9：史威尼對以賽亞書十四章的時代疑問作出回應

史威尼推斷 5 至 21 節的來源是在公元前七〇五年，當時有一位猶大文士為亞述王撒珥根戰死而作的奚落之歌（taunt song）。後來這段文字流傳後世，在公元前五三九年猶大人回歸時期，有編者將這段文字編輯在以賽亞書十四章 5 至 21 節，再加插 1 至 4 節、22 至 23 節，將經文的時代背景定為公元前五三九年後。至於 24 至 27 節，史威尼也推斷是回歸時期的編者所加插的，目的是將神對亞述的評價應用在巴比倫身上。[72] 上述的推斷表列在圖附 D.9 的右欄。

有學者質疑史威尼能否精準地重組經文的編輯歷史。[73] 亦有學者指經文的編輯歷史不可能由假設跳去真實（go beyond hypothesis to reality），由可能跳去肯定（go beyond probability to certainty）。[74]

由十九世紀初以來，歷時派的學者只著重前期版本，而不著重最後版本。蔡爾茲倡議最後版本之後，不少歷時派的學者都承認最後版本的重要性。上文顯示，史威尼認為應採納經文的最後版本，但他仍然採取歷時派的固有方法，就是他重視經文的來源（如 5 至 21 節的來源）和經文的編輯歷史（如圖附 D.9 右欄）。

3.2.2. 有關文學的分析

共時派的另一重點就是文學的結構，本書第一章 1.2.3 提供了簡介，本書第四章 4.1.5 使用修辭評鑑法探討經文的交叉平行結構，將耶利米書二十四至四十四章連結為 ABB'A'，本書第四章 4.2.5 也使用敍事評鑑法將上述經文連結為 ∩ 形。這些方法都是令讀者不單看見樹木，也看見森林。

史威尼撰寫有關以賽亞書的著作也有表列書卷中的結構，但他只是微觀一小段經文，[75] 沒有鳥瞰全卷書的起承轉合，所以他的著作並沒有提供一個宏觀的結構。其實這本書是 FOTL（The Forms of Old Testament Literature）系列的其中一本書，這系列的編輯尼林的原意，就是要將形式評鑑法的研究範圍由一小段經文擴闊到一大段經文。[76] 然而，史威尼的以賽亞書註釋並沒有將書中的整體結構描繪出來。問題不在於史威尼的錯失，而在於形式評鑑法只適用於一小段經文（參附錄 A）。建構一大段經文的結構時，我們需要採用修辭評鑑法和敍事評鑑法。總之，歷時派需要吸取共時派的文學進路，學者吳仲誠引述兩位學者的意見，[77] 第一位是魯益師，他說：

> 無論這些人是甚麼聖經批評家，我都不信任這些批評家。我認為他們似乎欠缺了文學的判斷力，對所讀的文本特性完全麻木……這些人要我相信，他們能解讀這古老文本字裏行間的意思。事實上，他們顯然連那些文字都無法看懂。他們聲稱看見了蕨孢子，卻在光天化日下看不到十碼外的大象。[78]

第二位是巴頓，他認為文學技能（literary competence）對聖經的解讀是十分重要。[79] 所謂「文學技能」是指古代中東的作者或編者有一套寫作常規，讀者需要學習這些寫作常規，才能解讀這古代文獻的經文。作者或編者撰寫經文時是按照當時的寫作常規，這些寫作常規是他們編寫（encode）的方程式，而且這些寫作常規有助於讀者去解讀（decode）經文。正如中國古代的五言絕詩和七言律詩，作者是按當時的寫作常規去寫詩，讀者需要按當時的寫作常規去解讀這些文學作品。

古代的作者或編者已經離世，不能向後世的讀者解釋他的原意，但作者或編者所使用的寫作常規仍存留在經文之內（參本書第一章 1.2.3），只要讀者懂得這些寫作常規，就可解讀作者或編者的原意。當然，聖靈會引導人進入真理（約十六 13）；然而，讀者若依照當時的寫作常規去釋經，就不會隨便以寓意解經，或假借聖靈感動的名義曲解經文。

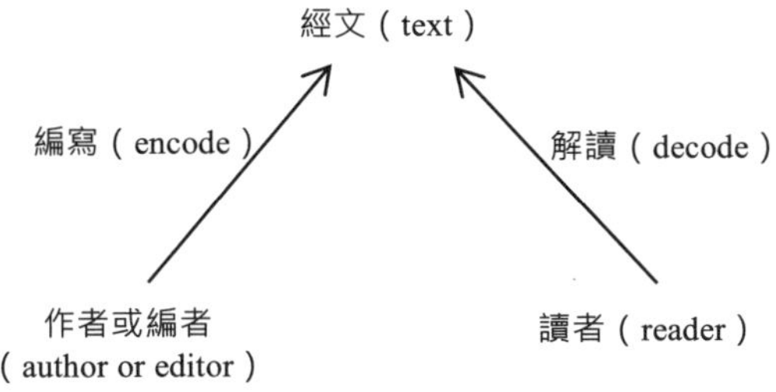

圖附 D.10：讀者與作者（或編者）及經文的關係

即使讀者不懂聖經的寫作常規，也可明白大部分的經文。如果讀者熟悉經文的寫作常規，讀者就能看得更遠、更深入、更明白，[80] 不單看見樹葉和樹木，也能看見森林。本書引用了許多寫作常規去解釋經文，筆者期望本書能幫助讀者明白聖經的寫作常規。形式評鑑法（參附錄 A）、修辭評鑑法和敘事評鑑法（參本書第一章 1.2.3 的簡介）都能幫助讀者瞥見舊約作者和編者當時的寫作常規。

學者奧爾特（Robert Alter）倡議：「若我們對經文的運作和信息沒有充分的理解，其他的研究法並不能幫助我們釋經，所以文學分析是優先於其他研究法。」[81] 筆者認同這立場，但需要補充一點，就是筆者不會只強調文學，忽視歷史，本書的第二章就是著重聖經所記載的歷史。

筆者的立場是：重視正典評鑑法所倡議的最後版本和聖經所記載的歷史，在這基礎之上採用修辭評鑑法、敍事評鑑法、形式評鑑法。上述的選擇是建基於經文和聖經所記載的歷史，加上各種有果效的評鑑法，互相補足。筆者不會採用來源評鑑法和編修評鑑法，這些方法只是虛擬的猜測，並沒有帶來實質的效果。

註釋

1. R. P. Gordon, "A Story of Two Paradigm Shifts," in *The Place is Too Small for Us: The Israelite Prophets in Recent Scholarship,"* ed. R. P. Gordon (Winona Lake: Eisenbrauns, 1995), 3～26.
2. A. F. Campbell, "Form Criticism's Future," in *The Changing Face of Form Criticism for the Twenty-First Century* , eds. M. A. Sweeney and E. B. Zvi (Grand Rapids: Eerdmans, 2003), 24～25.
3. L. Stulman, *Jeremiah,* Abingdon Old Testament Commentaries (Nashville: Abingdon Press, 2005), 11.
4. B. Duhm, *Das Buch Jeremia* (HKAT 11; Tübingen and Leipzig: J.C.B. Mohr, 1901).
5. 參何傑：《國殤情懷・先知風範：耶利米書二十六至四十五章表述先知的敍事策略與修辭手法》(香港：漢語聖經協會，2010)，頁 6。
6. S. Mowinckel, "Psalms and Wisdom" in *Wisdom in Israel and in the Ancient Near East* [Essays Presented to H. H. Rowley], eds. M. Noth and D. WintonThomas. *VTSupp* 3. (Leiden: E. J. Brill, 1955), 205～224, cited in R. E. Clements, *A Century of Old Testament Study*, rev. ed. (Guildford: Lutterworth Press, 1983), 65.
7. J. R. Lundbom, *Jeremiah 1～20,* AB 21A (Garden City: Doubleday, 1999), 64.
8. R. P. Carroll, *Jeremiah*, OTL (Philadelphia: Westminster Press, 1986), 47—"the criterion of Duhm cannot be established by argument, but can only be believed as dogma."
9. J. M. Henderson, "Jeremiah 2～10 as a Unified Literary Composition: Evidence of Dramatic Portrayal and Narrative Progression," in *Uprooting and Planting: Essays on Jeremiah for Leslie Allen*, ed. J. Goldingay (London: T & T Clark, 2007), 122.
10. 申三十 19 和耶二十一 8 都指出，神把生與死兩條路擺在祂的子民面前，這不單涉及個人的生死，還涉及國家的存亡，以及人民是否能在應許之地居住。
11. R. E. Clements, *A Century of Old Testament Study*, rev. ed. (Guildford: Lutterworth Press, 1983), 74.
12. J. Bright, "The Date of The Prose Sermons of Jeremiah," *JBL* 70 (1951), 15～35.
13. J. Bright, "The Prophetic Reminiscence: Its Place and Function in the Book of Jeremiah," *Biblical Essays, Proceedings: Die Ou-Testamentise Werkgemeenskap, Stellenbosch* (1966), 11～30, cited in B. S. Childs, *Introduction to the Old Testament as Scripture* (Philadelphia: Fortress Press, 1979), 343～344.
14. W. L. Holladay, *The Architecture of Jeremiah 1～20* (Lewisburg: Buckneil University Press, 1976), 15～16.
15. R. Knierim, "Criticism of Literary Features, Form, Tradition, and Redaction," in *Reading the Hebrew Bible for a New Millennium: Form, Concept, and Theological Perspective*, eds. W. Kim, D. Ellens, M. Floyd and M. A. Sweeney (Harrisburg: Trinity Press, 2000), 30.
16. Childs, *Introduction to the Old Testament as Scripture*, 78.

17. W. Thiel, *Die deuteronomistische Redaktion von Jeremia 1～25* (WMANT 41: Neukirchen-Vluyn: Neukirchener Verlag, 1973).
18. W. Thiel, *Die deuteronomistische Redaktion von Jeremia 26～45* (WMANT 52: Neukirchen-Vluyn: Neukirchener Verlag, 1981).
19. 參何傑：《國殤情懷・先知風範》，頁 8～16。
20. Thiel, *Die deuteronomistische Redaktion von Jeremia 1～25*, 232, cited in W. McKane, *Jeremiah I～XXV*, ICC (Edinburgh: T. & T. Clark, 1986), 493.
21. W. McKane, *Jeremiah I～XXV*.
22. W. McKane, *Jeremiah XXVI～LII*, ICC (Edinburgh: T. & T. Clark, 1996).
23. McKane, *Jeremiah I～XXV*, l～lv.
24. McKane, *Jeremiah I～XXV*, xlix (page in *Introduction*).
25. D. F. Tolmie, *Narratology and Biblical Narratives: A Practical Guide* (San Francisco: International Scholars Publications, 1999), 88.
26. C. R. Seitz, *Theology in Conflict: Reactions to the Exile in the Book of Jeremiah*, *BZAW* 176 (Berlin: Walter de Gruyter, 1989).
27. Seitz, *Theology in Conflict*, 286.
28. Seitz, *Theology in Conflict*, 287.
29. Seitz, *Theology in Conflict*, 226～227, 243, 253, 283, 291.
30. 何傑：《國殤情懷・先知風範》，頁 26～27。
31. 吳仲誠：《舊約詮釋學初介——從歷史進路至文學進路》，李金好譯（香港：天道書樓，2011）。
32. K. P. Hong, "Synchrony and Diachrony in Contemporary Biblical Interpretation," *CBQ* 75 (2013): 525.
33. R. Rendtorff, "The Book of Isaiah: A Complex Unity. Synchronic and Diachronic Reading," in *New Visions of Isaiah*, eds. M. A. Sweeney and R. F. Melugin (Sheffield: Sheffield Academic Press, 1996), 46. This paper was first published in *Society of Biblical Literature 1991 Seminar Paper*.
34. Rendtorff, "The Book of Isaiah," 44.
35. J. Barton, "Redaction Criticism," *The Anchor Bible Dictionary*, vol. 5, ed. D. N. Freedman, (New York: Doubleday, 1992), 655～657.
36. R. Knierim, "Old Testament Form Criticism Reconsidered," in *Reading the Hebrew Bible for a New Millennium*, eds. W. Kim, D. Ellens, M. Floyd and M. A. Sweeney (Harrisburg: Trinity Press, 2000), 63.
37. Gordon, "A Story of Two Paradigm Shifts," 3～26.
38. Gordon, "A Story of Two Paradigm Shifts," 19～26.
39. B. S. Childs, *Biblical Theology in Crisis* (Philadelphia: Westminster Press, 1970). B. S. Childs, *Introduction to the Old Testament as Scripture*.
40. B. S. Childs, *Old Testament Theology in a Canonical Context* (Philadelphia: Fortress Press, 1986).
41. Hong, "Synchrony and Diachrony in Contemporary Biblical Interpretation," 526.
42. Childs, *Introduction to the Old Testament as Scripture*, 83.
43. 吳仲誠：《舊約詮釋學初介》，頁 41。
44. 吳仲誠：《舊約詮釋學初介》，頁 43。
45. Childs, *Introduction to the Old Testament as Scripture*, 95.
46. Childs, *Introduction to the Old Testament as Scripture*, 79.
47. Lundbom, *Jeremiah 1～20,* 58.
48. 馬索拉（Masoretes）的文士採取很多措施去確保抄寫的準確性，包括數算每行的字數有多少，然後寫在每行的旁邊（margin）。如抄寫有錯誤，他們會即時矯正錯誤，或將全頁燒毀，避免錯誤的版本流傳。
49. 阿道夫・羅伊特曼：《死海古卷館中的聖經——從死海古卷到阿勒頗抄本》，以色列博物館編，北美學者學人編輯部譯（香港：真理書房，2014），頁 40～43。

50. Lundbom, *Jeremiah 1～20,* 62—"4QJer[a] is among the earliest of all the Qumran scrolls, dated on the basis of palaeography from 225～175 B.C."。猶大人在不同的年代採用不用的字體，如中國的漢代使用隸書，唐代時期就由隸書轉用楷書。
51. Lundbom, *Jeremiah 1～20,* 57～58.
52. Lundbom, *Jeremiah 1～20,* 61.
53. 參耶利米書的 LXX 版本：六 13，三十三 7、8、11、16，三十四 9，三十五 1，三十六 1、8，合共九次使用「假先知」。上述經文分別在耶利米書的 MT 版本：六 13，二十六 7、8、11、16，二十七 9，二十八 1，二十九 1、8 使用「先知」，而不是「假先知」。
54. 參耶利米書二 8、30，五 31，十四 13～15，二十三 9、11、14～16 等等。在上述的經文，LXX 並沒有使用「假先知」，而是使用「先知」去稱呼假先知。
55. J. R. Lundbom, *Jeremiah 37～52,* AB 21C (Garden City: Doubleday, 2004), 563.
56. Childs, *Introduction to the Old Testament as Scripture*, 77.
57. Hong, "Synchrony and Diachrony in Contemporary Biblical Interpretation," 527.
58. Childs, *Introduction to the Old Testament as Scripture*, 74.
59. Knierim, "Old Testament Form Criticism Reconsidered," 548.
60. 參黃錫木：《新約研究透視》（香港：基道出版社，1999），頁 373。
61. Hong, "Synchrony and Diachrony in Contemporary Biblical Interpretation," 529.
62. 阿道夫•羅伊特曼：《死海古卷館中的聖經》，頁 40～43。
63. Childs, *Introduction to the Old Testament as Scripture*, 79.
64. M. A. Sweeney, "Genres," in *Isaiah 1～39 with an Introduction to Prophetic Literature,* FOTL 16, ed. R. P. Knierim and G. M. Tucker (Grand Rapids: Eerdmans, 1996), 512～544.
65. Sweeney, "Formulas," in *Isaiah 1～39 with an Introduction to Prophetic Literature,* 512～547.
66. Sweeney, "dialogue," in *Isaiah 1～39 with an Introduction to Prophetic Literature,* 518.
67. Sweeney, "complaint," in *Isaiah 1～39 with an Introduction to Prophetic Literature,* 518.
68. 吳仲誠：《舊約詮釋學初介》，頁 160。
69. 福克爾曼：《聖經敍述文體導讀》，胡玉藩、伍美詩、陳寶嬋譯（香港：天道書樓，2003），頁 149～190。
70. R. Knierim, "Criticism of Literary Features, Form, Tradition, and Redaction," 2.
71. M. A. Sweeney, "Form Criticism," in *To Each Its Own Meaning: An Introduction to Biblical Criticisms and Their Application*, ed. S. McKenzie and S. Haynes (Louisville: Westminster John Knox Press, 1999), 67.
72. Sweeney, *Isaiah 1～39 with an Introduction to Prophetic Literature*, 221～238.
73. R. F. Melugin, "Recent Form Criticism Revisited in an Age of Reader Response," in *The Changing Face of Form Criticism for the Twenty-First Century*, ed. M. A. Sweeney and E. B. Zvi (Grand Rapids: Eerdmans, 2003), 56.
74. A. F. Campbell, "Form Criticism's Future," in *The Changing Face of Form Criticism for the Twenty-First Century*, , 20
75. 其中一例是：賽十三 1～十四 32 的結構是十分零碎的，參 Sweeney, *Isaiah 1～39 with an Introduction to Prophetic Literature*, 218～221.
76. R. Knierim, "Criticism of Literary Features, Form, Tradition, and Redaction," 9—"Form Criticism, originally conconcerned with small units, has expanded its range to include larger literary corpora."
77. 吳仲誠：《舊約詮釋學初介》，頁 109～110。
78. C. S. Lewis, *Fern-seed and Elephants* (Glasgow: Collins, 1975), 106～111.
79. J. Barton, *Reading the Old Testament: Method in Biblical Study,* rev. ed.

(Louisville: Westminster Knox, 1996), 14～19.
80. 吳仲誠：《舊約詮釋學初介》，頁 111。
81. R. Alter, "General Introduction," in *The Literary Guide to the Bible*, ed. R. Alter and F. Kermode (London: Fontana, 1997), 2.

* 下述縮寫的全名在本書第一章 1.3.5。

書目

Abrams, M. H. *A Glossary of Literary Terms*. New York: Rinehart, 1957.

Aharoni, Y., M. Avi-Yonah, A. F. Rainey, and Z. Safarai, eds. *The Macmillan Bible Atlas*. New York: Macmillan Publishers, 1993.

Allen, L. C. *Jeremiah*. OTL. Louisville: Westminster John Knox Press, 2008.

Alpert, F. *Getting Jerusalem Together*. Edited by S. M. Schachter. New York: Gefen Books, 1984.

Alstine, G. A. V. "Yoke, Yoke-Bar." In vol. 4 of *ISBE*, 1164～1165. 4 vols. Grand Rapids: Eerdmans, 1988.

Alter, R. *The Art of Biblical Narrative*. New York: Basic Books, 1981.

Alter, R. "General Introduction." In *The Literary Guide to the Bible*, 11～35. Edited by R. Alter and F. Kermode. London: Fontana, 1997.

Amit, Y. *Reading Biblical Narratives: Literary Criticism and the Hebrew Bible*. Minneapolis: Fortress Press, 2001.

Amit, Y. "Progression as a Rhetorical Device in Biblical Literature." *JSOT 28* (2003): 3～32.

Anderson, R. D. *Glossary of Greek Rhetorical Terms*. Leuven: Peeters, 2000.

Arnold, B. T., and J. H. Choi. *A Guide to Biblical Hebrew Syntax*. Cambridge: Cambridge University Press, 2003.

Baldwin, J. G. "Semah as a Technical Term in the Prophets." *VT 16* (1964): 93～97.

Barton, J. "Redaction Criticism." In vol. 5 of *ABD*, 644～647. 6 vols. New Haven: Yale University Press, 1992.

Barton, J. *Reading the Old Testament: Method in Biblical Study*. Rev. ed. Louisville: Westminster Knox, 1996.

Beitzel, B. J. *The Moody Atlas of Bible Lands*. Chicago: Moody Press, 1985.

Birch, W. F. "Hiding Places in Canaan. I. Jeremiah's Girdle and Farah." *Palestine Exploration Fund Quarterly Statement* (1880): 236. Cited in Lundbom, *Jeremiah 1～20*, 669.

Bozak, B. A. *Life 'Anew': A Literary-Theological Study of Jeremiah 30～31*. Analecta Biblica 122. Roma: Editprice Pontificio Istituto Biblico, 1991.

Bright, J. *Jeremiah*. AB 21. Garden City: Doubleday, 1965.

Bright, J. "The Date of The Prose Sermons of Jeremiah." *JBL 70* (1951): 15～35.

Bright, J. "The Prophetic Reminiscence: Its Place and Function in the Book of Jeremiah." *Biblical Essays, Proceedings: Die Ou-Testamentise Werkgemeenskap, Stellenbosch* (1966): 11～30. Cited in B. S. Childs, *Introduction to the Old Testament as Scripture*. Philadelphia: Fortress Press, 1979, 343～344.

Brown, S. R. Driver, and C. A. Briggs. *The New Hebrew and English Lexicon of the Old Testament.* Peabody, MA: Hendrickson, 1979.

Brueggemann, W. *A Commentary on Jeremiah: Exile and Homecoming*. Grand Rapids: Eerdmans, 1998.

Brueggemann, W. *The Theology of the Book of Jeremiah*. New York: Cambridge University Press, 2007.

Campbell, A. F. "Form Criticism's Future." In *The Changing Face of Form Criticism for the Twenty-First Century*, 15～31. Edited by M. A. Sweeney and E. B. Zvi. Grand Rapids: Eerdmans, 2003.

Carroll, R. P. *Jeremiah*. OTL. Philadelphia: Westminster Press, 1986.

Carroll, R. P. *From Chaos to Covenant: Prophecy in the Book of Jeremiah*. London: SCM Press, 1981.

Chan, T. T. "Jeremiah and the Fall of Jerusalem: A Rhetorical Study of Jeremiah 37～38 and 21:1～10." Th.D. diss., Lutheran Theological Seminary, 2010.

Chan, T. T. "A Rhetorical Study of Compositional Structure of Jeremiah." *Theology & Life 33* (2010): 229～267.

Childs, B. S. *Introduction to the Old Testament as Scripture*. Philadelphia: Fortress Press, 1979.

Childs, B. S. "The Canonical Shape of the Prophetic Literature." In *The Place is Too Small for Us: The Israelite Prophets in Recent Scholarship*, 513～516. Edited by R. P. Gordon. Winona Lake, Indiana: Eisenbrauns, 1995.

Childs, B. S. *Old Testament Theology in a Canonical Context*. Philadelphia: Fortress Press, 1986.

Childs, B. S. *Biblical Theology in Crisis*. Philadelphia: Westminster Press, 1970.

Chomsky, W. "The Ambiguity of the Prefixed Propositions מִן, לְ, בְּ in the Bible." *Jewish Quarterly Review* 61, no. 1 (1970～1971): 87～89.

Clements, R. E. *A Century of Old Testament Study*. Rev. ed. Guildford, England: Lutterworth Press, 1983.

Diamond, A. R. *The Confessions of Jeremiah in Context: Scenes of Prophetic Drama*. Sheffield: Sheffield Academic Press, 1987.

Fokkelman, J. P. *Reading Biblical Narrative: An Introductory Guide*. Translated by Ineke Smit. Louisville: Westminster John Knox Press, 1999.

Fokkelman, J. P. *Narrative Art in Genesis: Specimens of Stylistic and Structural Analysis*. Assen: van Gorcum, 1975.

Fortune, A. W. "Babylon." In vol. 1 of *ISBE*, 384～391. 4 vols. Grand Rapids: Eerdmans, 1979.

Freedman, D. N. "Preface." In *Chiasmus in Antiquity: Structures, Analyses, Exegesis*, 7～8. Edited by J. W. Welch. Provo. Utah: Research Press Publications, 1981.

Fretheim, T. E. *Jeremiah*. Smyth & Helwys Bible Commentary. Macon: Smyth & Helwys, 2002.

Gitay, Y. "Rhetorical Criticism." In *To Each Its Own Meaning: An Introduction to Biblical Criticisms and Their Application*, 135～149. Edited by S. L. McKenzie and S. R. Haynes. Louisville: Westminster John Knox Press, 1993.

Gordon, R. P. "A Story of Two Paradigm Shifts." In *The Place is Too Small for Us*, 3～26. Edited by R. P. Gordon. Winona Lake: Eisenbrauns, 1995.

Harrison, R. K. "Lion." In vol. 2 of *ISBE*, 141～142. 4 vols. Grand Rapids: Eerdmans, 1986.

Henderson, J. M. "Jeremiah 2-10 as a Unified Literary Composition: Evidence of Dramatic Portrayal and Narrative Progression." In *Uprooting and Planting: Essays on Jeremiah for Leslie Allen*, 116～152. Edited by J. Goldingay. London: T & T Clark, 2007.

Holladay, W. L. *The Architecture of Jeremiah 1～20*. Lewisburg: Buckneil University Press, 1976.

Holladay, H. L. *A Concise Hebrew and Aramaic Lexicon of the Old Testament*. Grand Rapids: Eerdmans , 1972.

Holladay, W. L. *Jeremiah 1*. Hermeneia. Philadelphia: Fortress Press, 1986.

Holladay, W. L. *Jeremiah 2*. Hermeneia. Philadelphia: Fortress Press, 1989.

Hong, K. P. "Synchrony and Diachrony in Contemporary Biblical Interpretation." *CBQ 75* (2013): 521～539.

Joüon, P. *A Grammar of Biblical Hebrew*. Translated and Revised by T. Muraoka. SB 14, 1～2. Roma: Editrice Pontificio Istituto Biblico, 1991. SB 14, 1～2. Roma: Editrice Pontificio Istituto Biblico, 1991.

Kessler, M. "The Scaffolding of the Book of Jeremiah." In *Reading the Book of Jeremiah: A Search for Coherence*, 57～66. Edited by M. Kessler, 57～66. Winona Lake: Eisenbrauns, 2004.

Knierim, R. "Criticism of Literary Features, Form, Tradition, and Redaction." In *Reading the Hebrew Bible for a New Millennium: Form, Concept, and Theological Perspective* , 1～41. Edited by W. Kim, D. Ellens, M. Floyd, and M. A. Sweeney. Harrisburg: Trinity Press, 2000.

Knierim, R. "Old Testament Form Criticism Reconsidered." In *Reading the Hebrew Bible for a New Millennium*, 45～71. Edited by W. Kim, D. Ellens, M. Floyd, and M. A. Sweeney. Harrisburg: Trinity Press, 2000.

Koehler, L., W. Baulngartner, and J. J. Stamin. *The Hebrew and Aramaic Lexicon of the Old Testament.* 5 vols. New York: Brill, 1994～2000.

Lasor, W. A. "Selucid." In vol. 4 of *ISBE*, 384～386. 4 vols. Grand Rapids: Eerdmans, 1988.

Leichty, E. "The Colophon." In *Studies Presented to A. Leo Oppenheim*, 147～154. Chicago: Oriental Institute of the University of Chicago, 1964. Cited in Lundbom, "Baruch, Seraiah, and Expanded Colophons in the Book of Jeremiah." *JSOT 36* (1986): 89～114.

Levey, S. H. *The Messiah: An Aramaic Interpretation: The Messianic Exegesis of the Targum*. Cincinnati: Hebrew Union College-Jewish Institute of Religion, 1974.

Longenecker, R. *Biblical Exegesis in the Apostolic Period*. Grand Rapids: Zondervan, 1996.

Lewis, C. S. *Fern-seed and Elephants*. Glasgow: Collins, 1975.

Lundbom, J. R. *Jeremiah: A Study in Ancient Hebrew Rhetoric*. Winona Lake: Eisenbrauns, 1997.

Lundbom, J. R. "Baruch, Seraiah, and Expanded Colophons in the Book of Jeremiah." *JSOT 36* (1986): 89～114.

Lundbom, J. R. "Haplography in the Hebrew *Vorlage* of LXX Jeremiah." *Hebrew Studies XLVI* (2005): 301～320.

Lundbom, J. R. *Jeremiah 1～20*, AB 21A. Garden City: Doubleday, 1999.

Lundbom, J. R. *Jeremiah 21～36.* AB 21B. Garden City: Doubleday, 2004.

Lundbom, J. R. *Jeremiah 37～52.* AB 21C. Garden City: Doubleday, 2004.

Lundbom, J. R. "Hebrew Rhetoric." In *Encyclopedia of Rhetoric*, 325～328. Edited by T. O. Sloane. Oxford: Oxford University Press, 2001.

Lundbom, J. R. "Scribal Contributions to Old Testament Theology." In *To Hear and Obey: Essays in Honor of Frederick Carlson Holmgren*, 42～49. Edited by B. Bergfalk, and P. Koptak. Chicago: Covenant, 1997.

Lundbom, J. R. "Rhetorical Criticism: History, Method and Use in the Book of Jeremiah." In Lundbom, J. R. *Jeremiah: A Study in Ancient Hebrew Rhetoric*. Winona Lake: Eisenbrauns, 1997.

McKane, W. *Jeremiah I～XXV*, ICC. Edinburgh: T. & T. Clark, 1986.

McKane, W. *Jeremiah XXVI～LII*, ICC. Edinburgh: T. & T. Clark, 1996.

Melugin, R. F. "Recent Form Criticism Revisited in an Age of Reader Response." In *The Changing Face of Form Criticism for the Twenty-First Century*, 46～64. Edited by M. A. Sweeney, and E. B. Zvi.Grand Rapids: Eerdmans, 2003.

Mendenhall, G.E. "Covenant Forms in Israelite Tradition." *The Biblical Archaeologist XVII* (1954): 59～60.
Miller, J. M., and J. H. Hayes, *A History of Ancient Israel and Judah.* Philadelphia: Westminster, 1986.
Moltmann, J. *Theology of Hope*. Translated by J. W. Leitch. London: SCM Press, 1967.
Mowinckel, S. *Prophecy and Tradition*. Oslo: Jacob Dybwad, 1946, 61～62. Cited in Lundbom, "Baruch, Seraiah, and Expanded Colophons in the Book of Jeremiah." *JSOT 36* (1986): 89～114.
Mowinckel, S. "Psalms and Wisdom." In *Wisdom in Israel and in the Ancient Near East [Essays Presented to H. H. Rowley]*, 205～224. Edited by M. Noth and D. W. Thomas. *VT*Supp 3 （Leiden: E. J. Brill, 1955）. Cited in R. E. Clements, *A Century of Old Testament Study*, rev. ed. Guildford, England: Lutterworth Press, 1983.
Muilenburg, J. "Form Criticism and Beyond." *JBL 88* (1969): 1～18.
O'Connor, K. M. "'Do not Trim a Word': The Contributions of Chapter 26 to the Book of Jeremiah." *CBQ 51* (1989): 617～630.
O'Connor, K. M. *Lamentations and the Tears of the World*. Maryknoll: Orbis, 2002.
Parunak, H. V. D. "Transitional Techniques in the Bible." *JBL 102*, no. 4 (1983): 525～548.
Pritchard, J. B. Ed., *Ancient Near Eastern Texts Relating to the Old Testaments*, 3rd ed. Princeton: Princeton University Press, 1969.
Rendtorff, R. *The Old Testament: An Introduction*. Translated by J. Bowden. Philadelphia: Fortress Press, 1986.
Rendtorff, R. "The Book of Isaiah: A Complex Unity. Synchronic and Diachronic Reading." In *New Visions of Isaiah*, 32～49. Edited by M. A. Sweeney, and R. F. Melugin. Sheffield: Sheffield Academic Press, 1996.
Resseguie, J. L. *Narrative Criticism of the New Testament: An Introduction*. Grand Rapids: Baker Academic, 2005.
Ryken, L. *Words of Delight: A Literary Introduction to Bible*. Grand Rapids: Baker, 1992.
Stacey, W. D. "The Function of Prophetic Drama." In *The Place is Too Small for Us*, 112～132. Edited by R. P. Gordon. Winona Lake, Indiana: Eisenbrauns, 1995.
Seitz, C. R. *Theology in Conflicts: Reactions to the Exile in the Book of Jeremiah*. *BZAW* 176. Berlin: de Gruyter, 1989.
Shimon, Bar-Efrat. *Narrative Art in the Bible*. Translated by Dorothea Shefer-Vanson, JSOT Supp 70. Sheffield: Sheffield Academic Press, 1989.,
Silva, M., rev. ed. *New International Dictionary of New Testament Theology and Exegesis*. 5 vols. Grand Rapids: Zondewan, 2014.
Skinner, J. *Prophecy and Religion*. Cambridge: Cambridge University Press, 1926.
Smith, R. F. "Chiasm in Sumero-Akkadian." In *Chiasmus in Antiquity*, 17～35. Edited by J. W. Welch. Provo, Utah: Research Press Publications, 1981.
Stulman, L. *Jeremiah*. Abingdon Old Testament Commentaries. Nashville: Abingdon Press, 2005.
Stulman, L. *Order Amid Chaos: Jeremiah as Symbolic Tapestry*. Sheffield : Sheffield Academic Press, 1998.
Sweeney, M. A. "Form Criticism." In *To Each Its Own Meaning*, 58～90. Edited by S. L. McKenzie, and S. R. Haynes. Louisville: Westminster John Knox Press, 1999.
Sweeney, M. A. *Isaiah 1～39*. FOTL 16. Grand Rapids: Eerdmans, 1996.
Thompson, J. A. *The Book of Jeremiah.* NICOT. Grand Rapids: Eerdmans, 1980.
Tolmie, D. F. *Narratology and Biblical Narratives: A Practical Guide*. San Francisco: International Scholars Publications, 1999.
Trible, P. *Rhetorical Criticism: Context, Method, and the Book of Jonah*. Minneapolis: Fortress, 1994.
VanGemeren, W. A., ed. *New International Dictionary of Old Testament Theology and*

Exegesis. 5 vols. Grand Rapids: Zondewan, 1997.
Walsh, J. T. *Style and Structure in Biblical Hebrew Narrative*. Collegeville: The Liturgical Press, 2001.
Waltke, B. K. "The Textual Criticism of the Old Testament." In *Biblical Criticism: Historical, Literary and Textual*, 48～78. Edited by R. K. Harrison,. Grand Rapids: Zondervan, 1978.
Waltke, B. K., and M. O'Connor. *An Introduction to Biblical Hebrew Syntax*. Winona Lake: Eisenbrauns, 1990.
Welch, J. W. "Introduction." In *Chiasmus in Antiquity*, 9～16. Edited by J. W. Welch, 9～16. Provo, Utah: Research Press Publications, 1981.
Wildberger, H. *Jahwewort und prophetische Rede bei Jeremia*. Zürich : Zwingli-Verlag, 1942, 48ff. Cited in C. Westermann, *Basic Forms of Prophetic Speech*. Translated by H. C. White. London: Lutterworth, 1967. Reprint. Louisville: Westminster/JKP, 1991.
Willis, J. T. "Dialogue between Prophet and Audience as a Rhetorical Device in the Book of Jeremiah." In *The Place is Too Small for US*, edited by R. P. Gordon, 205～222. Winona Lake: Eisenbrauns, 1995.
Wiseman, D. J. *Chronicles of Chaldaean Kings*. London: British Museum, 1956.
Wiseman, D. J. *Nebuchadrezzar and Babylon*. Oxford: Oxford University Press, 1983.
Zvi, E. B. "The Prophetic Book." In *The Changing Face of Form Criticism for the Twenty-First Century*, 276～297. Edited by M. A. Sweeney, and E. B. Zvi. Grand Rapids: Eerdmans, 2003.
卜魯斯：《以色列與列國史》。張永佳譯。香港：種籽出版社，1983。
多爾西：《約中之鑰：舊約文學結構》。周俞雲翔譯。香港：漢語聖經協會，2009。
吳仲誠：《舊約詮釋學初介——從歷史進路至文學進路》。李金好譯。香港：環球聖經公會有限公司，2011。
何傑：《國殤情懷・先知風範：耶利米書二十六至四十五章表述先知的敍事策略與修辭手法》。香港：漢語聖經協會，2010。
阿道夫・羅伊特曼：《死海古卷館中的聖經——從死海古卷到阿勒頗抄本》。以色列博物館編。北美學者學人編輯部譯。香港：真理書房有限公司，2014。
柯德納：《耶利米書》。羅偉安譯。聖經信息系列。台北：校園書房，2005。
哈理遜：《耶利米書，耶利米哀歌》。李蕙英譯。丁道爾舊約聖經註釋。台北：校園書房，2001。
香港歷史博物館編：《探本溯源——美索不達米亞古文明展》。香港：香港歷史博物館，2013。
約翰・斯特蘭奇：《實用聖經地圖集》。黃錫木譯。香港：基道出版社，2003。
約瑟夫：《猶太古史》。蘇美靈譯。香港：天人出版社，1994。
唐佑之：《耶利米書（卷上）》。天道聖經註釋。香港：天道書樓，2016。
張文亮：《聖經與植物：從聖經看見上帝奇妙的創造》。新北：青橄欖出版社，2015。
莊新泉：《美索不達米亞與聖經》。台北：橄欖基金會，2001。
黃錫木：《新約研究透視》。香港：基道出版社，1999。
奧爾特：《聖經敍述文的藝術》。黃愈幹和譚晴譯。香港：天道書樓，2005。
福克爾曼：《聖經敍述文體導讀》。胡玉藩、伍美詩、陳寶嬋譯。香港：天道書樓，2003。
賴建國：《舊約中的彌賽亞預言》。香港：天道書樓，2013。